現代憲法入門

只野雅人
松田　浩　編

法律文化社

はしがき

　21世紀に入ってはや20年の歳月が過ぎようとしているが，日本国憲法をめぐる内外の状況は加速度を増すように大きな変貌を遂げつつある。国際的には，ポピュリズムの世界的な隆盛とともに議会政の意義と役割が厳しく問われるようになり，市場経済を中心としたグローバル化の動きもイギリスのEU離脱決定にみられるように不透明で不安定な歩みを続けている。国内では，前世紀末の「政治改革」が目指した二大政党制はいまだ確立に至らない一方で，戦後社会のコンセンサスを掘り崩す集団的自衛権行使の限定容認が法制化された。また，衆参両院選における投票価値の不均衡や女性の再婚禁止期間など個別のテーマに関わって，最高裁判所は立法府に対してこれまでより厳しい態度を示し始めている。さらに，本年には日本国憲法下で初となる天皇の生前退位と2度目の新天皇即位が行われることとなり，憲法改正をめぐる動きも依然として予断を許さない状況にある。

　本書は，こうした現代社会に生じている憲法の諸問題について，その歴史的・社会的な文脈を明らかにしつつ，憲法理論や憲法判例を導きの糸としながら，これらの問題に向き合う基礎的な視座を提供することを目的として編まれた。また，本書の一貫した視点は，国民主権や基本的人権の尊重，恒久平和主義といった日本国憲法の原理・原則がどのようなものであるかを追究し，上に述べたような憲法環境の変容にもかかわらず，こうした原理・原則が21世紀にも対応しうる，優れて現代的な意義をもつことを解明することにおかれている。その意味で，本書の編集方針は，実質的な旧版にあたる山内敏弘編『新現代憲法入門〔第2版〕』（法律文化社，2009年）を継承しているが，編者に本書の刊行を薦めて下さった山内先生には，篤くお礼申し上げたい。

　本書が基本的な読者層として想定しているのは，学部レベルの専門科目ないし一般教養科目として憲法を履修する学生諸氏である。そのため，各章末には【より深く考えてみよう】のコーナーを設け，本文の内容を掘り下げて理解す

i

るための問題提起と文献案内を付した。これを手がかりに，文献を読んで理解できたことや問題に対する各自の考えをレポートの形でまとめてみることを強くお勧めしておきたい。

　さらに本書は，日頃憲法問題に関心を寄せる一般市民が，日本国憲法の「原点」と「現点」を見直し，認識を新たにするための参考書としても，十分に利用価値があるものと考えている。「立憲主義の危機」ともいわれる現代の憲法現象を，その背後にある歴史のうねりの中に位置づけようとする本書の意図は，一般読者が主権者として未来への責任を果たす上で一助になるように，という期待もあわせもっている。

　本書の執筆者は，現在，中堅から若手の世代に属する一線の憲法研究者である。いずれも同じ大学院で学んだ先輩・後輩の間柄であり，それぞれ専門に取り組んでいる研究対象は異にするが，本書全体に日本国憲法への基本姿勢において共通するものがもしあるとすれば，それは同門であることに由来しているのかもしれない。執筆者諸氏には，ご多忙の折，本書のために貴重な時間を割いていただいたことに，心よりお礼申し上げたい。

　最後に，本書の刊行については，法律文化社編集部の小西英央氏に諸事万端ひとかたならぬお世話をいただいた。当初の予定を超過してしまったが，本書がこうして刊行にこぎ着けることができたのは，小西氏のねばり強いお力添えなくしてはあり得なかった。多大なご尽力に改めて深く感謝の意を表したい。

　　2019年3月

　　　　　　　　　　　　　　　　　　　　　　只 野 雅 人
　　　　　　　　　　　　　　　　　　　　　　松 田　　浩

目　　次

はしがき

凡　　例

第 I 部　総　　論

第 1 章　憲法総論・憲法史 ……………………………………………2

　　1　憲法・憲法典・立憲主義——憲法研究序説　2

　　2　近代日本憲法史　4

第 2 章　国民主権・天皇制 ……………………………………………18

　　1　神勅天皇制から国民主権へ　18

　　2　国民主権と象徴天皇制　24

第 3 章　平和主義 ……………………………………………32

　　1　憲法9条の成立まで　32

　　2　憲法9条の解釈　34

　　3　9条2項解釈の歴史——「戦力」解釈の変化と憲法訴訟　36

　　4　「自衛権」解釈の変化——自衛力は、いつ行使できるのか　40

　　5　日本の軍事法制——日米安保と国際貢献　45

第 II 部　統 治 機 構

第 4 章　統治総論 ………………………………………………………50

1　国民主権・代表政・権力分立　50

2　代表政と選挙制度　64

3　政　　党　69

第 5 章　国会と内閣 ………………………………………………………76

1　議会・政府間関係　76

2　国　　会　80

3　内　　閣　96

4　財　　政　108

第 6 章　司　　　法 ………………………………………………………113

1　司法権の射程　113

2　裁判所の組織と権限　119

3　司法権の独立　126

第 7 章　違憲審査制 ………………………………………………………132

1　違憲審査権　132

2　日本の違憲審査制の実施　135

3　違憲審査と民主主義との関係　139

4　違憲審査という制度　145

第 8 章　地方自治 ………………………………………………………150

1　地方自治の意義と本旨　150

2　憲法上の地方公共団体　154

　　3　地方公共団体の組織　156

　　4　地方公共団体の権能　159

　　5　地方特別法　165

第Ⅲ部　基本的人権

第9章　人権総論・幸福追求権……………………………………168

　　1　人権総論——「人権」はどこまで認められるか　168

　　2　幸福追求権——「自由」はどこまで認められるか　184

第10章　法の下の平等…………………………………………195

　　1　平等とは何か　195

　　2　憲法が保障する平等の範囲　200

　　3　判例の具体的展開　207

第11章　精神的自由1　思想および良心の自由・信教の自由……215

　　1　思想および良心の自由　215

　　2　信教の自由と政教分離原則　222

第12章　精神的自由2　表現の自由・学問の自由………………235

　　1　表現の自由の価値と違憲審査　235

　　2　表現の自由の一般法理——規制類型に即して　238

　　3　表現の自由の特殊法理——報道機関の自由と大学の自治　252

第**13**章　経済的自由と労働権 ……………………………………………… 260

　　1　社会の経済的成り立ちと人々の置かれた位置　260

　　2　財　産　権　262

　　3　職業選択の自由　268

　　4　居住・移転の自由、国籍離脱の自由　273

　　5　労働に関する権利　274

第**14**章　生存権と教育を受ける権利 …………………………………… 284

　　1　生　存　権　284

　　2　教育を受ける権利　291

第**15**章　選挙権と投票価値の平等 ……………………………………… 299

　　1　選　挙　権　299

　　2　投票価値の平等　301

第**16**章　人身の自由と適正手続 ………………………………………… 307

　　1　はじめに——本章の射程　307

　　2　刑事裁判の前——捜査と逮捕　310

　　3　刑事裁判　314

　　4　刑事裁判の後——刑罰の執行、再審　316

　　5　行政手続における適正手続主義　317

　　6　冤罪、捜査・取調べの可視化、「刑事司法改革」　318

第**17**章　国務請求権 ……………………………………………………… 321

　　1　はじめに——国務請求権とは何か　321

　　2　裁判を受ける権利　322

　　3　国家賠償請求権　325

目　次

4　刑事補償請求権　327

5　請　願　権　327

第Ⅳ部　最高法規

第18章　グローバル化と憲法 …………………………………… 330

1　「国家主権」の相対化　330

2　「国民国家」の相対化　335

3　「国民国家」への回帰？　341

第19章　憲法の最高法規性と憲法改正 ……………………………… 346

1　憲法の最高法規性　346

2　憲法の保障　347

3　憲法の変動　352

4　立憲主義と憲法改正　361

判例索引

事項索引

凡　　例

1　法令の略語

外公	外務公務員法
学教	学校教育法
関税	関税法
行組	国家行政組織法
行訴	行政事件訴訟法
刑	刑法
警	警察法
刑訴	刑事訴訟法
刑訴規	刑事訴訟規則
憲	日本国憲法
憲法改正国民投票	日本国憲法の改正手続に関する法律
公選	公職選挙法
国会	国会法
国公	国家公務員法
裁	裁判所法
裁弾	裁判官弾劾法
裁判員	裁判員の参加する刑事裁判に関する法律
裁判傍聴規	裁判所傍聴規則
財	財政法
児童買春	児童買春、児童ポルノに係る行為等の規制及び処罰並びに児童の保護等に関する法律
自衛	自衛隊法
人訴	人事訴訟法
森林	森林法
知財高裁	知的財産高等裁判所設置法
地自	地方自治法
典	皇室典範
特許	特許法
独禁	独占禁止法
内	内閣法
内閣府	内閣府設置法
入管	出入国管理及び難民認定法

凡　　例

農委	農業委員会等に関する法律
不正競争	不正競争防止法
民	民法
民訴	民事訴訟法
民訴規	民事訴訟規則
明憲	大日本帝国憲法
労組	労働組合法

2　裁判関係

判例の引用は、最判昭31・11・2民集10巻11号1413頁は最高裁判所判決、最高裁判所民事判例集所収の意味である。

その他、「決」は決定、「大阪高判」は大阪高等裁判所判決、「京都地判」は京都地方裁判所判決。

判例集の略記は以下のとおり。

民集	最高裁判所民事判例集
刑集	最高裁判所刑事判例集
大刑集	大審院刑事判例集
下刑集	下級裁判所刑事判例集
行集	行政事件裁判例集
裁時	裁判所時報
集民	最高裁判所裁判集民事
訟月	訟務月報
税資	税務訴訟資料
東高刑時報	東京高等裁判所判決時報
判時	判例時報
判自	判例地方自治
判タ	判例タイムズ
労民	労働関係民事裁判例集
百選 I	長谷部恭男・石川健治・宍戸常寿（2013）『憲法判例百選 I〔第 6 版〕』（有斐閣）
百選 II	長谷部恭男・石川健治・宍戸常寿（2013）『憲法判例百選 I〔第 6 版〕』（有斐閣）

3　体系書

赤坂正浩（2011）『憲法講義（人権）』信山社
芦部信喜（1992）『憲法学 I 憲法総論』有斐閣
芦部信喜（1994）『憲法学 II 人権総論』有斐閣
芦部信喜（2000）『憲法学 III 人権各論(1)』有斐閣
芦部信喜／高橋和之補訂（2015）『憲法〔第 6 版〕』岩波書店
新井誠・曽我部真裕・佐々木くみ・横大道聡（2016）『憲法 I』日本評論社

新井誠・曽我部真裕・佐々木くみ・横大道聡（2016）『憲法 II』日本評論社
市川正人（2014）『基本講義・憲法』新世社
伊藤正己（1995）『憲法〔第3版〕』成文堂
浦部法穂（2016）『憲法学教室〔第3版〕』日本評論社
大石眞・石川健治（2008）『新・法律学の争点シリーズ3 憲法の争点』（有斐閣）
奥平康弘（1993）『憲法 III 憲法が保障する権利』有斐閣
木下智史・只野雅人編（2015）『新・コンメンタール憲法』日本評論社
清宮四郎（1979）『憲法 I〔第3版〕』有斐閣
阪本昌成（2000）『憲法理論 I〔補訂第3版〕』成文堂
阪本昌成（1994）『憲法理論 II』成文堂
阪本昌成（1995）『憲法理論 III』成文堂
佐藤幸治（2011）『日本国憲法論』成文堂
佐藤功（1983）『ポケット注釈全書・憲法（上）〔新版〕』有斐閣
佐藤功（1983）『ポケット注釈全書・憲法（下）〔新版〕』有斐閣
渋谷秀樹（2017）『憲法〔第3版〕』有斐閣
渋谷秀樹・赤坂正浩（2016）『憲法1 人権〔第6版〕』有斐閣
渋谷秀樹・赤坂正浩（2016）『憲法2 統治〔第6版〕』有斐閣
杉原泰雄（1987）『憲法 I 憲法総論』有斐閣
杉原泰雄（1989）『憲法 II 統治の機構』有斐閣
杉原泰雄編集代表（2008）『〔新版〕体系憲法事典』青林書院
芹沢斉＝市川正人＝阪口正二郎編（2011）『新基本法コンメンタール・憲法』日本評論社
高橋和之（2017）『立憲主義と日本国憲法〔第4版〕』有斐閣
辻村みよ子（2018）『憲法〔第6版〕』日本評論社
野中俊彦・中村睦男・高橋和之・高見勝利（2012）『憲法 I〔第5版〕』有斐閣
野中俊彦・中村睦男・高橋和之・高見勝利（2012）『憲法 II〔第5版〕』有斐閣
長谷部恭男（2018）『憲法〔第7版〕』新世社
長谷部恭男編（2017）『注釈日本国憲法・2』有斐閣
樋口陽一（1998）『現代法律学全集2・憲法 I』青林書院
樋口陽一（2007）『憲法〔第3版〕』創文社
樋口陽一・中村睦男・佐藤幸治・浦部法穂（1994）『注釈法律学全集・憲法 I』有斐閣
樋口陽一・中村睦男・佐藤幸治・浦部法穂（1997）『注釈法律学全集・憲法 II』有斐閣
樋口陽一・中村睦男・佐藤幸治・浦部法穂（1998）『注釈法律学全集・憲法 III』有斐閣
樋口陽一・中村睦男・佐藤幸治・浦部法穂（2004）『注釈法律学全集・憲法 IV』有斐閣
法学協会編（1953）『註解日本国憲法（上）』有斐閣
法学協会編（1954）『註解日本国憲法（下）』有斐閣
松井茂記（2007）『日本国憲法〔第3版〕』有斐閣
宮沢俊義（1971）『憲法 II〔新版〕』有斐閣
宮沢俊義・芦部信喜補訂（1978）『全訂・日本国憲法』有斐閣

凡　例

毛利透・小泉良幸・淺野博宣・松本哲治（2017）『憲法Ⅰ総論・統治〔第2版〕』有斐閣
毛利透・小泉良幸・淺野博宣・松本哲治（2017）『憲法Ⅱ人権〔第2版〕』有斐閣
本秀紀編（2018）『憲法講義〔第2版〕』日本評論社
山内敏弘編（2009）『新現代憲法入門〔第2版〕』法律文化社
渡辺康行・宍戸常寿・松本和彦・工藤達朗（2016）『憲法Ⅰ基本権』日本評論社
　＊本文中で直接引用していなくとも、執筆にあたり参照した主要な体系書を掲載した。
　　本文中では、著者・編者〔複数の場合は筆頭者他、で表記〕（出版年）という形で、以下
　のように引用する。
　　芦部（2015）○頁、樋口他（1994）○頁、佐藤功（1983、上）、野中他（2012、Ⅰ）。

第 I 部　総　　論

第1章

憲法総論・憲法史

1 憲法・憲法典・立憲主義——憲法研究序説

　1946年に制定された日本国憲法は、70年を超えて一度も明文改憲を経ることなく運用されてきた。1889年に成立した大日本帝国憲法も「不磨ノ大典」として50年以上の命脈を保った。こうして憲法典のテクストに一字一句の変更もみられないとしても、憲法の内容に変化がなかったと考えるのは早計である。例えば、憲法典の規定を具体化する法律の制定・改正——憲法改正手続法、皇室典範、国会法、公職選挙法などは憲法附属法律と呼ばれることがある——や、最高の有権解釈機関として最高裁判所が下す憲法判例の蓄積は、まさに憲法の内容そのものを大きく変えていく。憲法を憲法典——これを形式的意味の憲法と呼ぶ——のみから理解することは妥当ではないし、いわんや制定者の憲法典解釈——これはときに原意と呼ばれる——を絶対的なものとして憲法を把握しようとすることはなおさら困難であろう。いまここにある憲法を理解するためには、憲法典のテクスト（そこに書かれていないことも含む）に関わって日本国民や諸々の国家機関が日々織りなす実践の総体として憲法を捉える視点がどうしても必要である。

　憲法が憲法典に書かれた内容に限られず、そして現実に憲法典の存在しない国・時代もあることを考えれば、憲法とは実質的にどのような内容の法か、という問いを立てるべき場面も出てくるだろう。例えば、憲法とは「国家の統治に関わる基礎法」であるという捉え方——これを固有の意味の憲法と呼ぶ——は1つの答えである。ここでいう国家とはドイツ国家学の通説にならって、領土・国民・統治権力（政府）の三要素からなる団体だ、と説明される。また、

第1章　憲法総論・憲法史

これとは別に、固有の意味の憲法の中でも特定の立憲主義的内容を備えたものを憲法と呼ぶべきだ——すなわち立憲的（あるいは近代的）意味の憲法——という答え方もあり得る。ここで要求される立憲主義的内容の中身も様々な理解があり得るが、国民に対する国家権力の専断的行使を抑制するために権利（人権）保障と権力分立を必要とする、というのが最低限のコンセンサスであろう。

こうして一口に憲法といっても、形式的意味／実質的意味、さらに後者のなかで固有の意味／立憲的意味、というように多様な諸概念が成り立つことになる。これらの諸概念が派生する起源を辿れば、17世紀イギリスの市民革命が思想的先達となって、18世紀後期にアメリカやフランスで初めて採用された成文法典の形式に拠る立憲主義的憲法の樹立に行き着くだろう（アメリカの1776年ヴァージニア憲法・1787年合衆国憲法やフランスの1789年人権宣言・1791年憲法など）。ここに、従来まで固有の意味の憲法概念のみで事足りていた世界に、立憲的内容を盛り込んだ憲法典（形式的意味の憲法）という新たな憲法概念を必要とする時代が到来した。法律、命令、規則など下位の法形式と区別される成文の憲法典（＝最高法規）に拠って立憲主義を保障することのオリジナリティーは、いくら強調しても強調しすぎるということはない。

立憲主義に立脚する憲法典は通常、議会が制定する法律よりも改正手続が厳重（つまり改正がより困難）になっており——そうした憲法典を硬性憲法と呼ぶ——、人権保障や統治構造など国民にとって重大な立憲主義の基本内容を変更する（つまり憲法典テクストを書き換える）ためには、民主主義の手続を踏むにしてもより高いハードルをクリアーしなければならない。これを裏からみれば、硬性憲法であるからこそ憲法典の最高法規性が実質的に担保され得るともいえよう。また、現代では憲法典の内容を法律などの下位法による侵害から防御するために、憲法典に違反する法令・国家行為の違憲無効を宣言する違憲審査制度が発達しており、とりわけ憲法典に掲げられた権利・自由の保護に大きな役割を果たしている。ただし、日本のように通常裁判所による事後的な司法審査制（付随的違憲審査制）を採用する国では、必ずしも憲法典に違背するあらゆる国家行為が審査の対象となるわけではないことにも注意が必要である（第7章

参照)。

いずれにせよ、このように憲法典が一般に完全な実定法としての効力をもつに至った現代では、最高法規である憲法典とそれ以外の法形式の間には段階的な法的効力の上下関係——ここには法律以下の制定手続を定める憲法典がそれら下位法の妥当根拠(つまり授権規範)になっているという理論的基礎もある——が認められ、「憲法論」といえば通常は憲法典テクストの解釈をめぐる争いを意味することになる。例えば、後に扱われる人権規定の私人間適用いかんという論点も(第9章参照)、立憲主義と不可分と解された憲法典テクストのカテゴリカルな独自性をどこまで厳格に捉えるべきかの1つの応用問題といえる側面がある(そこに登場する新・無適用説は、憲法典＝近代立憲主義憲法＝(対国家)制限規範という等式を絶対視するが、憲法典と立憲主義思想の牽連をより柔軟に捉えることができるなら別様の理解も可能となろう)。

こうして、憲法における憲法典テクストの独自性と中心性はいまや自明と見られることになるが、それとともに憲法典の正統性を支える立憲主義の思想と原理の射程を見定め、さらに憲法典を積極的・消極的に補充する様々な憲法法源——法律、命令、規則、条例など制定法のほかにも、不文の憲法慣習や憲法判例といったものも含む——の変遷にも十分な目配りをすることによって、ようやく複雑多様な日本社会の中で日々変動していく憲法の全体像がみえてくることになるだろう。

2　近代日本憲法史

1で述べたような憲法典と立憲主義と憲法との関係をより具体的・立体的に捉えるために、以下では近代日本(幕末〜第2次世界大戦の終結まで)の憲法史を例にやや立ち入った考察を加えてみよう。

(1)　立憲主義の「型」の選択

日本における最初の近代憲法典・大日本帝国憲法は、君主主権原理を維持しながらも、権利保障と権力分立を一応取り込んでいるために、19世紀ドイツ

（プロイセン）型の外見的（＝見掛けだけの）立憲主義の系譜に属する憲法典とされる。これと対照的に、第2次世界大戦後に成立した現在の日本国憲法は、国民主権原理を採用し、自然権思想に裏づけられた人権保障と権力分立原理に立脚しているがゆえに、18世紀後期以来の正統的な米仏型、すなわち近代立憲主義の系譜に属する、と理解されている。こうした準拠国の相違に基づく「型」として憲法典と立憲主義の特徴を把握することには一定の意味があるが、なぜこうした「型」が選択されたのかについては、それぞれ1889年と1946年という時期の日本に固有の歴史的事情が存在するはずである。日本国憲法の「型」の成立事情については第2章で検討するが、ここではその陰画ともいえる大日本帝国憲法における立憲主義の「型」の形成過程についてみていこう。

（ⅰ）**立憲政体の模索**　　大日本帝国憲法は、開国維新後の富国強兵を目指す中央集権国家の形成過程にその制定の由来を辿らねばならない。明治新政府にとって、幕末に締結された不平等条約の改定を列強諸国に求める前提として、法典整備による法治国家体制の確立は極めて重要な課題であったが、他方で、知識人の啓蒙活動による天賦人権論・立憲思想の流入とともに民撰議院設立の世論が次第に高まり、いかなる立憲体制を樹立するかは明治国家の根幹に関わるテーマとなっていく。岩倉具視の遣欧米使節団の帰国後、征韓論争に敗れた板垣退助らは1874年に民撰議院設立建白書を左院に提出し、翌年には漸次立憲政体樹立の詔勅が発せられて元老院において国憲按の起草が開始された。しかし西南戦争後の1880年、元老院案に対する岩倉、伊藤博文らの強い反対でこの動きはいったん頓挫する。

（ⅱ）**2つの憲法構想**　　大日本帝国憲法制定へ向けた直接の端緒は、1881年に生じた政府部内のクーデターにあり、その背景には国会期成同盟による国会開設請願運動の昂揚と私擬憲法案起草の活発化という民権運動側の動きがあった。民権家の私擬草案は欧州各国憲法を広く参照し、その多くはイギリス流の立憲君主制を採用するという共通点を有したが、それらに大きな影響を与えたモデルの1つが交詢社案（家永三郎・松永昌三・江村栄一編（2005）『新編明治前期の憲法構想』福村出版、281頁以下）である。福澤諭吉門下の矢野文雄らが起草して1881年4月に発表された交詢社案では、「天皇ハ宰相並ニ元老院国会院ノ立

第Ⅰ部　総　論

法両院ニ依テ国ヲ統治ス」として二院制を伴う君民共治体制を採り、「天皇ハ
聖神ニシテ犯ス可ラサルモノトス政務ノ責ハ宰相之ニ当ル」、「天皇ハ内閣宰相
ヲ置キ万機ノ政ヲ信任スヘシ」とする。宰相（＝国務大臣）は「元老議員若シ
クハ国会議員ニ限」られ、「首相ハ天皇衆庶ノ望ニ依テ親シク之ヲ選任シ其他
ノ宰相ハ首相ノ推薦ニ依テ之ヲ命スヘシ」とされるが、これは国会多数派を基
礎とする議院内閣制にほかならない。しかも「内閣宰相ハ協同一致シ内外ノ政
務ヲ行ヒ連帯シテ其責ニ任スヘシ」として、内閣の連帯責任を原則としてい
る。

　交詢社案が公表される直前の1881年３月、政府部内では大隈重信が同じく矢
野の起草にかかる意見書を提出していた。大隈意見書は81年内の憲法制定と83
年の国会開設、交詢社案とよく似た政党党首を首班とするイギリス流議院内閣
制の採用を説いており、その急進主義は岩倉らに大きな衝撃を与える。この危
機感は直ちに岩倉の腹心・井上　毅　の筆になる81年７月の憲法綱領（前掲・家永
他編『新編明治前期の憲法構想』、318頁以下）となって現れた。岩倉綱領は大隈ら
の議院内閣制論に対する徹底したアンチテーゼであり、時間を遡って考えれ
ば、ここには帝国憲法に至る青写真がほぼ出来上がっていたとみることもでき
る。この綱領は、欽定憲法の体裁をとることに次いで、「欧州各国之成法ヲ取
捨スルニ付テハ普国之憲法　尤　漸進之主義ニ適スル」としてプロイセン憲法に
倣った漸進主義を大原則に掲げる。「聖上　親　ラ大臣以下文武ノ重官ヲ採択シ及
進退セラル」こととし、「内閣宰臣タル者ハ議員ノ内外ニ拘ハラサル事」、ま
た「内閣ノ組織ハ議院ノ左右スル所ニ任セサルヘシ」と附言しているのは、議
院内閣制を封じ込める趣旨である。さらに「大臣執政ノ責任ハ根本ノ大政ニ係
ル者……ヲ除ク外……各自ノ責ニ帰シ連帯責任ノ法ニ依ラサル事」として、連
帯責任も基本的に否定する。井上によるこの迅速な根本方針の確立には、政府
の法律顧問 H・ロェスレルの答議でイギリスとプロイセンの政体を詳細に比
較調査した結果も生かされていた。

　(iii)　**明治14年の政変から大日本帝国憲法制定へ**　　こうした政府部内における２
つの憲法構想の激突は、岩倉＝伊藤＝井上というラインが憲法典制定の主導権
を掌握することで勝負が決する。1881年７月の北海道開拓使官有物払下げ事件

6

を機に沸騰した政府批判の世論を、参議大隈と在野勢力の陰謀と捉えた薩長藩閥勢力は、81年10月に国会開設の時期を9年後とする勅諭を発するとともに、大隈と矢野ら福澤系官僚の政府部内からの一掃を断行した（明治14年の政変）。これにより舞台は一転し、以降は伊藤・井上を中心とする少数の法制官僚が時日を費やし、国民の眼の届かないところで帝国憲法の起草作業を進めることになる。この政変に前後して、民間では激しい主権論争・憲法論争が繰り広げられ、民権派（交詢社系のイギリス流のみでなく、ルソー主義的なフランス流も有力に主張された）は国権派に優位する論勢であったが、出来上がった憲法典はそうした成果を反映しているとはいえない。

　その帝国憲法発布に至る経過の概略は、以下のようになる。1882年3月から伊藤は伊東巳代治らを伴って欧州憲法調査に赴いた。伊藤は滞欧13カ月のうち約8カ月はドイツ・オーストリアに滞在し、ベルリンにおいてR・グナイストとA・モッセ、ウィーンにおいてL・v・スタインによる談話と講義に力を入れているが、これは岩倉綱領からすれば既定路線であっただろう。岩倉が没した直後の83年8月に帰国後、名実共に憲法典制定のリーダーシップを握った伊藤は、その準備機関として制度取調局を設置し、また華族令制定や内閣制度創設など来たるべき帝国憲法体制のための機構改革も進める。大日本帝国憲法の本格的な起草が始まったのは86年秋であり、88年4月に成案が出来上がるまで、伊藤、井上、伊東、金子堅太郎によってロェスレル、モッセ（86年に来日）の意見を交えつつ秘密裡に起草が進められた。欽定憲法の体裁をとるため天皇の最高顧問府として枢密院が設置されたのは88年5月であり、皇室典範とともに大日本帝国憲法の草案が枢密院審議にかけられるが、この最終段階で岩倉綱領にない議院の法律案提出権を認める修正がなされたことは、井上らの著しい保守性を改めて浮き彫りにするものである。こうして89年2月11日、帝国憲法公布と皇室典範勅定が成り、同時に議院法、貴族院令、衆議院議員選挙法、会計法等の憲法附属法令も成立した。

　このような経緯で選択された大日本帝国憲法の立憲主義の「型」は、憲法典の内容として具体的にどのように定着しているか、また近代日本の憲法史はこの憲法典とともにどのように展開していったか、項を改めてみていこう。

第Ⅰ部　総　論

(2)　憲法典の構造

　大日本帝国憲法は、「朕カ祖宗ニ承クルノ大権ニ依リ現在及将来ノ臣民ニ対シ」宣布された欽定憲法であった（憲法発布勅語）。憲法典の一部である上諭は、「国家統治ノ大権ハ朕カ之ヲ祖宗ニ承ケテ之ヲ子孫ニ伝フル所ナリ朕及朕カ子孫ハ将来此ノ憲法ノ條章ニ 循 ヒ之ヲ行フ」として、天皇が皇祖皇宗から
_{したが}
代々受け継ぐ統治権を以後憲法典に従って行使する、という天皇の立憲的自己拘束を謳っている。だが、それと同時に「現在及将来ノ臣民ハ此ノ憲法ニ対シ永遠ニ従順ノ義務ヲ負フ」のであって、国民も憲法遵守義務を負担している。日本国憲法99条が天皇以下の公務員に対してのみ憲法尊重擁護義務を負わせるのと対比するとき、国家に対する制限規範であることを特質とする近代立憲主義との根本的な隔たりは明らかである。また、「朕ハ我カ臣民ノ権利及財産ノ安全ヲ貴重シ及之ヲ保護シ此ノ憲法及法律ノ範囲内ニ於テ其ノ享有ヲ完全ナラシム」という宣言をみれば、天皇の賜与する臣民の権利と「現在及び将来の国民に対し、侵すことのできない永久の権利として信託」された基本的人権（憲97条）との差異は一目瞭然であろう。明治初期の論争において優勢であった民権派の天賦人権論は、保守的な藩閥勢力が採用した上からの法実証主義に敗北したことになる。

　(i)　神勅天皇制　　大日本帝国憲法１条は「大日本帝国ハ万世一系ノ天皇之ヲ統治ス」と規定する（以下、条文は括弧書きで示す）。その根拠は、『日本書紀』の建国神話にいう「天祖ノ勅」にあり、これを神勅天皇制という。先にもみたように、神勅によって皇祖皇宗から受け継いだ天皇の統治権であるが、他方でこの統治権は「此ノ憲法ノ条規ニ依リ之ヲ行フ」（４条）ともされた。ここには神勅によって超越的に基礎づけられた天皇権力を、世俗的規範である憲法によって完全に拘束し得るのか、という根源的な緊張関係が含まれている。後年、天皇大権は非常時において法治主義を凌駕するという主張が繰り返し現れるようになるのは、こうした憲法典自体の矛盾に起因するものといえる。

　「皇位ハ皇室典範ノ定ムル所ニ依リ皇男子孫之ヲ継承ス」（２条）。皇室典範は臣民の干渉し得ない「皇室の家法」とされ（皇室自律主義）、皇室に関する事項は憲法典に最小限の規定しか置かれていない。これが典憲二元体制といわれ

るゆえんであり、皇室典範と帝国憲法はそれぞれ宮務と政務の領域における最高法規として形式的効力の上下はないものと解されていた。つまり憲法典は憲法における唯一の中心でもなかったのである。

(ii) **天皇大権の体系**　「統治権ヲ総攬」する（4条）天皇は、第1に、「帝国議会ノ協賛ヲ以テ立法権」を行い（5条）、「法律ヲ裁可」する（6条）。立法権はあくまでも天皇が保持するため、『憲法義解』（伊藤著の形をとる帝国憲法注釈書）によれば「議会の協賛を経と雖_{いえども}、裁可なければ法律を成さず」、つまり天皇の不裁可権も認められるというのが制憲者意思であった（ただし、その運用において不裁可権は一度も発動されなかった）。第2に、天皇は「公共ノ安全ヲ保持シ又ハ其ノ災厄ヲ避クル為」に緊急勅令を発し（8条）、また「公共ノ安寧秩序ヲ保持シ及臣民ノ幸福ヲ増進スル為」に必要な独立命令（警察命令）を発する（9条）権能を有し、議会の協賛を経ないで立法を行うことができた。第3に、「諸般ノ条約ヲ締結」する（13条）のも大権事項であり、天皇の締結した条約は、議会の協賛を必要とせずに発効した。後にもみるように臣民の権利義務規定の多くには、「法律ニ定メタル場合ヲ除ク外」ないし「法律ノ範囲内ニ於テ」という法律の留保が定められていたが、有力説によれば憲法上の権利の制限さえ「緊急命令、條約、警察命令等憲法ノ認ムル限度ニ於テハ、法律ニ依ラズシテ之ヲ定ムルコトアリ得ベク、憲法ハ之ヲ忍容スル」（美濃部達吉（1932）『憲法撮要〔改訂5版〕』有斐閣、181頁）とされた。強すぎる天皇大権がもたらす法治主義の不徹底を象徴するものだろう。

第4に、天皇は「行政各部ノ官制及文武官ノ俸給ヲ定メ及ビ文武官ヲ任免」する（10条）。先にみたように、制憲者の最大の眼目が議院内閣制の阻止にあったとすれば、この任免大権は極めて重要である。首相以下国務大臣の任免に関する規定がこれのみである以上、本来天皇は議院の意向とは全く無関係に内閣を組織できるのであり、初期議会におけるいわゆる超然内閣の態度は制憲者意思の忠実な実践であった。

第5に、軍事に関して天皇は「陸海軍ヲ統帥」し（11条）、「陸海軍ノ編制及常備兵額ヲ定」め（12条）、「戦ヲ宣シ和ヲ講」ずる（13条）。11条と12条が別個に規定されている以外に明文上根拠があるわけではないが、作戦用兵を意味す

第Ⅰ部　総　論

る統帥（軍令）事項は迅速・機密性の要請により軍令機関（陸軍参謀本部・海軍軍令部）が大元帥である天皇を直接輔弼するのであり、編制等の軍政事項と異なって国務大臣の輔弼の範囲外であるという解釈がとられ（統帥大権の独立）、帝国憲法成立以前の憲法的慣習として広く承認された。その実際の機能は単なる兵政分離ではなく、軍は軍部大臣を通じて内閣を掣肘するが、内閣は軍の事項に容喙できないという一方的な役割を果たし、これが結果として帝国憲法体制そのものを崩壊に導く大きな要因となった。第6に、非常事態において天皇は「戒厳ヲ宣告」する大権を有し（14条）、臣民権利義務の諸規定も「戦時又ハ国家事変ノ場合ニ於テ天皇大権ノ施行ヲ妨クルコトナシ」とされた（31条）。後者の非常大権はついに発動されることはなかったが、帝国憲法がいかに十重二十重の緊急事態法制を組み上げていたかを看て取ることができる。

(ⅲ)　**帝国議会と国務大臣**　　天皇の立法に協賛する帝国議会は、「貴族院衆議院ノ両院」によって構成された（33条）。貴族院と衆議院の憲法典上の権限は、「予算ハ前ニ衆議院ニ提出」するとされた（65条）ほかは全く同一であったが、1892年には貴族院の予算修正権は衆議院の議決に拘束されないという勅裁が発せられて、この予算先議権すら有名無実となった。民選議院の力は、制度上は貴族院と対等でしかなかったのである。議会の政府に対する財政統制権は、「憲法上ノ大権ニ基ツケル既定ノ歳出及法律ノ結果ニ由リ又ハ法律上政府ノ義務ニ属スル歳出」について政府の同意なく廃除削減できないという既定歳出の保障（67条）のほか、継続費、予備費、財政上の緊急処分、前年度予算施行権（68〜71条）の制度によって大きく制約されていたことも重要である。

　貴族院は「皇族華族及勅任セラレタル議員」によって組織される（34条）。貴族院令によれば、皇族男子と公侯爵は一定年齢に達すれば当然に議員となり、その他、伯子男爵、多額納税者等から互選される議員と終身の勅選議員からなっていた。勅選議員は大部分が高級官僚出身者であり、藩閥勢力の牙城としての貴族院を支えていた。他方、衆議院は「選挙法ノ定ムル所ニ依リ公選セラレタル議員」によって組織される（35条）。1889年の選挙法は、選挙権、被選挙権共に直接国税15円以上の納税者であることを要件としており、第1回の衆議院議員選挙有権者は全国民の1％強でしかなかった。この厳しい制限選挙

制は次第に緩和されていき、1925年にはついに25歳以上の男子普通選挙制が実現するが、藩閥勢力は衆議院の民主的基盤を極小化することによって政府に対する議会を通じた国民の掣肘を極力食い止めようとしたのである。

　議会の協賛を得て制定された法律の「公布及執行ヲ命」ずることも天皇大権である（6条）。上に述べたように統帥権などの例外を除き、広く国務上の大権事項について「国務各大臣ハ天皇ヲ輔弼シ其ノ責ニ任」じ、また「凡テ法律勅令其ノ他国務ニ関ル詔勅ハ国務大臣ノ副署ヲ要」する（55条）。55条は制憲者が議院内閣制を排するために最も心血を注いだ規定の1つであることは、先にみた制定経緯からも明らかだろう。ここには内閣の連帯性が否認され、各国務大臣の単独輔弼・単独責任が規定されており、必然的に内閣総理大臣は同輩中の主席（primus inter pares）の地位にとどまることになる。そもそも内閣という機関自体が憲法典上の存在ではなく、勅令である内閣官制によっていた。単独輔弼の原則が軍部大臣現役武官制と相俟って、軍部が内閣の存立を脅かす事態をしばしば生じたことはよく知られている。統治機構の多元性は、「天皇ノ諮詢ニ応ヘ重要ノ国務ヲ審議」する枢密顧問（56条）をはじめ、総辞職後の後継総理の奏薦を行う元老や、宮中で天皇を常侍輔弼する内大臣など憲法典外の制度にもみることができる。こうした国民の影響力の及ばない諸機関も、天皇の大権行使を支える重要な要素であった。

　⒤ **臣民の権利保障とその救済**　　大日本帝国憲法第2章は、欧州憲法の人権カタログにならって、「居住及移転ノ自由」（22条）と「所有権」（27条）、「信教ノ自由」（28条）と「言論著作印行集会及結社ノ自由」（29条）、逮捕監禁審問処罰（23条）・住居侵入・捜索（25条）に関わる人身の自由と「信書ノ秘密」（26条）、「裁判ヲ受クルノ権」（24条）、「請願ヲ為ス」権利（30条）を規定した。ここに明文化されたものは、経済活動、精神、身体の自由と少数の受益権のみであり、「国民ノ最モ主要ノ参政権タル選挙権ニ付テ本章中何等ノ規定ナキノミナラズ」（前掲・美濃部『憲法撮要〔改訂5版〕』、178頁）、一般的な平等原則すら規定されていない。臣民の権利条項のほとんど（28条を除く）は法律の留保を伴うものであり、憲法典上の権利・自由であっても法律であればいかようにも制限が可能であった。しかしこの法治主義の大原則にも、先にみたように独立

命令や緊急勅令のような憲法典上の例外が設けられ、実際にも法律によらない制限が行われていた。極端な事例としては、1928年に治安維持法の最高刑を死刑に引き上げる法案を提出していた田中義一内閣が審議未了となるや、緊急勅令でこれを実現した例がある。

「法律による自由保障」という方式自体は、議会主義の時代である19世紀の欧州立憲主義に一般的なものといえるが、帝国憲法下では独特な構造上の限界もあった。衆議院議員選挙が厳しい制限選挙の下で出発したことは先にも述べたが、1925年の男子普通選挙制実現で議会への民意反映が格段に進んだかといえば、このとき戸別訪問の禁止をはじめとする厳しい選挙運動規制が同時に導入されたことからみても手放しで肯定はできないだろう。また、衆議院が治安立法の改廃を提起したとしても、対等な権限をもつ貴族院の反対で実現を阻まれた事例は少なくない。例えば、女性が「公衆ヲ会同スル政談集会ニ会同」することを禁止していた治安警察法5条2項は、1900年の制定当初から改正運動が盛んであったが、1922年に至ってようやく改正が実現している。このように、29条の言論・集会の自由（政治的自由）に対する法令上の諸制約は非常に厳しかったが、その下では「法律による自由保障」の前提に大きな限界があったのである。これは帝国憲法成立以前からの藩閥政府による言論弾圧立法を引き継いでいる側面があり、「此ノ憲法ニ矛盾セサル現行ノ法令ハ総テ遵由ノ効力ヲ有ス」（76条）という経過規定は、矛盾を承認する議会（ことに衆議院）の力量が高まらなければ、権利・自由の拡大は望めないことを意味していた。

「天皇ノ名ニ於テ」司法権を行う（57条）裁判所が、帝国議会以上に憲法典上の権利保障と無縁であったのは、法律の留保の帰結であるとともに、そもそも違憲法令審査権をもたなかったからでもある。一般に、「法律ノ内容ガ果シテ憲法ニ抵触スルヤ否ヤハ立法権者自身ガ最高ノ解釈権ヲ有シ、裁判所ハ自己ノ見解ヲ以テ此ノ解釈ニ対抗スルノ権能ヲ有スル者ニ非ズ」（前掲・美濃部『憲法撮要〔改訂5版〕』、568頁）と解されていた。また、行政庁の違法な処分を争う行政裁判は司法裁判所ではなく、行政機関である行政裁判所（一審制）が管轄したが（61条）、その出訴事項は一般概括主義をとらず、租税・手数料の賦課、租税滞納処分、営業免許の拒否・取消など極めて少数の事件に限定されており

第1章　憲法総論・憲法史

（「行政庁ノ違法処分ニ関スル行政裁判ノ件」明23法106号）、法律上の権利救済制度
も明らかに不備であった。

(3)　憲法史の諸問題と憲法学

　憲法典の成立とともに憲法論議の風景が一変したのは、1889年も1946年も同じであった。1889年の場合、届いた憲法典を一読して「唯だ苦笑する耳^{のみ}」であった中江兆民の慨嘆をよそに、憲法論の主役は自由闊達な民権家から、ドイツ留学を終えて帰朝し、学理解釈を専業とする講壇憲法学者へと移っていく。だが、講壇憲法学においても、憲法典の解釈は制憲者の意図を貫徹しようとする穂積八束^{やつか}らの正統学派によって独占されたわけではなく、やがてこれに対抗する美濃部達吉らの立憲学派が優勢を占める時代が到来する。現実の立憲政治と憲法学の交錯を軸にして憲法史の主要な流れを追ってみよう。

　(i)　**明治後期の立憲政治**　　帝国憲法発布の翌日、首相黒田清隆は「政府ハ常ニ一定ノ方向ヲ取リ、超然トシテ政党ノ外ニ立チ、至公至正ノ道ニ居ラサル可ラス」といういわゆる超然主義演説を行った。しかし、1890年に民党が衆議院の過半数を占める第一議会が開会されてみると、毎年の予算や減税法案をめぐって政府と民党は対立を繰り返し、1893年の第四議会における製艦費問題をめぐっては天皇の詔勅（「和協の詔勅」）によって政府はようやく議会の同意を取り付けることとなった。民党との妥協による政策遂行の不可避性を自覚した伊藤博文は、1900年には立憲政友会の結成によっていよいよ自ら衆議院に多数党の基盤を築く。しかし、貴族院に牙城をもつ山縣有朋系の官僚勢力はこれに強く反発し、両院の疎隔による議会運営の難しさは、山縣閥の桂太郎と政友会の西園寺公望が交替で政権を担う桂園時代に至ってようやく安定を得ることになった。

　(ii)　**天皇機関説論争**　　桂園時代は明治末年まで続いたが、その末期に学界・言論界を賑わせたのが正統学派・上杉慎吉と立憲学派・美濃部達吉を主役とする天皇機関説論争である。上杉は論争の渦中に世を去る師・穂積八束の代理ともいうべき立場にあったので、ここでは穂積説と美濃部説の基本的な対立構図をみておこう。

第Ⅰ部 総 論

　若くして井上毅の嘱望を受け、帝国憲法発布直前に帝国大学の憲法学教授となった穂積は、強大かつ無拘束な天皇大権の領域を確保し、これに対する議会の関与と掣肘を極力排除する解釈論を展開した。穂積によれば、①統治権を総攬する天皇は、憲法上の大権行使にあたって国務大臣の輔弼を採納するかどうかは自由であって、承諾しない大臣に副署を命じることさえできる。②帝国憲法5条にいう立法とは、議会の議定を経て成立する法規の制定という形式的意義にすぎず、これは議会の協賛権が及ぶ実質的な範囲を定めたものではない。法律と命令の実質的な領域区分は憲法典の規定いかんによって定まり、臣民権利義務規定など憲法上の立法事項は法律の、天皇親裁にかかり議会の関与を許さない憲法上の大権事項は命令のそれぞれ専管であって、どちらにも該当しない事項のみがどちらで規定しても宜しい（ただし命令は既存の法律に違反する定めはできない）。③主権の所在を表す国体と、統治権行使の形式を表す政体は区別されるのであって、日本は（民主国体に対立するところの）君主国体＝皇位主権であり、かつ（専制政体に対立するところの）立憲政体である。政体は憲法の規定によって定まり、帝国憲法のとる権力分立の立憲政体は、「大権の独立、政府と議会との対峙、貴衆両院の同権、此の三大綱目を骨子として居る」（穂積八束（1921）「国体の異説と人心の傾向」星島二郎編『最近憲法論〔3版〕』眞誠堂、94頁）。議会と政府の兼併体制である議院内閣制はこうした意味での立憲政体と全く相容れない。

　こうした内容の穂積説に対して、「言を国体に藉りてひたすらに専制的の思想を鼓吹し、国民の権利を抑えて其の絶対の服従を要求し、立憲政治の仮想の下に其の実は専制政治を行はんとするの主張」（美濃部達吉（1912）『憲法講話』有斐閣、序2頁）だ、と痛烈に批判する次世代の美濃部（論争当時東大では行政法担当であり、兼任の東京高商（現・一橋大）で憲法を講じたが、1920年からは上杉と並んで東京帝国大学の憲法第二講座を担当する）は、全く対蹠的な解釈論を展開する。美濃部によれば、①帝国憲法3条の規定する天皇の神聖不可侵は、大権行使について天皇が無責任であるとともに輔弼の任に当たる国務大臣がすべての責任を負う旨の規定であって、天皇の大命であっても大臣が同意できない場合には諫止し、それが採納されない場合には副署を拒んで辞職することも認めら

れる。②帝国憲法5条の立法について穂積は形式的意義で捉えたが、美濃部は実質的意味の法規（すなわち国家または臣民の権利義務に関する法則）が原則として常に議会の協賛を経なければならない、というのが5条の趣旨だと解した。したがって、穂積が憲法上の大権事項として命令に留保する「行政各部ノ官制」（明憲10条）なども法律で定めて構わない。③穂積のいう国体の概念は不要であり、主権＝統治権の主体は常に国家であって、国家意思決定の最高機関の組織いかんという政体の区別があるのみである。日本は立憲君主政体であって、その本質は君主と国民と共同して国家の権力を行っていく、つまり全国民が国会を通じて国政に参与することである。また、内閣官制5条は国務の重大事項が内閣の閣議を経るべきことを規定しており、一省のみに属さない事項は必然的に全大臣が共同の連帯責任を負うべきである。とすると、各大臣は同じ意見を有する同一の政党員から組織され、つまりは政党内閣に近づくことは自然の趨勢である。さらに、議院の上奏権（明憲49条）や質問権（旧議院法48条）などは議会の国政監督権を規定したもので、国務大臣が議会に対して政治上の責任を負うことさえ争う余地はなく、国民代表議会による立憲政治を行う以上、議院内閣・政党内閣は必然の趨勢である。

　こうして明治末年に行われた憲法典の解釈論争は、明らかに明治14年に政府部内で争われた憲法構想の対抗──イギリス流議院内閣か、プロイセン流君主専制か──を継承していた。美濃部の国家主権説（天皇機関説）とはある程度までイギリス流君民同治論の別名にほかならず、ここまでの「解釈改憲」が憲法の実態をリードしていくならば、憲法典が憲法を規定する力は通常考えられるほど大きくはない、ということになろう。しかし、より大きな問題は憲法典自体が憲法の動態を制御する力を維持できる構造になっているかどうかにある。

　(ⅲ)　**大正デモクラシーの光と影**　　1912年末、陸軍二個師団増設問題をめぐる陸相単独辞任によって第2次西園寺内閣が瓦解したことは、単独輔弼制と統帥権独立原則による内閣の脆弱性を露呈した。「閥族打破」を掲げる第1次憲政擁護運動の後、山本権兵衛内閣は官制改正による軍部大臣現役武官制廃止でこの弱点を埋めようと図る。この大正政変により政党の力は拡大して政界再編が

第Ⅰ部　総　論

進んだが、これは同時に政党が藩閥・官僚勢力と相抱合するに至った時代でも
あった。美濃部説は法制度の現実（法律と命令の関係など）と憲政の実態に適合
するものとして、大正期に学界・政官界における支持を拡大するが、他方で、
穂積＝上杉説が国民学校教育や軍教育（上杉は陸軍・海軍大学校教授を併任した）
を通じて広く国民精神に浸透していったことも見逃すことはできない（いわゆ
る「密教」対「顕教」）。

　ワイマール革命とロシア革命が成立した第1次世界大戦後は、日本国内でも
デモクラシーの拡大と社会主義運動・労働運動の弾圧が同時進行する。普選法
案は明治末年には衆議院を通過するまでに至っていたが（貴族院での否決に穂積
の反対演説も寄与した）、普選運動はその後も米騒動などを契機に繰り返し盛り
上がりをみせた。原敬内閣は政友会の基盤強化のため1919年に小選挙区制を導
入するが普選には徹底して反対し、敵対していた山縣の評価を得ることにな
る。他方、この時期には小作争議や労働争議も頻発するようになり、社会主義
運動の過激化に体制側は神経を尖らせた。1925年、第2次憲政擁護運動の申し
子である加藤高明内閣の下でついに男子普通選挙法が成立したが、同年には国
体の変革を目的とする結社を禁じる治安維持法も制定されている。

　原と山縣が相次いで世を去った後、最後の元老・西園寺は1924年から1932年
の五・一五事件まで常に政党党首を首班に推薦し、二大政党間での政権交代が
常態化する（「憲政の常道」）。しかし、明治の元勲でもあった元老たちの相次ぐ
逝去は多元的な統治機構の統合能力を低下させ、また藩閥官僚や財閥との関係
を深める二大政党は既得権益の代弁者とみなされて政党不信、議会不信の空気
が拡がっていく。美濃部の「解釈改憲」が憲政として定着した時代は、これに
対する反抗が本格化する時代の始まりでもあった。1930年にロンドン海軍軍縮
条約をめぐる統帥権干犯論が台頭するが、美濃部は軍の編制に関する条約は外
交大権、編制大権により専ら政府の輔弼事項であって、統帥機関の同意を要し
ないとして条約締結を支持した。美濃部は軍部のみならず（政府攻撃の党略も絡
んで）野党政友会の反感を買い、これが天皇機関説事件への伏線ともなる。

　⒤　**昭和ファシズムと憲法学**　　昭和初期の日本は、対華21箇条要求以来の中
国ナショナリズムとの軍事衝突が泥沼化の兆しをみせ、世界恐慌に至る国内外

第1章　憲法総論・憲法史

の経済不安が社会の底辺で怨嗟のエネルギーを蓄積していた。そうした中で数々の国家主義運動を指導し、総力戦への備えを逸早く唱えていた上杉は1929年に没する。1931年に満州事変が勃発し、五・一五の青年将校テロが最後の政党内閣を倒した後、蓑田胸喜ら民間右翼は自由主義的な大学教授たちへの排撃の手を強めるが、その最大級の標的は貴族院議員となっていた美濃部であった。1935年、穏健派の岡田啓介内閣は右翼・軍部・政友会を震源とする国体明徴運動に押し切られる形で、「所謂天皇機関説ハ神聖ナル我国体ニ悖リ其本義ヲ愆（あやま）ルノ甚シキモノニシテ、厳ニ之ヲ芟除（さんじょ）セザルベカラズ」との声明を発し、講壇憲法学は帝国憲法解釈の自由を強権的に奪われた。国民の非合理な情念を動員した「顕教」の猛威にエリートの「密教」は抗うすべもなく、政党内閣の理論はその慣行の後を追うように急ぎ退場を命じられたのである。

　その後の憲法史は、1936年の二・二六事件、軍部大臣現役制復活、1937年の日中戦争開始、大本営設置、1938年の国家総動員法制定（広汎な白紙委任立法）、1940年の大政翼賛会発会（既成政党の解消）、そして1941年の日米開戦といった史実が示すとおり、議会制の完全な凋落と軍ファシズムの先導する物的・精神的総力戦体制への移行が、帝国憲法下の多元的権力機構と軋轢を生じつつ進行した。単独輔弼と統帥権独立の枠組みの下で最終的な決断を下せるのは天皇しかいなかったが、昭和天皇自身は必ずしも独裁君主たろうとしなかった（「無責任の体系」）。しかしそれでも、対米戦争における未曾有の戦禍拡大を受けて、皇祖皇宗の遺訓である国体護持のために1945年8月、終戦の「聖断」を下したのは天皇自身であり、それとともに帝国憲法体制は崩壊するに至った。

【より深く考えてみよう】
　近代日本の精神的自由のありようは数多くの治安立法によって厳しい制約を受けていた。「悪法」の典型とされる治安維持法はどのような制定・改正・適用のプロセスを辿ったのか、以下の文献から確認してみよう。
　奥平康弘（2006）『治安維持法小史』岩波書店
　戦前の憲法学を担った代表的な学者たちの思想と行動は、どのような背景の下で培われたものか、以下の文献のⅡ章（「憲法学者たち」）を読み、考えてみよう。
　長尾龍一（1981）『日本法思想史研究』創文社

17

第2章

国民主権・天皇制

1 神勅天皇制から国民主権へ

(1) ポツダム宣言の受諾と主権原理の転換

日本国憲法は、戦前の大日本帝国憲法の改正という形で成立した。日本国憲法の冒頭には、天皇による上諭が付されている。もっとも、帝国憲法73条の改正手続に則り成立したものの、実質的には文字どおりの「新憲法」の制定であった。神勅（神権）天皇制から国民主権へと、憲法の基礎が180度転換したのである。憲法1条は、天皇を象徴として位置づけ、その地位は「主権の存する日本国民の総意に基く」と定めている。

1945年8月14日、日本はポツダム宣言を受諾し、連合国側に無条件降伏した。ポツダム宣言は、日本の武装解除、戦争犯罪人の処罰のほか、民主主義・基本的人権の保障の確立などを要求していた。神勅天皇制に基づく帝国憲法とは相容れない内容であり、憲法の全面的な改正は不可避であった。日本占領の最高責任者、連合国最高司令官マッカーサーの指示を受けて、1945年10月25日、政府は、松本烝治を委員長とする憲法問題調査委員会を設置した。

翌1946年2月1日、毎日新聞のスクープ報道により、憲法問題調査委員会の試案の内容が知られることになった。試案は、帝国憲法を部分的に手直ししたものにとどまっていた。これに対して連合国最高司令官総司令部（General Headquarters, GHQ）は、独自の憲法草案の作成に着手した。司令官マッカーサーが示した方針（「マッカーサー3原則」）に基づき、起草作業は2月4日から12日にかけて、秘密裏に行われた。2月8日、憲法改正要綱が日本側からGHQに提出されたが、GHQは、2月13日、要綱案を拒否し、総司令部側が作

第2章 国民主権・天皇制

成した憲法草案を提示し、この案を最大限尊重して新たな草案を作成するよう日本側に要求した。この案（「総司令部案」）が、日本国憲法の原型となってゆく。日本側はこれを持ち帰り、日本語による草案を作成した（「3月2日案」）。その後さらに、GHQと日本側との折衝が行われ、3月6日、「憲法改正草案要綱」が発表された。

　要綱は、帝国憲法73条の改正手続に従い、手直しのうえ正式の改正案として提出され、衆議院（1946年4月、初めての男女平等の普通選挙により選出された）、貴族院の審議を経て一部修正されて、10月7日、衆議院で可決・成立した。日本国憲法は、11月3日に公布され、1947年5月3日に施行された。

(2) 主権原理の転換と残された課題

(i) **8月革命説**　このように、形式的には戦前の憲法の改正手続を利用して、外見上は形式的な連続性を保ちながらも、しかし全く異なる基本原理に立脚した憲法が制定された。これは、事実の問題としてはともかくとして、法理論的にはどのように説明されるのだろうか。憲法改正にはおよそ法的な限界は無いと考えれば、問題は生じない。しかし、学説上は、憲法改正には理論上、法的な限界があるとみる学説も有力である（第19章参照）。また、大日本帝国憲法に限ってみても、「万世一系ノ天皇之ヲ統治ス」（明憲1条）といった規定からすると、神勅天皇制の改正はそもそも想定されていないようにみえる。

　こうした難問を含む日本国憲法制定を説明した法理として知られるのが、宮沢俊義による「8月革命説」である。日本は、1945年8月、日本の最終の政治形態は、ポツダム宣言に従い、日本国民の自由に表明される意思によって定めるべきであるという連合国側の意向を受け入れ、無条件降伏した。神勅天皇制という帝国憲法の根本建前とはおよそ相容れない国民主権の原理を受け入れたのであり、これによって「法律学的意味の革命」が生じ、新しい建前（国民主権）と矛盾する限度で、帝国憲法の規定の意味が変わった（効力が失われた）のだと、宮沢は論じた。

　8月革命説は、神勅天皇制に立脚した帝国憲法の改正手続をへて国民主権の憲法が成立したことを、「法的革命」という概念から巧みに説明している。理

第Ⅰ部　総　論

論面では批判もあるが、何より、憲法原理の転換を論証した法理であるという点で、8月革命説は大きな意義をもっている。とはいえ、8月革命はあくまで法的な次元での断絶である、という点には注意が必要である。天皇をはじめ、敗戦後も戦前の指導者の多くはその地位にとどまり、天皇を中心とした「国体」は不変であるといった、戦前との連続性を強調する議論も少なくなかった。

戦前の憲法との断絶と連続という問題は、日本国憲法が採用した象徴天皇制の解釈や運用に、様々な影響を及ぼすことになる（本章2参照）。また次にみるように、主権原理の転換の意味をめぐる重要な論争も生じた。

(ii)　**宮沢・尾高論争**　　国民主権主義の導入により日本の政治の根本的建前が変わったとする宮沢俊義の議論を、法哲学者・尾高朝雄が批判したことから、国民主権をめぐる有名な宮沢・尾高論争が生じた。

憲法の基本原理は、神勅天皇制から国民主権に転換したとするならば、主権の所在もまた、天皇から国民に移ったとみるのが自然であるように思われる。しかし尾高は、主権は君主でも国民でもなく、「ノモス（法の理念）」に存すると論じた。ノモスは、一切の地上の権力者の行動を規律するものとして、想定されており、それは、主権とは単なる力ではないということを意味する。天皇による統治であっても、また国民主権であっても、権力を思うがままに用いることは許されず、「正しい統治の理念」に従うべきであるという点において変わりはない、というのである。このように考える尾高にとっては、「最終的な決定権」という意味での主権概念は否定されるべきものとなる。尾高は自らの議論を「主権抹殺論」であると呼んでいる。

これに対して、宮沢は、主権が君主（天皇）にあるのか国民にあるのかを論じているのに、「ノモス主権」を持ち出しても答えにはならない、と反論する。誰が主権を担うのかという点こそが問題であり、権力が「ノモス」に従わねばならないとしても、「ノモス」の内容を最終的に決めるのは誰かが問われなければならないというのである。宮沢は、「ノモス主権」論を、国民主権の採用によって天皇制に与えられた「致命傷」を包み込む「ホオタイの役割」を果たすものだと批判した。

(ⅲ) **国民主権の正統性と権力性**　憲法原理の根本的な転換という動かしがたい事実を踏まえれば、主権を、国政をめぐる最終的決定権の所在の問題として捉え、主権の所在の変更を正面から論じた宮沢の議論に分があったことは否めない。宮沢は、国民主権という場合の主権を、国家の政治のあり方を最終的に決める力あるいは権威であると捉えている。それは、憲法を制定する権力と同義であり、例えば天皇制の存廃が問題となった場合、それを最終的にきめる権力あるいは権威を意味するとされる（宮沢俊義（1967）『憲法の原理』岩波書店、285頁）。例えば日本国憲法1条が、天皇の地位は「主権の存する日本国民の総意に基く」という場合の「主権」である。

　「国家の政治のあり方を最終的に決める力」としての主権を憲法の制定のレベルで理解するのであれば、憲法が制定された後は、憲法改正（第19章参照）が問題となる場合を別にすると、主権の行使（権力性の契機）が問題になることはなくなる。国民主権といっても、それはもっぱら権力の正統性（正当性）の淵源を示すもの（正当性の契機）にとどまることになる。

　通説的見解も、このような国民主権の理解を引き継いでいる。通説は、主権を「国の政治のあり方を最終的に決定する力」と解したうえで、そこに、国家権力の正統性（正当性）の淵源が国民にあるという正当性の契機と、一定の権力性を伴った力という権力性の契機という、2つの側面が含まれていると説く。主権を正当性の契機（権威）から理解しつつも、一定の限度では権力行使と結びつく意味（権力）をも認めているのである。通説的見解によれば、権力性の契機は憲法改正権の行使を意味しており、具体的には、主権者である国民が意思表示を行う憲法改正国民投票（憲96条1項）が、その表れであるとされる。ただし、主権の権力性の契機はあくまでこの限度にとどまるとされ、明文の規定がない限りは、主権者国民による直接的な主権行使の機会を認めることはできないとされる。かかる意味での国民主権原理は「代表民主制、とくに議会制と結びつく」ことになる（芦部（2015）41-43頁）。

　主権の権力性を認めることに慎重な見解の背景には、場合によると憲法秩序それ自体を生み出したり破壊したりすることもできる主権という権力が、「実定法秩序の中にヌキ身で常駐」する（樋口陽一（1973）『近代立憲主義と現代国家』

第 I 部　総　　論

勁草書房、302頁）ことに対する強い警戒がある。このような立場からすると、いったん新しい憲法秩序がつくり出された後は、主権は「凍結」されるべきであり、憲法の公権力のあり方を論じる際にも、主権という概念を用いるべきではないということになろう。先にみた尾高朝雄による「主権抹殺論」は、そうした考え方を徹底したものであったとみることもできる。

　一方、「最終的決定権（権威）」という「美名」の下、主権を実定憲法の外にある憲法制定権力と同視し、実定憲法内部においては憲法改正権に限定することで、国民主権からそのインパクトを奪うことになるとして、通説的見解を批判する立場もある。この見解は、主権は端的に国家権力と捉えるべきだと説く。主権が国家権力の帰属を示す原理だとすれば、その下で国家権力がどのように組織されるべきかが当然に問題となる。憲法の中で、公権力の組織や政治制度を通じいかに権力の民主化を実現するかこそが、主権論の課題であるとみるのである（杉原泰雄（1983）『国民主権と国民代表制』有斐閣、134頁）。

　こうした主権の意味をめぐる対立は、権力の制限（立憲主義）と権力の民主化（民主主義）という、いずれもが近代的意味の憲法の骨格を形作る 2 つの原理の間の緊張関係を示すものでもある。とはいえ、両者の立場の間で、一定の歩み寄りもみられる。国民主権の権力性を強調する立場は、憲法解釈のレベルでは、あくまで憲法規範の枠内で権力の民主化を追求するものである。主権はあくまで、実定憲法（日本国憲法）の枠の中で、公権力の組織原理として論じられることになる。一方、国民主権を正当性の契機として捉える立場からは、それが「今日では、一定以上の『組織原理レベル』の具体的要請、別の言葉でいえば、『権力的契機』を含むことなしには統治の正当性根拠を提供することができなくなっている」（樋口（1998）79頁）ことが指摘される。あるいは、通説よりももう一歩踏み込み、正当性の契機とともに実定憲法の構成的原理としての側面を認め、憲法の基本的枠組みを前提としつつ、「国家の統治制度がこの国民の意思ないし権威を活かすよう組織されなければならないという規範的要請を帰結する」と説く立場もある（佐藤幸（2011）395頁）。

　(ⅳ)　**国民主権論の課題**　　国民主権の下では、君主という一人の人格にではなく、多数者からなる「国民」という、観念上の集合的な存在に主権が帰属す

る。憲法改正権力として表明されるにせよ、また通常の憲法の統治機構の中で選挙、あるいは国民投票などの形で表明されるにせよ、主権者である「国民」の意思をどのように形成していくのかは、常に難問である。

2016年6月、EUからの離脱を争点とした国民投票がイギリスで行われ、離脱賛成票が過半数を占めた。しかし投票後、離脱交渉が難航するなど大きな混乱が生じた。いったん「民意」が表明されると、それを覆すことは容易ではない。議員の選挙をめぐっても、「民意」が表明されたといわれるが、どのような意味で「民意」が表明されたのかは、常に問題となり得る。イギリスの例をみると、主権の権力性を警戒し正当性の契機を強調する見解にも十分な根拠があるようにみえる。

しかし他方、国政上の重要な問題について何らかの形で国民の意思が表明されることの意義もまた、簡単には否定できない。世論調査に現れる「民意」と議会の多数派の立場の間に食い違いがあることは少なくない。議会による決定を、簡単に「民意」とイコールで結ぶわけにはいかない。

今日では「一人一票」の原則が保障され、主権者である個々の「国民」は、それぞれ政治的には等価値のものとして扱われる。だが、権力の民主化あるいは徹底した民意に基づく政治を追求しようとするならば、等価値の個人の意思を積み上げ多数決で決定を行うという単純な図式で満足するわけにはいかないであろう。「国民」の意思は、常に多様性や可塑性に富んでおり、その把握は容易ではない。「国民」「主権」それぞれの解釈を踏まえつつ、国民の意思を生かすよう、どのように統治機構を組織するかが問われることになる。

主権の正当性と権力性のいずれを重視するかは、日本国憲法が定める「国民主権」の解釈をめぐり、異なる結論を帰結することになる。また、「国民主権」という場合の、「国民」「主権」がそれぞれ何を意味するのかも、あわせて問題となる（第4章参照）。

第 I 部　総　　論

2　国民主権と象徴天皇制

(1)　天皇制をめぐる断絶と連続

(i)　神勅天皇制から象徴天皇制へ　　神勅天皇制から国民主権への原理的な転換によって、天皇の憲法上の地位も根本的に転換した。大日本帝国憲法では、天皇は元首であり統治権を総攬する（明憲 4 条）。その地位は「万世一系」（明憲 1 条）であり、「国家統治ノ大権」は、代々日本を統治する天皇が「祖宗ニ承ケテ之ヲ子孫ニ伝フル」（告文）ものであるとされていた。帝国憲法自体も、そうした天皇が裁可し、国民に与えたものであった（欽定憲法）。

帝国憲法下ではまた、皇室に強い自律性が認められていた。皇位、摂政をはじめ皇室について定める皇室典範は、皇室の家法とされ、その改正には帝国議会の議決は不要とされていた（明憲74条）。こうした仕組みは、典憲二元体制ともいわれる。また、皇室財政に対する議会の関与は制限されており、皇室経費については、議会の関与は将来増額される場合に限られていた（明憲66条）。しかも皇室は、帝室林、不動産、有価証券など莫大な財産を有していた。

これに対して、日本国憲法では、天皇は「日本国の象徴」「国民統合の象徴」であり、その地位は、「主権の存する日本国民の総意」に基づくとされる（憲 1 条）。もはや万世一系ではなく、主権者の意思──憲法改正──によってそれを廃止することも可能となったのである。また天皇は、国政に関する権能をもたず（憲 4 条 1 項）、憲法が定める国事に関する行為のみを、内閣の助言と承認によって行う（憲 3 条）。天皇も憲法が定める公的機関の 1 つであり、「国務大臣、国会議員、裁判官その他の公務員」などとともに、「この憲法を尊重し擁護する義務」を負っている（憲99条）。

皇位の継承は、皇室典範により定められるが、ここでの皇室典範は国会が議決する法律である。また、「すべて皇室財産は、国に属する。すべて皇室の費用は、予算に計上して国会の議決を経なければならない」（憲88条）とされ、財政面での国会の統制も徹底されている。

このように、憲法の規定をみる限り、戦前と戦後の断絶は明らかである。し

かし政府は、戦前との連続性を強調しようとした。日本国憲法制定の過程で特に議論を呼んだのが、「国体」は変わったのかという問題である。「国体」は、戦前の天皇を中心とする国家体制を指す言葉であるが、帝国憲法はこの文言を使っていない。「国体」は、精神的・倫理的な意味合いをも込めて、用いられた言葉である。

　戦前、「国体」という言葉を用いていたのが治安維持法であり、その変革を目的とする結社の厳しい弾圧が行われた。戦前の大審院は「国体」について、「万世一系ノ天皇君臨シ統治権ヲ総攬シ給フコト」と定義している（大判昭4・5・31大刑集8巻317頁）。こうした意味での国体が、日本国憲法の制定により変わることは自明であった。

　帝国議会・衆議院での日本国憲法草案の審議において、憲法と国体との関係について問われた憲法担当国務大臣・金森徳次郎は、「謂はば憧れの中心として、天皇を基本としつつ國民が統合をして居る」ことが国体の根底にあり、そうした意味での国体は毫末も変わらないと答弁している（昭和21〔1946〕年6月25日・衆議院本会議・帝国憲法改正案第1読会）。ここでの国体は、精神的な意味合いで用いられており、そうした国体の連続性を強調しようとする意識は強かった。しかし法的意味においては、戦前の国体との間には、はっきりとした断絶がある。日本国憲法でも、帝国憲法と同じ「天皇」の語が用いられているが、その地位は日本国憲法によって新たに創設されたものとみるべきであろう。

　(ii)　**国民主権と天皇制**　　とはいえ、日本国憲法の下でも、天皇の地位はなお、「世襲」によって継承される（憲2条）。国民主権や法の下の平等といった基本原則と本来は両立しない要素が、象徴という地位を与えられ、憲法の中に残されているのである。象徴天皇制は、国民主権と問題なく両立しているわけではなく、両者の間には強い緊張関係が存在している。天皇制は、憲法の中に「身分」「特権」を保存したものであるとも指摘される（石川健治（2007）『自由と特権の距離〔増補版〕』日本評論社、237頁）。この点はとりわけ、後述の天皇の「人権」をめぐって問題となる。

　国民主権と天皇制との間の緊張の一端は、天皇と三権（立法・行政・司法）の関係をめぐる規定からもうかがうことができる。天皇の国事行為には、国会の

第 I 部 総　論

召集、衆議院の解散（憲7条2号・3号）、国会の指名に基づく内閣総理大臣の任命、内閣の指名に基づく最高裁判所長官の任命（同6条1項・2項）がある。いずれもが内閣の助言・承認に拘束された、名目的儀礼的行為にとどまるが、天皇が三権に対し優位に立つかのような印象がないとはいえない。天皇の地位である「象徴」は、極めて抽象度が高い概念であるだけに、戦前の天皇制との連続の意識が、天皇をめぐる憲法規定の解釈・運用に介在するおそれも否定できない。象徴としての天皇に重大な役割を与えようとする意識や政治的意図が働けば、「憲法の定めた形式的儀礼的な性格規定にも拘らず、天皇はそのように実質的なものでもあり得る」ことに、十分留意する必要がある（鵜飼信成（1977）『憲法における象徴と代表』岩波書店、25頁）。

(2)　国民主権と世襲・象徴

(i)　**皇位の世襲**　　憲法は「皇位は、世襲のものであつて、国会の議決した皇室典範の定めるところにより、これを継承する」と定める。これを受け、皇室典範では、「皇位は、皇統に属する男系の男子が、これを継承する」ものとし、長系・長子を優先に、継承順位を定めている。皇嗣に「精神若しくは身体の不治の重患があり、又は重大な事故があるとき」は、皇室会議の議により、継承順位を変えることができる。典範は、皇族の範囲や地位・身分についても、定めている（典・第2章）。憲法は皇族について規定しないが、世襲を前提に設けられた仕組みである。

　皇位の継承は、天皇が崩じた場合に行われる。この場合、皇嗣が直ちに即位する（同4条）。皇位継承の原因となるのは崩御のみであり、天皇が退位することを想定していない規定である。

(ii)　**象　徴**　　天皇の憲法上の地位は、「日本国の象徴」「国民統合の象徴」である。象徴とは、無形的・抽象的なものを表す具体的・有形的なものをいう（宮沢（1978）50頁）。この意味の象徴は、本来心理的な意味合いをもつにとどまるものであり、そこから具体的な法的帰結を引き出すべきではない。あえていえば、戦前とは異なり、天皇が「非政治的存在・政治的中立的存在」であることを意味すると解することができるが（杉原（1989）490頁）、「日本国」「日本国

民の統合」のために、天皇に具体的な行為が求められるわけではない。天皇が国事行為のような行為を行い得るとしても、それは天皇が象徴であるからではなく、憲法がそのように規定しているからにすぎない。

象徴としての地位と関連し、天皇が元首といえるかが論じられることがある。大日本帝国憲法は天皇が元首であることを明示していたが（明憲 4 条）、日本国憲法には元首の規定はない。元首は通常、対外的に国家を代表すること、さらには行政権の長であることなどを属性とする。天皇にはいずれの権能もなく、通常の用語法に従う限り、元首ということはできない。また、主要国の憲法にも、必ずしも元首の規定があるわけではない。元首と関わる権限・責任の帰属が憲法上明確でさえあれば、誰が元首かをあえて論ずべき必然性はない。

しかし実際には、天皇が対外的に元首であるかのような扱いがなされてきた。全権委任状、大使・公使の信任状の認証は、憲法 7 条に基づく天皇の国事行為であるが、全権委任状や信任状は天皇が発したかのような体裁となっており、天皇が日本の「元首」であるかのような印象を強く与える。

(ⅲ) **象徴と国事・国政**　　　天皇は、純粋に私的な行為を別にすると、憲法が定める国事に関する行為のみを行い、国政に関する権能を有しない（4 条 1 項）。国事行為はすべて、内閣の助言と承認を必要とし、その責任は内閣が負う（3 条）。内閣の助言と承認は、別個に行う必要はなく、一体としてなされればよいと解されている。天皇は、内閣の助言と承認に全面的に拘束される。国事行為について発議をしたり、助言と異なる行動をとることはできない。国事行為の助言と承認をめぐっては、内閣が国会に対して連帯して責任を負う（66 条 3 項）。政治的無権能と、それに応じた政治的無答責が定められているのである。政治的に評価が分かれる決定について批評したり、他の国家機関の権限行使を促すなど、通常は政治責任を伴うような発言を天皇が行えば、問題となる。

憲法が定める国事行為には、公布（憲 7 条 1 号）、公示（7 条 4 号）、認証（7 条 5 号・6 号・8 号）、接受（7 条 9 号）、儀式を行う（7 条10号）など、形式的儀礼的性格のもののほか、内閣総理大臣・最高裁判所長官の指名、国会の召集・衆議院の解散、栄典の授与のように、本来は政治的権能と関わるものも含まれている。それらすべてについて、内閣の助言と承認を要する。

第 I 部 総　論

　一見、形式的・儀礼的にみえても、国事行為が行われる時期・場所・方法の
いかんによっては、政治的な効果が生じることも否定できない。「国事」は、
全く政治から隔絶されているわけではない。国事行為は助言と承認を通じ、内
閣の責任で行われる必要がある。内閣総理大臣・最高裁判所長官の指名につい
ては、国会・内閣が指名した結果を追認するにすぎないが、本来政治的権能の
行使と関わる行為であり、助言・承認が不要であるとすることはできない。

　国会の召集、衆議院の解散、栄典の授与については、7条自体には決定権限
の所在は明示されておらず、また他の条文にも明示的な根拠規定はないが、い
ずれも内閣に決定権があると解される（第5章参照）。その際に問題となるの
が、助言と承認の意義である。助言と承認を通じ内閣が実質的な決定を行って
いるとみる立場と、すでに決定された事柄について内閣が助言と承認を行って
いるにすぎないとみる立場とがある。

　前者については、天皇の権限をひとまず想定したうえで、助言と承認を通じ
内閣が実質的にそれらを行使するという構成になっており、天皇が政治的権能
をもたないとの規定と整合しないのではないか、との問題が指摘される。後者
については、7条以外の根拠から召集・解散をめぐる内閣の決定権を基礎づけ
る必要があるが、明文の根拠なく国権の最高機関である国会の召集、衆議院の
解散を行い得るのか、という問題がある。

　天皇は、国事行為のほか、私人として私的行為を行うことができるが、それ
以外にも様々な「公的」行為を行っている。国会開会式で「おことば」を述べ
る、外国元首を接受し信書・親電を交換する、全国を巡幸する、儀式に参列す
るなどである。それらは、必ずしも内閣の助言・承認に基づいて行われている
わけではない。そこで、これら「公的行為」の憲法上の根拠が問題となる。

　こうした「公的行為」をめぐっては、象徴としての地位に基づく行為とみる
説（その場合、内閣の助言・承認が必要となる）、「公人」としての儀礼的行為とみ
る説、国事行為として説明可能なものだけが憲法上認められるとみる説などが
ある。第1の説は、「公的行為」を内閣の厳格なコントロールの下に置くこと
をも意図している。しかし、象徴からそうした行為をどこまで引き出し得るの
か、国事行為を限定列挙している憲法の趣旨に照らし、問題は残る。第2の説

第2章　国民主権・天皇制

については、内閣の助言・承認がどこまで求められるか明らかでなく、また国事行為を限定列挙している憲法の趣旨からやはり問題が残ろう。第3の説が基本的に妥当と思われるが、実際に行われている「公的行為」すべてが国事行為として説明可能であるか、問題も残る。例えば、「国権の最高機関」である国会の開会式に臨席し、議員・議場を見下ろす位置から「おことば」を述べる行為は、戦前からの慣行を引き継いだものである。「儀式を行うこと」（7条10号）は、儀式を主催することだけでなく参列など儀礼的行為を行うことをも含むといった解釈で、こうした行為が説明できるかが問われることになる。

⑷　象徴と人権

（a）天皇・皇族と人権　　天皇・皇族には、一般の国民にはない特別な扱いが認められる反面、国民には当然に保障される権利が様々に制約されている。皇室典範は、天皇・皇族について敬称を定める（典23条）。また明文規定はないが、摂政が在任中訴追されないとされていることから（典21条）、天皇も刑事責任を負わないと解されている。民事責任の免責については争いがある。学説上は天皇の民事責任を肯定する立場も有力であるが、最高裁は、象徴であることから天皇には民事裁判権は及ばないと判示している（最判平元・11・20民集43巻10号1160頁）。他方、天皇・皇族には選挙権・被選挙権がない。さらに皇室典範上、皇位継承権者が皇統に属する者のうち男系の男子に限られ（典1条）、女性・女系の天皇が認められておらず、退位も認められていない（典4条）。立后および皇族男子の婚姻は皇室会議の議を経ることを要する（典10条）などの規定もある。

そこで、基本的人権の享有主体としての「国民」（憲・第3章）に、天皇さらには皇族が含まれるかが問題となる。皇族は憲法上の地位ではなく、また象徴の地位にあるわけでもないので、天皇とは異なる議論が必要な面もある。

現人神であり、「天皇に私なし」とされた戦前の天皇とは異なり、日本国憲法上、天皇にも（憲法上の地位ではない皇族についてはなおさら）、人権の保障が及ぶであろうか。少なくとも私人としての天皇には、保障は及ぶと考えることが自然であるように思われる。そう考える場合、上記のような様々な平等原則の例外措置や権利・自由の制約が、世襲制がとられていることや、天皇について

29

第Ⅰ部　総　論

は象徴の地位にあることを理由に、どこまで憲法上正当化され得るであろうか。女系・女性の天皇の制限を例に、考えてみたい。一般には「女帝問題」として論じられることが多いが、いったん女帝を認めれば、それを1代限りにとどめるのでない限り、女系天皇の問題も提起されることになろう。

　この点、憲法が世襲という例外的制度を認めており、皇位継承権者が皇統に属するものに限られていることから、平等原則は適用されず、かかる制限も違憲とはいえないとの見解が有力であった。しかし近時では、世襲が平等の例外であるとしても、世襲が当然に男系男子を含意するものでない以上、性差別を合理化する積極的理由は見出しがたいとする説も有力に唱えられている（横田耕一（2016）『憲法と天皇制』岩波書店、18頁、辻村（2018）167頁）。世襲に伴う例外を、できるだけ狭く解し、憲法の基本原理へ引きつけてゆくアプローチといえよう。

　一方でなお、世襲に基づく限り、天皇（皇族）は「個人の平等とは相容れない身分原理に基づく地位」（高橋（2017）49頁）にあるとの見方もあり得る。皇位継承といった「天皇・皇族の地位・身分に関わることがらには、万人に適用されるものとしてある権利保障体系ははたらく余地はない（あるいは少ない）」と指摘する見解もある（奥平康弘（2017）『「萬世一系」の研究（下）』岩波書店、248頁）。こうした立場から同時に強調されるのは、退位の重要性である。「本来ふつうの人間すべてに保障されているはずの権利・自由が構造的に奪われている」のであれば、いわば「脱出の権利」が保障されなければならないということである（同・255-256頁）。最後に、退位について考えてみたい。

　(b)　退　位　　2016年夏、天皇の退位問題が大きな議論を呼んだ。高齢の天皇自らによる退位の意向をにじませた「おことば」が、放映された。「おことば」は、高齢により職務の遂行が困難になる一方で、国事行為や象徴としての行為を限りなく縮小していくことには無理があるとし、また天皇の行為を代行する摂政を置くことにも否定的であった。翌2017年6月、皇室典範自体の改正ではなく、一代に限って退位を定める「天皇の退位等に関する皇室典範特例法」が成立した。同法は「天皇は、この法律の施行の日限り、退位し、皇嗣が、直ちに即位する」（2条）と定める。政令により施行日（退位の日）は、

2019年4月30日とされた。

　退位を否定する理由はないと思われる。しかし、特例法制定に至る経緯には、問題も含まれている。1つは、天皇自身の「おことば」が言及する国事行為以外の「象徴としての行為」をめぐる問題である。相当な数の「象徴としての行為」が行われてきたが、憲法は天皇が「国事に関する行為のみ」を行うと定めている。「象徴としての行為」がどこまで憲法と整合するものなのか、改めて問い直してみる必要があろう（西村裕一（2017）「『象徴』とは何か」吉田裕他編『平成の天皇制』岩波書店、229頁以下を参照）。いま1つは、「おことば」と天皇の政治的行為の制限との関わりである。「おことば」で表明した意向を受けて、政府・国会により立法化が進められたとするならば、天皇の政治的行為の制限に抵触するおそれも生じる。特例法1条は、天皇の「お気持ち」にも言及している（さらには、「国民」の天皇への敬愛や「お気持ち」への共感にも言及がある）。「おことば」自体は立法化を直接には促していないが、退位の立法化は、天皇の意向とは切り離した形で行う必要があったと思われる。

【より深く考えてみよう】

　日本国憲法の制定をめぐっては、GHQ によって「押しつけられた」憲法であるとの批判がいまだになされることがある。「押しつけ」という評価が適切か、以下の文献のⅤ章・ⅩⅤ章を読み、確認してみよう。

　古関彰一（2017）『日本国憲法の誕生〔増補改訂版〕』岩波書店

　なお、以下のウェブサイト（国会図書館・電子展示会「日本国憲法の誕生」）には、日本国憲法の制定史に関する豊富な資料が掲載されており、日本国憲法の案文の変化を辿ることもできる。

　http://www.ndl.go.jp/constitution/index.html

　宮沢・尾高論争がその後の憲法学の主権論とどう関わっているのか、以下の文献の第4部・第2章（「宮沢・尾高論争の諸相」）を読み、考えてみよう。

　高見勝利（2000）『宮沢俊義の憲法学史的研究』有斐閣

　現在の皇室典範制定に際しても、天皇の退位、女帝などの問題が当時の帝国議会で議論されている。以下の文献の第2章を読み、退位や女系・女性天皇が斥けられた理由について、考えてみよう。

　奥平康弘（2017）『「萬世一系」の研究（上）』岩波書店

第 **3** 章

平和主義

1 憲法9条の成立まで

(1) 近代立憲主義と軍

　平和主義を定めた憲法9条は、良かれ悪しかれ日本国憲法の「象徴」として扱われてきたといってよいだろう。しかし「権力への制限をねらいとする近代立憲主義は、当然のことながら、権力の発動の最たるものというべき戦争行為と武力集団へのコントロールという関心を持ちつづけてき」た（憲法再生フォーラム編（2004）『改憲は必要か』岩波書店、13頁）。このように、むしろ近代立憲主義は軍の存在を前提としてきたのであり、従来近代憲法には軍の権限を制約する規定がしばしば置かれてきた（例えば1791年のアメリカ憲法修正3条「平時においては、所有者の同意なく、兵士を家屋に宿営させてはならない」など）。それらの諸憲法と9条の最大の違いは、9条は軍をコントロールするのではなく、そもそも軍をもたないという選択をした点にある。それゆえ、日本は軍事力に関して「普通の国」とはいささか異なるし、自衛隊は存在するものの「普通の軍隊」になりきれていない。だからこそ戦後日本においては9条を改正しようという強い圧力が存在し続けることとなった。この「『普通の国』・『普通の軍隊』へのなりきれなさ」こそが9条を考えるうえでの鍵といえる。

(2) 戦前の状況──大日本帝国憲法と国際社会

　それでは大日本帝国憲法はどうだったか。まず11条では「天皇ハ陸海軍ヲ統帥ス」、12条では「天皇ハ陸海軍ノ編制及常備兵額ヲ定ム」とされ、天皇がいわゆる「統帥権」と「編成権」をもつとされた。さらに13条では「天皇ハ戦ヲ

宣シ和ヲ講シ及諸般ノ条約ヲ締結ス」とされ、宣戦（戦争開始の宣言）や講和（戦争の終結）の権限が天皇にあるとされた。ただし、ここで重要なのは天皇自らが実際に戦争の指揮や宣戦・講和を判断するわけではないということだ。立法・司法・行政権などと同様、天皇が権限を行使するにあたって輔弼（助言・補佐のこと）する者がおり、その者が実質的に権限を行使するのである。そして統帥権については軍のトップである陸軍参謀総長と海軍軍令部長が天皇を輔弼するという慣行が成立した（第1章参照）。

　ここで2つの問題が生じる。第1に、統帥権については内閣（つまり政治家）が軍の行動の最終決定権をもてなかったという問題である。第2に、陸軍・海軍大臣は現役の軍人でなければならないという「軍部大臣現役武官制」の存在である。そのため内閣の方針に軍が納得しない場合、軍は軍部大臣を辞職させ、後任も出させない。したがって内閣は崩壊することになり、結果として、内閣の命運が軍に左右される形となった（この点で、現行憲法66条2項の「文民条項」は重要といえる）。これら2点は、軍の暴走（満州事変や日中戦争）を内閣が阻止・解決できない大きな原因の1つとなった。

(3)　戦前の国際社会における平和主義

　他方、第1次世界大戦（1914〜1918年）という初めての総力戦では、兵器の高度化などもあり、従来と比べ甚大な被害が発生した。そこで各国は1928年にパリ不戦条約（ケロッグ・ブリアン条約）を締結し、「締約国ハ国際紛争解決ノ為戦争ニ訴ルルコトヲ非トン且其ノ相互関係ニ於テ国家ノ政策ノ手段トシテノ戦争ヲ抛棄スルコトヲ其ノ各自ノ人民ノ名ニ於テ厳粛ニ宣言ス」（1条）と定め、日本も参加している。ただしここには2つの限界があった。第1に、ここで禁止されたのは侵略戦争であって、他国からの攻撃に反撃する戦争（自衛戦争）や制裁戦争までは放棄されないと解釈されていた点である。第2に、ここで禁止されたのは国際法上の戦争、つまり宣戦布告によって開始されて戦時国際法が適用されるタイプの武力紛争のみと解釈された点である。逆にいえば、武力による威嚇や、宣戦布告なしに行われる武力の行使は、この条約で禁じられていないことになる。

第Ⅰ部　総　論

⑷　憲法 9 条の成立

　戦後、平和主義を憲法で規定した国は複数存在する（例えば、1948年のイタリア憲法11条「イタリアは他の人民の自由を侵害する手段及び国際紛争を解決する手段としての戦争を否認する」など）。

　他方、日本国憲法の 9 条はなぜ、どのように登場したのか。 9 条の発案者については以前から争いがあり、GHQ による「押しつけ」であるという説や、日本政府（特に、当時の首相であった幣原喜重郎など）が自発的に発案したという説などがあるものの、現在では次のような説が有力である。——すなわち、当時日本の占領政策を担当していた GHQ、とりわけ最高司令官マッカーサーは、日本占領を円滑に進めるためには昭和天皇と天皇制の存続が必要であると考えていた。だが、アメリカ以外の極東委員会の参加国の中では、戦争裁判によって昭和天皇の戦争責任を追及すべきという意見が有力であった。そこで GHQ と日本政府は極東委員会が介入する前に新憲法を制定しようとした。そこで侵略戦争に対する徹底的な反省の意思を示すために「戦争の放棄」と「戦力の不保持」を謳った憲法を制定した。すなわち、昭和天皇の戦争裁判回避と天皇制の存続のため、GHQ と日本政府が 9 条を合作した——とされる。いわば 9 条は天皇制にとっての「避雷針」だったことになる。このような経緯で 9 条は誕生した。そして誕生から間もなく、 9 条解釈をめぐる長い論争が始まったのである（参照、古関彰一（2006）『憲法九条はなぜ制定されたか』岩波書店）。

2　憲法 9 条の解釈

⑴　9 条 1 項——戦争の放棄

　 9 条 1 項では「日本国民は、正義と秩序を基調とする国際平和を誠実に希求し、国権の発動たる戦争と、武力による威嚇又は武力の行使は、国際紛争を解決する手段としては、永久にこれを放棄する」と規定され、これは一般に「戦争の放棄」を定めたものと解されている。ここでいう「国権の発動たる戦争」は、国際法上の戦争開始の要件である宣戦布告を経た武力紛争のことと解されている。他方「武力による威嚇」は、武力行使を示唆するなどして自国の主張

第3章　平和主義

を相手国に強要することをいう（三国干渉や対華21箇条要求など）。そして「武力の行使」は、国際法上戦争に要求される手続（宣戦布告など）を経ずに実施される武力紛争である（満州事変はその典型例）。すなわち戦争だけでなく、武力による威嚇や武力の行使まで広範に禁止することで、政府から徹底して武力紛争の選択肢を奪っているのである。

　ただし、ここで注意を要するのが「国際紛争を解決する手段としては」という文言である。これは上述の不戦条約でも使われていたものだが、そこで放棄されていたのは侵略戦争だけであり、自衛戦争までは否定されていなかったことを思い出してほしい。したがって、同様の文言を用いている９条１項が禁じているのは侵略目的の「戦争」や「武力の行使」だけであり、自衛目的のそれらは禁じられていない、という解釈が存在する。他方、不戦条約との関連にこだわらず、９条１項は自衛目的であっても戦争や武力行使を禁じているという解釈も有力である。後者の方が条文の素直な解釈ともいえるが、不戦条約の文言との共通性を踏まえた前者の解釈が現在は通説的である。上述のように、侵略戦争を放棄する趣旨の憲法は海外に複数存在しているし、そもそも国連憲章２条４項でも侵略目的の「武力による威嚇又は武力の行使」を禁じている。それゆえ、現在９条１項の内容は世界的にみてそれほど珍しいものではない。

　なお、憲法９条は「政治的マニフェスト」、すなわち政治が目指すべき方向を示した理想を規定したものであって、公権力を拘束したり裁判規範として機能することを否定する見解も唱えられた（高柳賢三（1953）「平和・九条・再軍備」『ジュリスト』25号、2頁）。だが、後述のように数々の訴訟で裁判所が９条を裁判規範として認めてきたことなどもあり、現在では説得力に欠けるといえる。

(2)　9条2項──戦力の不保持

　９条２項は「前項の目的を達するため、陸海空軍その他の戦力は、これを保持しない。国の交戦権は、これを認めない」とする。（侵略）戦争を放棄するだけでなく「一切の戦力」をもたないという点は、他国の憲法と比べ際立った特徴といえるが、だからこそこの点で解釈に争いが生じることとなった。1つの解釈は「前項の目的」を「侵略戦争の放棄」と狭く限定し、侵略戦争のため

35

の戦力はもてないが自衛戦争のための戦力はもつことができる、というものである。憲法66条2項の「文民条項」も現役の軍人の存在を前提としているという解釈が可能であり、憲法が自衛目的の戦力を認めている1つの根拠として挙げられることがある（自衛隊発足後、66条2項における「文民」は「現役の自衛官でない者」と一般に解されている）。

　もう1つの解釈は、「前項の目的」を「国際平和の誠実な希求」と広く解し、そのためには侵略目的であろうが自衛目的であろうが、戦力は一切もつことが許されないというものであり、こちらが通説的である。その理由としては、①侵略目的の戦力と自衛目的の戦力を区別することは事実上困難であること（自衛の名目で侵略戦争が行われるおそれ）、②海外の憲法では軍や戦争をコントロールする仕組みが詳細に書かれることが普通であるが（上述のように、それは近代立憲主義の主目的の1つだった）、現行憲法にはそういった条文が皆無であり、軍の保有を認めている憲法としてはあまりに不自然であること、などが挙げられる。そもそも侵略戦争だけを否定し自衛戦争は認めるというのであれば1項および軍のコントロールに関する規定があればよく、あえて2項を置く必要はない。以上の理由から、自衛目的であっても戦力はもてないという解釈が妥当と思われる。実は日本政府も基本的にこの解釈に立ち続けている。それにもかかわらず日本にはなぜ自衛隊や米軍が存在しているのだろうか。その鍵は2項の「戦力」という文言の解釈にある。以下、その理由を歴史的にみていこう。

3　9条2項解釈の歴史──「戦力」解釈の変化と憲法訴訟

⑴　「警察力」を超える実力──警察予備隊

　現行憲法制定の審議において、当時の首相・吉田茂は以下のように述べている。「従来近年の戦争は多く自衛権の名に於て戦はれたのであります、満洲事変然り、大東亜戦争亦然りであります……故に我が国に於ては如何なる名義を以てしても交戦権は先づ第一自ら進んで抛棄する」（昭和21〔1946〕年6月26日・衆議院本会議）。すなわち自衛目的でも戦争を行わないという、徹底した方針が政府解釈の出発点であった。

第3章 平和主義

　だがこの方針はすぐに揺らぎ出す。そのきっかけは冷戦の始まりである。1949年に中国の国共内戦で共産党が勝利し、翌50年には朝鮮戦争が勃発する。日本が軍をもたない代わりに米軍が日本に駐留して安全を守るというのが当初のアメリカ政府や日本政府の方針であった。だが米軍が朝鮮戦争に参戦してその余裕が失われ始め、さらにアメリカ政府は日本を「共産主義からアジア太平洋地域を守る防波堤」として位置づけるようになる。その結果生じたのが日本政府に対する再軍備の圧力である。その第一段階として、GHQは日本政府に警察予備隊の設置を命じる。警察予備隊は機関銃や戦車などの装備を備えることになるが、警察予備隊令3条2項では「警察予備隊の活動は、警察の任務の範囲に限られる」と定められており、吉田首相は、警察予備隊の目的は「全然治安維持であり」「その性格は軍隊ではない」（昭和25〔1950〕年7月29日・衆議院本会議）と述べ、9条2項違反を否定した。すなわちこの時期の政府は、9条2項が禁じる「戦力」とは「警察力を超える実力」であり、警察予備隊は警察力の範囲内なので9条2項には反しない、という解釈をとっていたのである。多くの憲法学説も憲法9条2項が警察力（国内の治安を維持するための実力）までは禁じていないと解釈していると思われるが、実際の警察予備隊が警察力の範囲内であったかに関しては判断が分かれるだろう。

　なお、警察予備隊の発足に際しては、その設置・維持に関するすべての行為が憲法9条2項に反し違憲無効であることの確認を求める訴訟が提起されている。しかし最高裁は、このような訴訟はいわゆる抽象的違憲審査に該当するが、日本の裁判所にはそのような権限をもたない、という理由で警察予備隊の違憲性を審査することなく訴えを却下している（警察予備隊違憲訴訟：最大判昭27・10・8民集6巻9号783頁（第7章参照））。本件は9条に関する最初の憲法裁判といってよいが、裁判所による実体的な判断はされずに終わったわけである。

⑵ 「近代戦争遂行能力」──保安隊・警備隊

　だがアメリカからの再軍備圧力はさらに高まり、1952年に警察予備隊は保安隊・警備隊へと強化される。保安隊・警備隊はさらに装備が強化され、警察力の範囲内と説明するのは難しくなった。そこで政府は9条解釈を変更し、9条

37

第 I 部 総　論

2項が禁じる「戦力」とは「近代戦争遂行に役立つ程度の装備、編成を備える
もの」（近代戦争遂行能力）であり、保安隊・警備隊はそれに至らないので違憲
ではない、と説明するようになった（1952年11月25日、吉田茂内閣の政府見解（阪
田雅裕（2013）『政府の憲法解釈』有斐閣、8頁））。

(3)　「自衛のための必要最小限度の実力」を超える実力（自衛力）──自衛隊

　そして1954年、保安隊・警備隊は自衛隊に改編された。自衛隊は戦車、
ジェット機、護衛艦などの装備を保有するようになり、「近代戦送遂行能力」
を有することを否定するのはさすがに難しくなっていった。そこで政府は再度
解釈変更を行い、9条2項は「自衛のための必要最小限度の実力」（自衛力）の
保有までは禁じておらず、自衛隊はその範囲内にとどまっているため違憲では
ない、という解釈を採用するに至った（昭和33〔1958〕年4月18日・参議院内閣委
員会・林修三内閣法制局長官など）。

　政府はこのような「戦力」解釈を基本的に現在も維持し続けているが、それ
が9条2項の文言と乖離していることは否めない。果たして政府はどのような
理屈を立てているのか。例えば、政府は自衛隊発足直後、「〔憲法9条1項〕に
おきまして、国は自衛権、あるいは自衛のための武力行使ということを当然独
立国家として固有のものとして認められておるわけでありますから、第二項は
やはりその観点と関連いたしまして解釈すべきもの」であって、「国家が自衛
権を持つておる以上、国土が外部から侵害される場合に国の安全を守るために
その国土を保全する、そういうための実力を国家が持つということは当然のこ
と」と述べている（昭和29〔1954〕年12月21日・衆議院予算委員会・林修三内閣法制
局長官）。すなわち、後述するように憲法9条の下でも自衛権が認められてい
るのだから、自衛力をもつことも「当然」認められるという論理である。自衛
権を持ち出し、そこから自衛力などを引き出すというこのような政府解釈の論
理は基本的に現在も変わっていない。確かに通説的な解釈では9条1項は自衛
戦争まで放棄しておらず、その意味で日本は自衛権を保有していることになる
が、2項は「戦力」をもたないと明確に宣言しているのであり、「戦力」では
なく「自衛力」であれば保有が許されるという論理には無理があると思われる。

第 3 章　平和主義

　他方、自衛力しか保有できないという建前から、自衛隊は空母や長距離ミサイルを長年保有してこなかった。戦後の日本政府は 9 条 2 項から（いささか強引に）導き出した「自衛力」概念を極めて拡張的に解釈しているが、他方でその解釈が装備を現実に限定する機能を果たしてきたことも事実である。ただし、政府解釈は核兵器でさえ場合によっては自衛力の範囲内に含まれ得るとも述べており、自衛力概念の曖昧さをよく示しているといえよう（平成10〔1998〕年 6 月17日・参議院予算委員会・大森政輔内閣法制局長官）。

　自衛隊の合憲性をめぐる憲法裁判としては恵庭事件と長沼事件を挙げておきたい。恵庭事件は、自衛隊の訓練の騒音に怒った酪農家（被告人）が自衛隊の電話線を切断したところ、「防衛の用に供する物」の損壊を処罰する自衛隊法121条違反で起訴された刑事事件である。被告人は、そもそも自衛隊は憲法 9 条に反しており、したがって自衛隊法121条も無効であるという主張を展開した。それに対し札幌地裁は、自衛隊の合憲性を審査することなく、切断された電話線は「防衛の用に供する物」に該当しないという理由で無罪判決を下し、裁判は第一審で確定した（札幌地判昭42・ 3 ・29下刑集 9 巻 3 号359頁）。

　長沼事件は、自衛隊のミサイル基地を建設するために国が保安林の指定を解除したところ、周辺住民（原告）が、自衛隊は憲法 9 条違反であり、したがって自衛隊の基地建設は保安林解除を認める要件である「公益上の理由」（森林26条 2 項）に該当しないとして、保安林解除の取消しなどを求めて国を訴えた事件である。第一審の札幌地裁は、原告の平和的生存権（憲法前文）侵害が問題になっているとして訴えの利益を認め、自衛隊が憲法 9 条の禁じる「戦力」に該当しており、自衛隊法などの関連法令は無効と判断した（原告勝訴）（札幌地判昭48・ 9 ・ 7 判時712号24頁）。しかし控訴審は平和的生存権の裁判規範性を否定することで原告の訴えの利益を否定し、訴えを却下した（原告の逆転敗訴）。また控訴審は、自衛隊は一見明白に違憲無効とはいえないので司法審査の対象とならない、とも述べている（札幌高判昭51・ 8 ・ 5 判時821号21頁）。上告審の最高裁は住民の訴えの利益を否定して訴えを却下し、自衛隊の合憲性に関しては一切判断を示さなかった（最判昭57・ 9 ・ 9 民集36巻 9 号1679頁）。このように長沼事件第一審では史上初めて自衛隊の合憲性が正面から判断され、しか

39

第 I 部 総　論

も違憲判決が下された。だがその判断はすぐに上級審で覆され、その後現在に至るまで自衛隊の合憲性が正面から判断されたことはない。

なお、他に自衛隊の合憲性が争われた事件としては百里基地訴訟があるが、最高裁は合憲性判断を行わなかった（最判平元・6・20民集43巻6号385頁）。

ここで平和的生存権について触れておきたい。憲法前文における「全世界の国民が、ひとしく恐怖と欠乏から免かれ、平和のうちに生存する権利」は平和的生存権と呼ばれ、9条裁判でしばしば援用される。これに対しては、「前文には裁判規範性がない」あるいは「その内容が抽象的である」といった批判がある。だが前者の批判に対しては前文に裁判規範性がないという主張の根拠が乏しい、後者に対しては他の基本的人権も多かれ少なかれ抽象的である、という反論が考えられる。実際、平和的生存権は恵庭事件などの下級審判決において、場合によっては具体的権利性が肯定され得ると判示されている。

4　「自衛権」解釈の変化——自衛力は、いつ行使できるのか

(1)　キーワードとしての「自衛力」

ここまでみてきたように、政府は憲法9条の下でも自衛力は禁じられていないと解釈し、自衛隊を正当化してきた。そして自衛隊は現在、装備・予算などの面で世界有数の規模を維持している。ただし、日本が他国と大きく異なる点は「この自衛力をいつ行使できるのか」という点にある。すなわち、政府の憲法解釈においても日本は自衛力を行使できる場面が他国と比べ著しく限定されてきた。それゆえ自衛隊は「普通の軍隊」になりきれていないといえる。この点につき、「自衛権」をキーワードにみていこう。

(2)　国連軍と集団安全保障——予期された機能不全

日本はいつ自衛力（自衛隊）を行使できるのか。それを考えるために重要な概念が自衛権である。これについては憲法ではなく、まずは国際法の視点から考えてみたい。国際法上、自衛権には個別的自衛権と集団的自衛権の2種類が存在する。ここでいう国際法には様々な国際条約などが含まれるが、中でも重

要なのが国連憲章である。

第2次世界大戦が終わる前から、連合国はすでに戦後の世界秩序のあり方を検討していた。そこでは、世界の安全保障は基本的に国連が担うことが目指されていた。具体的には、各国が自国の軍を国連に提供して国連軍を結成し、国連加盟国間で侵略行為などがあった場合、国連軍を派遣して解決するというものである。このように複数の国が1つの組織に参加し、その中で侵略を行う国があれば、残りの国で（軍事的な手段も用いて）制裁を行うという仕組みを「集団安全保障」という。だが、国連による集団安全保障が機能しないであろうことは早くから予想されていた。なぜなら、アメリカを中心とする西側（資本主義国）とソ連を中心とする東側（社会主義・共産主義国）との間で、すでに戦後の覇権をめぐる対立が生まれていたからである。実際、国連が国連軍によって軍事的制裁を行うためには国連の安全保障理事会（安保理）の決定が必要である。だが、安保理の中心となる常任理事国はアメリカ、イギリス、ソ連（現在はロシア）、中国、フランスの5カ国である。冷戦下で問題となりやすいのは東西対立であるが、そのような場面で国連軍を派遣することは、東西いずれかの常任理事国がなかなか認めないはずである。結果として、正式な国連軍が結成・派遣されたことはこれまで一度もない。このような事態は第2次世界大戦中から予期されており、その対応策として国連憲章が各国に認めたのが個別的自衛権と集団的自衛権である。国連憲章は2条4項で加盟国に対し「武力による威嚇又は武力の行使」を禁じたうえで、51条で「国際連合加盟国に対して武力攻撃が発生した場合には、安全保障理事会が国際の平和及び安全の維持に必要な措置をとるまでの間、個別的又は集団的自衛の固有の権利」を行使することを例外的に認めている。これは日本に関しても同様であり、したがって日本が個別的・集団的自衛権を行使することを国連憲章は認めているといえる。したがって「日本は国際法上、個別的および集団的自衛権を持っている」と表現することは間違いではない。だが、各国が自国の憲法で個別的・集団的自衛権の行使をするかどうかは別問題であり、それは各憲法の条文とその解釈によって決まることになる（国連憲章は加盟国が個別的・集団的自衛権を保有・行使しても違法ではないと述べているだけであって、その行使を義務づけているわけではない）。

第 I 部　総　論

それでは日本はどうだろうか（なお、国連軍が結成されない代わりに、国連は平和
維持活動（PKO）を実施するようになり、後に日本も参加していくことになる）。

(3)　個別的自衛権——「自国」に対する攻撃への反撃

　国際法における一般的な理解では、個別的自衛権は自国に対する他国からの
武力攻撃に反撃する権利である。自衛権と聞いて多くの人が思い浮かべるの
は、この個別的自衛権だろう。従来の国際法で各国に自衛権として認められて
きたのも個別的自衛権であった。その行使の要件に関しては国際法上、様々な
議論の蓄積がある。他方、日本国憲法上、個別的自衛権はそもそも保有・行使
が認められているのだろうか。上述のように、通説的な憲法学説は9条1項に
つき、自衛戦争までは放棄していないと解しており、自衛権の保有自体は否定
しない。だが9条2項により戦力は保有できないと解している。

　他方、政府解釈は「自衛力」という概念を持ち出し自衛隊を正当化してい
る。そこで、自衛力をいつ、どのような場面で行使できるかを決めるために自
衛権の内容を明らかにする作業が必要となる。当初は曖昧であった自衛権概念
は、多くの批判や国会審議などを通じ、概ね次のように定式化された。まず9
条の下でも自衛権が認められる根拠については、現行憲法が「全世界の国民が
……平和のうちに生存する権利」（前文）と幸福追求権（13条）を保障している
点からみて、「わが国がみずからの存立を全うし国民が平和のうちに生存する
ことまでも放棄していないことは明らか」であると説明している（昭和47
〔1972〕年10月14日・参議院決算委員会提出資料）。次に自衛権行使の要件について
は、〔1〕我が国に急迫不正の侵害（すなわち武力攻撃の発生）があること、
〔2〕これを排除するために他の適当な手段がないこと、〔3〕必要最小限の実
力行使にとどまること、と定義している（昭和44〔1969〕年3月10日・参議院予算
委員会・高辻正巳内閣法制局長官）。これが2014年まで政府解釈が採用していた日
本における自衛権行使の三要件である。特に要件〔1〕は日本への武力攻撃を
要求しているので、ここで定式化された自衛権は、国際法でいう個別的自衛権
に近いものといえる（ただし、一般的な国際法上の個別的自衛権よりも行使できる範
囲は狭い、と政府は説明している（昭和56〔1981〕年6月3日・衆議院法務委員会・角

第3章　平和主義

田禮次郎内閣法制局長官))。

　なお、ここで問題となるのが自衛隊の海外派遣および海外での武力行使の是非であるが、政府は以下のように説明している。武力行使を伴わない自衛隊の海外派遣が憲法上許されることがある。ただし、海外で自衛隊の武力行使が許されるのは個別的自衛権を行使する場合だけであり、それ以外の理由で自衛隊が海外で武力行使を行うことは許されない（昭和44〔1969〕年4月10日・衆議院・松本善明議員に対する政府答弁書）。この問題は、後述するPKOや後方支援の是非と関わってくる。

(4)　集団的自衛権──「他国」に対する攻撃への反撃

　一方、集団的自衛権とは、自国が攻撃されなくても、他国が攻撃された場合に反撃する権利と理解されている。集団的自衛権が国際法に明確な形で登場したのは国連憲章が初めてであり、比較的新しい概念といえる。これが国連憲章に規定されたのは、上述のごとく国連の集団安全保障の機能不全が予想されたため、大国以外の国々が攻撃を受けた場合、互いに共同で防衛を行うことが必要と考えられたからである。だが戦後、実際に集団的自衛権の行使と説明された事例は、ベトナム戦争（南ベトナム政府を支援するために米軍が北ベトナムへ軍事介入）やソ連のハンガリー侵攻（ハンガリーの反政府デモをソ連軍が鎮圧）のように、大国が小国に軍事介入したものの、個別的自衛権では説明できないような事例ばかりであり、その正当性は疑わしい。

　ともかくも、上述のように国連憲章では（したがって国際法上は）日本が集団的自衛権を保有・行使することが認められている。それでは、憲法9条の下で集団的自衛権の行使は認められるのか。上記の自衛権行使の三要件からいうと、要件〔1〕で日本に対する武力攻撃が要件とされていることから、集団的自衛権を行使することはできないことになる。実際、長年政府も「憲法第九条の下において許容されている自衛権の行使は、我が国を防衛するため必要最小限度の範囲にとどまるべきものであると解しており、集団的自衛権を行使することは、その範囲を超えるものであつて、憲法上許されない」（昭和56〔1981〕年6月2日・衆議院・稲葉誠一議員に対する政府答弁書）といった形で、国際法上、

43

第Ⅰ部　総　　論

日本は集団的自衛権の保有・行使が許されているものの、憲法9条は行使を禁じている、と繰り返し説明してきた。

　なぜ個別的自衛権の行使が許され、集団的自衛権はそうではないのか。この点に関する明快な説明は難しい。強いていえば、そもそも憲法で戦力の保持が一切禁止されているにもかかわらず、少しずつ再軍備を進めるにつれ野党や市民からの批判を受ける中、政府がせめて個別的自衛権だけでも（それも限定された形で）正当化しようと国会審議を通じて形成してきた憲法解釈の結果が「集団的自衛権の行使の断念」だったのではないかと思われる。まさに「自衛力」と「個別的自衛権」は、政治的・社会的な力関係の中で形成された解釈なのである。「憲法9条は死文化した」などと評されることもあるが、「普通の国」なら許されるはずの集団的自衛権行使を政府に断念させてきたという意味では、現実に無視できない力をもってきたといえよう。

(5)　集団的自衛権の「限定的」容認──政府解釈の変更（2014年）

　ところが政府は2014年に憲法解釈の変更を行い、自衛権行使の新三要件を公表した（第19章も参照）。すなわち〔ⅰ〕我が国に対する武力攻撃が発生したこと、または我が国と密接な関係にある他国に対する武力攻撃が発生し、これにより我が国の存立が脅かされ、国民の生命、自由および幸福追求の権利が根底から覆される明白な危険があること（存立危機事態の発生）、〔ⅱ〕これを排除し、我が国の存立を全うし、国民を守るために他に適当な手段がないこと、〔ⅲ〕必要最小限度の実力行使にとどまるべきこと、である。注目すべきは〔ⅰ〕で、日本以外の国に対する武力攻撃に対しても自衛権を行使できるとされ、これは集団的自衛権を容認するものと解されている。ただし、その行使は「存立危機事態」の場合に限定されており、一見すると国際法上の集団的自衛権よりも要件が厳格に思える。ただし、具体的にどのようなケースが存立危機事態なのか明確な基準が示されているとはいえず、濫用の懸念が拭えない。そもそも自衛力を伴う個別的自衛権だけでも合憲性が疑わしいのに、集団的自衛権はなお一層違憲性が高いといわざるを得ない。この集団的自衛権行使の手続などを具体的に定めた「安保法制」が2015年に制定された（本章5(2)参照）。

第3章　平和主義

5　日本の軍事法制——日米安保と国際貢献

(1)　安保条約と在日米軍

　しばしば指摘されるのは、憲法9条による戦力の否定は、国連の集団安全保障を前提にしていたということである。だがそれは機能せず、その空白を米軍が埋めることになった。日本独立後も米軍が引き続き日本に駐留するため、1951年に日米安全保障条約（旧安保条約）が締結された。これは米軍の日本駐留を認める一方で、米軍に日本の防衛義務を明確に課さないという「不平等」なものであった。本条約に関しては、日本防衛のために他国軍を駐留させることは憲法9条2項に反しないかという点が砂川事件において問題とされた。第一審では駐留米軍が憲法9条2項の「戦力」に該当して違憲と判断された（東京地判昭34・3・30下刑集1巻3号776頁）が、最高裁は統治行為論（第7章参照）に基づき、駐留米軍は一見極めて明白に違憲無効とはいえない、として一審判決を覆した（最大判昭34・12・16刑集13巻13号3225頁）。

　安保条約は1960年に改定され、新安保条約が締結された。その基本的な内容は、旧安保条約と異なり米軍に日本の防衛義務を課したこと、そして、日本だけでなく「極東における国際の平和及び安全の維持」のために米軍の日本駐留を認めたことである。だが、日本における米軍の具体的な権利・義務などを定めた「日米地位協定」の不公平さなどもあり、当初から駐留米軍の訓練による騒音などの被害、米兵による犯罪などは深刻であった（参照、前泊博盛編著(2013)『本当は憲法より大切な「日米地位協定入門」』創元社）。そこで日本本土の米軍基地や訓練場を、1972年まで米軍の占領下にあった沖縄に移設する動きが続き、結果として沖縄は現在も続く過重な基地負担を強いられることになった（参照、沖縄代理署名事件：最大判平8・8・28民集50巻7号1952頁）。

　冷戦下では日米安保体制は少しずつ強化されていったが、冷戦終結により事態は大きく転回する。ソ連崩壊後、アメリカは「世界の警察官」として行動しようとする一方、経済成長を遂げた日本にも軍事力による相応の負担を求めるようになった。ただしそのやり方は、安保条約それ自体を改正するのではな

45

第 I 部　総　論

く、安保条約の詳細を定める日米防衛協力指針（いわゆる「ガイドライン」）の改定や、諸法令の制定・改正という形で、日米の軍事的な一体化が進められていった。また、それと並行して自衛隊の海外派遣も進められていく。

⑵　「日米の軍事一体化」と自衛隊の海外派遣

　「国際貢献」の掛け声の下、1992年に制定されたPKO協力法では、いわゆる「PKO参加5原則」（停戦合意、受入国の同意、中立的立場、停戦崩壊時の撤退、武器使用の最小限）を条件としつつ、自衛隊のPKO参加を認めた。この後、自衛隊は世界各地にPKOで派遣されていく。

　1994年に起こったいわゆる「朝鮮半島核危機」などを契機として、アメリカは日本に対して一層密接な軍事的協力を求めるようになる。日本はそれにこたえる形で1998年に日米安保の新ガイドラインを結び、翌1999年には新ガイドライン関連法を成立させた。その中心である周辺事態法は、日本ではなく「日本周辺」で武力紛争等が生じた場合でも自衛隊が米軍を後方支援できるというものである。従来の法制度は日本が直接攻撃された場合の対応が中心であり、日本以外（例えば朝鮮半島や台湾など）で武力紛争が生じた場合の対応は法的に準備されていなかったのだ。これを機に、日本が攻撃されなくても自衛隊を出動させるための法制度が整備・拡大されていく。

　2001年にはアメリカ同時多発テロが発生し、米軍などがアフガニスタンを攻撃する。日本は「テロ対策特措法」を制定し、海上自衛隊をインド洋派遣して米軍などの支援にあたった。2003年にはイラク戦争が開始され、日本は「イラク特措法」を制定し、自衛隊をイラクなどに派遣して「後方支援」（いわゆる兵站。人員や物資の輸送など）などを実施した。なお、この際に航空自衛隊がイラクで米軍兵士を輸送したことなどが米軍との「武力行使の一体化」となり、憲法9条が禁じた自衛目的以外での海外における武力行使に該当して違憲である、という判断が下級審で下された（自衛隊イラク派遣訴訟：名古屋高判平20・4・17判時2056号74頁（第19章参照））。この2つの特措法は、日本以外の場所で自衛隊が主として米軍の「後方支援」を行うというもので、周辺事態と異なり、そもそも日本の平和と直接の関わりがない。それゆえ対応する法制度がな

く、臨時的に法を制定する必要があったのである。

2003年にはいわゆる「有事関連3法」が成立する。その中の武力攻撃事態法は、日本に対する武力攻撃が発生した場合、および発生が予測される場合の、自衛隊と米軍の協力内容を定めたものである。

2004年には「有事関連7法」（国民保護法、特定公共施設利用法など）が制定された。これは有事における米軍と自衛隊の連携強化に加え、米軍・自衛隊による空港・港湾・道路などの利用、民間事業者や市民の協力義務などを定め、有事における広範な協力体制の整備を図るものであった。

2013年に制定された特定秘密保護法は、安全保障やテロ対策などに関する情報のうち特に重要なものを特定秘密に指定し、その漏えいなどに厳格な処罰（最高で懲役10年）を科すものである。

そして2015年にはいわゆる「安保法制」が成立する。これは10法律の改正と1法律の新設をセットにしたものである。まず、憲法9条に関する政府解釈の変更（2014年）に基づき、従来の武力攻撃事態だけでなく存立危機事態における（集団的自衛権に基づく）武力行使が初めて法律で認められた。また周辺事態法の改正により、自衛隊による（主として米軍への）後方支援につき、従来の「日本周辺」という地理的限定は撤廃され、内容も拡大された。PKO協力法も改正され、いわゆる「駆けつけ警護」（自衛隊が攻撃されない場合でも、他国軍や国連職員が攻撃された場合に反撃・救出すること）も解禁された。

(3) 平和主義の行方──「普通の国」へのなりきれなさ

ここまでみてくると、「憲法9条は空洞化しており、むしろ現実に合わせて改正すべきではないか」という疑問が浮かぶかもしれない。確かに政府解釈が無理を重ねた結果、9条と現実は大きく乖離しているといわざるを得ない。このような状況に対しては、9条を柔軟に解釈することで自衛隊は容認しつつ、集団的自衛権は認めないという学説も存在する（長谷部恭男（2006）『憲法の理性』東京大学出版会、第1章）。それでは日本は「普通の国」に、自衛隊は「普通の軍隊」になったのかといえば、恐らくそうなりきれてはいない。政府いわく、いまだに集団的自衛権行使は「限定的」にしか許されず、後方支援につい

第Ⅰ部 総 論

ても「武力行使との一体化」の禁止など憲法を理由とする様々な制約が課せられている。9条は大幅に骨抜きにされつつも、いまだに現実を制約し続けているといえよう（2012年の自民党「日本国憲法改正草案」でも9条の改正が主張されていることは、まだ9条が完全に力を失っていないことの裏返しといえよう）。また、9条から派生した「非核3原則」や「武器輸出3原則」といったルールは政治に少なからぬ影響を与えてきた（ただし後者は2014年に「防衛装備移転3原則」へ変更され、政府が海外への武器輸出を促進する動きをみせている）。近代立憲主義や国連憲章が軍事力の存在を前提とする中、9条はあえて軍事力そのものの放棄という「異例」の選択をしたのであり、違和感や批判が生じるのはむしろ自然であろう。それは日本の（そして昭和天皇の）戦争責任問題がなければ恐らくあり得なかった選択である。よって、9条を改正して「普通の国」を目指すという道もあり得るだろう（ただしその場合、果たして今の政府や市民に、軍を適切にコントロールする能力があるかが問われる）。逆に、その歴史的経緯にもかかわらず（あるいは、むしろそれゆえに）現実と規範（9条）の乖離に向き合いつつ、現実を規範に近づけることを目指すという道もあり得る。その選択は、まさに「終局的には、主権を有する国民の政治的批判に委ねられるべき」（砂川事件最高裁判決）問題のはずである（参照、毛利他（2017、Ⅰ）143-145頁〔毛利透〕）。

【より深く考えてみよう】

　自衛隊が「普通の軍隊」と異なる点、また、日本が軍事に関して「普通の国」と異なる点を整理し、そこにはどのようなメリット、デメリットがあるか考えてみよう。

　参考、半田滋（2009）『「戦地」派遣──変わる自衛隊』岩波書店、遠藤誠治編（2015）『シリーズ日本の安全保障　第2巻　日米安保と自衛隊』岩波書店

　憲法9条が戦後日本の政治や社会に与えた影響を調べたうえで、規範（憲法9条）を現実（自衛隊の存在など）に近づけることと、逆に現実を規範に近づけること、それぞれの是非を考えてみよう。

　参考、田中伸尚（2005）『憲法九条の戦後史』岩波書店、水島朝穂編（2014）『シリーズ日本の安全保障　第3巻　立憲的ダイナミズム』岩波書店

第 **II** 部　　**統 治 機 構**

第4章

統治総論

1 国民主権・代表政・権力分立

(1) 国民主権

(i) 「国民主権」　日本国憲法前文第1段第1文は、「日本国民」を主語として、「ここに主権が国民に存することを宣言し、この憲法を確定する」という言葉で結ばれている。神勅天皇制から象徴天皇制への転換を宣言する第1条でも、「主権の存する日本国民」という言葉が使われている。

すでにみたように、「主権」をめぐっては、権力の正統性（正当性）の根拠・淵源としての正当性の契機と、主権者「国民」による権力行使を導く権力性の契機とが含まれている（第2章参照）。まずはこの「主権」の意味について、いま少し掘り下げて考えてみよう。

(ii) 主権の様々な意味　主権（英語では sovereignty, フランス語では souveraineté）は多義的な概念であり、国家権力の対外的・対内的な最高独立性、統治権（国家権力）、さらには国家意思を最終的に決定する権限、などの意味で用いられる。

主権の概念は、近代国家が形成される過程の中で、特にフランスにおいて発展した。中世のヨーロッパでは、ローマ教皇が強い権威と権力を有していた。またフランス国内でも、国家による統合に対する封建勢力の抵抗が強かった。統一的な近代国家をつくり上げるために、双方に対抗して、フランス国王は自らの独立性・優越性を主張する必要があった。そこで持ち出されたのが主権である。主権は国家権力が最高であることを示すものとして登場したが、国家権力そのもの、さらには国家意思の最終的決定権をも意味することとなった。

「朕は国家なり」というルイ14世の言葉が示すように、絶対王政の下では、国家と主権者（国王）は一体化していたが、やがて、統治権は法人としての国家に帰属するとの考え方（国家法人説）も登場してくる。そうなると、誰が主権者であるかではなく、国家の最高機関としてその意思を決定する権限（国家の最高機関権限）の所在が重要な意味をもつことになる（杉原泰雄（1971）『国民主権の研究』岩波書店、41頁以下）。

　戦後の日本では、「国家の政治のあり方を最終的に決める力あるいは権威」（宮沢俊義）といった意味で主権を理解する立場が有力であった（第2章参照）。特に主権をもっぱら、「国家の政治のあり方を最終的に決める権威」といった意味で理解する場合には、主権は権力の正統性（正当性）の根拠を指すにとどまることになる。そうした理解の背景には、憲法秩序それ自体を生み出し破壊することもできる主権という権力に対する警戒感がある。

　もう一歩踏み込んで、主権に「国家の政治のあり方を最終的に決める力」としての側面を認める場合には、それは、具体的には、憲法の制定や改正の場面における決定権を意味することになろう。憲法がいったん制定されると、憲法を制定する権力（憲法制定権）は、憲法改正権として、憲法の中に組み込まれ、憲法が定める手続によってのみ行使されることになる。日本国憲法の場合は、憲法改正には国民投票の過半数の賛成が必要であるから（96条）、その限度では、主権者「国民」による主権の行使（権力性の契機）が認められる。しかし「国家の政治のあり方を最終的に決める力」として主権を理解する限り、主権からこれ以上に積極的な意味を引き出すことは難しい。それ以外の統治機構のあり方は、主権原理から直接決まるわけではなく、もっぱら憲法が定めるところにより、決まることになる。

　一方、主権を国家権力あるいは統治権という意味で理解する場合には、主権のあり方を踏まえた、公権力の組織が求められることになろう。もちろん、憲法が定める統治機構の枠組が前提とはなるが、そうした枠組みの中で、主権原理にふさわしい統治機構のあり方が、考えられることになる。

　(ⅲ)　**主権者としての「国民」**　　次に、主権者である「国民」の意味についても考えてみよう。「国民」は、法的には、国籍保持者を意味する。これになら

第Ⅱ部　統治機構

えば、「国民主権」という場合の国民は、国籍保持者の総体を指すことになる。一方、「国民」の意味をこれより狭く、政治的意思能力をもつ者の総体、といった意味で理解する立場もある。この意味で「国民」を理解する場合には、前者と区別して、特に「人民」という言葉が用いられる。

　「国民」主権と「人民」主権との区別は、フランス憲法学に由来している。フランスでは、主権を国家権力あるいは統治権と理解したうえで、伝統的に、「国民主権」と「人民主権」を区別してきた。フランス風に、前者を「ナシオン（nation）主権」、後者を「プープル（peuple）主権」と呼ぶこともある。いずれの立場をとるかによって、重要な違いが生まれてくる。

　まずは、統治権が国籍保持者の総体に属するという「ナシオン主権」について考えてみよう。この場合の主権者「ナシオン」は、政治的な意思決定をすることのできない子どもなどをも含んだ国籍保持者の総体である。このような意味での主権者は、自ら主権を行使することができないので、主権の行使を一定の国家機関に委ねざるを得なくなる。そうした国家機関の中心となるのは、主権者が直接選挙する議会である。それゆえ「ナシオン主権」は、原理的には、選挙によって代表を選び、選出された機関に統治権の行使を委ねるという仕組み——代表政——を帰結する。憲法が明文で国民投票を認めているような場合は別として、特に憲法の規定がない限りは、「ナシオン主権」の下では、主権者が直接主権を行使する制度は認められないことになる。

　一方、政治的意思能力をもつ者の総体（プープル）に統治権が帰属すると考える場合はどうだろうか。未成年者など政治的意思能力をもたない者を主権者の範囲から除くことには問題があるようにみえるかもしれない。しかし、現実に政治的意思決定をなし得る者の総体が主権者であると考えることで、「ナシオン主権」の場合とは異なり、主権者による統治権の行使の可能性が想定されることになる。もちろん、あらゆる場面で主権者が自ら意思決定を行うことはできない。通常は、議会をはじめ選挙された機関にそうした決定を委ねざるを得ないであろう。しかし代表政がとられる場合であっても、代表による決定をできるだけ主権者自身の決定に近づけるような制度の設計や運用が求められることになる。また、「ナシオン」主権の場合とは逆に、憲法が特に明文をもっ

て禁止していなければ、国民投票のような制度を導入することも可能であり、むしろ望ましいということになろう。

(2) 代表政と直接政

(i) 代表政と民主政　「ナシオン主権」と「プープル主権」、いずれの立場が望ましいかを考えようとすれば、主権者が自ら意思決定する仕組み（直接政）と選挙された代表者に政治的意思決定を委ねる仕組み（代表政）、いずれが望ましいのかという問題に行き着く。今日では、代表民主政といった言い方が通例となっているが、古来、直接政と代表政は、別個の仕組みと考えられてきた。

直接政は、最も狭い意味では、古代ギリシアのように、市民が一堂に会して政治的決定を行う体制を指すが、ここではもう少し広く、国民投票のような仕組みも含めて、この言葉を用いることにしたい。一方、代表政という言葉は、選挙された代表に一定期間地位を保証して政治的意思決定を委ねる体制、という意味で用いることにする。

権力分立論で知られるモンテスキューは、人民には直接決定を下す能力はないが誰が優れた能力をもっているかを見分けることはできるとし、「人民はその代表者たちを選ぶためにのみ統治に参加すべきである」と述べている（モンテスキュー（1989）『法の精神・上』野田良之他訳、岩波書店、296頁）。今日、人民の能力の不足を説く議論は十分な説得力をもち得ないであろうが、しかし、理性的な代表者の討議に政治を委ねる方が望ましいという考え方は十分に成り立ち得る。国民投票のような形で主権者による意思が示されてしまうと、たとえ十分な討論、熟議を経ていないものであっても、後にそれを覆すことは難しい。様々な立場の代表が公開の場で議論を交わし、意思決定を行うことには大きな意義がある。

一方、「イギリスの人民は自由だと思っているが、それは大まちがいだ。彼らが自由なのは、議員を選挙する間だけのことで、議員が選ばれるやいなやイギリス人民は奴隷となり、無に帰してしまう」と述べて、議会制度の母国イギリスの政治を痛烈に批判したのがルソーであった（ルソー（1954）『社会契約論』桑原武夫・前川貞治郎訳、岩波書店、133頁）。今日、代表による意思決定に対して

第Ⅱ部　統治機構

は、様々な疑問が投げかけられている。議会は、特定の利害を強く代表しており、国民全体を適切に代表していないといった不満は根強い。議会による決定と民意とのズレもよく指摘されるところである。既成政党やエリートに対する批判を掲げた過激な主張を行う人物や勢力が支持を伸ばすといった現象も随所にみられる。批判や異議申し立ては民主主義にとって不可欠の要素であるが、そればかりが過剰に現れると、ポピュリズムといった病理を生み出すことにもなる。

　だから、主権者自身が直接決定する国民投票のような仕組みは危険なのだ、と論じることもできよう。しかし、数年に一度選挙される議会の多数による決定を、簡単に主権者による決定に置き換えることにも問題はある。そうした議会への不信が、ポピュリズムを生み出している面もある。むしろ、どうしたら主権者の意思が適切に政治に反映されるのか、「プープル主権」が説くように、代表による決定をできるだけ主権者自身の決定に近づけることができるのか、改めて考えてみる必要も、あるのではないだろうか。

　今日では、代表政と直接政は、必ずしも二者択一ではない。代表政を基本としつつも、国民投票のような直接政の仕組みが部分的に取り入れられている例も多い。半直接政という言葉が使われることもある。その場合も、主権者の積極的、能動的な役割を憲法上どこまで認めるかは、なお問題となり得る。次に、両者の関係を、日本国憲法に則して考えてみたい。

(ii)　日本国憲法と直接民主政

　(a)　日本国憲法と国民主権　　日本国憲法前文第2段は、国政は「国民の厳粛な信託によるものであつて」「その権威は国民に由来し、その権力は国民の代表者がこれを行使」すると定める。また、憲法43条は、国会両院の議員を、選挙された全国民の代表と位置づけている。全国民の代表という言葉は、議員は特定の選挙区や支持母体の代表ではなく、いったん選挙されればそれらからは独立して、全国民の代表として振る舞うべきであるという意味で用いられてきた（本章1(3)参照）。いずれもが、代表政を前提としているように読める規定であり、「ナシオン」主権のような立場になじむようにみえる。

　しかし他方において、日本国憲法は、地方自治特別法の住民投票（95条）や

憲法改正国民投票（96条）の規定も置いている。主権者としての「国民」が、積極的・能動的な役割を果たすことも想定されているようにみえる。また15条1項は、公務員を選定罷免する固有の権利（憲15条1項）を明文で認めている。議員はいったん選挙されれば任期中は有権者から独立して活動するという、代表政の原則とは異なり、任期中に議員を罷免する余地を認めている規定のようにもみえる。これらは、「プープル主権」のように、政治的意思決定をなし得る主権者を前提とした規定であると読むことも、十分に可能と思われる。

(b) 国民投票　では、日本国憲法の下で、重要な法律案や政策の当否について、国民投票の制度を導入することは可能であろうか（地方公共団体における住民投票については、第8章参照）。国民投票にも様々な形態がある。国民投票による承認が、法律の成立や条約の発効の条件になるような、法的拘束力のある仕組みも考えられる。憲法改正に関する国民投票（憲96条）が、その例である。一方、国民投票の結果を踏まえて、最終的には議会などが決定を下す場合もある。諮問型と呼ばれる仕組みである。日本国憲法の場合、法律の制定や条約の承認の手続は憲法に明文規定があるので、拘束力をもった国民投票の導入を考えることは難しいであろう。問題となり得るのは、諮問的国民投票である。国政の重要事項について、法的な拘束力をもたない国民投票制度を設け、国会はその結果を尊重しなければならないといった定めを置くことは、憲法上、許されるだろうか。

そもそも主権に権力性の契機を認めない立場からすれば、公権力の組織は主権原理の問題ではなく、憲法規定の問題となる。権力性を認めない立場は代表政を前提とするので、諮問的であっても、国民投票の導入はそうした前提とは、整合し難いであろう。ナシオン主権のような意味で国民主権を理解する場合も、同様である。憲法が明文規定により認めていない以上、直接政に属する仕組みの導入は認められないとするのが、原則となろう。

もっとも、諮問的な投票はあくまで法的拘束力を欠いた仕組みであると考えるのなら、代表政を原則とする立場においても、導入をあえて違憲とまでみる必要はないと解する余地もある。しかし現実には、諮問的であっても、国民投票の結果と異なる決定を国会が行うことは難しいであろう。現実の機能を考慮

第Ⅱ部　統治機構

すると、代表政の精神とは本来整合しにくい仕組みと思われる。

　一方、プープル主権のような立場から日本国憲法の国民主権を理解する場合には、憲法が明文で禁じていない以上、主権者による政治的意思決定となじむ仕組みの導入は、当然に許容される（あるいはさらに憲法上要請される）と解されることとなろう。ただし、国民投票をはじめとするそうした仕組みの導入にあたっては、国民の意思が適切に表明されるよう、十分に慎重な制度設計が必要である。このような立場をとる場合であっても、憲法41条が国会を唯一の立法機関とし、また59条1項が、「法律案は、この憲法に特別の定のある場合を除いては、両議院で可決したとき法律となる」と定めていることからすると、法律についての法的拘束力をもった国民投票の導入は、憲法上認められないものと解されよう。

　政府は、「法的な効力は与えない、どこまでも国会が唯一の立法機関であるという憲法41条の原則に触れないという形に制度を仕組むということであれば、先ずその点は憲法に違反しない」として、「個別的な事案」について「国民全体の意思、総意」を国会が審議の参考にするため国民投票に付するという制度が直ちに違憲となるわけではないとしている（昭和53〔1978〕年2月3日・衆議院予算委員会・真田秀夫内閣法制局長官）。

(3)　国民主権と代表政

(i)　全国民の代表の理念とその変容

（a）　古典的代表　　議員を選ぶという仕組みは、近代以前、中世のヨーロッパに起源をもつが、その姿は、今日とはずいぶん異なっていた。議員は、それぞれの地域ごとに、身分や都市などを、個人ではなく団体を代表して議会に赴いたのである。また議員は、命令的委任と呼ばれる仕組みを通じ、選出母体の意向に縛られていた。意向に反した行動をとれば、罷免されることもあり得る。こうした関係は、受任者が委任者の与えた委任に従って法律行為を行うという、私法における代表（代理）の関係をも思わせる。

　しかし、国王の課税に対して選出母体ごとに同意を与えるといった単純な問題の処理ならともかく、命令的委任に拘束された議員達が全体で議論し国民全

体の意思をつくり上げることは難しい。そこで近代憲法における議会では、議員は全国民の代表と位置づけられ、いったん選挙されれば任期中身分が保障され、選出母体の意向からは独立して国民全体の意思を形成するものとされたのである。1791年に制定されたフランス憲法は、「県選出の議員は特定の県の代表でなく、全国民の代表であり、議員にはいかなる委任も与えられない」と規定している。ここには、近代憲法における典型的な代表像を見出すことができる。

命令的委任も禁じられるようになる。同じ代表という言葉が使われていても、私法上の代表（代理）関係とは異なり、法的委任を欠いたこうした関係は、代表委任、自由委任などとも呼ばれる。命令的委任の禁止規定は、議員の法的独立性を本質とする古典的代表の象徴であった。

命令委任の禁止規定は、今日でも、ドイツ（基本法38条1項）やフランス（26条1項）などの憲法にみられる。日本国憲法にそうした規定は存在せず、逆に、議員の選定罷免が、国民固有の権利とされている（憲15条1項）。

(b)　半代表　　もっとも、いくら法的に議員の独立性を保証し「全国民の代表」を謳ってみても、選挙が行われる以上、選ぶ者と選ばれる者との間には一定の関係が生じる。議員は有権者の意向にそって行動するのが通例であろう。にもかかわらず、「全国民の代表」というフィクションが維持できたのは、当初の議会選挙で制限選挙という仕組みがとられていたからであった。

19世紀半ば頃までの欧米の議会選挙では、一定額以上の納税をしている男性のみに選挙権が与えられ、同様の条件をもつ者の中から、議員が選ばれていた。一定以上の財産をもつ者達が、自分たちと同様の階層の者の中から議員を選んでいたのである。そうすると、地主と資本家といった対立はあるものの、選ぶ者（選挙人）と選ばれる者（被選挙人）の間には、基本的には経済的利害の同質性が存在する。選挙人は、議員を信頼しさえすればよく、議員が選挙人の意向を大きく損なうことは考えにくかった。

しかし、納税要件が撤廃され、男子普通選挙が導入されるようになると、議員と有権者の関係は大きく変わる。数のうえでは圧倒的に多い農民や労働者も、有産階級と同じ一票をもつことから、選挙人全体（選挙人団）の中に、様々な利害対立が持ち込まれるようになるのである。選挙人の側では、自分た

第Ⅱ部　統治機構

ちの利害を政治に反映しようとすれば、それをとりまとめて議員に要求をすることになる。議員の側でも、選挙されるためには、そうした有権者の要求や意向に沿って行動することが必要になる。こうした中、民意を国政に媒介するための組織として、政党も発展していく。

法的には、議員はいったん選挙されれば身分が保障され、有権者の意向に反しても罷免されないのが原則である。しかし事実上、そうした行動をとることは難しい。普通選挙は、選挙人団の中の利害を多様化することで、事実のレベルで、有権者と議員の関係を変化させたのである。法的には、議員は有権者から独立しているが、事実のレベルでは双方の間には相互依存関係が生まれる。こうした状況を指して、フランス憲法学では、古典的代表に対して、半代表という言葉が使われるようになる。

半代表は、当初は、議員と有権者の関係の事実上の変化を記述するために用いられた。しかし、両者の相互依存関係が常態化すると、むしろそうしたあり方こそが現代的な代表の本質であるという見方も生じてくる。有権者あるいは国民と議会との間の一致を確保するための選挙制度や、議会制度の運用が求められるようになるのである。

(c)　禁止的規範的意味と積極的規範的意味　　日本国憲法43条は、フランスの1791年憲法と同じように、議員を全国民の代表として位置づけている。しかし他方、ドイツやフランスの憲法にみられる命令的委任の禁止規定はなく、逆に、議員を選定・罷免する権利が保障されている。この点を重視すれば、憲法43条の全国民の代表という規定には、議員が地域や職能など部分の代表であることを禁止する（禁止的規範的意味）という古典的な意味だけでなく、全国民の意思を反映すべしという積極的要請（積極的規範的意味）を読み込むことも可能である（樋口（2007）324-329頁）。

積極的規範的意味は、半代表にそったものである。しかし他方、議員が特定の利益集団と強く結びつき、全国民の代表というよりは部分的な利益の代表として振る舞えば、利益誘導といった病理も生じる。現実の政治過程では様々な利害がせめぎ合う。そうした状況があるからこそあえて、今日においても古典的代表に通じる禁止的規範的意味（議員の独立）の意義を強調する立場もある。

第4章　統治総論

議員は全国民の代表として、いわば公益を実現すべく、個別の利害から離れ全国民の代表として活動することが理想であるとする見方は、「ナシオン主権」と整合する。

　これとは異なり、むしろ積極的規範的意味を重視して、「議員は選挙民から独立することによってではなく、選挙民と結びつくことによって国民代表とならなければならない」（渡辺良二（1988）『近代憲法における主権と代表』法律文化社、223頁）と説く見解もある。こうした理解は、主権者国民を「人民（プープル）」と解する立場と整合的である。特殊・個別の利益の代弁者とは異なった、議員と有権者の関係を考える場合には、国民全体の意向を適切に代表する選挙制度の選択や、国民と議会とを媒介する政党の役割・制度上の位置づけが、重要な意味をもつことになろう。

(ii)　社会学的代表

(a)　比例代表　　普通選挙の導入は、議員と有権者の関係を変質させただけでなく、国民と議会との一致を実現する選挙制度の要求をも生み出した。普通選挙導入以前は、納税額や性別による選挙権の制限こそが最大の問題であった。そうした制限が取り除かれると、今度は、普通選挙という仕組み自体に含まれる様々な問題が指摘されるようになるのである。有力学説も、日本国憲法でいう「代表」の観念は、「国民意思と代表者意思の事実上の類似」という意味をも含んでいるとする（芦部（2015）294頁）。国民意思と代表者意思の事実上──社会学的レベル──の類似という側面は、社会学的意味の代表とも呼ばれる。

　そうした「類似」を確保すべく、19世後半から20世紀初頭のヨーロッパでさかんに主張されるようになるのが、政党の得票に応じ議席を配分するという仕組み──比例代表制──である。政党という尺度で、民意の多様性を測り、それを議会構成にも反映することで、いわば「民意の縮図」としての議会をつくり出そうというのである。多様かつ多元的な社会構造をもったヨーロッパ大陸諸国では、比例代表制をとる国が多い。比例代表制の下では議会は多党化するが、それがゆきすぎると政権が不安定になるという問題が生じることもある（本章2(2)参照）。

59

第Ⅱ部　統治機構

　(b)　職能代表・地域代表　　普通選挙に対しては、別の観点からの批判も生
じた。普通選挙の基礎にあるのは、一人ひとりが同じように、同じ重みの一票
をもつという考え方である。個人の政治的な等価性ということもできよう。し
かしながら、政治的に等価な個人の意思を積み上げて、最終的には多数により
政治的意思を決定する仕組みだけで、十分に国民の意思を反映することができ
るだろうか。社会は、個人の意思や利益に還元することのできない、様々な要
素から構成されているのではないだろうか。こうした観点から、本当の意味で
の「民意の縮図」を実現しようとすれば、そうした個人には還元できない社会
の多様性をも代表すべきだという主張が生じてくる。

　問題は、個人や政党以外のどのような尺度で、そうした社会の多様性を捉え
るかである。それに対する答えの１つが、職能代表と呼ばれる考え方である。
ヨーロッパで普通選挙が定着する19世紀後半から20世紀初頭にかけての時期
は、社会の産業化が進んだ時期でもあった。選挙は、通常は、国土を選挙区と
いう地理的単位に分けて行われるが、地理的単位ではなく、産業や職業を単位
に選挙人団を区分して、農業代表、工業代表といった具合に、職能ごとの代表
を実現すべきだという主張である。しかしその実現は難しい。職能単位を明確
に分ける基準は存在しないし、同じ個人が複数の単位に属している場合もあ
る。職能代表の主張は、日本にも影響を与え、参議院の発足の際にも選挙制度
の選択肢の１つとして検討されたが、結局、正面から取り入れられることはな
かった。

　連邦国家における州のような、一定の地理的な単位を、国家の構成要素とし
て位置づけ、そうした地理的単位それ自体の代表が考えられる場合もある。地
域代表である。国土を区分して選挙区をつくる場合、各選挙区の議員数は、人
口に比例して配分されるのが通例である。地域代表がとられる場合には、人口
にかかわらず各地域に一定数の議員が保証されたり、さらには、各地域に同数
の代表が割り当てられる。例えば、連邦国家であるアメリカの上院は、各州２
名ずつの議員から構成されている。政治的に等価な個人の代表ではなく、一定
の領域の代表が考えられているとみることもできよう。

　こうした意味での地域代表は、連邦国家以外でも採用されることがある。し

60

かし、一人一票の原則とは両立しない面もあり、通常は、二院制の議会の第二院において採用されることが多い。個人の政治的等価性を基礎に選ばれる第一院とは異なる視点からの代表が目指されるのである。ただしその場合には、両院の権限関係をどのように構成するかも、考える必要がある（第5章参照）。

　日本の参議院の発足にあたっては、都道府県を選挙区とする制度（地方区）と全国を一選挙区とした制度（全国区）が組み合わされた。最高裁判所はかつて、全国区は「全国を一選挙区として選挙させ特別の職能的知識経験を有する者の選出を容易にすることによつて、事実上ある程度職能代表的な色彩が反映されることを図」ったものであり、また地方区については、「事実上都道府県代表的な意義ないし機能を有する要素を加味した」と述べている（最大判昭58・4・27民集37巻3号345頁）。しかし、「職能代表」「都道府県代表」は憲法が定める全国民の代表と矛盾するという学説からの強い批判もあり、その後、こうした表現は直接用いられなくなった。

⑷　権力分立

（i）　**権力分立**　　権力の集中・濫用を防ぐために国家権力を複数の機関に分割し、相互の抑制と均衡（チェック・アンド・バランス）を図るのが権力分立である。権力分立は、近代的意味の憲法の重要な構成要素である。近代的意味の憲法の定義としてよく引かれるフランス人権宣言16条は、「権利の保障が確保されず、権力が分立されていないすべての社会は憲法をもたない」と定め、権力の分立を権利の保障と並ぶ憲法の基本原理としてあげている。

　フランスの思想家モンテスキューが、立法、執行、司法の三権の分立を説いたことはよく知られている（前掲・モンテスキュー『法の精神・上』、291頁以下）。もっとも、君主政から議会政への移行期にあった18世紀のイギリスをモデルにモンテスキューが描き出す権力分立の形には、今日とは随分異なる面もある。立法とは、一時的もしくは永続的に法律を定め、すでにつくられている法律を修正もしくは廃止する作用を指し、人民を代表するため選ばれる団体と貴族の団体とがこれを担当する（二院制）。執行とは、講和または戦争をし、外交使節を派遣または接受し、安全を確立し、侵略を予防することで、君主の権限とさ

第Ⅱ部　統治機構

れる。最後に、罪を罰し、あるいは諸個人間の紛争を裁く作用が司法であるが、今日のように裁判所が担当するのではなく、人民の団体から一年のある時期に法律に規定された方法で選ばれた人々が担当するものとされた。国家作用を分立するだけでなく、人民、貴族、国王の間での勢力の均衡も考えられていたのである。

　今日では、国家権力は、立法権、執行権（日本国憲法では行政権）、司法権の三権に分立され、相互の均衡と抑制が図られる。権力分立のあり方は、憲法によって異なる。また、分立された権力相互の連携や共同のメカニズムも存在している。近時の憲法学説では、権力分立を形式的に捉えて分離だけを強調すべきではないとして、「ある国家作用に複数の機関を参画させるとき、各種権限をその行使に最も適した機関に配分し、もって適正な国家決定に資する協働秩序を構築する」という、機能的な権力分立の重要性も説かれる（村西良太(2011)『執政機関としての議会』有斐閣、263頁）。

(ii)　**日本国憲法と権力分立**　　日本国憲法は権力分立という言葉を直接には用いていないが、国会、内閣、裁判所が、それぞれ立法権、行政権、司法権を分担している。

　(a)　**国会と内閣の関係**　　国民主権の原理からすると、主権者・国民から直接選挙される国会が三権の中心となるであろう。日本国憲法でも、国会は国権の最高機関と位置づけられている（憲41条）。しかし憲法は、三権を分立して相互の均衡抑制あるいは協働を図っており、国会の意思が、当然に内閣や裁判所に対して優位するわけではない。

　アメリカのように、議会と大統領がそれぞれ別個に選挙される大統領制がとられる場合、立法権と行政権は比較的厳格に分離される。これに対して日本国憲法では、内閣が国会の信任の上に成立し、国会に対して責任を負うという議院内閣制がとられている。国会（特に衆議院）の多数党が内閣を組織することから、多数党（与党）を介して、国会と内閣の間には緊密な関係がある。衆議院による内閣不信任と内閣による衆議院の解散（憲69条）により、国会と内閣のチェック・アンド・バランスが図られているが、実際には、多数党の支持を受ける内閣が、不信任を受けることは稀である。今日の議院内閣制は、多数党

のリーダーである首相と内閣の下に、立法権と行政権が融合した体制であり、首相政治などともいわれる。そこで、国会・内閣のチェック・アンド・バランスにかわり重要な意味をもつのが、与野党間のチェック・アンド・バランスである。野党が国会審議などを通じ内閣・与党に十分な統制を行い、場合によると政権交代を導くことが重要な意味をもつ。

(b) 司法権と違憲審査　　国が当事者となることもある法律上の争訟を裁定するのが司法権である。司法権を担う裁判所と裁判官の独立の保証も、権力分立の重要な要素である。日本国憲法ではさらに、裁判所に対し、違憲審査権が認められており、裁判所は国家行為の憲法適合性を判断することができる。中でも、国会が制定した法律を無効にし得る違憲立法審査権は、特に重要な意味をもっている。

民主的基盤をもたない裁判所が、強い民主的正統性を備えた国会の多数の決定（法律）を覆す仕組みは、民主主義あるいは国民主権原理からは正当化が難しい。こうした仕組みを支えるのは、多数決によっても変更できない最高法規としての憲法の理念である。憲法の規定の中でも特に重要なのが人権の保障である。少数派を含め総ての国民に認められる人権を政治的多数による決定から保護する役割が、多数が支配する政治のプロセスから独立した裁判所には期待されているのである。そうした役割を担う裁判所は、政治部門に対して、法原理部門であるともいわれる。

違憲立法審査権は、19世紀初頭のアメリカで認められたが、それが各国に本格的に拡がるのは第2次世界大戦後のことである。憲法判断を専門に行う憲法裁判所が設けられる場合（憲法裁判所型）と、通常の裁判所が法律上の争訟の解決に必要な限度で憲法判断を行う場合（司法裁判所型）とがある。ヨーロッパ大陸諸国や韓国は前者であるが、日本国憲法はアメリカにならい、後者を採用している。

第Ⅱ部　統治機構

2　代表政と選挙制度

(1)　憲法と選挙制度

　代表を選出する仕組み、選挙制度は、代表政の要である。選挙は民意の反映であるなどといわれるが、民意がどのようなものであるのかが、あらかじめはっきりと定まっているわけではない。代表されるべき民意は、選挙制度というフィルターを通して議会構成に映し出される。党派や議員を通じ議会に現れる民意のあり方は、どのようなフィルター（選挙制度）を通して民意を捉えるかによって変わってくる。議会選挙の結果は、次の選挙までの間、国政の方向性を強く規定するだけに、フィルターの選択は重要な意味をもつ。

　選挙制度は様々な構成要素からなっており、それらの組み合わせにより数多くの選択肢があり得る。構成要素の選択にあたり、考慮すべき事柄も多い。その内容を憲法上一義的に定めることは難しい。憲法47条は、「選挙区、投票の方法その他両議院の議員の選挙に関する事項は、法律でこれを定める」と規定しており、選挙制度の内容の決定を、広く立法府の裁量に委ねているようにみえる。最高裁判所も、「代表民主制の下における選挙制度は、選挙された代表者を通じて、国民の利害や意見が公正かつ効果的に国政の運営に反映されることを目標とし、他方、政治における安定の要請をも考慮しながら、それぞれの国において、その国の実情に即して具体的に決定されるべきものであり、そこに論理的に要請される一定不変の形態が存在するわけではない」と判示している（最大判平11・11・10民集53巻8号1577頁）。

　しかし、選挙制度の選択をめぐっては、選挙権・被選挙権の保障、政治活動の自由、投票価値の平等など、権利保障と関わる様々な憲法上の要請も存在する。国会は、それらを踏まえ、選挙制度を選択する必要がある。国会が選択した選挙制度がそれらの要請に反する場合には、最高裁判所が憲法違反の判断を行うこともある。実際、投票価値の不均衡や選挙権行使の制約について、違憲判断が示されている（第15章参照）。

　さらに、選挙制度の選択にあたっては、憲法が定める統治機構との整合性を

64

も考える必要がある。日本国憲法は議院内閣制を採用しているといわれるが、その仕組みは、議院内閣制の母国イギリスと同じではない。イギリスの議会は二院制であるが、選挙されない貴族院の権限は弱く、内閣はもっぱら下院・庶民院の多数派に依拠しており、下院の選挙によって、二大政党間で政権交代が行われてきた。一方、日本国憲法の場合、国会の両院・衆議院と参議院は、ともに国民から直接選挙されている。両院の権限関係は、衆議院が優越しているものの、法律案の議決については、参議院は実質的に衆議院とほぼ等しい権限を有している。法律案をめぐり両院の議決が一致しない場合、衆議院は再議決を行える（憲59条2項）が、そのためには3分の2の特別多数が必要である。「ねじれ」国会を通じて明らかになったように、1つの政党が単独でこの要件を満たすことは難しい。こうした統治機構と整合的な選挙制度の選択が考えられる必要がある。

(2)　選挙制度の主要類型

(i)　選挙制度の構成要素
選挙制度を形作っている構成要素は数多い。そのうち、憲法47条は、選挙区と投票の方法に言及している。選挙区とは、選挙が行われる単位であり、通常は国土を地理的単位に区切り、選挙区がつくられ、それぞれに一定数の選出議席（議員定数）が配分される。定数1の場合を小選挙区、2以上の場合を大選挙区という。定数が2以上になると、複数の党派に当選の可能性が出てくるため、両者の区別は重要である。

投票の方法をめぐっては、選挙人（有権者）が議員を直接選ぶ直接選挙と、有権者が選出した選挙人が議員を選ぶ間接選挙のいずれをとるのか、有権者が候補者個人に投票するか政党等の提出した名簿に投票するか（比例代表制）、一選挙区から複数の議員が選出される場合には何名の候補者名を記入するのか（単記制か連記制か）など、様々な選択肢がある。

直接選挙か間接選挙かという問題は、憲法解釈とも関わっている。憲法は、地方公共団体の長・議員については直接選挙によるべきことを明示しているが（93条2項）、国会議員についてはただ「選挙」とのみ定めている（43条）。43条の選挙は、間接選挙をも含むとの見解もある（芦部（2015）266頁）。しかし、他

第Ⅱ部　統治機構

国の憲法をみても、直接選挙によらない場合には憲法規定が置かれるのが通例であると思われる。間接選挙を定めた憲法の明文規定がない以上は、むしろ直接選挙が原則であると解するべきであろう。

　(ii)　**選挙制度の諸類型**　　選挙制度を構成する諸要素のうち、以下では特に、選挙区制（選挙の単位）と代表方法（どのように当選者が決定されるか）に着目し、主要な選挙制度の類型を概観してみたい。以下のほかにも、小選挙区と比例代表制を組み合わせた混合制度（ドイツの連邦議会、日本の衆議院・参議院など）がとられることもある。

　(a)　小選挙区制　　各選挙区から１名のみ、最多得票者が当選する仕組み──first-past-the-post system とも呼ばれる──が小選挙区制である。代表例はイギリスである。各選挙区では１名しか当選しないため、大政党、特に第一党に有利な仕組みであり、第三党以下は、一定の得票があっても議席を得ることが難しい。その結果、二大政党制が生じやすいとされる。各選挙区では１名の当選者以外の票が切り捨てられる形となるため、大量の「死票」（落選者に投じられた票）が生じ、各党の得票と議席のアンバランスも大きくなりやすい。一方、それぞれに首相候補と政権公約（マニフェスト）を掲げる二大政党を中心とした選挙は、実質的に政権選択という意味をも帯び、二大政党間の政権交代が期待できるともいわれる。こうした仕組みは、多数派支配型民主政、あるいはイギリス国会にちなみ、ウェストミンスター・モデルともいわれる。

　イギリスは伝統的に、議会の議席分布の面では二大政党制を特徴としてきたが、近年、得票の面では二大政党以外への支持も拡大している。2010年５月と2017年６月の下院総選挙では、いずれの政党も過半数の議席を得られない（ハング・パーラメント）という状況が生じた。

　なお、フランスでは、やはり小選挙区制ではあるが、２回投票制という独自の仕組みがとられている。１回目の投票で当選するには絶対多数（過半数）の得票が必要であり、この条件を満たす者がいない場合には、１回目の選挙で登録有権者数の12・５％以上の得票をした候補者の間で、第２回目の選挙が実施される。

　(b)　大選挙区制　　１選挙区から複数の候補者が選出されるのが、大選挙区

制である。当選者の決定は、最多得票者（複数）を当選者とする多数代表法による場合と、次にみる比例代表法による場合とがある。前者の場合、選挙人が複数の候補者名を選択できる連記制と、1名のみを選択する単記制とがある。1993年まで日本の衆議院議員選挙でとられていた中選挙区制と呼ばれる仕組みは、大選挙区・単記・多数代表制である。各選挙区には2～6名の議員定数が割り振られ、選挙人は1人の候補者に投票した。

(c) 比例代表制　政党等が候補者名簿を提出し、それぞれの名簿の得票に比例した議席を配分するのが、比例代表制である。政党等があらかじめ定めた順位に従い当選者が決定される拘束名簿式と、名簿順位を定めない、あるいは順位の変更が可能な非拘束名簿式がある。

　比例代表選挙においては、名簿の得票に応じた議席の配分が行われるので、政党の規模による有利・不利が生じにくく、その意味では公正な議席配分が期待できる。1つの政党が単独で過半数の議席を得ることは難しく、議席面での多党化が進むので、議院内閣制がとられる場合には、連立政権が形成されることが多い。複数の政党間の協調によるコンセンサス型（合意型）の政治といえよう。もっとも、連立が不安定になると、政権も不安定になる。政権の形成が困難になったり、頻繁な連立の組み替えが生じる例もある。ドイツのワイマール共和国（戦間期）やフランスの第4共和制（第2次世界大戦後）のように、比例代表制の下で政権形成が困難となり極度の政権の不安定が生じたケースもある。過剰な小党分立を回避するための歯止めとして、一定の得票率を得た政党にのみ議席を配分する阻止条項がとられることもある。

(3) 国会の選挙制度

(i) 衆議院議員の選挙制度　衆議院議員選挙では、1993年までは中選挙区制がとられてきたが、1994年に現在の小選挙区比例代表並立制が導入された。従来の中選挙区制の下では、政権党（自民党）の候補者同士が同じ選挙区内で争うことから、選挙が政党間の争いとなりにくく、またそれが金権選挙や政治腐敗を生み出しているとの批判が生じた。1980年代末のリクルート事件を契機に、政権選択・政権交代が可能な仕組みと「政策本位、政党本位」の選挙の実

第Ⅱ部　統治機構

現を目的として、現行制度が導入された。あわせて、衆議院議員選挙の選挙運動も政党中心の仕組みとなり、また政党への公費助成の制度（政党助成法）が新たに導入されている。

　選挙人は2票をもち、小選挙区選挙と比例代表選挙、それぞれで1票を投じる。一定の要件を満たした政党等（後述の候補者届出政党）に属する候補者は、小選挙区選挙と比例代表選挙、双方への重複立候補が認められている。重複立候補した候補者は、比例代表名簿において同一順位とすることができる。同一順位の候補者については、惜敗率（小選挙区選挙での、当選者に対する当該候補者の得票の比率）によって、順位が決定される。

　当初は、衆議院議員定数は500で、このうち小選挙区が300、比例区が200（11ブロック）であった。その後定数の削減が進められ、現在は総定数465で、このうち小選挙区が289、比例区が176となっている。小選挙区選挙では、イギリス以上に第一党への議席の集中が顕著である。2005年以降2017年までの衆議院議員総選挙（小選挙区選挙）では、いずれにおいても第1党が、過半数に満たない得票で、7割を超える議席を得ている。

(ⅱ)　**参議院議員の選挙制度**　　参議院議員は、憲法の規定により、任期6年で半数ずつ改選される（46条）。発足当初は、都道府県を選挙区として単記投票制による選挙区選挙（地方区、152名）と、全国を1選挙区とし単記投票制による全国区（100名）によっていた。

　1982年、全国区にかわり、日本で初めて、拘束名簿式比例代表制（全国1選挙区）が導入された。さらに2000年には、拘束名簿式が非拘束名簿式に改められた。選挙人は、名簿登載の候補者名と政党等の名簿、いずれに投票することもできる。候補者への投票と名簿への投票は、名簿ごとに集計され、比例代表法により議席が配分される。名簿登載者にはあらかじめ順位は付されておらず、候補者個人の得票順に当選者が決まる。2018年には、優先的に当選人となることができる候補者をあらかじめ定める特定枠の仕組みも導入された。

　選挙区選挙（都道府県選挙区）では、都道府県間の人口のばらつきが大きいことから、投票価値の不均衡が問題となってきた。最高裁判所が2012年と2014年に違憲状態との判断を繰り返し示したこともあり（第15章参照）、2015年、島

68

根県と鳥取県、高知県と徳島県でそれぞれ合区が行われ、選挙区数は47から45となった。また、投票価値の不均衡を是正するために定数の振り替えが繰り返されてきた結果、45選挙区中32が、改選議席数1（定数2）である一方、東京選挙区の改選議席数は6（定数12）であり、選挙区間の定数のばらつきが大きい。

3　政　　党

(1)　憲法と政党

　今日の代表政では、政党が大きな役割を演じている。最高裁判所も、政党について、「議会制民主主義を支える不可欠の要素」であり、「国民の政治意思を形成する最も有力な媒体」であるとしている（最大判平11・11・10民集53巻8号1704頁）。日本国憲法は政党について直接には言及していない。憲法21条が保障する「結社の自由」に基づいた、私的な政治的結社ということもできる。しかし法制度上は、政党には半ば「公的」な位置づけが与えられている。特に1994年以降は、「政策本位・政党本位」の法制度が整備され、様々な法律に政党についての規定が置かれるようになった。

　憲法と政党との関係は、国によって異なる。この点でよく知られるのが、20世紀前半のドイツの公法学者トリーペルによる、「敵視」「無視」「承認及び合法化」「憲法的編入」という定式である。19世紀、普通選挙の導入と相前後して政党が発達しはじめるが、当時の議会活動や選挙は議員個人が中心であり、政党の存在は否定的にみられていた。しかしその役割が大きくなると、政党の存在が半ば黙認されるようになる。さらに、議会の議事運営や選挙法などの中に、政党（「会派」あるいは議員グループ）の存在を前提とした規定が置かれるようになる。例えば議会には各種の委員会が置かれるが、その委員の配分が、各会派の勢力に応じて配分されるといったルールが導入される。また、議会での表決に際し、政党が所属議員に投票規律を課すことが行われるようになる。議員個人の独立性を保障する自由委任の原則からの、事実上の逸脱である。比例代表制が導入されると、政党等が提出する名簿に対し投票が行われる。こうし

第Ⅱ部　統治機構

て、政党の承認・法制度化が進んでいく。

　さらに今日では、ドイツやフランスのように、憲法に政党に関する条項が置かれる例もある。憲法的編入である。もっとも、ドイツとフランスとでは、政党条項の意味合いは異なる。ドイツ基本法21条は、「政党は、国民の政治的意思形成に協力する。政党の結成は自由である。政党の内部秩序は、民主制の諸原則に合致していなければならない。」と定める。ナチスへの反省から、「自由で民主的な基本秩序」を侵害する政党は憲法上許容されず、解散が命じられた例もある。「戦う民主政」と呼ばれる仕組みである。フランス憲法でも、政党は「国民主権と民主主義の原理を尊重しなければならない」とされるが、政党活動の自由についても規定されており（第5共和制憲法4条）、内部組織や活動内容についての強い規制は行われていない。

(2)　日本国憲法と政党

　日本国憲法は政党について「沈黙」しているが、その存在は当然に想定されているとみることもできる。最高裁判所も、「憲法は政党について規定するところがなく、これに特別の地位を与えてはいない」が、「政党の存在を当然に予定している」と述べている（最大判昭45・6・24民集24巻6号625頁）。また、かつては政治資金規正法が「政党」の定義を置く程度であったが、1994年以降は、公職選挙法、政党助成法など、様々な法律に政党についての規定が置かれるようになっている。

　日本国憲法の代表政や「全国民の代表」の理解の仕方に応じて、こうした政党をめぐる法制度の評価は異なり得る。43条をめぐり消極的規範的意味を重視する立場からすると、あくまで中心は議員個人であり、「政党を法が処遇すること自体、結社しない自由を含む結社の自由を侵す可能性をもたらすことにならないか」という問題も提起される（樋口（1998）192頁）。

　一方、積極的規範的意味を重視する立場からは、全国民の意思を国会に反映するための重要な媒介役として、政党の活動に積極的意義を認めることもできよう。例えば政党による党議拘束は、議員個人の活動の自由を束縛する反面、選挙での政党の公約を実現するうえで、積極的な意味ももっている。

第 4 章　統治総論

　しかし、政党の役割を積極的に評価する場合にあっても、政党の法制度への編入をめぐっては、政党条項をもたない憲法の下でどこまでそれが可能なのか、慎重に見極める必要がある。次に、政党をめぐる憲法解釈上の問題を検討することにしたい。

(3)　政党本位の法制度と憲法

　(i)　政党本位の法制度　　1994年の制度改正により、政党の法制度化が本格的に進むこととなった。公職選挙法の立候補・選挙運動規定、政党助成法、そして政党助成の前提となる法人格付与法（「政党交付金の交付を受ける政党等に対する法人格の付与に関する法律」）の中に、ほぼ共通した政党要件が設けられることとなった。

　政党に対する公費助成を定めた政党助成法、公費助成の前提となる法人格付与について定めた法人格付与法では、国会議員5名以上を有するか、国会議員を有し直近の国政選挙（衆議院議員総選挙・参議院議員通常選挙の選挙区選挙・比例代表選挙）において2％以上の得票をした政治団体を「政党」と定義している。この要件を満たした政党に対しては、選挙での得票数と国会議員数に応じ、政党助成金が交付される。政党の組織や活動内容に立ち入ることなく、国会議員数や得票といった客観的な基準が用いられている。これらの法律上の「政党」に該当する団体には、それ以外の政治団体に比べ、財政上の大きなアドバンテージが与えられることになる。

　公職選挙法では、国会議員を5人以上有するか直近の国政選挙で2％以上の得票をした「政党その他の政治団体」（候補者届出政党）に対し、衆議院議員選挙において様々な特典を付与している。候補者届出政党は、小選挙区選挙において、候補者個人とは別に、政党として選挙運動を行うことができ、また候補者個人には認められていない政見放送を行うこともできる。小選挙区・比例区での重複立候補が認められるのも、候補者届出政党に属する候補者に限られている。衆議院議員選挙を「政策本位・政党本位」のものとするための措置である。これらをめぐっては、立候補の自由や選挙運動の自由について、候補者届出政党（あるいはその候補者）とそれ以外の政党・政治団体（候補者）との間の

第Ⅱ部　統治機構

別異の取扱いが、憲法の平等原則との関係で許容され得る範囲にとどまっているといえるのかが、問題となる。

　最高裁判所（前掲・最大判平11・11・10）は、候補者届出政党の要件について、「国民の政治的意思を集約するための組織を有し、継続的に相当な活動を行い、国民の支持を受けていると認められる政党等が、小選挙区選挙において政策を掲げて争うにふさわしいものであるとの認識の下に、政策本位、政党本位の選挙制度をより実効あらしめるために設けられた」として、立法府の裁量の範囲内であると判示している。

　選挙運動において、候補者届出政党が優遇されていることについても、「自動車、拡声機、文書図画等を用いた選挙運動や新聞広告、演説会等についてみられる選挙運動上の差異は、候補者届出政党にも選挙運動を認めたことに伴って不可避的に生ずるということができる程度のもの」であるとし、それ以外の候補者にも十分な運動手段があることから、憲法違反とはいえないとしている。ただし候補者届出政党にのみ、他の組織や候補者個人は利用できない政見放送が認められていることについては、違憲とはしなかったものの、「候補者届出政党に所属する候補者とこれに所属しない候補者との間に単なる程度の違いを超える差異を設ける結果となる」と指摘している。運動量の相違とは異なる差異がある、ということである。

　一方、判決に付された5人の裁判官の反対意見は、候補者届出政党の要件については、「要件を満たさない政党その他の政治団体が候補者届出政党となり得る途は全く閉ざされており、このことが次の選挙を目指し新たな政策を掲げて政治団体を結成することを著しく妨げる要因となっている」と指摘する。また、選挙運動上の別異の取扱いについても、「候補者届出政党に所属する候補者と、これに所属しない候補者との間の選挙運動上の較差は、合理性を有するとは到底いえない程度に達している」と述べている。

　政党本位の制度を設ける以上、選挙運動上優遇をうける「政党」とそれ以外の組織・候補者との間に扱いの違いが生じることは、確かに避け難い。しかし、反対意見が指摘するように、政党本位の法制度が、新たな組織や候補者の参入を妨げることになっていないか、慎重に見極める必要があろう。

第4章　統治総論

(ii) 党籍と議員資格

(a) 党籍の喪失と議員資格の喪失　拘束名簿式の比例代表選挙がとられる場合、有権者は名簿に対して投票する。この場合、名簿登載者は、当選すれば、名簿を提出した政党等の構成員としてその方針に従って行動することが期待されているとみることもできる。そこで、当選後に、名簿登載者が所属政党を離党した場合やそこから除名されたような場合、議員としての身分を喪失させるべきかどうかが問題となる。全国民の代表の趣旨をどのように解するかにより、こうした制度の評価は異なる。

禁止的規範的要請を重視し、議員と選挙人の関係については自由委任こそがその本質であると考える場合、議員は政党の代表ではなく、あくまで議員個人としての活動の自由が保障されねばならない。党籍の喪失により議員資格を喪失させることは憲法上許されないと解されることとなろう。これに対して、積極的規範的意味を重視する立場からすると、選挙における有権者の選択から離反した行動を抑止するために、自由委任の原則に修正を加え、そうした制度をとることも許容されると解する余地があろう。ただしこの場合でも、党籍喪失の原因について、少なくとも除名と離党を区別するべきだとの見解も有力である。議員が自らの意思により離党する場合は、議員自らの意思により有権者の選択とは異なる行動をとることになる。一方、政党が議員を除名する場合には、政党の判断により、有権者が選択した名簿を一方的に変更することになる。選挙時に有権者がなした選択からの離反を抑止することに制度の趣旨があるとすれば、除名の場合にまで、議席喪失の効果を伴わせることは問題であろう。

(b) 政党間移動の禁止　2000年、政党間移動の禁止と呼ばれる仕組みが導入された。除名か離党かという党籍喪失の原因に着目するのではなく、選挙の際に競合して名簿を届け出た他の政党等に移動した場合に限り、議席喪失の効果を発生させるという仕組みである。政党間移動が行われた場合、議員は当選を失い（公選99条の2）、退職したものとして扱われる（国会109条の2）。

議員の意思による離党の場合にあっても、政党の公約違反を理由にあえて離党するような場合はあり得る。そこで、競合した他の政党等に移籍した場合に

73

第Ⅱ部　統治機構

限り、議席喪失の効果を発生させるのである。議員が議席を失ってまで他党に移籍することは考えにくいため、この仕組みは実質的には、政党間移動を禁止する効果をもつことになろう。

(c)　繰上補充の制限　衆議院・参議院の比例代表選出議員に欠員が出た場合の繰上補充の制限をめぐっても、同種の問題がある。現行法上、欠員が出た場合には、名簿における当選人となるべき順位に従って、繰上補充が行われる（公選112条2項・4項）。しかし、除名、離党その他の事由により当該名簿届出政党に所属する者でなくなった旨の届出が選挙会に対しなされている場合には、その者について繰上補充は行われない（同98条3項）。当選していない名簿登載者の繰上補充を認めないだけであり、当選した議員の資格を喪失させる仕組みとは次元を異にしているが、除名・離党を問わず議員となり得る資格が失われるだけに、憲法上の問題が生じる。

政党から除名された名簿登載者が、適正な手続を経ずに正当な理由なく一方的になされた除名処分は無効であるとして当選訴訟（同208条）を提起した事案において、裁判所がどこまで除名処分の適否を判断し得るかが問題となった。第一審・東京高裁（日本新党繰上補充事件：東京高判平6・11・29判時1513号60頁）は、除名処分の適否について判断を行い、「民主的かつ公正な適正手続が定められておらず、かつ、当該除名がこのような手続に従わないでされた場合」には、除名処分は無効となると判示した。法は、繰上補充制限の要件として、選挙会への除名届出書、除名手続書及び宣誓書の提出のみを定めており、選挙会による除名の適否の審査は予定されていない。しかし東京高裁は、拘束名簿式比例代表選挙においては、政党による名簿登載者の選定が「選挙機構の必要不可欠かつ最も重要な一部を構成している」とし、繰上補充の前提となる除名処分の有効性について自ら審査を行い、無効と判断したのである。

有権者は、名簿を選ぶだけでなく、候補者順位をも含めて名簿を選択しているとみて、名簿順位をも含む有権者の選択を政党が一方的に変更し得るなら、直接選挙の要請に反するおそれがあるとの見解もある。こうした立場からすると、制度の合憲性を維持するためには、裁判所が除名の適否を判断すべきであるということになる（高橋和之（1996）「国民の選挙権 vs. 政党の自律権」『ジュリス

74

ト』1092号、52頁）。

最高裁判所は、「政党等の内部的自律権をできるだけ尊重」することが立法趣旨であるとし、選挙会の審査に誤りがないのに裁判所が除名処分の有効性について判断することはその趣旨に反すると判示した（最判平7・5・25民集49巻5号1279頁）。本来は、議員資格の喪失について論じたように、除名と離党を区別し、後者についてのみ繰上補充制限の効果を及ぼすべきだったのではないだろうか。

【より深く考えてみよう】

憲法学における主権論の意義をめぐり、1970年代に重要な論争が交わされている。以下の文献を読み、主権の権力的契機をどこまで認めるべきなのか、考えてみよう。

樋口陽一（1973）『近代立憲主義と現代国家』勁草書房、287頁以下

杉原泰雄（1983）『国民主権と国民代表制』有斐閣、131頁以下

2(2)(ii)において、小選挙区制と比例代表制それぞれに関連して、多数派支配型とコンセンサス型（合意型）という政治モデルについて言及した。この点に関して、1990年代以降の日本では前者の実現が目指されてきたが、「日本国憲法そのものの規範構造は、むしろ、『合意型』の理念型に属する」との指摘がある（高見勝利（2008）『現代日本の議会政と憲法』岩波書店、85頁）。同書の「Ⅰ デモクラシーの諸形態」および「補論Ⅰ もうひとつの『ねじれ』」を読み、この指摘の意味について考えてみよう。

日本でも憲法に政党条項を設けるべきだとの議論がある。政党の憲法化の意味と問題点について、以下の文献を読み考えてみよう。

本秀紀（2005）「政党条項――『憲法的編入』の意味と無意味」『ジュリスト』1289号、111頁

第5章

国会と内閣

1 議会・政府間関係

(1) 統治類型

　国家の統治機構内部において、議会と政府がいかなる関係にあるかという観点から、憲法学では伝統的に大統領制、議院内閣制、議会統治制という分類を行ってきた。これら3つの政治体制を区別するための標識をめぐっては学説上の争いがあるが、ここでは議会に対する政府の政治責任という標識に基づく分類を中心に解説する。また、大統領制と議院内閣制との中間形態とされる半大統領制についても触れる。

　(i) **大統領制**　　大統領制とは一般に、行政府の長である大統領が、立法府である議会の構成員を選ぶ選挙とは別に、国民によって直接選出され、また、選出された大統領がその任期途中に議会から不信任を突きつけられて辞職させられることがない制度のことをいう。その起源はアメリカ合衆国の建国にまで遡る。建国の父たちは合衆国憲法の制定に際し、議会多数派に縛られない存在として大統領がリーダーシップを発揮することを期待した。したがって、現在のドイツやイタリアのように、大統領が国家元首としての儀礼的地位にあって政治的権能をほとんど有さず、首相に導かれた内閣が行政の実質的な中心にある場合には、そのような仕組みを大統領制とは通常呼ばない。

　このように、大統領制は、別々に選出された行政府と立法府とを厳格に分立させるところに特徴があるが、その母国であるアメリカ合衆国では、次のように両者の抑制と均衡を具体化している。まず、大統領は連邦議会に対して責任を負わず、その任期中に連邦議会によって罷免されるのは、弾劾裁判によって

76

有罪判決を受けるという例外的な場合に限られる。その一方で、大統領が連邦議会を解散することはできない。また、大統領は連邦議会に対し、報告や政策提案を内容とする教書を通じて立法の勧告はできるが、直接に法律案を提出することは認められていない。そして、行政府の構成員である閣僚と立法府の構成員である議員との兼職は禁止されている。ただし、大統領には、連邦議会で可決された法律案の発効を妨げる拒否権が与えられていること（上下両院が3分の2以上の多数で再可決すれば、大統領の拒否権を覆すことができる）、大統領による閣僚の任命に際しては連邦議会上院にその承認権が与えられていることなど、行政府と立法府とが完全に分離されているわけではないことにも留意が必要である。

(ii) **議院内閣制**　　議院内閣制と呼ばれる政治制度は、イギリスの制限君主制の下で形成された政治慣行にその起源がある。18世紀以降、統治権力の重心が君主の手から議会へと移行していく中で、もとは諮問機関として君主による統治を補佐してきた内閣（大臣）が、君主だけでなく議会に対しても責任を負うようになり、その結果、内閣が君主と議会という2つの権力の均衡を保つ役割を担う政治形態が生まれたのである（二元型議院内閣制）。このような政治慣行は、フランスにおいても19世紀初頭の復古王政期に見られた（オルレアン型議院内閣制）。イギリスでは、その後さらに君主の権力が弱まり、事実上内閣が執行権の中心的担い手になると、内閣が議会の信任のみに基礎を置く政治慣行が定着していった（一元型議院内閣制）。そして、普通選挙制が実現し、議会の民主的正統性が高まると、《選挙民⇒議会⇒内閣》という信任の連鎖の中で、今日のような議院内閣制の運用が確立したのである。とりわけイギリスでは、19世紀中頃に生まれた二大政党制と議院内閣制が結びつくことで、小選挙区制によって行われる下院選挙において有権者の多数の信任を得た政党の党首が首相に選出され、その首相が政府だけでなく自党の構成員である議会多数派をも導く政治形態が生まれた。このような議院内閣制のあり方は、イギリス議会が置かれているウェストミンスター宮殿の名前をとって、ウェストミンスター・モデルと呼ばれている。他方、第1次世界大戦後に中欧や東欧で誕生した共和制諸国は、それまでイギリスやフランスで政治慣行として行われていた議院内

第Ⅱ部　統治機構

閣制に関わる諸準則を憲法典の中に明記した。その代表としてドイツのワイマール共和国を挙げることができる。それ以降、統治機構内部における議会と内閣との責任関係のあり方として、議院内閣制が世界に広く普及することになったのである。

　ただし、スイスのように議会に対する内閣の自律性がほとんどなく、内閣が議会に全面的に従属する仕組みは、議院内閣制とは区別して議会統治制（または会議政）と呼ばれている。

　(iii)　**半大統領制**　　大統領制と同様に国民の直接選挙によって選ばれる大統領が存在して行政権の一部を担うが、議院内閣制と同様に議会に対して責任を負う首相と実質上の内閣も存在して、大統領と行政権を分有する政治体制がある。フランス第5共和制で実践されているこのような統治形態を、フランスの憲法学者M・デュヴェルジェは「半大統領制」と呼んだ。フランス第5共和制においては、内閣を構成する首相と閣僚の直接的な任免権者は大統領であるため、内閣は議会だけでなく大統領に対しても責任を負う。このような政治体制は、かつての立憲君主制の下で、内閣が君主と議会の双方の信任に依拠することで権力の均衡が保たれていた時代の統治のあり方を思い起こさせることから、新しいタイプの二元型議院内閣制であるともいわれる。現在、半大統領制は、東欧の一部やロシアなどでも採用されている。

(2)　日本国憲法における議院内閣制

　日本国憲法は、議院内閣制であることの標識とされる政府の対議会責任制度として、内閣の国会に対する連帯責任を定めている（66条3項）。また、それを担保する仕組みとして、衆議院に法的効果を伴う内閣不信任決議の制度（69条）を設けているだけでなく、内閣総理大臣は国会議員の中から国会の議決で選出され（67条1項）、内閣の構成員である国務大臣の過半数も国会議員の中から選任されることとしている（68条1項）。さらに、多くの議院内閣制諸国に共通する議会の解散制度（これを議院内閣制の標識であるとする学説もある）についても、その根拠規定や発動条件については論争があるものの（本章3(2)(iii)参照）、内閣によって衆議院が解散される場合があることが規定されている（7条

78

第5章　国会と内閣

3号、69条)。したがって、日本国憲法が議院内閣制を採用していることに学説
上の争いはない。しかし、日本国憲法の議院内閣制が、議会統治制に近い議会
優位型なのか、それとも、イギリスのウェストミンスター・モデルのような内
閣優位型なのかについては、学説上様々な議論が存在している。

　現代の民主政における議院内閣制は、議会選挙で勝利した多数派（与党）の
リーダーである首相の下で、内閣と議会とを結びつけるものであるから、日本
国憲法の下での議院内閣制が議会優位に機能するか内閣優位に機能するかは、
内閣と議会との結び付き方によって影響される。すなわち、政権が単独なのか
連立なのかという内閣の構成だけでなく、議会多数派を構成する党派の組織構
造（集権度が高いか低いか）や行動様式、そのような議会構成員を生み出す選挙
制度、あるいは、議会において野党会派や個々の議員に認められる諸権利など
によって大きく左右されることになる。

　日本では、1990年代後半に、内閣総理大臣のリーダーシップと内閣機能を強
化する改革が行われた。それに先立つ1994年の政治改革では、それまでの中選
挙区制に代えて、ウェストミンスター・モデルに親和的な小選挙区制が導入さ
れたことから、これら一連の改革は、日本の議院内閣制を内閣優位に機能させ
ようとしたものであると考えられる。憲法学説においても、このような内閣総
理大臣の主導性と内閣の機能強化を理論的に正当化しようとするものが登場し
た。その1つである国民内閣制論（高橋和之（1994）『国民内閣制の理念と運用』有
斐閣）は、政策プログラムをめぐる国政選挙を通じて、国民が政権を選択する
プロセスを重視する。選挙に勝利して強い民主的正統性を獲得した政党が内閣
を構成し、官僚機構を動かして政策を実現させていく一方、野党を中心として
国会が内閣をコントロールするというモデルである。

　他方、日本の議院内閣制の性格には、憲法が定める二院制の仕組みも大きな
影響を及ぼしている。日本では、議会上院（参議院）で否決された法律案の議
会下院（衆議院）による再可決要件が他の議院内閣制諸国に比べて厳しいため
（本章2(4)(i)参照）、衆議院の多数党が参議院で過半数の議席を有していない場
合、参議院は内閣・与党が推し進めようとする政策に対して強い拒否権をもつ
ことになる。さらに、参議院は衆議院と同様に直接公選であるため、そのよう

79

第Ⅱ部　統治機構

な強い拒否権が政権運営を左右しても正当化されやすい。このように、日本国憲法には他の議院内閣制にはあまりみられない要素も含まれており、それらも加味した憲法全体の規範構造から、日本の議院内閣制のあり方を考察する必要がある。

2　国　　会

(1)　最高機関

憲法41条は、国会を「国権の最高機関」と定めるが、「最高機関」の法的意味については学説上の争いがある。通説は、憲法によって重要な諸権限が国会に付与されていることから、国会を国政の中心的存在であるとしながらも、権力分立原理との整合性も考慮して、「最高機関」という文言だけから国会の具体的権限を導き出すことはできないと解する（政治的美称説）。それに対し、「最高機関」に法規範としての意味を認めるべきとする学説もある。例えば、①国会が国政全般を統括する権限を有することを示す根拠となるとする学説（統括機関説）、②国政の円滑な運営を図る責任が国会にあることを示す規定であるとする学説（最高責任地位説）、③どの国家機関に帰属するのか不明な権限がある場合に、その権限の国会への帰属を推定させる根拠となるとする学説等がある。

(2)　立法の概念

憲法41条は、国会を「国の唯一の立法機関」と定めているが、国会が担う「立法」とは何であろうか。憲法についても、形式的意味と実質的意味の区別が重要であるのと同様に（第1章参照）、立法についても形式と実質の両面から考える必要がある。立法を形式的側面からみた場合、それは国会の議決によって法律を制定する行為ということになる（憲59条）。しかし、このような説明では、法律という形式によって何を定めるのか不明である。したがって、憲法41条が国会に立法という国家作用を授権している規定であると理解するならば、以下のように、ここでの立法を実質的な意味で解釈しなければならない。

（ⅰ）**法　規**　　立法とは「法規」を定立する作用であるとする学説の系譜がある。国王が強い政治的権力を有していた19世紀ドイツの学説では、国民の権利を直接に制限し国民に義務を課す法規を定立することが立法であり、それが許されるのは国民の意思を代表する議会だけであるべきだと主張された。このような立法の概念が考え出されたのは、国王の恣意的な権力行使から国民の権利・自由を守るためであった。この学説は、立憲君主制を採用した大日本帝国憲法下の日本でも受け入れられ通説となったが、その後、国民主権を定める日本国憲法の下でも、実務において影響力を残している。例えば、「政令には、法律の委任がなければ、義務を課し、又は権利を制限する規定を設けることができない。」と規定する内閣法11条は、国民に義務を課し国民の権利を制限する行為は、国会が定める法律によらなければならないことを前提にしていると考えられる（内閣府 7 条 4 項、行組12条 3 項も同趣旨）。また、1955年に政府は、栄典授与を内容とする戦前の褒章条例を法律ではなく政令で改正した際、栄典を授与することは相手方に利益を与えることであって権利を制限するものではないから、法律の形式をとる必要はないと説明した。しかし、国民主権原理を採用した日本国憲法の下で、国民の権利を制限する場合にだけ法律で定めればよいとするのは、立法の概念として狭すぎるのではないかとの批判が学説からなされている。

（ⅱ）**一般的・抽象的法規範**　　立法とは、一般的・抽象的法規範を定立する作用であるとの学説の系譜も存在する。「法律は一般意志の表明である」と述べたルソーの思想からの影響もうかがえるが、この考え方に従えば、立法府は特定の人や特定の事案に特化した法律を制定してはならないことになる。法律は誰に対しても等しく適用されるとの前提があって初めて、公権力による恣意的な権限行使が排除され、その結果、市民生活における予測可能性は高まり、人々は自由に活動できるのである。戦後の民主主義体制では、このように立法の概念をより広く捉えるべきであるとする学説が通説的見解となっている。

　しかし、社会的弱者を救済するための法律等、現代の社会国家ないし福祉国家の見地から、個別の具体的な事象や特定の人々を対象にする法律が必要とされ、多くつくられていることも事実である。措置法律や処分的法律と呼ばれる

第Ⅱ部　統治機構

それらの法律は、通説的見解が主張するような一般性や抽象性を備えていないようにもみえるので、憲法41条に反するのではないかとの疑義を生じさせる。社会の複雑化や多様化に対応してつくられる法律が、実態として個別性・具体性の高いものになることは避けられないが、それでもなお市民の平等な取り扱いが確保されている限り、そのような法律も一般性・抽象性を備えていないとまではいえないと考えられる。また、立法実務においても、一般性・抽象性をできる限り失わないよう法律の体裁に配慮がなされており、判例でも、法律の一般性・抽象性原則を放棄してよいとは考えられていない（名城大学事件：東京地判昭38・11・12判タ155号143頁）。

(iii)　**憲法上の法律事項**　　憲法の条文には、労働条件に関する基準（27条2項）や財産権の内容（29条2項）など、法律という形式で定めることが明記されている規定がいくつもある。これらの条文が対象とする内容については法律で定めることが憲法上の要請であることから、立法の概念についていかなる立場を採用するかにかかわらず、法律で定めなければならない。

(3)　国の唯一の立法機関

　国会が立法を行う「唯一の」機関であるとの意味は、第1に、憲法上の例外を除いて国会が立法権を独占しなればならないこと（国会中心立法の原則）、第2に、国会以外の機関が国会による立法に関与してはならないこと（国会単独立法の原則）だと考えられている。

(i)　**国会中心立法の原則**　　大日本帝国憲法においては、帝国議会の議決を経ることなく臣民の権利を制限できる独立命令を出すことや、帝国議会閉会中に法律と同等の効力を有する緊急命令を発することが、天皇の大権として認められていた（8条、9条）。日本国憲法41条は、このような制度を設けることを禁止したと考えられている。すなわち、国会の議決によらない実質的意味の立法は憲法上認められないのである。これを「国会中心立法の原則」と呼ぶ。

　ただし、憲法上の例外として、内閣による政令の制定権がある（73条6号）。もっとも、認められるのは法律の規定を実施するための施行細則を定める執行命令および法律の委任に基づく（条件付きの）委任命令のみとされる。また、

82

憲法は、国会の両議院の規則制定権（58条2項）、および最高裁判所の規則制定権（77条1項）も、国会中心立法の原則の例外として認めている。加えて、地方公共団体の条例制定権（94条）もこの原則の例外であるとの立場があるが、条例の制定は「国の」立法ではない等の理由から、敢えて例外とする必要はないとの見解もある。

　国会中心立法の原則に関連して、法律の委任に基づく委任命令がどこまで認められるかが問題となる。委任命令が正当化される理由として、対象となる事柄について、専門性や技術性が求められる場合、状況の変化への即応性が要求される場合、あるいは、党派性に縛られてはならない場合などが挙げられるが、そのような場合でも、具体的な内容を全く示さない包括的な委任まで認めてしまえば、行政権による恣意的な立法を防ぐことができないので、委任の目的や範囲はできる限り法律で明確に示すことが憲法の要請であると考えられる。しかし、憲法には、罰則規定を設ける委任命令が認められることが定められているだけで（73条6号）、委任が認められる具体的な範囲についての規定が存在しないため、この点を巡って裁判で争われたことがある。例えば、公務員の政治活動に対する規制が問題となった猿払事件では、公務員に禁止される「政治的行為」の内容を、国家公務員法102条1項が人事院規則に委任したことが、憲法上認められる委任の範囲内か否かが争点となった。最高裁は、「憲法の許容する委任の限度を超えることになるものではない」として合憲判決を下している（最大判昭49・11・6刑集28巻9号393頁）。

　(ii)　**国会単独立法の原則**　大日本帝国憲法では、法律は天皇の関与の下で帝国議会の議決により成立するものとされていた（6条）。これに対して、日本国憲法では、法律は国会の議決のみによって成立する（41条）。これを「国会単独立法の原則」と呼ぶ。ただし、憲法自身が定めた例外として、地方特別法がある。憲法95条は、特定の地方公共団体だけに適用される地方特別法は、国会の議決に加えて、当該地方公共団体における住民投票による過半数の同意を成立の要件としている。

　国会単独立法の原則に関連して問題となるのが、内閣の法律案提出権（内5条）の扱いである。法律の発案も立法の一部であるとすると、明示的な憲法上

第Ⅱ部 統治機構

の根拠がないにもかかわらず、内閣の法律案提出権を認めるべきではないとする有力な見解もあるが、日本国憲法が議院内閣制を採用して国会と内閣との協働を認めている点、憲法72条により内閣総理大臣が内閣を代表して国会に提出する「議案」の中に法律案も含まれると解釈できる点などから、通説は、内閣の法律案提出権は憲法上認められるとしている。

(4) 国会の組織と権能

(i) **二院制**　憲法42条は、国会が衆議院と参議院という2つの会議体によって構成されると規定する。そして、国会の意思形成には、原則として両議院が参加することが予定されている（憲59条等）。

(a) **第二院の類型**　二院制の起源は、異なる身分を代表する会議体が各々の利益を主張した身分制議会にあるとされる。貴族院と庶民院から成るイギリス議会の二院制は、そのような伝統を受け継いだものである。大日本帝国憲法下の帝国議会も、貴族院と衆議院から成る二院制であった。それに対し、アメリカ合衆国やドイツのような連邦制国家においては、連邦全体の利益とは異質の各州固有の利益が存在することが観念され、連邦レベルの利益を代表する下院とは別に、各州の利益を代表する上院が設けられている。他方、日本のように単一国家において採用されている別のタイプの二院制もある。ただし、貴族制度も残っておらず、連邦制でもない単一国家が二院制を採用する必然性はないとも考えられ、実際、第2次世界大戦後に二院制から一院制へと移行したニュージーランド、デンマーク、スウェーデン、アイスランドのような国も存在する。日本国憲法の場合も、当初の総司令部案では貴族院を廃止して衆議院だけの一院制にすることが予定されていたが、日本政府の強い希望により、大日本帝国憲法とは異なる形態で二院制が維持されたという経緯がある。しかし、日本国憲法は、「両議院は、全国民を代表する選挙された議員でこれを組織する。」（43条）と定めるだけで、両議院の代表基盤について差異を設ける規定を置いていないため、第二院である参議院の存在意義がしばしば問われてきた。

(b) **単一国家における第二院**　政治学者レイプハルトは、民主政国家が二

第5章　国会と内閣

院制を採用する場合には、民族的不調和、連邦制、人口規模などの要素が関係していると指摘する（A. レイプハルト（2005）『民主主義対民主主義』粕谷祐子訳、勁草書房、159-170頁）。これらの要素のうち、日本は人口規模が大きいという特徴に当てはまる。統計的にも1000万人以上の比較的人口の多い国では、二院制を採用する例が多数派を占める。人口が多ければ、その分だけ多様な民意が存在し、それらの民意を議会の審議に反映させる必要性も高まるからだと考えられる。地域や民族のようにある程度明確で固定的な単位で認識できる民意もあれば、職能などの社会学的利益のように流動的な形で現れる民意もある。人口比例原則に基づいて表明される国民の政治的意思だけをくみ取るのであれば一院制で十分であるが、かような抽象的で一元的な国民意思には還元されない現に存在する複雑で多様な民意を、できる限り多角的に国政に反映させようとすれば、それらの意思を国政へと媒介する場がなければならない。日本のような単一国家において二院制が採用される場合には、そのような役割を果たすことが期待されているといえよう。

　(c)　参議院の役割　　憲法上、衆議院議員は、任期4年とされ（45条）、さらに解散制度があるために任期満了前に議員資格を失うことが少なくないのに対して、参議院議員の場合は、任期が6年とされ（3年ごとに半数改選）（46条）、解散制度がないために身分が安定しているので、衆議院議員よりも長期的な視野から政策の立案や評価を行ったり、衆議院が拙速な決定を下せばそれに再考を促したりすることが可能である。また、衆議院の総選挙中に、国会として対処しなければならない緊急の事態が発生した際には、参議院が緊急集会を開いて国会の機能を代行することになっている（54条2項）。

　(d)　議院の権限　　憲法上、両議院のうち衆議院のみが内閣に対する不信任（信任）決議権（69条）および予算先議権（60条）を有している。また、予算の議決（60条）、条約の承認（61条）、および内閣総理大臣の指名（67条）については、両議院が異なる議決を行った場合、または、衆議院での議決の後に一定期間経過しても参議院が議決を行わない場合、最終的に衆議院の議決を国会の議決として採用することとされているので、衆議院の優越性は大きい。ただし、これらの場合には、両院協議会と呼ばれる調整機関の開催が義務づけてお

第Ⅱ部　統治機構

り、両議院一致の議決を目指す努力をしなければならない。

　他方、法律案については、両議院が異なる議決を行った場合、衆議院において出席議員の3分の2以上の多数で再可決されて初めて、当該法律案は成立するとされているので（59条2項）、衆議院の優越性はさほど大きくない。また、憲法上、国会の権能とされている憲法改正の発議については、両議院の議決に優劣はなく、両者は対等の関係にある（第19章参照）。

　(e)　両議院の調整メカニズム　　二院制の議会をもつ国においては、両議院の議決が異なることによって国政における意思決定が滞るのを回避するための手続が憲法に用意されていることが多い。日本においても、両院協議会の規定（60条2項、67条2項）や衆議院の議決を優位させる規定（59条2項、60条2項、61条、67条2項）が憲法に置かれている。しかし、近年では両院協議会はほとんど機能しておらず、また、法律案が参議院で否決されるとその法律案の採択には改めて衆議院で3分の2以上の多数で可決しなければならないとする要件は、多くの場合、与党だけでは容易に超えることが難しいハードルである。さらに、衆議院で可決された法律案が参議院に送付された後、参議院は国会休会中の期間を除いて60日間その法律案を議決しないことができるので（59条4項）、野党は、あえて審議を進めさせないことによって法律案の成立を遅らせたり、会期末であればその法律案を廃案に追い込んだりする議会戦術を用いることも少なくない（本章2(4)(iii)(a)参照）。予算や条約に関連する法律案に対してそうした議会戦術が用いられ、その法律案が不成立となれば、すでに可決された予算や条約の執行が不可能となることもある。とりわけ、選挙の結果、両議院の多数派が異なる事態（「ねじれ国会」）が生じた際には、与野党の政治的対立が両議院における異なる議決として現れるので、結果として、国会の意思決定機能が著しく低下する事態となる。

　通常、議院内閣制を採用する二院制の国家においては、下院で多数を獲得した勢力が内閣を組織し、その内閣は下院の信任に基づいて運営されるが、日本の場合、内閣は下院である衆議院だけでなく上院である参議院の信任も得ていなければ政権運営が困難になるため、衆参両院で多数派を確保することを目的に連立内閣が形成されることもある。このような運用は、「議院」内閣制とい

うより「国会」内閣制と表現した方がよいのではないかともいわれる（高見勝利（2012）『政治の混迷と憲法——政権交代を読む』岩波書店、44頁）。両議院の多数派が異なる事態に起因する両者の先鋭化した対立が不安定な国政運営をもたらすのを回避するためには、選挙制度や議事手続の改革、参議院の政党化を緩和するなどの工夫が必要であろう。

(ii) 議院の権能

(a) 議院自律権　日本国憲法が採用する二院制の下では、国会として両議院が共同で行使する権限とは別に、各議院が他の機関から独立して行使する権限も存在する。このような各議院に固有の権限を議院自律権と呼ぶ。

①役員選任権　「両議院は、各々その議長その他の役員を選任する」（憲58条1項）。これを受けて国会法は、各議院の議長、副議長、仮議長、常任委員長、事務総長を「役員」とし（国会16条）、これらの役員は、各議院の構成員の中から選挙で選ばれるものとしている。ただし、事務総長だけは国会議員のポストではないと定められている（同27条）。

②規則制定権　両議院は、各々その会議その他の手続および内部の規律に関する規則を定めることができる（憲58条2項）。これは、先述のとおり、国会中心立法の原則の例外であると解されている。そこで問題となるのが、各議院が独自に定めた規則と両議院共通のルールを定めた国会法との関係である。大日本帝国憲法においては、（現在の国会法に相当する）議院法が各議院規則に優位するとされていたので（明憲51条）、日本国憲法下でも当時の伝統が残り、議事手続および内部規律に関するルールは、必ずしも議院規則の排他的所管事項ではないと主張する学説もある。実際に、国会法は両議院の議事手続について多くの内容を規律している。しかし、制定に衆議院の優越が認められた法律という形式の国会法で、衆参両院の議事手続を細かく規定してしまうと、各議院における議事の独自性が減殺され、とりわけ参議院の存在意義が失われてしまいかねない。そのため、議事手続および内部規律に関するルールについて国会法が規定を置いていたとしても、それらは単なる紳士協定にすぎず、法的拘束力をもたせるべきでないとする学説が有力に唱えられている。

では、議院の運営において自主的になされた決定は、裁判所による司法審査

第Ⅱ部　統治機構

の対象となるだろうか。この点につき、最高裁は、衆議院における会期延長の議決の違法性が争われた事件において、「両院において議決を経たものとされ適法な手続によって公布されている以上、裁判所は両院の自主性を尊重すべく」、議事手続に関して「その有効無効を判断すべきでない」と判示している（最大判昭37・3・7民集16巻3号445頁）。

　③懲罰権　　両議院は、各々議院内の秩序をみだした議員を懲罰することができる（憲58条2項）。議員の懲罰には、戒告、陳謝、登院停止、除名の4段階があり（国会122条）、除名には出席議員の3分の2以上の多数による議決を要するとされている（憲58条2項）。国会議員の懲罰が裁判所で争われたことはないが、地方議会で決定された議員の懲罰については、これを司法審査の対象とし、除名処分に対する執行停止を認めた判例がある（最大決昭28・1・26民集7巻1号12頁）。

　④議員の資格争訟の裁判　　両議院は、各々その議員の資格に関する争訟を裁判することができる（憲55条）。この規定は、すべて司法権は裁判所に属するとする憲法76条の例外とされる。議員の「資格」とは、議員であるための要件を意味し、具体的には、法律に規定された被選挙権を有していること（公選10条、11条）、そして、兼職が禁じられた職務に就いていないこと（国会39条）を指す。議員の議席を失わせるには出席議員の3分の2以上の多数による議決を必要とするが（憲55条）、実際に議員の資格について議院で裁判が行われたことはない。他方、当選の効力を巡って争われる当選訴訟は、議院ではなく裁判所の権限に属するものとされている。

　(b)　国政調査権　　「両議院は、各々国政に関する調査を行ひ、これに関して、証人の出頭及び証言並びに記録の提出を要求することができる」（憲62条）。これを受けて、「議院における証人の宣誓及び証言等に関する法律」（議院証言法）は、国政の調査のために証人として出頭及び証言又は書類の提出を求められた者に対して、これに応じることを義務付け（1条）、正当な理由のない不出頭、証言拒否、偽証等の場合には処罰すると規定する。このような強制力を有する国政調査権の法的性質については、国会の「最高機関」性（憲41条）に由来する独立の権能であるとする学説と、法律の制定や予算の議決、行

政に対する統制など憲法上議院に付与された諸権能を効果的に行使するための補助的権能であるとする学説との対立がある。先述のとおり（本章2(1)参照）、国会が「最高機関」であるとの文言に法的意味をもたせないとする見解が通説とされているので、国政調査権についても後者の学説が多数派である。

①司法権との関係　　ある刑事事件において地方裁判所が下した判決内容の妥当性について、参議院法務委員会が調査し、不当な判決であるとの報告書を提出したことが司法権の侵害に当たるとして、最高裁判所がこれに抗議したことがある（浦和事件）（第6章参照）。学説の多数も、議院が国政調査権を利用して訴訟指揮に圧力を加えたり判決内容の当否を評価したりすることは、権力分立原則に反し、司法権に対する不当な干渉になると解している。ただし、裁判所が審理の対象としている事実に関するものであっても、政治責任を追及することを目的とした調査など、法的紛争の解決を目的とした訴訟とは異なる目的で議院が調査を行うこと（並行調査）は可能であると解されている。

②行政権との関係　　行政権に対する統制は国会の重要な役割の1つであるから、議院の国政調査権が行政の活動に及ぶことは当然である。ただし、行政作用の一部である検察権は裁判と密接に関わる準司法作用であるから、国政調査の対象に検察権が含まれる場合には、調査内容について慎重に精査しなければならない。多数説は、とりわけ、起訴・不起訴の判断に圧力を加えるための調査、公訴内容を対象とする調査、捜査の続行に支障をきたす調査は許されないとしている。

(iii)　**国会の活動**

(a)　会期制　　議会下院の総選挙から次の総選挙までの期間を一般に立法期または議会期というか、日本の国会は、立法期の間、常に活動しているわけではなく、会期と呼ばれる一定の限られた期間だけ活動することとされている。これを会期制と呼ぶ。憲法は、国会の会期として、常会（52条）、臨時会（53条）、および特別会（54条）を定めている（ただし、特別会だけは国会法上の名称である）。これらの会期は、メディアではそれぞれ、通常国会、臨時国会、特別国会と呼ばれている。

日本国憲法施行後、1947年5月20日に召集された国会（このときは特別会で

第Ⅱ部　統治機構

あった）を第1回国会として、それ以後の国会には会期の区別なく順に番号が振られている。ただし、これらの会期とは別に、衆議院の解散中、国に緊急の必要があるとき参議院の緊急集会を開くことができる。実際、過去に2度（1952年、1953年）緊急集会が開かれたことがある。

　国会の3つの会期のうち、臨時会の召集についてのみ内閣にその決定権があることが憲法に明記されているが（53条）、国会の召集はすべて内閣の助言と承認を要する天皇の国事行為であることから（憲7条2号）、実務では、常会と特別会の召集についても内閣にその実質的な決定権があると解されている。ただし、国会の召集については憲法上の要件がある。すなわち、常会については、年に1度の召集が義務付けられており、臨時会については、衆参いずれかの議院において総議員の4分の1以上の要求があれば内閣はこれを召集しなければならない（53条）。そして、特別会については、衆議院総選挙の日から30日以内に召集されなければならない（54条）。これらの憲法上の要件に加えて、法律により、常会は150日間とされ（国会10条）、衆議院議員または参議院議員の任期満了による選挙が行われたときは、その任期が始まる日から30日以内に臨時会を召集しなければならない（ただし、例外もある）とされている（国会2条の3）。

　常会の主な目的の1つは、予算を審議し議決することであるから、会計年度が始まる4月1日（財11条）に間に合うよう、毎年1月中に召集することを常例としている（国会2条）。臨時会を召集する目的はその都度異なるが、憲法53条の要件を満たす要求があった場合には、内閣はできるだけ早く臨時会を召集しなければならない。しかし、具体的な召集日を定める規定がなく、内閣に召集を強制する法的手段もないために、内閣は次の特別会または常会の召集が近いことなどを口実に臨時会を召集せず、問題になったことがある。特別会の主な目的は、衆議院総選挙後に新しい内閣総理大臣を指名することであり、その召集に伴って内閣は総辞職する（憲70条）。

　国会法では、会期中に議決に至らなかった案件は原則として後会に継続しないと規定されているため（68条）、会期終了までに議決されなかった法律案等を次の会期で審議しようとすると、最初から審議手続をやり直さなければなら

ない。これは、「会期不継続の原則」と呼ばれている。ただし、議院の議決により特に付託された案件については、国会が閉会した後も常任委員会または特別委員会において審査し（閉会中審査）、後会に継続することができる（国会47条2項）。また、憲法審査会は国会の開閉を問わず開会できるので、憲法改正原案については審議継続のために閉会中審査の手続きを要しない。このような例外を除いて、会期末までに議決されなかった議案は廃案となるので、野党がこの原則を利用して、会期末まで審議時間を引き伸ばす戦術をとり、他方で与党はそれに対抗するために十分な審議がなされないまま議決に持ち込む（「強行採決」）という事態がしばしば生じる。とりわけ、衆参で多数派が異なる「ねじれ国会」の場合には、参議院における多数派である野党が政府与党の主導する政策を阻止するための手段として、会期不継続の原則がより効果的に機能するので、結果として、国会では法律案等の内容をめぐる充実した審議は行われないことになってしまう。そうした理由から、会期不継続の原則の廃止を求める主張も有力に唱えられている。

(b) 委員会制度　　憲法に規定はないが、国会法は、法律案等の案件について、各議院の本会議での審議に先立つ予備的審査を行うために、常任委員会と特別委員会の制度を設けている（国会40条）。議員による議案の発議には、衆議院では議員20人以上、参議院では議員10人以上の賛成を要する。また、予算を伴う議案の発議には、衆議院では議員50人以上、参議院では議員20人以上の賛成を要する（同56条1項）。国会に提出された議案は、一部の例外を除いて、提出された議院の議長により委員会に付託される（同56条2項）。法令上、委員会での討論は、本会議での「審議」と区別して「審査」という。常任委員会は、中央省庁別に常設された機関であり、各省庁が所管する議案等の審査を行う（同41条1項）。現在は、両議院ともに17の常任委員会が設けられている（同41条2項、3項）。他方、特別委員会は、特に必要があると認められた案件や常任委員会の所管に属しない特定の案件を審査するために、各議院の議決により設置される（同45条）。常任委員会の活動は法律案の審査が中心であるのに対して、特別委員会が法律案の審査のために設置されることはほとんどない。近年では、「沖縄及び北方問題に関する特別委員会」のように、特定の案件に関する

第Ⅱ部 統治機構

調査のために長期間にわたり複数の会期をまたいで継続的に設置される特別委員会もある。

委員会の構成員は、総選挙または通常選挙の後に召集される会期のはじめに各議院において選任され（同42条1項）、国会議員は少なくとも1つの常任委員になることとされている（同42条2項）。また、各委員会の構成については、各会派の所属議員数に比例して委員が割り当てられる（同46条1項）。

現在、各議院における法案審議の中心は委員会での審査にあるが（「委員会中心主義」）、法律案が委員会において採択されると、その後に続く本会議での審議では質疑や討論が十分に行われないことがほとんどであるため、このような国会審議の形骸化が問題となっている。

(c) 定足数・表決数　憲法は、両議院ともに「総議員の三分の一以上の出席がなければ、議事を開き議決することができない」（56条1項）と定める。議事要件と議決要件とを区別する国もあるが、日本では両者の区別はない。「総議員」の意味について、法定議員数を指すのか現在議員数を指すのかで学説上の争いはあるが、国会の先例では、法定議員数を指すものとされる（衆議院先例集222、参議院先例録230）。憲法に規定された定足数は、本会議のものを意味すると解されるので、議院内のその他の会議体については法律等によって定められている。例えば、委員会の定足数は委員の2分の1以上とされ（国会49条）、両院協議会の定足数は各議院の協議委員の3分の2以上とされている（国会91条）。

他方、表決数は、憲法に特別の定めのある場合を除いて、出席議員の過半数とされている（憲56条2項）。表決方法には、起立、挙手、（参議院だけの）押しボタン式のほか、記名・無記名投票による場合があるが、投票において白票や無効票を投じた者が「出席議員」に含まれるか否かについて学説上の争いがある。国会の先例では、例えば、記名投票で行われる内閣総理大臣指名の議決については、白票や無効票も投票総数にカウントするものとされている。また、委員会の表決数も本会議と同様に出席議員の過半数である（国会50条）。

(d) 会議の公開　国会における審議の公開は、国会議員と国民との民主的なコミュニケーションを図るうえで重要な原則であることから、憲法は、両議

院の会議は公開しなければならないと定めている（57条1項前段）。これを受けて衆参両院は、本会議について国民の自由な傍聴と報道機関による自由な報道を認めている。公開原則の例外として、出席議員の3分の2以上の多数の同意があれば秘密会とすることもできるが（57条1項後段）、日本国憲法下で本会議が秘密会とされたことはない。他方、委員会については、憲法57条1項の「会議」に含まれないとされており、非公開が原則となっているため、国民の自由な傍聴は認められていない（国会52条1項）。ただし、国会議員の紹介がある一般の国民や報道を目的とした報道機関の関係者は、委員長の許可により委員会審査の傍聴が認められている（同52条1項但書）。加えて、今日では、両院協議会など性質上公開に適さない一部のものを除き、原則としてほとんどすべての本会議と委員会はインターネットで中継され、過去の中継についても期限付きながら視聴することができる。

　また、憲法は、「両議院は、各々その会議の記録を保存し、秘密会の記録の中で特に秘密を要すると認められるもの以外は、これを公表し、且つ一般に頒布しなければならない」とし（57条2項）、「出席議員の五分の一以上の要求があれば、各議員の表決は、これを会議録に記載しなければならない」（57条3項）と定めている。「会議録」とは、本会議における議事内容を記録したものを指す。憲法の趣旨に従って、本会議の会議録は官報に掲載され、一般に頒布されている。他方、委員会の会議録については、官報に掲載されず、以前は一般には頒布されていなかったために一般の国民が閲覧することは困難であったが，現在では，本会議の会議録とあわせてインターネットで閲覧することができる。国会の会議録は、国民が国会審議の模様を詳しく知ることに資するだけでなく、行政機関が法律を適用する際の根拠として利用したり、裁判官が裁判の過程で法律を解釈するために参照したりすることもあるため、民主政治を支える重要な知的資源となっている。

　（e）　議事運営　　国会審議のスケジュール（議事日程）は、直接には各議院の議長が決定するものとされているが（国会55条1項）、「議長は、議事の順序その他必要と認める事項につき、議院運営委員長及び議院運営委員会が選任する議事協議員と協議することができる」（同55条の2第1項）とされていること

第Ⅱ部　統治機構

から、法の趣旨としては、各議院に設置された議院運営委員会が議事日程を決定する場である。議院運営委員会は常任委員会の1つであり、衆参とも25名の委員で構成され（衆議院規則92条、参議院規則74条）、委員は会派の所属議員数に比例して各会派に割り当てられる（国会46条1項）。すなわち、国会の議事運営は、議院運営委員会での諸会派による協議を通じて決定されることが期待されているのである。しかし、実際には、議院運営委員会での協議に入る前の段階で、各政党の機関である国会対策委員会間の密室での交渉により、国会の議事運営は事実上決定されている。このような議事運営の決め方は、「国対政治」と呼ばれ批判されてきた。

　また、議院内の組織である会派は、議院外の組織である政党を母体に形成されるとはいえ、議院内では政党からある程度独立して活動することが期待されている。しかし、実際には、会派に政党からの自律性はほとんどなく、国会で審議される法律案等に対して会派独自に修正案を提出するなどの対応をとることは少ない。このような状況は、国対政治とあわせて、国会審議の形骸化をもたらす原因となっている。

ⅳ　国会議員の地位

　(a)　身分の喪失　　以下の場合に、国会議員は身分を喪失する。①任期が満了したとき、②被選挙資格を失ったとき（国会109条）、③他の議院の議員となったとき（同108条）、④国または地方公共団体の公務員となったとき（同39条）、⑤辞職したとき（同107条）、⑥議院において除名されたとき（憲58条2項、国会122条4号）、⑦資格争訟の裁判において資格がないことが確定したとき（憲55条）、⑧裁判で選挙無効または当選無効の判決が確定したとき（公選204条以下）、⑨衆議院議員については、衆議院が解散されたとき（憲45条）⑩衆参両院ともに、比例代表選出議員が、選挙の際に届け出ていた他の政党に移動したとき（公選99条の2、国会109条の2）。

　(b)　兼　職　　国会議員は、①他の議院の議員（憲48条）、②地方公共団体の議会の議員および長（地自92条1項、141条1項）、③国および地方公共団体の公務員（国会39条）等との兼職は認められていない。しかし、内閣総理大臣その他の国務大臣等の内閣のポストについては、国会議員との兼職が認められてい

94

る（同39条）。

(c) 会期中の不逮捕特権　「両議院の議員は、法律の定める場合を除いて
は、国会の会期中逮捕されず、会期前に逮捕された議員は、その議院の要求が
あれば、会期中これを釈放しなければならない。」（憲50条）。もとは国王権力
による議会への介入を排除するために生まれた制度であるが、現在においても
行政権力による警察権を利用した不当な妨害から議員の自由な活動を守る意義
があるとされている。したがって、ここでの「逮捕」とは、刑事訴訟法上の逮
捕・勾引・勾留に限定されず、公権力による身体的拘束を広く含むと解されて
いる。参議院の緊急集会は厳密には「国会の会期中」ではないが、制度の趣旨
からしてこれを排除する理由はないため、現行法上、緊急集会中の参議院議員
にも不逮捕特権が認められている（国会100条）。

また、逮捕が認められる「法律の定める場合」とは、現行法上、院外におけ
る現行犯逮捕の場合および所属する議院の許諾がある場合である（国会33条）。
これらの場合には、行政権力による警察権を利用した不当な妨害の可能性は低
いと考えられるからである。では、議院が逮捕の許諾を与える場合、これに条
件や期限を設けることはできるだろうか。議院が逮捕を拒否することができる
以上、その逮捕に条件を付することも可能であるとする学説がある一方、逮捕
が認められた後の身柄拘束期間等の条件は、犯罪捜査の観点から検察官や裁判
官が決めるべき事柄であり、議院に認められるのは逮捕を許諾するか否かを決
定することだけであるとする学説もある。衆議院は1954年に有田二郎議員の逮
捕を許諾した際に期限を付そうとしたが、裁判所はこれを認めなかった（東京
地決昭29・3・6判時22号3頁）。

(d) 議院における発言の免責特権　｜両議院の議員は、議院で行つた演説、
討論又は表決について、院外で責任を問はれない。」（憲51条）。これは、不逮
捕特権と同様に、議会における議員の活動の自由を確保することを目的とした
規定である。したがって、免責の対象は、「演説、討論又は表決」に限定され
ず、議員が職務として行った行為全般であり、その趣旨から考えて地方公聴会
のような国会議事堂外における行為も含まれると解されている。また、免責特
権を有するのは、その目的から考えて文字通り国会議員のみであり、国会議員

第Ⅱ部　統治機構

の資格をもたない政府の構成員はそこに含まれないと解されている。さらに、最高裁判所の判例によれば、地方議会議員の発言も、憲法上の免責特権の対象にはならないとされる（最判昭42・5・24刑集21巻4号505頁）。

　免除される責任とは、院外であれば問われるはずの民事責任や刑事責任を指す。すなわち、一般市民であれば、他人の名誉を毀損したりプライバシーを侵害したりすれば刑事責任あるいは民事責任を問われる事案でも、国会議員が議院における職務のなかでそれを行った場合には免責される。ただし、当該事案を理由に議員が院内で懲罰の対象となる可能性は排除されない。また、暴力行為について免責特権はない。

　では、国会議員の発言によって名誉やプライバシーが侵害された私人に、法的救済の道は存在しないのだろうか。議員個人に対して法的責任を追及することはできないとしても、被害者救済の観点から、国に対して国家賠償を請求することはできるとする学説もある。この点につき最高裁は、「国会議員が国会で行った質疑等において、個別の国民の名誉や信用を低下させる発言があったとしても、これによって当然に国家賠償法1条1項の規定にいう違法な行為があったものとして国の損害賠償責任が生ずるものではな」いとした。ただし、「当該国会議員が、その職務とはかかわりなく違法又は不当な目的をもって事実を摘示し、あるいは、虚偽であることを知りながらあえてその事実を摘示するなど、国会議員がその付与された権限の趣旨に明らかに背いてこれを行使したものと認め得るような特別の事情があ」れば国の損害賠償責任が生ずる、と判示している（最判平9・9・9民集51巻8号3850頁）。

3　内　　閣

　内閣制度は、議会制度と同じくイギリスにその起源を有する。そして、内閣総理大臣の権限や内閣の運営準則を定めた内閣職権と呼ばれる内閣制度が日本に初めて導入されたのは1885（明治18）年であった。しかし、1889年に公布された大日本帝国憲法は、合議体としての内閣に関する規定を置かず、行政権の行使については「国務各大臣ハ天皇ヲ輔弼シ其ノ責ニ任ス」として、行政権の

第5章　国会と内閣

主体である天皇に対する各大臣の単独責任制を定めるのみであった。内閣職権においては、内閣総理大臣が各大臣を統率し、ある程度のリーダーシップを発揮すること（「大宰相主義」）が想定されていたのに対し、大日本帝国憲法の下で勅令としてつくられた内閣官制では、内閣総理大臣は、他の国務大臣と同格に過ぎない存在（「同輩中の首席」）とみなされ、制度上は彼らに指揮命令を下すことはできないものとされていた（「小宰相主義」）。

　これに対して日本国憲法では、合議体としての内閣が行政権の主体になるとともに、内閣総理大臣は内閣の首長として行政各部を指揮監督する権限をもつことになった。

(1)　内閣の組織

（i）　**内閣の成立**　　内閣とは、内閣総理大臣およびその他の国務大臣によって組織される合議体である（憲66条1項）。内閣は、国会の議決による内閣総理大臣の指名（同67条）の後、天皇による内閣総理大臣の任命（同6条1項）を経て、任命された内閣総理大臣が国務大臣を任命（同68条）することによって成立する。内閣が空席になることを回避するため、前の内閣は総辞職後も新しい内閣総理大臣が任命されるまで消滅することなく引き続きその職務を行うことになっている（職務執行内閣）（同71条）。また、一時的であれ内閣総理大臣1人だけの内閣にならないよう、国会から内閣総理大臣の指名を受けた者は、任命に先立ってすべての国務大臣を選定しておき（組閣）、天皇による内閣総理大臣の任命手続と国務大臣の認証手続（同7条5号）が同時に行われるよう工夫している。

　国務大臣の人数は、内閣法により14人（特別に必要がある場合17人）以内とされているが（2条2項）、2011年に制定された復興庁設置法により設けられた復興大臣（8条）の追加等、その上限は変わることがある。

　以前は、各国務大臣を補佐するため、府省ごとに政務次官と呼ばれる政治任用職が置かれていたが、権限があいまいで政策形成や官僚組織の指揮監督にはほとんど役立たなかった。そのため、1999年に制定された「国会審議の活性化及び政治主導の政策決定システムの確立に関する法律」に基づいて、副大臣お

第Ⅱ部　統治機構

よび大臣政務官が新たに導入され、政務次官は廃止された。副大臣および大臣
政務官は、各省大臣の指揮の下、政策立案や省庁間調整、国会対応等を担う。
その任免は内閣が行い、当該内閣と進退を共にすることから、広い意味ではこ
れらの政治任用職も内閣の構成員といえよう。

(ii)　内閣構成員の資格要件

(a)　文民であること　　憲法上、内閣総理大臣およびその他の国務大臣は文
民でなければならない（66条2項）。この規定は、憲法制定過程において戦勝国
により組織された極東委員会からの要求により盛り込まれたもので、文民条項
とも呼ばれている。その趣旨は、軍が政治に介入するのを防ぐことにあるとさ
れる。戦前、陸軍大臣および海軍大臣は現役の軍人でなければならないとする
軍部大臣現役武官制によって、組閣に軍部の意向が強く反映したり、軍部が内
閣を総辞職に追い込んだりしたという経緯があり、憲法に文民条項が設けられ
たことには十分な理由があった（第3章参照）。もっとも、日本国憲法が9条に
より軍隊の保持を否定したとすると、軍が政治に介入する危険性はないはずで
あるから、憲法9条とあわせて解釈すれば文民条項に意味はないということに
もなり得る。また、戦後しばらくの間は、職業軍人の経歴をもつ者や強い軍国
主義思想をもった元職業軍人が政治に影響力を行使することがないよう彼らを
排除する規定であるとの解釈もなされたが、今日では実益のない議論である。

　しかし、その後、自衛隊が創設されたため、「文民」の新たな解釈が必要と
されたのである。その結果、現在の解釈では、少なくとも現役の自衛官は憲法
上の文民ではないとされ、実務でも同様の運用がなされている。

(b)　国会議員であること　　内閣総理大臣は「国会議員の中から」指名され
なければならない（憲67条1項）。これは、内閣の首長の民主的正統性を高める
規定であると考えることができる。憲法は「国会議員」であることを求めてい
るから、衆議院議員でも参議院議員でも構わないが、現在までのところ、参議
院議員が内閣総理大臣に任命されたことはない。憲法の文言は内閣総理大臣を
指名する時点で国会議員であることを求めているだけであるが、通説は、国会
議員であることは内閣総理大臣の在職要件でもあるとしている。在職要件であ
ると解すると、選挙訴訟により当選無効となったり、議員を除名されたりすれ

第 5 章　国会と内閣

ば、内閣総理大臣の資格を失うことになる。ただし、任期満了または衆議院の解散によって国会議員としての資格を失う場合には、内閣総理大臣の資格は失われないとされている。

　他方、内閣総理大臣以外の国務大臣については、その過半数が国会議員の中から選ばれなければならない（憲68条1項）。内閣総理大臣と同じく国務大臣の民主的正統性を高めることと同時に、国会議員だけでは確保しがたい人材を民間から調達することをも意図した規定であると考えられる。通説は、国務大臣の過半数が、任命時だけでなく在職期間を通して国会議員により構成されることを求めていると解している。

　(iii)　**内閣総理大臣の地位と権限**　　内閣総理大臣は、内閣の首長（憲66条）であると同時に、行政各部を指揮監督する（憲72条）執行府全体の長でもある。

　(a)　国務大臣の任免　　内閣総理大臣は、内閣の首長として他の国務大臣を自由に任命し、罷免することができる（憲68条）。この権限により、内閣総理大臣の地位は大日本帝国憲法と比較して飛躍的に強化されたといえる。

　(b)　閣議の主宰　　内閣が合議体として意思決定を行う場を閣議という。内閣法は、「内閣がその職権を行うのは、閣議によるものとする」（4条1項）と規定するが、1990年代の行政改革の中で内閣法が改正されて、内閣総理大臣は、閣議を主宰するだけでなく「内閣の重要政策に関する基本的な方針その他の案件を発議することができる」（4条2項）とされ、内閣におけるその主導性が強化された。従来、閣議は非公開であり、公式な議事録は作成されてこなかったが、2014年4月1日以降、閣議および閣僚懇談会の公式な議事録が作成され、その議事録の公開も行われている。

　(c)　国務大臣の訴追に対する同意　　在任中の国務大臣を検察が訴追する場合には、必ず内閣総理大臣の同意がなければならない（憲75条）。内閣の一体性および国務大臣の職務の安定的継続性の確保を目的としたものである。

　(d)　法律上の権限　　憲法上の権限のほかに、法律に基づいて内閣総理大臣の権限とされているものとして、例えば、我が国を防衛する必要があると認める場合に一定の条件の下で自衛隊の出動を命ずる権限（自衛76条）や、大規模災害等が発生した場合に治安維持のため緊急事態を布告する権限（警71条）な

99

第Ⅱ部　統治機構

どがある。

(ⅳ)　内閣および内閣総理大臣の補佐体制　　内閣や内閣総理大臣の権限行使を補佐するための機関として、内閣官房、内閣府、内閣法制局などが置かれている。とりわけ、内閣機能の強化を目的とした1990年代以降の行政改革により、内閣総理大臣を直接サポートする補佐官の増員など、内閣総理大臣のリーダーシップを支援・補佐する体制が組織的に拡充された。

　(a)　内閣官房　　内閣官房は内閣の補助機関であり、内閣総理大臣の活動を直接に支援・補佐しながら、内閣の総合戦略機能を担う。従来は主に各省庁の利害対立を調整する役割を担う機関であったが、行政改革に伴って主体的に政策の企画立案も行うことができるようになった（内12条）。また、安全保障に関する重要事項を審議するため2013年に創設された国家安全保障会議を恒常的にサポートする部局として、2014年に内閣官房に国家安全保障局が設置された（内17条）。さらに、2014年に内閣人事局（内21条）が設置されたことによって、それまで各省庁に事実上委ねられていた幹部公務員の人事を内閣官房が一元的に管理することができるようになり、各省庁に対するその統制力が強化されている。内閣が実現しようとする政策を推進するうえで幹部公務員の政治任用は有効な手段であるが、その反面、「全体の奉仕者」（憲15条2項）として行動することが求められる公務員が、時の内閣の意向に過度に従順になったり、内閣による不公正な人事が行われたりする危険性も指摘されている。なお、内閣官房を取り仕切るのは国務大臣の1人である内閣官房長官である。

　(b)　内閣府　　内閣府は、内閣官房の総合戦略機能を助ける機関として、行政改革の一環である中央省庁改革の際に新設された（2001年）。内閣の重要政策に関する企画立案と総合調整を行うため、他の省庁よりも一段上に位置づけられ、内閣総理大臣が主任の大臣として直接に分担管理する。また、内閣府には、内閣総理大臣の任命により法定事務や政権の重要課題を担当する特命担当大臣を置くことができる（内閣府9条）。さらに、国政における重要事項の方針決定について、民間の専門的知見を活用しながら、官僚主導から政治主導への転換を図るため、政治家だけでなく民間の有識者も多く参加する①経済財政諮問会議、②総合科学技術・イノベーション会議、③国家戦略特別区域諮問会

議、④中央防災会議、⑤男女共同参画会議という5つの重要政策会議が置かれ、内閣総理大臣または内閣官房長官がそれらの議長を務める仕組みとなっている。

(c) 内閣法制局　　内閣法制局は、閣議にかけられる法律案や政令案などが憲法をはじめとする既存の法体系と矛盾・抵触していないか審査し（「審査事務」）、あるいは、憲法や法律の解釈が問題となった際に、内閣、内閣総理大臣または各省大臣に解釈上の見解を示すこと（「意見事務」）を任務とする内閣直属の機関である（内閣法制局設置法）。とりわけ、内閣の憲法9条解釈（第3章参照）の形成において大きな役割を担ってきた。

(v)　**内閣の総辞職**　　内閣は、以下に掲げる場合には必ず構成員全員が辞職することになっている。

(a)　内閣不信任、総選挙後の国会召集　　衆議院において内閣不信任案が可決（内閣信任案が否決）されたとき、それから10日以内に衆議院が解散されない場合、内閣は総辞職しなければならない（憲69条）。10日以内に衆議院が解散された場合でも、それに続く衆議院総選挙後に初めて召集される国会で、内閣は総辞職しなければならない（同70条）。

(b)　内閣総理大臣が欠けたとき（憲70条）　　「欠けたとき」とは、死亡や亡命を意味するほか、選挙訴訟や除名等により国会議員としての資格を失うことに伴って内閣総理大臣たる地位を失った場合もこれに含まれる。また、病気等により内閣総理大臣が職務遂行困難になった場合は、内閣法に定める「事故のあるとき」に該当する。これらの場合には、あらかじめ指定された国務大臣が臨時代理として内閣総理大臣の職務を行うことになっている（内9条）。

(c)　内閣総理大臣が辞職したとき　　内閣総理大臣が自ら辞職した場合、憲法70条の「欠けたとき」に含まれるとする説と別のカテゴリーとする説があるが、いずれにしても内閣総理大臣の辞職に伴い、内閣構成員全員が辞職するという点では帰結に違いはない。

(2)　**内閣の権限**

(i)　**行政権の概念**　　憲法は、「行政権は、内閣に属する」（65条）と定める。

第Ⅱ部　統治機構

立法の概念の場合と同じく、憲法が内閣に対して具体的にいかなる内容の権限を付与しているかを理解するためには、「行政」という国家作用の実質的意味を明らかにしなければならない。

（a）消極的定義　　この問いに答えようとするものとして、控除説と呼ばれる立場が通説とされてきた。控除説は、国家が有するすべての統治作用から立法と司法を除いた残りの作用が行政であると説く。この学説は、もともと君主が掌握していた包括的な統治権から、一般的抽象的規範である法律を定立する立法権とそれを執行する執行権が分かれ、その後、執行権から司法権が分離していった歴史的経緯と合致する。また、立法や司法の積極的定義が比較的容易であるのに対し、非常に広範囲に及ぶ行政を正面から定義することは困難であるため、国家の統治作用をすべて説明し尽くそうとすれば、消極的に定義するしかないと考えられたのである。

（b）積極的定義　　これに対して、控除説では行政権の無秩序な肥大化を容認してしまうのではないかとの危惧から、行政が意味する内容をより明確化するために、立法や司法と同じような積極的な定義が試みられてきた。例えば、ある有力な学説は、近代における行政とは、「法のもとに法の規制を受けながら、現実具体的に国家目的の積極的実現をめざして行われる全体として統一性をもった継続的な形成的国家活動」（田中二郎（1974）『行政法（上巻）〔全訂第2版新版〕』、5頁）であると説く。しかし、このような定義では、現代において求められる多様な行政活動のすべてを捕捉することはできないとの批判も多く、広い支持を得るには至っていない。

ところで、従来の控除説には、国家の統治権は憲法以前に存在していたものであるとの前提があると推測されるが、国民主権原理に立脚した日本国憲法の解釈として、そのような前提はもはや維持し得ないのではないだろうか。つまり、現行憲法下における国家の統治権は、すべて憲法によって創設されたものであると考えるべきであり、そのような理解に立てば、行政権についても積極的な定義が求められることになる。そこで、近年では従来とは異なる観点から、行政権を正面から定義しようとする新たな学説が登場している。

行政を「法律の執行」と捉える法律執行説がその1つである。この学説は、

まず、「憲法の下において始源的規律を行う最高位の法規範が法律であり」、立法とはこのような意味での法律を制定することであるとする。そして、行政とは、この意味での法律を執行することを意味するのである（高橋和之（2006）『現代立憲主義の制度構想』有斐閣、132頁）。しかし、行政指導のように、行政機関が独自の判断で国民に対して任意の協力を求める場合には法律の根拠は必要ないと解釈されているので、このような行政活動については「法律の執行」と呼べないのではないかという従来の控除説からの批判もある。

　もう1つの新たな学説として、執政権説がある。執政権説は、内閣が憲法65条に基づいて行政権を行使することと、憲法73条1号に基づいて「法律を誠実に執行」することとを区別する。後者の法律執行は、内閣の指導の下で「行政各部」である官僚機構が担うと解釈する一方で、国会による信任を受けた内閣は、国政上の様々な政策課題を総合調整して政治的決定を導くという意味での「執政」を担う存在であると位置づける。確かに、外交関係の処理、条約の締結、予算の作成といった憲法73条に列挙された内閣の職務には、「法律の執行」と呼ぶには政治的裁量の大きなものが含まれている。もっとも、そのような意味での執政は、「国権の最高機関」たる国会も一部担っており、国会と内閣との協働により実現されるものであるとする学説もある（村西良太（2011）『執政機関としての議会』有斐閣、217頁）。

　これらの新たな積極的定義の試みはいずれも、総合的な政策判断を必要とする「政治の領域」で生じる統治の問題を、いかにして法の言語で捕捉するかという課題にこたえようとする点で共通している。

(ii) **行政権の帰属**　　行政権は「内閣に属する」と規定されている以上、内閣が直接権限を行使しない事柄であっても、行政権の行使については内閣が最終的決定権を有し、行政機関は内閣の統制下に置かれていなければならない。そうすることで、内閣は行政機関による行政権の行使について国会に対し責任を負うことができるのである（憲66条3項）。これを受けて、国家行政組織法も、国の行政組織は内閣の統轄下に置かれると定めている（1条、2条）。しかし、行政機関の中には、法律に基づいて、内閣の指揮監督から独立してその職権行使が認められているものがある。このような仕組みは、アメリカ合衆国に

第Ⅱ部　統治機構

おいて、複雑化した行政事務を処理するためにつくられたものだが、戦後に
なって日本にも導入された。とりわけ、人事院と公正取引委員会は、その職権
行使において強い独立性が確保されているだけでなく（国公4条4項、独禁28
条）、委員の身分保障もある（国公8条、9条、独禁31条）。独立行政委員会とも
呼ばれるこれらの行政機関の独立性は、憲法65条との関係でどのように正当化
できるだろうか。

　これらの行政委員会における委員の任命と組織の予算編成に内閣が関与して
いることから、その独立性は憲法65条と矛盾しないという説明がなされること
がある。しかし、このような論法を認めると、内閣が裁判所の人事や予算作成
に関与していることをもって、裁判所も内閣の統制下にあることになってしま
う。そこで、学説においては、憲法65条の行政権がすべての行政権ではないと
解釈し、内閣に帰属しない行政権の可能性を認めるアプローチが取られること
が多い。憲法65条の行政権には、憲法41条の立法権の規定や憲法76条1項の司
法権の規定のように、「唯一の」や「すべて」といった文言が付されていない
点が、例外を認める形式的根拠として挙げられる。また、行政機関が行う職務
の中には、専門的技術的見地から党派的・政治的中立性や非政治性が求められ
るものが存在し、そのような行為を行う行政機関に一定の独立性が保障される
ことには十分な合理性が認められるだろう。ただし、内閣から独立して職権を
行使する行政委員会に対しては、委員長や委員の任命に対する同意など、国会
による一定のコントロールが及んでいなければならない。そうすることで、内
閣の直接の統制下にない行政権の行使についても、国会に対する責任原則が担
保されることになる。

　(iii)　**衆議院の解散権**　　解散とは、任期満了前に衆議院議員全員の資格を失わ
せることを意味する。憲法は、天皇の国事行為の1つとして衆議院の解散を挙
げているが（7条3号）、天皇は「国政に関する権能を有しない」（憲4条）の
で、衆議院を解散する実質的決定を下すことはできない。また、憲法は、内閣
不信任決議案が可決された場合（または信任決議案が否決された場合）の選択肢と
して衆議院の解散を定めているが（69条）、これ以外に衆議院が解散される場
合の規定は存在しないため、誰がどのような場合に衆議院を解散することがで

きるのかについて、解釈上の論争が続いてきた。

(a) 解散権行使の主体

①7条説　憲法7条は衆議院の解散を天皇の国事行為としているが、天皇のすべての国事行為は内閣の助言と承認を通じて行われるとされているので（憲3条）、衆議院解散の実質的な決定権は内閣にあるとする。内閣が助言と承認を通じて実質的な決定を下すことによって、結果的に、天皇による衆議院の解散は（国政に関する行為ではなくなり）形式的・儀礼的なものとなるのである。しかし、この学説はかつての立憲君主制における大臣助言制のイメージで天皇の国事行為を理解しており、天皇が国政に関する権能をそもそももたないとする憲法4条の解釈と整合しない。また、天皇の国事行為の1つである内閣総理大臣任命の実質的な決定権は国会にあるとされているところ、この場合には、内閣の助言と承認を通じて結果的に天皇の国事行為が形式的・儀礼的なものになるという論理は当てはまらない。憲法7条に基づいて衆議院解散権が内閣にあるとする解釈は実務では定着しているものの、このような理論的な問題点もある。

②69条説　天皇の国事行為は最初から形式的・儀礼的なものであり、憲法7条は衆議院解散の決定権を内閣が有する根拠にはならないとする。他方、憲法69条には、衆議院で内閣不信任の決議があった場合に、衆議院が解散される可能性があることが明記されているので、この場合に限り、内閣は衆議院の解散を決定することができると考えるのである。ただし、この学説も、議会下院の解散という国政上極めて重要な権限行使の主体について憲法に明示的な規定が置かれていないことは認めており、他に根拠規定が存在しないという消極的な理由から、憲法69条に基づいて内閣を解散権の主体と解釈しているにすぎない。

③65条説　憲法65条は、行政権は内閣に属すると定めているが、衆議院の解散は、性質上立法権の行使でも司法権の行使でもないため、内閣による行政権の行使に含まれると考える（控除説）。

④制度説　日本国憲法が採用している権力分立制および議院内閣制の論理から、議会と内閣との間には当然に抑制と均衡のメカニズムが必要であり、議会に対抗する手段として内閣には衆議院を解散することが認められるのだとす

第Ⅱ部　統治機構

る。

　⑤自律解散説　　憲法69条の解釈から導かれる内閣による衆議院の解散はむしろ例外であり、国権の最高機関たる国会を構成する衆議院の任期を短縮する解散は、原則として衆議院自身の決議による場合に限られると説く。

　(b)　解散がなされる場合　　解散権の主体に関する69条説と自律解散説は、内閣による解散権行使は憲法69条に規定された場合に限定されるとする。総司令部もこの立場をとっていたため、その占領下で1948年に行われた第１回解散のときは、政府主導の解散ではあったが、野党に内閣不信任決議案を提出させ、それに与党が同調して賛成票を投じる形で行われた（「なれあい解散」）。しかし、総司令部の占領が解かれた後の第２回解散（1952年）では、憲法69条に規定された場合ではない解散（「抜き打ち解散」）が行われ、それ以後ほとんどの解散は、憲法69条の場合に限定されないものとなっている（憲法69条に基づく解散は、第１回解散を含めてこれまでに４回だけである）。

　学説でも、憲法69条所定の場合に限定されないとする立場が多数派である。解散は、衆議院が民意を十分に反映しているかどうか総選挙を通じて確認するために行われるものでもあり、その意味で解散には民主的機能が備わっているということが主な理由とされる。しかし他方で、解散には民主的機能ゆえの制約があることも主張されている。すなわち、憲法69条所定の場合以外の解散については、例えば、衆議院で内閣の重要案件が否決された場合、政界再編により内閣を構成する党派が変わった場合、前の総選挙では争点になっていなかった重大な政治課題が新たに発生した場合、内閣が基本方針を転換する場合などに限定されるべきとする有力な学説がある（芦部（2015）335頁）。

　このような観点からすると、政府ないし与党にプラスとなる選挙結果が得られそうな時期に内閣総理大臣の自由裁量で解散が行われている現在の運用は、解散権の濫用といわざるを得ない。また、立憲民主政諸国を比較しても、現在では政府による下院の自由な解散を認めていない国がほとんどである。そして、日本での運用がモデルとしてきたイギリスでも、2011年に成立した議会任期固定法によって、議会下院の総選挙は原則として任期満了である５年ごととされ、それ以外の場合に総選挙を実施するためには、議会下院において、内閣

第 5 章　国会と内閣

不信任決議が可決されるか、または定数の 3 分の 2 以上の賛成により自主解散が決定された場合に限られることになっている。

⑶　内閣の責任

　憲法は、「内閣は、行政権の行使について、国会に対し連帯して責任を負ふ」と定める（66条 3 項）。前述の通り、日本国憲法が議院内閣制を採用していることを示す条文である。ここでの責任とは、政治的責任を意味すると解される。法的責任である場合には、責任を問われる行為の要件と内容が定まっていなければならないが、憲法66条 3 項にはそのような定めは置かれていないためである。もっとも、歴史を遡れば、このような内閣の対議会責任は、大臣に対する弾劾手続という法的責任追及手段から始まった。大臣たちは弾劾による厳しい処罰を恐れて、弾劾される前に自ら辞職するようになり、こうした慣行が辞職という現在のような政治責任の取り方へと繋がったと考えられている。

　また、条文には責任の相手方は「国会」となっているが、法律を可決する場合などと異なり、内閣に対する責任追及のための手続は各議院で同じとは限らないことから、厳密には国会ではなく両議院である。

　国会に対し内閣が負う責任は、内閣の職権行使すべてを含むと解されているが、責任の取り方については様々なものがある。憲法69条には、衆議院において内閣不信任決議が可決された場合に、衆議院が解散されない限り内閣は総辞職することによって責任を取るものとされている。しかし、責任の取り方はこれだけではない。内閣総理大臣および国務大臣は、発言のため任意に議院に出席することができるが、議院から出席を求められれば出席しなければならず（憲63条）、議院での批判や質問に対しては誠実に答えなければならない（説明責任・応答責任）。関連して、憲法は、内閣総理大臣が一般国務及び外交関係について国会に報告することや（72条）、内閣が国の財政状況について国会に報告しなければならないことを定めている（91条）。

　さらに、参議院においては、各国務大臣や内閣総理大臣に対して問責決議案を可決することがある。憲法69条は、内閣に対する不信任決議権は衆議院にあると明記していることから、参議院による問責決議が衆議院による不信任決議

第Ⅱ部　統治機構

と同じ法的効果をもつことは認められないと解されている。しかし、実際には、参議院で国務大臣に対する問責決議案が可決されると、当該大臣が辞任するという政治的効果を伴うことが多い。とりわけ、「ねじれ国会」の場合に、問責された大臣が辞任しなければ、参議院の多数派である野党が審議拒否でこれに応じるので、審議を進めたい内閣としては当該大臣の辞任という形で事態を収拾しようとするのである。

　憲法には、内閣は「連帯して」責任を負うと定めているが、これは、合議体としての内閣が一体として国会に対し責任を負うことを意味する。閣内における意思の不一致がしばしば問題とされるのは、内閣構成員の意思統一が憲法上求められているからである。しかし、このことは各国務大臣の単独責任を追及できないことを意味するわけではない。個々の大臣が自らの所管する事項について違法または不当な行為をした場合には、国会はその政治責任を追及することができる。他方、個々の大臣が所管する事項に関する問題であったとしても、国会は憲法66条3項に基づいて内閣の連帯責任を追及することができる。

4　財　　政

　議会制は、君主や統治権者による恣意的な課税に対する抵抗の歴史を通じて発展してきたといっても過言ではない。中世イギリスで国王に対し封建諸侯が自分たちの既得権を認めさせた文書として知られるマグナ・カルタ（1215年）には、国王による課税に対する議会の同意原則が明記されていた。この原則はその後、権利請願（1628年）を経て、権利章典（1689年）で確立したといわれる。「代表なくして課税なし」というスローガンで知られているように、アメリカ独立革命も、イギリス議会による徴税に対する植民地住民の不満が発端であった。また、フランス革命を機に採択されたフランス人権宣言（1789年）は、「すべての市民は、自ら、またその代表者によって、公の租税の必要性を確認し、それを自由に承認し、その使途を追跡し、かつその数額、基礎、取り立て、及び期間を定める権利を有する」として、民主的プロセスを通じた財政統制を基礎づけた。

第5章　国会と内閣

(1)　財政民主主義

　大日本帝国憲法では、租税、財政支出、予算の決定について帝国議会の関与（協賛）を原則としていたが、政府の同意を必要とするものや勅令で定めるものなど例外規定も多く、財政に関する議会統制は極めて不十分であった。これに対して日本国憲法は、「国の財政を処理する権限は、国会の議決に基いて、これを行使しなければならない」（83条）と定め、財政国会中心主義の原則を採用した。さらに、憲法91条が内閣に対して国会および国民への財政状況報告義務を課していることから、国会だけでなく、「国民の、国民による、国民のための」財政統制が期待されている。これを財政民主主義と呼んでいる。

(2)　租税法律主義

　憲法は、「あらたに租税を課し、又は現行の租税を変更するには、法律又は法律の定める条件によることを必要とする」（84条）と定め、租税の賦課および変更には、法律の形式をとらなければならないとする。租税法律主義と呼ばれるこの原則は、政府による恣意的な課税から国民の財産を守り、国民の経済生活の予測可能性を高めることを目的としている。そのため、課税要件の明確性及び課税手続の適正性が求められ、遡及課税は原則として認められない。

　憲法84条に規定された「租税」は、国または地方公共団体が、その経費にあてる資金を調達する目的で一般国民から一方的・強制的に徴収する金銭のことを意味する。これに関連して、道路や河川の費用などに充てる負担金、各種の手数料、上下水道等国の独占事業の料金などが、憲法84条に規定された租税に含まれるか否かについて議論がある。

　この点につき財政法3条は、「租税を除く外、国が国権に基いて収納する課徴金及び法律上又は事実上国の独占に属する事業における専売価格若しくは事業料金については、すべて法律又は国会の議決に基いて定めなければならない」と規定し、負担金や手数料等の金額も法律事項とすることによって国会による厳格なコントロールの下に置くことを想定している。ただし、この財政法3条については、施行前にその特例に関する法律が別途制定され、政府は、経済的緊急事態の間に限り、租税以外の価格、料金等について、法律または国会

109

第Ⅱ部　統治機構

の議決を経ないで決定することができるとされた。

　最高裁は、税方式をとらない国民健康保険条例が問題となった事案で、「国又は地方公共団体が、課税権に基づき、その経費に充てるための資金を調達する目的をもって、特別の給付に対する反対給付としてではなく、一定の要件に該当するすべての者に対して課する金銭給付は、その形式のいかんにかかわらず、憲法84条に規定する租税に当たる」とした。そして、国民健康保険料も租税に類似する性質を有するので憲法84条の趣旨が及ぶが、本件条例は、保険料率算定の基礎となる賦課総額の算定基準を明確に定めているので、具体的な保険料率の決定を市の裁量に委ねていても憲法84条に反するものではないと判示している（旭川市国民健康保険条例事件：最大判平18・3・1民集60巻2号587頁）。

(3)　予　　算

　憲法は、「内閣は、毎会計年度の予算を作成し、国会に提出して、その審議を受け議決を経なければならない」（86条）と規定する。予算とは、一会計年度（4月1日～翌年3月31日）における国の収入（歳入）と支出（歳出）に関する財政行為の準則である。

　憲法に規定はないが、一会計年度で終わらない国の事業については、例外的に、国会の議決により複数年にまたがる支出として継続費を認めている（財14条の2）。また、新年度の開始までに予算（「本予算」）が成立しない場合には、内閣は一定期間に限り暫定予算を作成して国会に提出することができる（同30条1項）。ただし、暫定予算は、本予算が成立すると同時に失効する（同30条2項）。さらに、内閣は本予算の成立後、必要に応じて補正予算を国会に提出することができる（同29条）。補正予算には、新たに生じた事由により緊急に必要になった経費などを補う追加予算と追加以外の変更を加える修正予算がある。

　(i)　**予算の法的性格**　　予算の法的性格については、①予算は国会が承認した行政の財政計画であるとする予算行政説、②予算は法律とは異なる国法の一形式であるとする予算法規範説（予算法形式説）、③予算も一種の法律であるとする予算法律説、という3つの学説があり、その中でも予算法規範説と予算法律説との間で論争が続けられてきた。

第5章　国会と内閣

　現在の通説とされる予算法規範説は、予算が法律とは異なる理由として、予算の提出権が内閣のみにあること（憲73条5号、86条）、予算には衆議院に先議権があり、衆議院による再議決規定がないこと（憲60条）、予算には公布や署名に関する規定がないこと等を挙げる。また、予算は法律と違い一般国民を直接規律しないことも理由とされる。

　これに対し、予算法律説は、予算の議決手続が法律と異なっていても、予算は「憲法に特別の定のある場合」（憲59条1項）の法律に該当すると考えればよく、また、行政組織を規律する国家行政組織法のように一般国民を直接規律しない法律もあるので、これも予算が法律でないとする根拠にはならないと説く。欧米諸国においては予算が法律として処理されていることもこの学説に影響していると考えられる。

　ところで、予算が成立してもその支出の根拠となる法律が可決されない場合（その逆もある）のように、予算と法律の不一致が生じたとき、予算法律説であれば、内閣は予算法として成立した予算だけを執行することができるので、事態を解決できると説かれることがある。しかし、予算と法律には憲法が異なる議決手続を課している以上、予算法規範説であれ予算法律説であれ、予算と法律の矛盾を解消するための政治的努力が求められる点で両者に違いはない。

　(ⅱ)　**予算の修正**　　憲法上、予算の作成権は内閣だけに認められていることから、国会が予算を修正できる範囲には限界があるのではないかとの議論がある。政府は、「国会の予算修正は内閣の予算提案権を損なわない範囲内において可能と考えられる」とし（昭和52〔1977〕年2月23日・衆議院予算委員会・真田秀夫内閣法制局長官）、予算の修正には一定の限界があると解している。この点につき、予算の法的性格の捉え方によって結論に違いが生じる。

　まず、予算法律説の場合、予算は法律である以上当然その修正に対していかなる制限もないということになる。他方、予算法規範説の場合には見解が分かれている。予算の修正には、予算の分類項目である「款」や「項」を削除したり金額を減らしたりする減額修正と、逆にそれを新設したり金額を増やしたりする増額修正とがあるが、特に増額修正については、予算の同一性を損なうような修正は認められないとする立場が有力である。上記の政府見解もこの立場

第Ⅱ部　統治機構

であると考えられる。しかし、この主張に対しては、「予算の同一性」の中身
について具体的な説明がなく、予算に関する国会の審議・議決権を制約する基
準としては不明確であるため、予算法規範説でも予算の増額修正に限界はない
とする有力な反対論もある。

【より深く考えてみよう】
　以下の文献を読み、1990年代の政治改革・行政改革後に生じた日本の議院内閣制の運
用の変化について考えてみよう。
　高見勝利（2008）『現代日本の議会政と憲法』岩波書店、Ⅲ
　只野雅人（2017）『代表における等質性と多様性』信山社、第Ⅲ編第6章、第Ⅳ編第
3章
　2(4)(i)(e)において、衆参両議院の多数派が異なる事態（「ねじれ国会」）に起因する両
議院の対立が、時として不安定な国政運営をもたらすことについて述べた。こうした事
態を回避するための方策として、本文では、選挙制度や議事手続の工夫、参議院の政党
化の緩和など現行憲法の枠内で実現可能な改革の方向性を紹介したが、衆議院における
法律案の再可決要件の緩和など憲法改正を含む改革も提案されている。以下の文献を読
み、日本の参議院のあるべき姿について考えてみよう。
　高見勝利（2008）『現代日本の議会政と憲法』岩波書店、Ⅱ
　岡田信弘（2014）『二院制の比較研究――英・仏・独・伊と日本の二院制』日本評論
社、特に日本と同じ単一国家イタリアで議論されている二院制の改革案に関する9-30頁
および105-115頁
　2(4)(iii)(e)において、国会審議の形骸化について触れた。日本の国会では、政府と野党
議員との質疑応答、あるいは与野党の駆け引きが中心で、法律案等をめぐる実質的な討
論が行われていないといわれる。以下の文献を読み、他の議院内閣制諸国と比較した日
本の国会審議の特徴について考えてみよう。
　大山礼子（2011）『日本の国会――審議する立法府へ』岩波書店、第2章
　野中尚人・青木遥（2016）『政策会議と討論なき国会』朝日新聞出版、第3章、第5
章

第**6**章

司　　法

1　司法権の射程

(1)　司 法 権

　司法とは、「具体的な争訟について、法を適用し、宣言することによって、これを裁定する国家の作用」と一般的に定義される（芦部（2015）336頁）。

　日本国憲法は、独立した裁判がなされるため、行政機関による終審裁判を禁止している（憲76条 2 項）。民事・刑事事件のみならず、行政事件の裁判を含む裁判作用が司法権の範囲に含まれる。

(2)　法律上の争訟

　司法権の固有の内容として裁判所が審判しうる対象は、「法律上の争訟」（裁 3 条）に限られるとされてきた（最判昭41・ 2 ・ 8 民集20巻 2 号196頁）。そこで、裁判所法における「一切の法律上の争訟」は、憲法にいう「司法権」を包摂するものと理解されてきた（佐藤幸（2011）585頁）。

　この点、最高裁は、「法律上の争訟とは、当事者間の具体的な権利義務ないし法律関係の存否に関する紛争であって、かつそれが法律の適用によって終局的に解決し得べきものであることを要する」とした（最判昭28・11・17行集 4 巻11号2760頁）。例えば、最高裁は、村議会の予算議決の無効確認を求める訴えについて、「『法律上の争訟』とは法令を適用することによつて解決し得べき権利義務に関する当事者間の紛争をいう」とし、村議会の予算決議があったというだけでは、具体的な権利義務に関する争訟であるとはいえず、村議会の予算議決に対する出訴は不適法とした（最判昭29・ 2 ・11民集 8 巻 2 号419頁）。

113

第Ⅱ部　統治機構

　ここで、①法令を適用することによって解決することができる、②具体的な権利義務に関する争訟とはいかなる意味かが問題となる。

　①法令を適用することによって解決することができる、とはどのような場合を指すか。例えば、最高裁は、技術士国家試験の合格不合格の判定について、「法令の適用によつて解決するに適さない単なる政治的または経済的問題や技術上または学術上に関する争は、裁判所の裁判を受けうべき事柄ではない」（前掲・最判昭41・2・8）とした。

　また、宗教上の教義に関する判断が訴訟の帰すうを左右する前提問題となっている場合について、最高裁は、「宗教上の教義に関する判断が、それぞれ必要であり、いずれもことがらの性質上、法令を適用することによつては解決することのできない問題である」（最判昭56・4・7民集35巻3号443頁）としている。ここでは、本件訴訟が「その実質において法令の適用による終局的な解決の不可能なもの」とされた。本件は、単に宗教団体内部の問題であるため終局的な解決の不可能なものとしたのではなく、板まんだらの真偽が裁判所によっては判断できない以上、本件において本物の板まんだらであるか否かも判断できず、よって訴えを却下したと理解することもできる（安念潤司（2008）「司法権の概念」大石眞・石川健治編『憲法の争点』有斐閣、250頁）。その他、具体的な権利義務ないし法律関係に関する訴訟であっても、宗教団体内部における問題を法律上の争訟に該当しないとした判例がある（最判平元・9・8民集43巻8号889頁、最判平5・11・25判タ855号58頁、最判平14・2・22判タ1087号97頁）。このように、技術・学問上の論争や宗教教義に関する判断は、裁判所が法令を適用することによって解決することには適さない。

　②具体的な権利義務に関する争訟という要件について、まず、この要件が認められなかったものとして次のような事案がある。教育勅語が憲法に違反するか否かの確認を求める訴えにおいて、最高裁は「特定の者の具体的な法律関係につき紛争の存する場合においてのみ裁判所にその判断を求めることができる」（最判昭28・11・17行集4巻11号2760頁）としている。また、特別区長選任の憲法適否の確認を求める住民の訴えについて、最高裁は、区長の選任それ自体が住民の「個人の具体的権利義務には直接関係のないことであつて、かかる点

について司法裁判所が裁判権を有しない」（最判昭31・2・17民集10巻2号86頁）
とした。さらに、軍備不保持の義務の確認を求める訴えが、具体的な権利義務
に関する争訟とはいえず、不適法とされた（最判昭52・4・19税資94号138頁）。
そして、最高裁判所規則が憲法に適合するか否かの確認を求める訴えについ
て、最高裁は「具体的な紛争についてその審判を求めるものではない」（最判
平3・4・19民集45巻4号518頁）として法律上の争訟に該当しないとする。

　他方で、一般論としては具体的義務には関係がないとみられるような場合で
も、個々の事案の特性に応じて具体的な権利義務があると認めた事案として
は、次のようなものがある。例えば、自衛隊の建築工事に関する建築工事計画
通知書およびその添付図書の情報公開決定の取消しを求める訴えについて、最
高裁は、「本件建物の所有者として有する固有の利益が侵害される」として、
法律上の争訟に当たると判断した（最判平13・7・13訟月48巻8号2014頁）。また、
宗教法人法の規定を考慮し、「檀徒の地位は、具体的な権利義務ないし法律関
係を含む法律上の地位」であると判断した例もある（最判平7・7・18民集49巻
7号2717頁）。

　このように、具体的な権利義務に関する争訟の要件は、権利義務の具体性と
いう程度問題であり、対象となる権利義務の重大性やその権利義務に関する法
令の有無なども考慮されているようにみられる。なお、警察予備隊訴訟をはじ
め、一連の先例を見る限り、具体的事件性の要件は特に違憲審査権の行使との
関係でも問題とされてきた（第7章参照）。

　また、住民訴訟（地自242条の2）や選挙訴訟（公選203条、204条）のほか、国
又は公共団体の機関相互間における権限の存否またはその行使に関する紛争に
ついての訴訟である機関訴訟（行訴6条）がある。このような客観訴訟（行訴42
条）は法律において認められた訴訟であるため、法の支配の理念の下、具体的
な権利義務に関する争訟といえなくても、適法な出訴であると考えられてい
る。

　例えば、最高裁は、「国又は地方公共団体が専ら行政権の主体として国民に
対して行政上の義務の履行を求める訴訟は、法規の適用の適正ないし一般公益
の保護を目的とするものであって、自己の権利利益の保護救済を目的とするも

第Ⅱ部　統治機構

のということはできないから、法律上の争訟として当然に裁判所の審判の対象となるものではなく、法律に特別の規定がある場合に限り、提起することが許される」とした（最判平14・7・9民集56巻6号1134頁）。

(3)　司法権の限界

　たとえ法律上の争訟に該当する場合であっても、裁判所が判断を控える事例もみられる。憲法が特に裁判所以外の機関に裁判権を認めている場合は、司法権の対象とはならない。具体的には、国会の設ける裁判官弾劾裁判所（64条）と、議員の資格に関する争訟を裁判する国会各院の権限（55条）である。

　また、国際法上の裁判権の除外がある。例えば、外交関係に関するウィーン条約などに基づく外交官に対する裁判権の免除が認められる場合がある。アメリカ合衆国軍隊の横田基地における夜間離発着による騒音による人格権侵害を根拠に夜間の離発着差止め等を求めた事案で、最高裁は「外国国家の主権的行為については、民事裁判権が免除される旨の国際慣習法の存在を引き続き肯認することができる」（最判平14・4・12民集56巻4号729頁）とした。

　さらに、天皇に対する民事裁判権についても、天皇が日本国の象徴であり日本国民統合の象徴であることから、これが及ばないとされている（最判平元・11・20民集43巻10号110頁）。

　(i)　**自律権**　　各議院は内閣や裁判所等の他の国家機関から監督や干渉を受けることがない議院自律権を有する（憲50条、55条、58条1項）。そこで、国会または各議院の内部事項について自主的に決定された事柄について、司法審査が及ぶか否かが問題となる。最高裁は、改正警察法の議決について、「両院において議決を経たものとされ適法な手続によつて公布されている以上、裁判所は両院の自主性を尊重すべく同法制定の議事手続に関する……事実を審理してその有効無効を判断すべきでない」（最大判昭37・3・7民集16巻3号445頁）とした。

　(ii)　**自由裁量**　　政治部門の自由裁量の問題として、立法府の裁量がどこまで認められるかに関して司法審査の射程との関係を考える必要がある。この点、最高裁は、立法府の広い裁量を様々な裁判において認めてきている。（小

売市場事件：最大判昭47・11・22刑集26巻9号586頁（第13章参照）、堀木訴訟：最大判昭57・7・7民集36巻7号1235頁（第14章参照）、サラリーマン税金訴訟：最大判昭60・3・27民集39巻2号247頁（第10章参照）、一連の投票価値の平等に関する衆議院・参議院議員の議員定数配分に関する訴訟：最大判平26・11・26民集68巻9号1363頁（第4章参照）など）。

(iii) **統治行為**　「直接国家統治の基本に関する高度に政治性のある国家行為」としての統治行為については、裁判所が法律上の争訟として判断が可能であるとしても、司法審査権の範囲の外に置くものを指す（苫米地事件：最大判昭35・6・8民集14巻7号1206頁）。統治行為については、違憲審査権の行使の過程において問題となる（第7章参照）。

(iv) **団体内部**　憲法は、様々な結社等を認めている（憲20条、21条、28条、23条、93条）。そのため、宗教団体、政党、労働組合、地方議会、大学などにおいては、「一般市民法秩序と直接の関係を有しない内部的な問題」（富山大学事件：最判昭52・3・15民集31巻2号234頁）についてそれぞれの目的、性質、機能、個々の事案における不利益の程度が異なるものの、憲法の規定を根拠に一定の自主性が認められる。そこで、これらの団体内部の事項に関する行為については、それぞれの事案の特性を踏まえつつ、法律上の争訟について司法審査がどこまで及ぶかが問題となる。

(a) 宗教団体　宗教団体内部における紛争については、具体的な権利義務ないし法律関係に関する争訟であっても、宗教団体内部における問題が法律上の争訟に該当しない先例をみてきた（本章1(2)参照）。

もっとも、宗教団体は、純粋な宗教活動のみならず、その宗教活動のための財産を所有管理し、さらにはこれらのための事業を行うなど、一般市民法秩序に関わる諸活動をすることを認められている。そのため、これらの活動から生じる具体的な権利義務ないし法律関係の紛争において、「その宗教的判断を前提とする紛争の終局的解決を得られないとすれば、当該団体は、市民法上の法律関係において不安定ないし不利な状況のまま放置され、あるいは、自己の宗教的判断と矛盾する法律関係を強制されることになりかねない」という見解（前掲・最判平14・2・22・裁判官河合伸一の反対意見）や、「宗教団体の宗教的判

第Ⅱ部　統治機構

断に基づく種々の行動等の存否ないし当否について信教の自由に対する不介入の名の下に裁判の回避が安易に認められるならば、宗教団体自身の信教の自由が保障されないことになるおそれが大きい」という見解（裁判官亀山継夫の反対意見）も示されている。

(b)　政　党　　政党は、政治上の信条、意見等を共通にする者が任意に結成する政治団体として、その自主性と政党の内部の自律権が尊重されている。最高裁は、「政党が党員に対してした処分が一般市民法秩序と直接の関係を有しない内部的な問題にとどまる限り、裁判所の審判権は及ばない」（最判昭63・12・20判時1307号113頁）としている。

また、政党による参議院比例代表名簿登載者の除名について、政党に対しては、「高度の自主性と自律性を与えて自主的に組織運営することのできる自由を保障しなければならない」ため、「政党等が組織内の自律的運営として党員等に対してした除名その他の処分の当否については、原則として政党等による自律的な解決にゆだねられている」（最判平7・5・25民集49巻5号1279頁）とされている。

(c)　大　学　　大学における学問の自由を保障するため、伝統的に大学の自治が認められている。国立大学において単位不認定の違法性が争われた事件において、最高裁は、「特殊な部分社会である大学における法律上の係争のすべてが当然に裁判所の司法審査の対象になるものではなく、一般市民法秩序と直接の関係を有しない内部的な問題は右司法審査の対象から除かれるべきものである」（前掲・最判昭52・3・15）として、単位授与（認定）は特段の事情がない限り純然たる大学内部の問題として大学の自主的、自律的な判断に委ねられるとした（第12章参照）。

(d)　地方議会　　地方議会の議員に対する出席停止の懲罰議決の適否が争われた事案で、最高裁は、「自律的な法規範をもつ社会ないしは団体に在つては、当該規範の実現を内部規律の問題として自治的措置に任せ、必ずしも、裁判にまつを適当としないものがあるからである。本件における出席停止の如き懲罰はまさにそれに該当する」（最大判昭35・10・19民集14巻12号2633頁）と判断した。

(e)　労働組合　　労働組合における除名事由該当性の判断は、自律的規範に

第6章　司　　法

基づく内部事項についての判断である。もっとも、除名の対象となる者についての除名事由が具体的に明らかにされることがないなどの理由から、除名決議が無効とされた事例がある（最判平13・4・26判タ1063号117頁）。

2　裁判所の組織と権限

(1)　組　　織

日本には、最高裁判所のほか、下級裁判所として、高等裁判所は8庁（支部が6）、地方裁判所・家庭裁判所は本庁が各50庁（支部が各203）、簡易裁判所が438庁ある。

平成30年度の裁判官の定員は3060となって、増加傾向にある（平成20年度は2685人、平成10年度は2113人、法務省資料「法曹三者の人口の推移」より）。

すべての公務員は、国民全体の奉仕者であって、公務員の選定罷免権の観点から、裁判官の選任方法が問題となる。アメリカの一部の州のように裁判官を選挙で選出する方法を採用する例もみられる。しかし、仮に司法の使命が、多数意思の圧力からの少数者の自由の保護にあるとすれば、公平な行司役としての司法までが民主化しないところに合理的な民主主義の運用があると考えられる（兼子一・竹下守夫（1999）『裁判法〔第4版〕』有斐閣、24頁）。

(2)　特別裁判所

主として軍人を裁く戦前の軍法会議のような特別裁判所は、これを設置することができない（憲76条2項）。

家庭裁判所については、一般的に司法権を行う通常裁判所の系列に属する下級裁判所として裁判所法により設置されている（裁2条、最大判昭31・5・30刑集10巻5号756頁参照）。また、知的財産高等裁判所は、東京高等裁判所の特別支部として位置づけられ、知的財産分野の専門的な事件処理にあたっている（知財高裁2条）。知的財産権訴訟においては、専門的、技術的な事項が争点となる訴訟において、専門委員に訴訟手続への関与を求め、裁判官や当事者に対し、説明等を行うことができる（民訴92条の2）。

第Ⅱ部　統治機構

(3) 最高裁判所

　最高裁判所における裁判は、長官および14人の最高裁判事で構成する大法廷と、5人ずつで構成する3つの小法廷とにおいて行われる。

　事件は、まず小法廷で審理が行われるが、大法廷において裁判する場合としては、次の3つの場合がある（裁10条）。

　①当事者の主張に基いて、法律、命令、規則または処分が憲法に適合するかしないかを判断するとき（意見が前に大法廷でした、その法律、命令、規則または処分が憲法に適合するとの裁判と同じであるときを除く）。

　②前号の場合を除いて、法律、命令、規則または処分が憲法に適合しないと認めるとき。

　③憲法その他の法令の解釈適用について、意見が前に最高裁判所のした裁判に反するとき。

　このように、国の最高法規である憲法に基づき、憲法を遵守し擁護する立場から、大法廷では憲法に関連する事件を処理することが想定されている。

　司法権の独立を守るため、最高裁は、訴訟に関する手続をはじめ、内部規律や司法事務処理に関する事項について規則を制定する（77条1項）。これまで、民事訴訟規則、刑事訴訟規則等の100件以上の規則が制定されてきた。この点、刑事手続は、憲法31条が法律で定めることを要求しているにもかかわらず、規則によって定めることができるか否かが問題となる。最高裁によれば、「法律が一定の訴訟手続に関する規則の制定を最高裁判所規則に委任しても何等憲法の禁ずるものでない」（最判昭30・4・22刑集9巻5号911頁）とされている。

　最高裁裁判所の長官は、内閣の指名に基づき、国事行為として天皇が任命する（6条2項）。長官以外の最高裁判所の裁判官は、内閣によって任命されることとなる（79条1項）。最高裁の裁判官は、識見の高い、法律の素養のある年齢四十年以上の者が任命資格とされている（裁41条）。

　この任命のプロセスについてみれば、裁判官、弁護士、検察官、行政官、外交官、大学教授から空席ポストへの任命は、候補者リストを選考し、それぞれの枠にほぼ固定された数を維持する状態となっている（司法制度改革推進本部顧問会議資料「最高裁裁判官の任命について」（平成14年7月5日）、渡辺千原（2015）

第6章　司　法

「平成期の最高裁判所」市川正人編『日本の最高裁判所』日本評論社、10-11頁）。最高裁裁判官の任命プロセスについて、日本では、内定後の官房長官記者会見で選考過程や選考理由が可能な範囲で明らかにされている。しかし、アメリカの上院の公聴会における大統領から指名を受けた者への聴聞のような透明性を図るプロセスはない。任命プロセスを政治化させることは厳に避けるべきであるが、任命プロセスの透明性は今後の課題である。

(4)　下級裁判所

　下級裁判所の裁判官は、最高裁判所の指名した者の名簿によって、内閣でこれを任命することとされている（憲80条1項）。そして、その裁判官は、任期を十年とし、再任されることができる。

　下級裁判所裁判官指名諮問委員会（下級裁判所裁判官指名諮問委員会規則（平成15年5月1日施行）により設置）は、下級裁判所の裁判官の指名プロセスの透明化を図る観点から、最高裁判所の諮問に応じ、下級裁判所の裁判官の指名の適否について審議のうえ、その結果を答申する。この委員会の設置に先立ち、箕面忠魂碑訴訟に関わった経験などがあった司法修習生が、司法修習を終え判事補採用願を提出したが、判事補に指名されなかったことが思想・信条を理由に判事補任命を拒否されたか否かが問題とされたことがある。裁判所は、この司法修習生を判事補に指名しなかったという判断に裁量権の逸脱ないし濫用は認められないとした（大阪高判平15・10・10判タ1159号158頁）。

　裁判官の任官プロセスは、あるべき裁判官像と関わってくる問題である。国民が求める裁判官像（その資質と能力）については、様々な見解があるが、司法制度改革審議会は、「裁判官は、その一人ひとりが、法律家としてふさわしい多様で豊かな知識、経験と人間性を備えていることが望ましい」という裁判官像を提示している（「司法制度改革審議会中間報告」）。

(5)　裁判の公開

　憲法82条1項は、「裁判の対審及び判決は、公開法廷でこれを行ふ」と定め、裁判公開の原則を示している。もっとも、公の秩序または善良の風俗を害する

第Ⅱ部　統治機構

おそれがあると裁判官の全員一致で決定した場合はこの限りではない。政治犯罪、出版に関する犯罪または憲法が保障する国民の権利に関する事件の対審は常に公開するものとされている（82条2項）。

(i)　**公　開**　ここでいう「公開」について、各人が、「裁判を傍聴する」（レペタ事件：最大判平元・3・8民集43巻2号89頁）ことが含まれている。また、「傍聴人に対して法廷においてメモを取ることを権利として保障しているものでない」としつつ、「傍聴人が法廷においてメモを取ることは、その見聞する裁判を認識、記憶するためになされるものである限り、尊重に値し、故なく妨げられてはならない」とされている。

もっとも、傍聴席に限りがある場合は、傍聴券を発行し、その所持者のみに限り傍聴を許すことでき（裁判傍聴規1条1号）、法廷の秩序維持のため、退廷等の相当な処分をすることができる（裁71条、刑訴288条2項）。さらに、合議体でする裁判の評議については公開が許されていない（裁75条）。また、刑事確定訴訟記録についても、閲覧の権利が認められているわけではない（最決平2・2・16判時1340号145頁）。

法廷における写真の撮影、録音、放送等は、裁判長の許可を得なければすることができない（民訴規77条、刑訴規215条）。最高裁では、写真週刊誌カメラマンが法廷に小型カメラを持ち込み、刑事事件の被疑者の動静を隠し撮りしたことについて、その必要性は認められず、また撮影の態様も相当ではないとされた（最判平17・11・10民集59巻9号2428頁）。なお、民事訴訟記録については、裁判所の執務に支障があるときなどを除き、訴訟記録の閲覧を請求することができる（民訴91条1項）。

また、最高裁は、傍聴人と証人との間で遮へい措置が採られ、あるいはビデオリンク方式による裁判は憲法82条1項に違反するものではない、としている（最判平17・4・14刑集59巻3号259頁）。

最高裁は、「法廷は、事件を審理、裁判する場、すなわち、事実を審究し、法律を適用して、適正かつ迅速な裁判を実現すべく、裁判官及び訴訟代理人が全神経を集中すべき場」（前掲・最大判平元・3・8）としている。この点を十分に踏まえつつ、特に注目度の高い裁判については、法廷内での可能な限りの撮

影や録音のほか、裁判員裁判について裁判員への取材の実現などの報道機関からの要請もあり、今後運用面における課題となるであろう。

(ii) **公の秩序または善良の風俗を害するおそれがある場合**　適正な裁判の実施の観点から、対審を公開しないで行うことが婚姻や認知等の夫婦や親子等の関係についての争いを解決する訴訟（人訴22条）においては認められている。特に人事訴訟に関連して、かつて家事審判法に基づく事件について、最高裁は、裁判の対審および判決を求めている82条にいう「裁判」を「性質上純然たる訴訟事件につき当事者の意思いかんに拘らず、終局的に事実を確定し、当事者の主張する実体的権利義務の存否を確定するような裁判」（最大決昭35・7・6民集14巻9号1657頁、最大決昭40・6・30民集19巻4号1114頁）とした。すなわち、最高裁は、「裁判」には「訴訟」と「非訟」の二種類があるという前提をとっている。

　もっとも、訴訟と非訟の区分論については、硬直に失するという批判がある（芦部（2015）258頁）。また、憲法82条と32条に基づく「公開法廷における対審及び判決による裁判を受ける国民の基本的権利を剥奪することにな」るという厳しい指摘がなされている（前掲・最大決昭40・6・30・裁判官横田喜三郎、同入江俊郎および同奥野健一の補足意見）。このような裁判の公開原則は、証拠法則、当事者主義ならびに口頭弁論主義に基づき、かつ公開された法廷で行われなければならないとする民事訴訟の基本原則からも導かれるのみならず、「立憲法治主義」の根幹に関わる問題であることが意識されてきた（最大決昭31・10・31民集10巻10号1355頁・裁判官真野毅の反対意見、参照）。

　その後も、最高裁は訴訟と非訟の区別を維持しているが、憲法32条に基づく審問請求権である当事者が裁判所に対して自己の見解を表明し、かつ、聴取される機会を与えられることを要求することができる権利の観点から訴訟・非訟の二分論への批判がある。つまり、実務上の問題として、即時抗告により不利益変更を受けた抗告人に即時抗告の抗告状等の送付・送達がなく反論の機会も与えられなかったことが問題とされたのである（最判平20・5・8判時2011号116頁・裁判官那須弘平の反対意見、参照）（第 **17** 章参照）。

　なお、人事訴訟においては、夫婦間や親子等の関係についての争いにおいて

第Ⅱ部　統治機構

プライバシーを尊重確保する必要性が大きい、という意見もあり、最高裁では対審非公開の理由づけについて意見の相違がかつてみられた（最大決昭40・6・30民集19巻4号1089頁・裁判官山田作之助の意見、裁判官田中二郎の意見、裁判官松田二郎の意見）。人事訴訟法22条においては「自己の私生活上の重大な秘密に係るもの」の尋問について一定の要件の下尋問の非公開を認めている。

　また、営業秘密の保護の観点から、不正競争による営業上の利益の侵害に係る訴訟（不正競争13条）、特許権または専用実施権の侵害に係る訴訟（特許105条の7）においても対審の非公開が認められている。

　(iii)　**インカメラ審査**　　行政機関の保有する情報の公開に関する法律に基づき、不開示決定の取消しを求める訴訟において、裁判所が当該不開示決定の文書を直接見分する非公開審理としてのインカメラ審査が裁判の公開の原則の下許されるか否かが問題となる。

　最高裁は、原告が当該文書の内容を確認せずに弁論することができないこと、また当事者が上訴理由を的確に主張することが困難になることなどから、「訴訟で用いられる証拠は当事者の吟味、弾劾の機会を経たものに限られるということは、民事訴訟の基本原則」に反するとして、明文の規定がない限り、インカメラ審査は許されないとした（最判平21・1・15民集63巻1号46頁）。

　もっとも、国民の知る権利の具体化として認められた行政文書開示請求権の司法上の保護を強化し、裁判の信頼性を高め、憲法32条の裁判を受ける権利をより充実させるため、インカメラ審査が憲法82条に違反しないという意見（裁判官泉徳治の補足意見）や、インカメラ審理を行うことの相当性・必要性の要件について慎重に配慮すべきであるが、情報公開制度を実効的に機能させるために検討されることが望まれるという意見（裁判官宮川光治の補足意見）が付されており、傾聴に値する。

(6)　**裁判員制度**

　裁判員の参加する刑事裁判に関する法律に伴い、平成21年5月21にから裁判員制度が開始された。一定の刑事事件において、3名の裁判官に加え6名の裁判員が有罪・無罪の判断、そして有罪の場合の量刑を決める。裁判員は、基本

第6章　司　法

的に、衆議院議員の選挙権を有する者の中から、くじで選んで作成した名簿が作成され、事件ごとに名簿の中からくじで候補者が選ばれる。

　裁判員制度については、裁判員が事件の写真等をみることでストレスに繋がり意に反する苦役に反しないか（18条）、また被告人が公平な裁判所において適正手続に基づき裁判を受ける権利に反しないか（31条、32条、37条1項）などの論点がある。このほか、①裁判官と国民とが構成する裁判体は、下級裁判所の裁判官は、最高裁判所の指名した者の名簿によって、内閣でこれを任命するとした規定に反するのではないか（80条1項）、②裁判員制度による裁判体は特別裁判所の設置を禁止する規定に反するのではないか（76条2項）、そして③裁判員からの影響を受け、裁判官は良心に従い、この憲法および法律にのみ拘束されるとする裁判官の職権行使の独立の規定に反するのではないか、（76条3項）（本章3(2)参照）といった争点が最高裁で審理された（最大判平23・11・16刑集65巻8号1285頁）。最高裁は、「憲法は、一般的には国民の司法参加を許容しており、これを採用する場合には、上記の［適正な刑事裁判を実現するための］諸原則が確保されている限り、陪審制とするか参審制とするかを含め、その内容を立法政策に委ねている」とした。

　そのうえで①については、裁判員制度の下で裁判官と国民とにより構成される裁判体が、刑事裁判に関する様々な憲法上の要請に適合した「裁判所」といい得るものであるか否かについて、裁判員制度において「裁判官は刑事裁判の基本的な担い手とされている」として80条1項違反とならないとした。ここで、法令の解釈にかかる判断および訴訟手続に関する判断等は裁判官に委ねていること（裁判員6条）などの裁判員制度の仕組みを詳細に解説し、このような結論に至っている。

　また、②については、裁判員裁判が特別裁判所に当たるか否かについては、「裁判員制度による裁判体は、地方裁判所に属するものであり、その第1審判決に対しては、高等裁判所への控訴及び最高裁判所への上告が認められており、裁判官と裁判員によって構成された裁判体が特別裁判所に当たらないことは明らかである」ため、76条2項違反とならないと判断された。

　さらに、③については、「裁判官が時に自らの意見と異なる結論に従わざる

第Ⅱ部　統治機構

を得ない場合があるとしても、それは憲法に適合する法律に拘束される結果である」ため、裁判官が憲法および法律に拘束されることに変わりなく、76条3項違反とはならない（本章3(2)(v)参照）。

　このように裁判員制度は司法の国民的基盤をより強固なものにするため運用が行われてきた。これまでの裁判員制度の実施状況については、新受人員が1万3715人となって、平均実質審理期間は8.0日となっている（最高裁判所「裁判員制度の実施状況について」（平成30年12月末・速報））。

(7)　法曹養成

　将来の裁判官、検察官、弁護士の法曹養成の仕組みもまた重要な課題となっている。2004年に専門職大学院として、法曹に必要な学識および能力を培うことを目的として法科大学院が創設された。司法制度改革推進計画（平成14年3月19日、閣議決定）では、2010年頃には司法試験の合格者数を年間3000人程度とすることを目指すとされていた。しかし、その後の司法試験の合格状況などから、今後は、1500人程度は輩出されるよう必要な取組みを進めることとされている（平成27年6月30日、法曹養成制度改革推進会議決定「法曹養成制度改革の更なる推進について」）。

　裁判所法42条によれば、下級裁判所の判事は、判事補や簡易裁判所判事のほか、検察官、弁護士、裁判所調査官、大学の教授等から任命できる。しかし、現実には、毎年数名程度の弁護士任官者がいる程度で、司法研修所を終えて任官された者は退職するまで裁判官としてのキャリアを過ごすのが一般的である。社会が複雑化し、価値観が多様化する中で、経験を積んだ弁護士から裁判官や検察官を任用するなど法曹一元のための基盤整備を進め、幅広い視野をもった多様な人材を裁判官として任用する仕組みも今後の課題である。

3　司法権の独立

(1)　立法権と行政権からの独立

　権力の抑制と均衡の観点から、司法権が立法権と行政権から独立して、自ら

第6章　司　法

の使命を果たすことが重要である。

　いわゆる浦和事件（1948年）では、親子心中を図り、3人の子どもを殺害したが、自らは死にきれず自首した母親に対し、懲役3年執行猶予3年の判決を下した。その後、参議院法務委員会は検察および裁判の運営に関する調査会を開き、本判決の量刑が軽すぎるとの指摘を行った（山田隆司（2016）『戦後史で読む憲法判例』日本評論社、第13章参照）。これに対し、最高裁判所から次のような参議院に対する申入れがなされている。

　　「同委員会が個々の具体的裁判について事実認定若しくは量刑等の当否を審査批判し又は司法部に対し指摘勧告する等の目的を以て前述の如き行動に及んだことは、司法権の独立を侵害し、まさに憲法上国会に許された国政に関する調査権の範囲を逸脱する措置と謂わなければならない」（最高裁判所の参議院あて申入書昭和24年5月20日参議院法務委員会における「検察及び裁判の運営に関する調査」について、前掲・山田『戦後史で読む憲法判例』、第13章参照）。

　本件は、国政調査権の一環として、個別の事案について国会において審議することと、司法権の独立との関係をどう捉えていくか、という問題を提起している。

(2)　裁判官の独立

　憲法76条3項は、「すべて裁判官は、その良心に従ひ独立してその職権を行ひ、この憲法及び法律にのみ拘束される」と定め、裁判官の職責における独立を認めている。個々の裁判官が、立法権・行政権のみならず、司法内部からの指示や命令を受け直接・間接の重大な影響力を受けないことが保障されなければならない。「裁判官が良心に従うというのは、裁判官が有形無形の外部の圧迫乃至誘惑に屈しないで自己内心の良識と道徳感に従う」（最大判昭23・11・17刑集2巻12号1565頁）ことと理解されている。裁判所が、時の政治権力の不当な干渉を排除し、特に少数者の保護を図ることが必要である場合、裁判官には特に独立した精神が求められる。

　もっとも、現実には、ある種の官僚機構の中で最高裁事務総局による人事権が個々の裁判官に影響を及ぼしているのではないか、といった指摘がなされて

第Ⅱ部　統治機構

きた（西川伸一（2010）『裁判官幹部人事の研究』五月書房）。なお、裁判所も組織である以上、何らの人事評価制度も存在しないわけではなく、平成16年最高裁判所規則第１号により、人事評価に関する基準として、①事件処理能力、②部等を適切に運営する能力、③裁判官として職務を行ううえで必要な一般的資質・能力という３つの評価項目が示されている。

　以下、裁判官の独立に関連する事例を紹介する。

　(ⅰ)　**最高裁判所裁判官の国民審査および弾劾裁判**　　最高裁判所裁判官については、「解職の制度」として、国民審査において投票者の多数が罷免を可とする場合に罷免となる（79条２項、最大判昭27・２・20民集６巻２号122頁参照）。

　裁判官の罷免については、心身の故障のために職務を執ることができないと決定された場合を除いて公の弾劾によらなければ罷免されない（78条）。裁判官の独立の保障の観点から、弾劾裁判所における罷免事由は、①職務上の義務に著しく違反し、または職務を甚だしく怠ったとき、そして、②その他職務の内外を問わず、裁判官としての威信を著しく失うべき非行があったとき、に限定されている（裁弾２条）。

　(ⅱ)　**平賀書簡事件**　　航空自衛隊の基地建設のため、農林大臣が森林法に基づき保安林の指定の解除処分の取消しを求めた事案（長沼ナイキ事件）において、札幌地裁所長から一審の担当裁判長への書簡が問題となった。

　「貴兄の一先輩のアドバイスとしてこのやうな考え方も有り得るという程度で結構ですから、一応御覧の上、もし参考になるやうでしたら大兄の判断の一助にしてください」と始まり、「裁判所も農林大臣の裁量によるこの判断を尊重すべきものである」ということが記された書簡が担当裁判長に送付された（福島重雄・大出良知・水島朝穂（2009）『長沼事件平賀書簡』日本評論社、160頁）。

　この書簡にもかかわらず、担当裁判長は、自衛隊の存在およびこれを規定する関連法規が憲法９条２項に違反し、よって森林法の解除の公益性がないという判断を下した。果たして、所長から担当裁判長への書簡を宛て、アドバイスをすることが裁判官の独立の観点から適切であったといえるか問題となった。

　(ⅲ)　**砂川事件**　　砂川事件（最大判昭34・12・16刑集13巻13号3225頁）において、最高裁はアメリカ合衆国軍隊の駐留が違憲無効であることが一見極めて明白で

あるとはいえないと判断したが、この判決の言い渡し前に田中耕太郎長官が駐日米公使と本件の判断について会談を設けていたことが後に明らかになった。その中で公開された会話は、「共通の友人宅での会話の中で、田中耕太郎裁判長は、在日米大使館主席公使に対し砂川事件の判決は、おそらく12月であろうと今考えていると語った」と始まり、「世論を"揺さぶる"素になる少数意見を回避するようなやり方」についての言及がある（布川玲子・新原昭治（2013）『砂川事件と田中最高裁長官』日本評論社、61頁〔国務省受領航空書簡［秘］1959年8月3日発送、8月5日受領〕、参照）。

　最高裁長官が、審理の日程や判決の方向性についてアメリカ側と事前に話し合いの場を設けていたことが事実であるとすれば、司法権の独立を脅かす行為であるのではないかと問題にされてきた。この点、砂川事件の元被告らが公平な裁判所の裁判を行うことができなかったという主張に基づき再審理を求めた事案において、裁判所は、「正義の観点からして、有罪判決を言い渡すのがはばかられる事情」というような包括的な免訴事由はないとした（東京高判平29・11・15判時2364号3頁）。

　(ⅳ)　**寺西判事補事件**　通信傍受法に反対する集会のパネルディスカッションにおいて、仙台地方裁判所の寺西判事補がパネリストとして参加する予定であったが、事前に所長から集会に参加すれば懲戒処分もあり得るとの警告を受けたことから、一般席からパネリストとしての発言は辞退する旨発言した。このことが裁判所法52条1号が禁じる積極的に政治運動をすることに該当するか否かが争われた。最高裁は、裁判官の職にある者として厳に避けなければならない行為として積極的に政治運動をすることに該当すると認定した（最大決平10・12・1民集52巻9号1761頁）。

　法廷意見に対し、裁判官像について個別意見で言及がなされた。例えば、裁判官は、裁判所の外の事象にも常に積極的な関心を絶やさず、広い視野をもってこれを理解し、高い識見を備える努力を続けなくてはならないとして、「自主、独立して、積極的な気概を持つ裁判官を一つの理想像」（裁判官河合伸一の反対意見）とする見解、また裁判官が政党の党員となり、政治結社の社員となることが容認されていることを例に挙げ、「裁判官といえども、裁判官である

第Ⅱ部　統治機構

前に一市民である。一市民である以上、政治に無縁であり、無関心であり得るはずがない」（裁判官遠藤光男の反対意見）とする意見も示されている。

(v)　**裁判員制度**　　国民の司法参加により、従来の裁判官のみによる裁判と結論が異ならないのであれば、裁判員裁判の意義は小さなものとなる。前述のとおり、裁判官は憲法および法律にのみ拘束される（76条3項）とされていながら、裁判員裁判において裁判官と裁判員が異なる意見となった場合、それが干渉や圧力となり76条3項違反となるか否かが問題となる。しかし、評決については、単なる多数決でなく、多数意見の中に少なくとも1人の裁判官が加わっていることが必要とされている。また、法令の解釈にかかる判断や訴訟手続に関する判断を裁判官の権限にするなど、裁判官を裁判の基本的な担い手としている。このようなことから、「裁判員法が規定する評決制度の下で、裁判官が時に自らの意見と異なる結論に従わざるを得ない場合があるとしても、それは憲法に適合する法律に拘束される結果である」（前掲・最大判平23・11・16）とされた。

(vi)　**岡口判事懲戒処分事件**　　東京高等裁判所判事が、ツイッターを通じてニュース記事とともに「え？　あなた？　この犬を捨てたんでしょ？　3か月も放置しておきながら……裁判の結果は……」等の文言を記載した投稿を行い、品位を辱める行状に当たり戒告処分とされた（最大決平30・10・17民集72巻5号890頁）。最高裁は、裁判所法49条にいう「品位を貶める行状」とは、「職務上の行為であると、純然たる私的行為であるとを問わず、およそ裁判官に対する国民の信頼を損ね、又は裁判の公正を疑わせるような言動をいうもの」と定義した。本件の表現は原告の感情を傷つけ、裁判官に対する国民の信頼を損ね、また裁判の公正を疑わせるものであると判断された。

(3)　裁判の迅速化

　裁判官が適切な期間内に事件を処理する能力は、他方で裁判官の独立性とも関わってくる場合がある。個々の裁判の進行に対する干渉となり得る問題として、裁判の迅速化を挙げることができる。かつて刑事裁判において15年にわたって裁判審理が行われなかったのは異常事態であるとして、免訴が言い渡さ

第6章　司　法

れるべきであるとしたものもある（高田事件：最大判昭47・12・20刑集26巻10号631頁）。迅速な裁判は、裁判を受ける権利（32条）や刑事事件における迅速な公開裁判を受ける権利（37条）とも関わる問題である。

　裁判の迅速化に関する法律は、「第一審の訴訟手続については二年以内のできるだけ短い期間内にこれを終局させ」（第2条）ることを規定している。最高裁事務総局の報告書（「裁判の迅速化に係る検証に関する報告書（第6回）」（最高裁判所事務総局・平成27年10月））によれば、地方裁判所における民事第一審訴訟事件は平均して8.5カ月の審理期間を要し、約94％が2年以内となっている。刑事通常第一審事件については、平均3カ月の審理期間、平均審理期間が2年以上となるのは0.1％程度である。

　2年以内で終わらせることを個々の裁判官に対し要請することができるかどうかという問題は、一方では裁判を受ける権利の要請があり、他方では裁判官の独立とも関係する問題となろう（司法改革については、第17章2⑶参照）。

【より深く考えてみよう】
　「具体的な権利義務に関する争訟」とはいかなる要件であり、またなぜ必要とされてきたのか、次の文献を参考にして考えてみよう。そして、この要件が、実際の判例と照らし、どのように影響しているか考察してみよう。
　佐藤幸（2011）第4編
　高橋（2017）第15章
　長谷部（2018）第14章
　駒村圭吾（2013）『現代訴訟の現代的転回』日本評論社、第19講・第20講
　裁判の公開について、公の秩序を害するおそれがある場合に、これをしなくてよいと規定されているが、ここでいう「公の秩序」とはいったいどのようなものを指すと考えられるか。次の文献を参考にして考えてみよう。
　松井茂記（1993）『裁判を受ける権利』日本評論社、第3部
　笹田栄司（2008）『司法の変容と憲法』有斐閣、第3部

第**7**章

違憲審査制

1　違憲審査権

(1)　司法消極主義——日本の最高裁は保守的？

　日本国憲法が1947年5月3日に施行されて70年が経過したが、この間、最高裁判所が法令違憲の判断を行ったのは10件にとどまる。

　この70年間で10件という数字をみてかどうか、日本の最高裁は「保守的」であるとアメリカの研究者は指摘する。すなわち、「日本の最高裁は、世界で最も保守的な憲法裁判所とみなされてきた」（デイヴィッド・S・ロー（2013）『日本の最高裁を解剖する』西川伸一訳、現代人文社、4頁）。

　日本の最高裁が「保守的」であるといわれる背景には、違憲判決の数が少ないことのほかに、憲法判断に対して消極的であること、最高裁判所の裁判官の構成やキャリアに多様性が乏しいこと、あるいは最高裁の判断が長年にわたる与党であり保守政党の自民党のイデオロギー的見解と合致すること、など様々な理由が指摘されている。世界的にみて、日本の最高裁が保守的であるという指摘について、正当な評価であるか否かという視点から、以下、日本の違憲審査制と運用について考えてみる。

(2)　違憲審査権の性格

　「違憲審査権は、近代政治科学における最も特筆大書すべき生産物である」（最大判昭23・7・7刑集2巻8号801頁）。違憲審査制は、法の支配の理念を実現する観点から、裁判所が憲法に違反する立法と行政の行為を審査することで権力の抑制と均衡を図るという権力分立制にも由来する。違憲審査制には、特別

第 7 章　違憲審査制

に設けられた憲法裁判所が、具体的事件と関係なく、違憲審査を行う方式（抽象的違憲審査制）と、通常裁判所が、具体的事件を裁判する過程において事件の解決に必要な限度で違憲審査を行う方式（付随的違憲審査制）とに区別されるといわれる。

　日本国憲法は、「最高裁判所は、一切の法律、命令、規則又は処分が憲法に適合するかしないかを決定する権限を有する終審裁判所である」(81条) ことを規定しており、少なくともこの規定からはいずれの方式を採用しているかは明らかではない。最高裁は、警察予備隊の設置ならびに維持に関する一切の行為の違憲性が具体的事件とは無関係に争われた事案で、「我が裁判所は具体的な争訟事件が提起されないのに将来を予想して憲法及びその他の法律命令等の解釈に対し存在する疑義論争に関し抽象的な判断を下すごとき権限を行い得るものではない」(警察予備隊違憲訴訟：最大判昭27・10・8民集6巻9号783頁) と判断した。また、衆議院の解散が違憲無効であることの確認を求めた事案でも、最高裁は「憲法81条は単に違憲審査を固有の権限とする始審にして終審である憲法裁判所たる性格をも併有すべきことを規定したものと解すべきではない」(苫米地事件：最大判昭28・4・15民集7巻4号305頁) とした。仮に最高裁が、制限なく抽象的な無効宣言をなす権限を有するとすれば、誰でも違憲訴訟を提起し、法律等の効力を争う訴訟が頻発し、三権の抑制と均衡という権力分立制に反することとなる。

　このように、日本の最高裁は、付随的違憲審査制を採用してきている。アメリカでは、具体的な事件性ないし争訟性が司法権の要件とされているが、日本の最高裁は、「日本国憲法第八一条は、米国憲法の解釈として樹立せられた違憲審査権を、明文をもつて規定したという点において特徴を有する」(前掲・最大判昭23・7・7) ことを指摘する。なお、最高裁が終審裁判所であるが、違憲な立法や行政を審査することは憲法によって裁判官に課せられた職務と職権であり、下級裁判所も違憲審査権を有する（最大判昭25・2・1刑集4巻2号73頁）。

　もっとも、違憲審査権の前提となる事件の具体性は程度の問題である。例えば、個人の権利利益の保護を直接的な目的としていない、政教分離に関連する住民訴訟や議員定数不均衡における選挙訴訟などの客観訴訟（第6章参照）で

133

第Ⅱ部　統治機構

は、事件の具体性をどこまで厳密に要求するかは検討の余地がある（松井茂記（2007）「『国民訴訟』の可能性について」村上武則他編『法治国家の展開と現代的構成』法律文化社）。そのため、違憲審査権は、個人の権利保護を目的とする私権保障となり得る場合もあれば、憲法を頂点とする法の体系と秩序を確保することを狙いとする憲法保障となり得る場合もある。日本の違憲審査制を私権保障に純化して理解することは必ずしも適切ではない（宍戸常寿（2014）『憲法解釈論の応用と展開〔第2版〕』日本評論社、282頁）。したがって、抽象的違憲審査制と付随的違憲審査制とを二者択一の問題と捉えるのではなく、違憲審査制の運用にあたり、権力分立制と憲法の最高法規性を考慮に入れることも重要である。

(3)　違憲審査権の本来的保守性

　違憲審査権をあらゆる事案に無限定に認めることは、権力分立制の観点から問題となる。また、後に紹介するとおり、選挙で選出されていない15名の最高裁判所の裁判官が、国民から直接選挙によって選ばれた国会議員による審議を経て成立した法律を違憲無効と判断することは、民主主義の観点から疑義が生じ得る。裁判所が違憲審査権を行使することは、民主主義との関係で緊張関係を生み出すこととなる。そのため、違憲審査権は、憲法が保障する権利を保障する目的であっても、民主主義や権力分立制の観点から抑制が必要となる。

　そのため、裁判所が違憲審査を回避する事例もみられ、憲法判断回避のルールが必要となる。例えば、自衛隊基地の通信線を切断したことが「その他の防衛の用に供する物を損壊」したとして自衛隊法121条違反となるか否かが問われた恵庭事件（札幌地判昭42・3・29下刑集9巻3号359頁）が有名である。この事件において、裁判所は、「当該事件の裁判の主文の判断に直接かつ絶対必要なばあいにだけ、立法その他の国家行為の憲法適否に関する審査決定をなすべき」であるとして、自衛隊法違反とはならない以上、自衛隊等の違憲性の判断には立ち入らなかった。

　このような憲法判断回避のルールの淵源は、1936年のアシュワンダー対テネシー渓谷開発公社事件判決における、アメリカ連邦最高裁のブランダイス判事の補足意見に求めることができる。そこで示された定式はブランダイス・ルー

ルと呼ばれ、その第4準則の「最高裁は、事件が処理可能な他の根拠が提出されているならば、訴訟記録によって憲法問題が適正に提出されていても、それの判断を下さないであろう」、あるいは、第7準則の「連邦議会の制定法の有効性が問題とされたときは、合憲性について重大な疑念が提起されている場合でも、当最高裁は、その問題が回避できる当該法律の解釈が十分に可能か否かをまず確認することが基本的な原則である」が重要である。

これは、司法の自己抑制の観点から憲法判断回避のルールを認めたものである。日本の最高裁の個別意見においても、司法の自己抑制の観点からブランダイス判事の憲法判回避のルールに言及するものがみられる（最判平24・12・7刑集66巻12号1722頁・裁判官千葉勝美の補足意見、最判平26・7・9裁時1607号1頁・裁判官千葉勝美の補足意見）。

このように、裁判所は、新たに法律をつくったり、自ら事件を探知したりするのではなく、提起された具体的事案に既存の法を適用することを任務としているため、その意味においては、本来「保守的」である（藤田宙靖（2012）『最高裁回想録』有斐閣、117頁）。この意味における保守的という評価は、日本の最高裁に限った話ではなく、違憲審査の母国アメリカにおいても当てはまる（ジョン・G・ロバーツ, Jr.（2016）「合衆国首席裁判官の行政的・非司法的責務」浅香吉幹訳『アメリカ法』2015―2号）。

2　日本の違憲審査制の実態

(1)　違憲判決の数

では、実際に日本の最高裁の違憲審査権の実態についてみることにしよう。表7-1のとおり、法令が違憲とされたのは、70年間で10件のみである。しかし、違憲判決の多寡のみによって、日本の最高裁のパフォーマンスを評価することは適切とはいえない。

日本には、内閣が提出する法律案については、閣議に付される前にすべて内閣法制局における審査が行われている。この審査で、憲法や他の現行の法制との関係をはじめ、用字・用語のチェックまで行われている。実際、法案作成の

第Ⅱ部　統治機構

表 7-1　法令違憲の判決一覧

1	尊属殺人重罰規定判決	1973年 4 月 4 日	刑法200条
2	薬局開設の距離制限判決	1975年 4 月30日	薬事法 6 条
3	衆議院議員定数配分訴訟	1976年 4 月14日	公職選挙法、選挙有効
4	衆議院議員定数配分訴訟	1985年 7 月17日	公職選挙法、選挙有効
5	森林法共有林事件	1987年 4 月22日	森林法186条
6	郵便法違憲判決	2002年 9 月11日	郵便法68条、73条
7	在外邦人選挙権制限訴訟	2005年 9 月14日	公職選挙法
8	国籍法違憲判決	2008年 6 月 4 日	国籍法 3 条
9	婚外子法定相続分規定決定	2013年 9 月 4 日	民法900条 4 号但書
10	女性再婚禁止期間訴訟	2015年12月16日	民法733条 1 項

プロセスとしては審議会に対する諮問、各省協議、そして国会審議などがあるが、内閣提出法案を担う各省庁の担当者にとって、一連のプロセスの中で内閣法制局の参事官による審査が特に難関であり、この審査が実質的に違憲の疑いのある法案提出を防止する機能を有していると考えられてきた。

　このように、そもそも違憲とされるべき法律の数が少なければ、最高裁の違憲判決も少なくなっても不思議なことではない。また、違憲の法律が制定され、事後的に裁判所による違憲判決を待って救済されるよりも、事前に違憲の疑いのある法律を排除する制度があることは決して不合理なものではない。このように、単純に違憲判決の数が少ないことだけをもって、日本の最高裁が「保守的」であると即断するのは適切ではない。

　重要なのは、本来違憲の疑いがある立法や処分等について、憲法判断に踏み込むべきであるにもかかわらず、最高裁が違憲審査権を行使しない場合があるか否かである。

(2)　違憲審査の対象

　違憲判決の数が日本の最高裁の保守的であるか否かの判断基準とはならないのであれば、違憲判決の内容と本来違憲とされるべきはずの立法に対する最高

裁の判断を考察することが重要となる。では、違憲審査は何を対象としているか。

81条は「一切の法律、命令、規則又は処分」を違憲審査の対象としている。ここで問題となるが、81条で列挙されていない条約である。条約が違憲審査の対象となるかどうかを論じる前提として、憲法と条約との関係について考える必要がある。

条約が憲法に優位するという立場は、憲法の前文や98条の国際協調主義を根拠としている。これに対し、憲法が条約に優位すると考える立場は、法律よりも簡易な手続によって成立する条約の締結によって実質的に憲法の内容を改正することができることとなり、国民主権の原理や憲法改正手続の点からみて問題がある、とする。

最高裁は、砂川事件と沖縄県知事代理署名事件において、条約が一見極めて違憲無効ではないという判断を行っており、条約に対する違憲審査を行っていると考えられる。なお、81条に「条約」の文言がないことについては、条約は公布によって、国と国民を拘束する効力を生ずるため、「法律」と同視することができ、「法律」に「条約」が含まれるとする意見もある（砂川事件、裁判官小谷勝重の意見、裁判官奥野健一、同高橋潔の意見）。

次に問題となるのが、立法不作為である。憲法の明文規定あるいは条文の解釈の当然の帰結として立法するべきであるにもかかわらず、国会が立法をしない場合における違憲審査権の行使である。立法不作為の問題は、立法の内容の違憲性の問題とは区別される。

最高裁は、再婚禁止期間の違憲性が争われた事案（最大判平27・12・16民集69巻8号2427頁）において、「国会が正当な理由なく長期にわたってその改廃等の立法措置を怠る場合などにおいては、国会議員の立法過程における行動が上記職務上の法的義務に違反したものとして、例外的に、その立法不作為は、国家賠償法1条1項の規定の適用上違法の評価を受けることがある」とした。

このように、立法不作為の違憲審査権については、あくまで「例外的」な場合にのみ認められ、原則として国民の政治判断に委ねられている（最判昭60・11・21民集39巻7号1512頁、最大判平17・9・14民集59巻7号2087頁参照）。

第Ⅱ部　統治機構

(3) 違憲審査の方法

　違憲判断の方法には、具体的事件において問題とされた法令そのものを違憲とする法令違憲と、当該事件に限って違憲と判断される適用違憲とがある。法令違憲の一覧はすでに表 7 - 1 において示したとおりである。

　適用違憲についてみれば、第三者所有物を当該所有者に告知、弁解、防御の機会を与えず、適正な手続なく没収することを違憲とした事例（第三者所有物没収事件：最大判昭37・11・28刑集16巻11号1593頁）がある。最高裁は、「本件貨物の没収の言渡は違憲」であって、関税法の規定それ自体を無効とは判断しなかった。

　このほかに、処分等が違憲判断の対象となる場合として、宗教団体への公金支出や公の財産の利用提供を憲法違反と判断する場合がある。例えば、公金支出が政教分離に違反するとした愛媛県玉串料訴訟（最大判平 9 ・ 4 ・ 2 民集51巻 4 号1673頁）や、市が連合町内会に対し市有地を無償で神社施設の敷地としての利用に供している行為が宗教団体に対する特権付与に該当するとした空知太神社事件（最大判平22・ 1 ・20民集64巻 1 号 1 頁）がある。

(4) 違憲判決の効力

　最高裁によって法令違憲の判断が下された場合にはいかなる効力を有するのか。一般に、法令違憲の判断は、個別の事件についてのみ違憲とされた法令の効力を有しないとする個別的効力にとどまると理解されてきた。最高裁は、尊属殺人重罰規定訴訟において、刑法200条を違憲であると判断した（最大判昭48・ 4 ・ 4 刑集27巻 3 号265頁）。しかし、平成 7 年に刑法が改正されるまで、刑法200条は削除されなかった経緯がある。なお、違憲判断の効力が、裁判所による消極的立法作用を有するため国会が唯一の立法機関であると規定した憲法41条から正当化が困難であるとされるが、当該法令を廃止する効力を有するとする一般的効力の見解もあり得る。個別的効力と一般的効力は、いずれも違憲と判断された法令が行政機関や裁判所により執行できないため、実務上においては、大きな違いはない。

　また、判決の効力については、将来に向かって効力を発生させる場合と、過

138

去に遡って効力を発生させる場合とがある。

　前者については、判決の効力を一定期間経過後に発生させる将来効判決がある。例えば、最高裁の意見では、衆議院議員定数不均衡訴訟において、当該選挙を直ちに無効とすることが相当でないとき、選挙を無効とするがその効果は一定期間経過後に初めて発生するという内容の判決をすることができるとしたものがある（最大判昭60・7・17民集39巻5号1100頁・裁判官寺田治郎、同木下忠良、同伊藤正己、同矢口洪一の補足意見）。

　後者については、遡及効判決と呼ぶことができる。最高裁は、婚外子相続分規定訴訟において、過去に遡って、民法900条4号但書の婚外子相続分規定が無効であると判断した（最大決平25・9・4民集67巻6号1320頁）。もっとも、違憲判断はすでに行われた遺産の分割等の効力にも影響し、著しく法的安定性を害するという観点から、すでに関係者間において裁判、合意等により確定的なものとなった法律関係までをも覆すことは相当ではないとされた。このような遡及効の制限は、違憲審査権の行使に性質上内在する、あるいはこれに付随する権能・制度を支える原理・作用の一部であると理解されている（裁判官千葉勝美の補足意見）。

3　違憲審査と民主主義との関係

(1)　立憲主義と民主主義

　元最高裁長官である横田喜三郎は、「違憲審査権の行使は慎重でなければならない」という。すなわち、「裁判官が国会の制定した法律を無効にするということは、国民によって選ばれ、国民に対して責任をおう国会議員が制定した法律を、国民によって選ばれず、国民に対して責任をおわない裁判官が無効にするということであって、民主主義のもとでは、まったく異常なことである」（横田喜三郎（1968）『違憲審査』有斐閣、14頁）。

　民主主義原理に立脚する日本国憲法の下、なぜ違憲審査制が正当化されるのだろうか。違憲審査を通じた裁判所による違憲判決を自明の理と考えると、国民が代表者を通して国政において民主的に決定する制度が否定されることとな

第Ⅱ部　統治機構

りかねない。裁判所がその法律を憲法違反と考えた場合、なぜ国会ではなく裁判所の判断の方が優越するのだろうか（松井（2007）90頁）。

そして、違憲審査制が立憲主義を維持するための不可欠な装置であるとするならば、違憲審査と民主主義との関係は、「立憲主義と民主主義」との関係そのものであり、この問題は憲法学の根幹をなしている（阪口正二郎（2001）『立憲主義と民主主義』日本評論社）。

このように、違憲審査権を積極的に行使することは、権力分立制のみならず、民主主義との関係において緊張関係をもたらすこととなり、ひいては立憲主義と民主主義との関係が問われることとなる。そのため、最高裁は、このような民主主義との関係を意識して、違憲審査権の行使を自制する論理が導かれ得る。

⑵　統治行為論

違憲審査と民主主義との関係を考えるための具体例の1つが、裁判所が高度の政治的判断を迫られる場合、その判断は裁判所の審査権の外にあり、政治部門の判断に委ねられるとする統治行為論である。

最高裁は、砂川事件（最大判昭34・12・16刑集13巻13号3225頁）において、高度な政治性を有する条約の「違憲なりや否やの法的判断は、純司法的機能をその使命とする司法裁判所の審査には、原則としてなじまない性質のものであり、従って、一見極めて明白に違憲無効であると認められない限りは、裁判所の司法審査権の範囲外のものであ」るとした。違憲審査と民主主義との関係から、裁判所は「第一次的には、右条約の締結権を有する内閣およびこれに対して承認権を有する国会の判断に従うべく、終局的には、主権を有する国民の政治的批判に委ねられるべきものである」と法廷意見は示した。法律上の争訟であるとしても高度な政治性を有する問題について、裁判所はその判断を民主主義プロセスに委ねていると捉えることができる。

もっとも、砂川事件の法廷意見に対しては、最高裁の裁判官の間で意見が割れている。例えば、高度の政治性を理由として裁判所に違憲審査権がないとすれば、一見極めて明白に違憲無効であるか否かの判断すらできないのではない

か、という意見がある（裁判官垂水克己の補足意見）。また、法廷意見が用いる統治行為論は、国の重大事項には全く違憲審査権が及ばないこととなり、三権分立の制度を根本から脅かすものとなるのではないかという指摘がある（裁判官小谷勝重の意見）。さらに、憲法擁護の義務を課せられた裁判官の職責の下、本件のような高度な政治性を有する条約についても司法裁判所として純法律的に審査することが可能であるという見解も示された（裁判官奥野健一、同髙橋潔の意見）。

統治行為論については、「直接国家統治の基本に関する高度に政治性のある国家行為」に対する裁判所の審査権が及ばないとした、苫米地事件においても用いられている（最大判昭35・6・8民集14巻7号1206頁）。もっとも、ここでも、統治行為論については、「自制の名における司法権の後退」になりはしないか、という指摘がなされている（裁判官河村大助の意見）（宍戸常寿（2010）「統治行為論について」浦田一郎他編『立憲平和主義と憲法理論』法律文化社参照）。

砂川事件では高度な政治性を有する条約の司法審査が問題とされていたのに対し、苫米地事件では、「司法権の憲法上の本質に内在する制約」を根拠として高度の政治性を有するあらゆる国家行為が司法審査の対象とはならないという論理構成である。判例における統治行為論がいまなお一貫性を維持しているか否かについては議論の余地がある。

(3) 司法権と立法権との関係

違憲審査が民主主義とどのような関係にあるかについて考えるにあたり、近時の最高裁の判決には、違憲審査における司法権と立法権との関係への言及がみられるものもある。実際、最高裁は、投票価値の不均衡に関する訴訟（第15章参照）の平成25年以降の判決において、「憲法秩序の下における司法権と立法権との関係」（最大判平25・11・20民集67巻8号1503頁、最大判平26・11・26民集68巻9号1363頁、最大判平27・11・25民集69巻7号2035頁）に言及しており、違憲審査権における権力分立制との関係を意識しているかどうか検討に値する。一連の投票価値の不均衡をめぐる訴訟では、最高裁が投票価値の平等の要求に反する状態、すなわち違憲状態の判決を下した場合、国会がこれを踏まえて自ら所

第Ⅱ部　統治機構

要の適切な是正の措置を講ずることが、憲法上想定されている、という文脈において用いられている。

　ここでいう「憲法秩序の下における司法権と立法権との関係」は、裁判所が違憲判断に踏み込んでも裁判所が自ら具体的な制度を定めることができない、という単に権限における司法権と立法権との関係を論じている、とも理解することができる。しかし、自ら具体的な制度を定めることができないという点は、選挙制度だけでなく、法制度の多くについて当てはまる。そのため、「憲法秩序の下における司法権と立法権との関係」は選挙の効力についての判断において主に発現するものであると考えることもできる（前掲・最大判平25・11・20・裁判官木内道祥の反対意見）。さらに、司法に与えられた違憲立法審査権の行使は、憲法の中に「法律による」（憲47条）という規定があるか否かで内容が異なる基準で行われることとなれば、その法律によって憲法の定めるところを変更ないし譲歩させることを認めるに等しい（最大判平12・9・6民集54巻7号1997頁・裁判官福田博の追加反対意見）。このように理解されるのであれば、近時の最高裁は、立法裁量権の行使の相当性の判断においても「憲法秩序の下における司法権と立法権との関係」に言及しているとも解することができ、引き続き、投票価値の不均衡をめぐる訴訟における違憲審査のあり方を注視する必要がある。

(4)　対立と対話──司法権と立法権との関係

　これまでの違憲（状態）判決からは日本の違憲審査制における違憲審査と民主主義との関係の特徴をどのように捉えることができるだろうか。この点、民主主義を議会における多数派を通じた意思決定としての多数決主義に基づくものとして捉え、立法権に対する司法権の姿勢から考察を行うことができる。日本の違憲審査制については、これまでの違憲判決では、司法と立法との緊張関係を意識したものと、司法と立法との対話を意識したものがみられる（佐々木雅寿（2013）『対話的違憲審査の理論』三省堂参照）。

　前者の例として、国籍法違憲訴訟（最大判平20・6・4民集62巻6号1367頁）がある。法廷意見は、我が国の内外における社会的環境の変化等により、国籍法

３条１項の規定は日本国籍の取得につき合理性を欠いた過剰な要件を課していると判断した。そして、立法府に与えられた裁量権を考慮してもなおその立法目的との間において合理的関連性を欠くものとなっていたとして、国籍法取得の要件について認知されたにとどまる子と準正のあった子との間に日本国籍の取得に関する区別をすることが14条に違反するとした。これに対し、反対意見では、日本国民たる要件は法律によって創設的・授権的に定められる事柄であり、「違憲状態にあるとして、それを是正するためには、法の解釈・適用により行うことが可能でなければ、国会の立法措置により行うことが憲法の原則である」とする。そして、反対意見は「法律にない新たな国籍取得の要件を創設するものであって、実質的に司法による立法に等しいといわざるを得ず、賛成することはできない」とした（裁判官甲斐中辰夫、同堀籠幸男の反対意見）。また、別の意見では、「違憲立法審査権が及ぶことを否定するものではない」が、しかし「司法権の限界との関係で問題がある」という異議が唱えられた（裁判官横尾和子、同津野修、同古田佑紀の反対意見）。なお、本件の違憲判断は、憲法の平等原則の下での国籍法の対象となる条項を解釈し適用するものであって、「司法が新たな立法を行うものではなく、司法の役割として当然に許されるところである」（裁判官泉德治の補足意見）という指摘や、「司法権が現行法の合理的拡張解釈により違憲状態の解消を目指すことは、全く許されないことではない」（裁判官藤田宙靖の意見）という意見も出されている。このように、本判決では、最高裁内部の法廷意見・補足意見・意見と反対意見との間の攻防には、違憲審査権の射程をめぐり、司法権と立法権との緊張関係という問題の所在をうかがうことができる。

　他方で、司法権と立法権との関係と対話型と捉えているとみられる後者の事例もある。衆議院議員定数不均衡訴訟（前掲・最大判平27・11・25）では、一票の較差について憲法の投票価値の平等の要求に反する状態、すなわち違憲状態である以上、国会がこれを踏まえて自ら所要の適切な是正の措置を講ずべきことが示された。このような違憲状態判決は、司法と立法との緊張関係ではなく、両者が「キャッチボール」を行っているとみることができる。すなわち、「両者の間で、いわば実効性のあるキャッチボールが続いている状況にあり、

第Ⅱ部　統治機構

司法部としては、選挙を無効とする等の対応を採るのではなく、この相互作用が早期に実りある成果を生むようにしっかりと見守っていくことが求められるところであろう」（裁判官千葉勝美の補足意見）というのである（千葉勝美（2017）『違憲審査』有斐閣、第1章参照）。

　また、令状なしに警察による使用者の車両にGPS端末を取り付けたGPS捜査が行われた事案において、最高裁は、「GPS捜査が今後も広く用いられ得る有力な捜査手法であるとすれば、その特質に着目して憲法、刑訴法の諸原則に適合する立法的な措置が講じられることが望ましい」と立法措置を促した事例もある（最大判平29・3・15刑集71巻3号13頁）。

　このように、日本の最高裁が、違憲審査権を行使する過程において、司法権と立法権との関係をどのように描いているかについては、対立モデルと対話モデルの2つがあるとみることができる。

(5)　少数者の救済

　違憲審査と民主主義との関係については、両者を対立とみるか、対話とみるかで、日本の最高裁の役割も変わってくるように思われる。この点、前述のとおり、違憲審査権は、法の支配や権力分立制の観点から正当化し得るが、民主主義との関係について、日本の最高裁はどのような姿勢をとっているだろうか。

　もしも民主的基盤の相対的に弱い裁判所による違憲審査権が民主主義と矛盾するとすれば、違憲審査権を民主主義プロセスの是正のためにのみ行使し得ると捉えることも可能である。つまり、裁判所は民主主義プロセスに不可欠な表現の自由、集会結社の自由、投票の平等、といった憲法上の自由を特に手厚く保障するべきであり、それにより民主主義プロセスから孤立した少数者の権利が手厚く保障されるべきである、という見解である（松井（2007））。もっとも、この見解に立つと、裁判所によって保障されるべき権利の範囲は、日本国憲法が列挙する権利に比べて狭くなる可能性がある。このような見解は日本の最高裁にとってどこまで受け入れられ得るだろうか。

　実際のところ、日本の最高裁が法廷意見において、明確に違憲審査と民主主

義との関係について正面から論じたことはないが、個別の意見からは、多数決に基づく民主主義において少数者の司法による救済が指摘されてきた。例えば、婚外子相続分規定をめぐる訴訟において、議会では「多数決原理の民主制の過程において、本件のような少数グループは代表を得ることが困難な立場にあり、司法による救済が求められていると考える」（最判平15・3・31判時1820号62頁・裁判官泉徳治の反対意見）ことが示されている。このほかにも、民主主義プロセスにおける少数者の権利保護については、例えば、公立高等学校等の教職員が卒業式等の式典で国歌斉唱時起立斉唱を拒否したことに対する懲戒処分の差止めを求める訴訟や憲法19条違反を問う訴訟において、「少数者の思想の自由」（最判平24・2・9民集66巻2号183頁・裁判官宮川光治の反対意見）、「多数者の恣意から少数者のそれを護ることが司法の役割」（最判平23・5・30民集65巻4号1780頁・裁判官須藤正彦の補足意見）であるとする意見もある。

　他方で、夫婦別姓を求める訴訟（最大判平27・12・16民集69巻8号2586頁）においては、民主主義プロセスにおける少数者の保護という観点が不要であるという見解が示されている。すなわち、夫婦別姓の問題においては、「選択肢のありようが特定の少数者の習俗に係るというような、民主主義的プロセスによる公正な検討への期待を妨げるというべき事情も、ここでは見いだすに至らない」（裁判官寺田逸郎の補足意見）という考え方もみられる。

　いかなる事案において、民主主義プロセスにおける少数者保護の視点が必要となるかという問題が残されているとしても、違憲審査権は、多数決主義に基づく民主主義では実現することが困難な少数者の権利の保護と救済という重要な役割も果たしている。

4　違憲審査という制度

(1)　元最高裁裁判官による応答

　冒頭で紹介したとおり、アメリカの研究者が日本の最高裁を保守的であると評価するが、この評価について元最高裁裁判官が応答している。藤田宙靖元裁判官がいうように、少なくとも近年の最高裁が、政権党・自民党に迎合して来

第Ⅱ部　統治機構

たという客観的証拠は示されておらず、この意味における保守的という評価は適当とはいえないように思われる（前掲・藤田『最高裁回想録』、118-121頁）。

他方で、泉徳治元裁判官は、個人に対して裁判を通じて救済を求めることができる権利であるにもかかわらず、立法の目標と指針を示すプログラム規定と変わらないものとなるケースがみられ、日本の最高裁が人権の保障に消極的な面があったことを指摘する（泉徳治（2013）『私の最高裁判所論』日本評論社、167頁、174頁）。例えば、泉元裁判官は、議員定数不均衡訴訟についてみれば、憲法を最上位の裁判規範として、憲法の全趣旨から投票価値の平等を論じるのではなく、国会の広範な裁量に委ねていることを例として挙げている。さらに、憲法38条１項に、何人も自己に不利益な供述を強要されないという規定があるにもかかわらず、最高裁は、供述拒否権の告知を要するものとすべきかどうかはこの規定による保障の及ぶ手続の趣旨・目的等により決められるべき立法政策の問題であるとした。しかし、本来憲法上の問題であったと理解されるべきであろう、と泉元裁判官は述べている。

このように、違憲判決の数が問題となるのではなく、違憲審査権が日本国憲法の本来の趣旨にこたえる形で機能しているか否かが重要となる。さらに、それは、裁判官の憲法解釈を支える司法哲学の問題にも関連している。

(2)　違憲審査の現実

では、日本の最高裁の違憲審査の現実に照らし、どのような制度上の課題があるだろうか。この点、泉元最判官は、憲法解釈の手法とは別に、違憲審査の制度論として次の２点を指摘している（泉徳治（2015）「最高裁判所の違憲審査権行使上の諸問題」市川正人他編『日本の最高裁判所』日本評論社、322頁）。

第１に、大法廷での判断を回避し、小法廷における合憲判断が多用されている。裁判所法10条１号は、大法廷で裁判を行うべき場合として、「当事者の主張に基いて、法律、命令、規則又は処分が憲法に適合するかしないかを判断するとき。（意見が前に大法廷でした、その法律、命令、規則又は処分が憲法に適合するとの裁判と同じであるときを除く。）」と規定している。つまり、大法廷で憲法適合性が審査された「その」法律等が違憲審査の対象となった場合は小法廷で合

憲判断ができる。現実の運用では、例えば、平成23年5月から6月にかけての国歌斉唱事件の一連の判決はすべて小法廷で合憲判断が下された。いずれの事案でも国歌斉唱が問題とされており、裁判所法10条1号にいう「その」処分が憲法に適合するか否かの裁判とはいえ、本来は大法廷における判断が必要であった。このように、「小法廷の合憲裁判は、最高裁における憲法論議を消極的方向に導いている」と指摘されている。

　第2に、国際条約または外国判例を援用することに対する消極性がみられる。泉元裁判官によれば、最高裁の過去67年の歴史において、法廷意見と多数意見で明示的に人権規約等の国際人権条約または外国判例を積極的に援用したものは5件にすぎない。むろん各国の法制度や法文化が異なり諸外国の例をそのままコピーすることはできないものの、世界で共通する普遍的な法的課題について、国際人権条約や外国判例を参照し、諸外国の法的思考を積極的に共有することは奨励されるべきことであるように思われる。憲法が国際協調主義を掲げていることからも、違憲審査権の行使の過程においても人権保障の国際的水準を意識する必要があるにもかかわらず、少なくとも判決等からはこれまでの最高裁にはそのような姿勢をうかがうことはできない。

(3) 違憲審査の活性化策

　そもそも法律の違憲性は、付随的違憲審査制の下では個別の事件において、行政事件を含む民事訴訟と刑事訴訟をとおして、その前提問題としてしか争うことができない。そのため、いわゆる「憲法訴訟」をめぐり、現行法では何が具体的に足りないのか、が明確にならない限りは、いわゆる「憲法訴訟論」なるものが、最高裁を始めとする我が国の裁判所に与える影響は、ほとんど皆無であるといってよいと考えられている（藤田宙靖（2016）『裁判と法律学』有斐閣、104頁）。

　では、日本の違憲審査制の機能を更に向上させるためには、どのような活性化策が考えられるだろうか。あるいはそもそもそのような活性化策がどこまで必要か否か、さらに活性化の前提となる現状の不足している点についても冷静に分析する必要があろう。この点については、違憲判決の数のみならず、憲法

第Ⅱ部　統治機構

解釈が問題となった事件の帰結と理由づけ、さらに最高裁判所の機能について
も検討が必要となろう。そこで違憲審査の活性化策として想定されるものを以
下考えてみる。

第1に、憲法を改正して、違憲審査制の仕組みを変える方策が考えられる。
国会の憲法調査会でも、憲法裁判所の設置の是非については、設置すべきであ
るとする意見が多く述べられたことが指摘されている（衆議院憲法調査会報告書
（平成17年4月）407頁）。

最高裁裁判官の個別意見でも、「……わが国の司法が長期にわたって違憲判
断を回避し続ければ、それは別の機構、すなわち独立した『憲法裁判所』創設
の動きに直結し、現在の司法制度から違憲審査権を奪う結果につながる」（参
議院議員定数不均衡訴訟：最大判平16・1・14民集58巻1号56頁裁判官福田博の追加反
対意見）という指摘がみられる。その理由は、「現在の司法制度に与えられた
違憲審査権が機能しなければ、健全な民主的統治システムの維持を確実にする
ための最後の手段が失われる」ことになりかねないからである。

このように、ドイツや韓国などの諸外国でみられるような憲法裁判所を日本
でも創設し、裁判所が違憲審査に傾注できる環境を整えることが望ましいと考
える見解もある。もっとも、憲法裁判所を創設するための憲法を改正すれば、
違憲審査制が必ず活性化するという保証はない。

第2に、憲法裁判所という組織をつくるのではなく、憲法に精通した専門家
を育成するという方法が考えられる。違憲審査権を有する日本の最高裁には、
憲法を専門に調査する職員が1人もいないとのことである。現状の最高裁は、
最高裁調査官の詳細な報告書をもとに裁判が進められているようであり、調査
官（下級審裁判官の中から選抜されたエリート裁判官といわれる）の存在が一定の影
響を及ぼしているものとみられる。憲法を専門とする調査官がいれば、憲法訴
訟における更に深い議論も展開され得るであろう。同様に、最高裁の裁判官の
構成もほぼ固定化されているが、憲法訴訟に精通した裁判官の存在も望まれ
る。近年の最高裁において、年間およそ7000〜8000件の民事・行政事件が新た
に受理される中、大法廷へ回付される件数は毎年数件であり、違憲審査の活性
化のためにも大法廷における憲法論議の活性化は重要な課題である。

第 7 章　違憲審査制

【より深く考えてみよう】

　日本の最高裁が保守的であるという指摘について、その当否を様々な角度から考えてみよう。

　違憲審査と民主主義との関係について、裁判所は民主主義プロセスの維持のために介入をするべきと考えるプロセス理論がある。次の文献を参照しつつ、この理論が日本国憲法の解釈として成り立ち得るか考えてみよう。

　松井（2007）第 3 章第 3 節、阪口正二郎（2001）『立憲主義と民主主義』日本評論社、第 8 章、松井茂記（2001）「なぜ立憲主義は正当化されるのか」『法律時報』73巻 6 号、73巻 8 号。

　元最高裁裁判官の文献を読み、アメリカの研究者のいう日本の最高裁判所が保守的であるとする指摘の是非、そして日本の違憲審査制の課題について考えてみよう。

　泉徳治（2013）『私の最高裁判所論　憲法の求める司法の役割』日本評論社、167頁、藤田宙靖（2012）『最高裁回想録』有斐閣、121頁、滝井繁男（2009）『最高裁判所は変わったか』岩波書店のそれぞれの意見について考えてみよう。

　このほかに、泉徳治（2017）『一歩前へ出る司法　泉徳治元最高裁判事に聞く』日本評論社、藤田宙靖（2016）『裁判と法律学「最高裁回想録」補遺』有斐閣、など。

第8章

地方自治

1　地方自治の意義と本旨

(1)　大日本帝国憲法下の地方制度とその意義

　現行の都道府県と市町村という地方制度の基本的枠組みが成立したのは、明治維新による。廃藩置県によって、大名による地方支配を解体した明治政府は、県について大規模な合併を行った後に、1878（明治11）年にいわゆる地方三新法（郡区町村編制法、府県会規則、地方税規則）を制定した。郡区町村編制法における町村は、江戸時代以来の「まち」「むら」の領域をほぼ承認して制度化したものであり、区は、複数区が設置された東京・大阪・京都を除き、後述の市制における市の前身である。明治政府はその後、町村の数が5分の1に減少するほどの大合併をすすめ、1888（明治21）年に市制・町村制を制定し、これが第2次世界大戦後の市町村領域の原型となる。また、1890（明治23）年に府県制を制定した。

　他方、大日本帝国憲法には、地方制度に関する規定がなく、地方自治は憲法上保障されていなかった。しかし、日本の近代化のために範を求めた諸外国の地方制度を見倣い、府県の制度は、住民の選挙によって構成される府県会によって住民の意思が多少なりとも反映する仕組みがとられた。それでも府県会の権限は限定されており、中央政府による統制を受け、さらに知事は中央政府の任命制であって、およそ地方自治と呼べるものではなかった。そもそも、大日本帝国憲法は、天皇が統治権を掌握する統治体制であるから、真の意味での地方自治はその大原則に矛盾するのである。

150

第8章　地方自治

(2)　地方自治法制定と99年大改正

日本国憲法の施行に伴って、市制・町村制や府県制などは廃止され、1947年に地方自治法が制定された。

地方自治法は、それまでの府県（1946年に北海道を適用対象にして府県制は道府県制に改正、東京都は1943年に成立）と市町村の領域を基本的に踏襲したうえで、その位置づけを地方自治の主体とした。同法の下で、都道府県・市町村は、中央政府の下部機関という位置づけを離れた。しかし、同法における地方自治は不十分であり、地方自治体の長が国の機関として国の事務を処理する機関委任事務の制度が存在していた。機関委任事務は、地方自治体の事務ではないため、地方自治体の独自の権限が及ばず、そればかりか職務執行命令訴訟の制度により、地方自治体の長に対して強制力をもつものであって、あたかも長を国の部下として扱う制度であった。

沖縄駐留米軍用地の使用をめぐって、国が沖縄県知事を訴えた訴訟も、この職務執行命令訴訟である。いわゆる駐留軍用地特別措置法は、軍用地の収用手続に際して作成すべき土地調書等について、土地所有者の署名押印を必要としているが、土地所有者がこれに応じない場合には最終的には都道府県知事が署名を代行できることとなっていた。沖縄駐留米軍が使用する土地について沖縄県知事が上記署名の代行を拒絶したために、国が沖縄県知事を訴えたのである。最高裁判所は、上記署名の代行が機関委任事務であるとして、沖縄県知事への職務執行命令を認めた（最大判平8・8・28民集50巻7号1952頁）。

1999年の大改正による現行の地方自治法により、機関委任事務は消滅し（駐留軍用地特別措置法の上記手続は、防衛大臣が署名を代行することと定められた）、地方自治体が処理する事務は、自治事務と法定受託事務の二種類（本章4で扱う）となった。

現行地方自治法は、旧法よりも「地方自治の本旨」（次項参照）をより明確にしたものといえるが、なお課題が残されている。

(3)　地方自治の意味——団体自治と住民自治

(i)　**地方自治の本旨**　　憲法92条は、「地方公共団体の組織及び運営に関する

事項」については、「地方自治の本旨に基づいて、法律で」定めるべきことを規定する。ここでは、法律で定められなければならないことと、その法律は「地方自治の本旨」に則っていなければならないことが、憲法上要求されている。

　ところが地方自治の本旨とは何かについて明示されていないので、その内容が問題になる。地方自治とは、中央政府とは異なる地方の政府（local government）に自治権を保障することに他ならないが、従来は、ここで団体自治と住民自治が取り上げられてきた。しかし、住民自治・団体自治の意味は、論者の問題意識によって、言い換えれば地方自治の本旨をどのように理解するかによって、相当異なっている。したがって、住民自治・団体自治といっても、地方自治の本旨を十全に具体化するものとして概念化されねばならない。

　そこで、地方に自治権を保障するとはどういうことか、という観点が大事であるが、その観点を示唆していたのが、いわゆる「シャウプ勧告」である。「シャウプ勧告」は、税制勧告でありながら、地方自治について立ち入った検討を行っているが、「より強力な地方政府の必要」と題される項目において、「地方政府」の事務が人民と密接なものであるべきこと、「地方政府」の権力が人民の身近なところに置かれるべきこと、そして何より、「地方自治は、個々の地方に特有の必要性や問題に精通した小さな単位によった方が仕事をより実効的に行なうことができるという理由だけを取り上げても、重要である」との指摘がなされている。

　地方に自治権を保障する根拠については、①主権国家の下では国家の統治権に由来するので、地方自治制度は国家による承認ないしは委任によるものとする承認説（伝来説）があったが、この説は法律によって地方自治の内容をいかようにも改変し得るとするものであるので、地方自治の本旨とは相容れないために、現在ほとんど支持するものはいない。これに対抗的な考え方としての、②固有権説は、地方自治権を自然権的に捉えるものであり、その結果、法律によっても地方自治権は剝奪されることは許されない、とする。法律に対抗して保障されるとする点で地方の自治権を強力に後押しするものではあるが、歴史的経過はどうあれ自然権として説明するのは、地方公共団体も基本的人権の保

第 8 章　地方自治

障義務があることを曖昧にしかねない。やはり、憲法によって統治制度の一つと
して設定された、といわざるを得ないであろう。

　そこで、通説化したのが、③制度的保障説である。地方自治という歴史的伝
統的理念的な制度が憲法によって保障されたと理解するこの説によれば、地方
自治制度の本質的部分ないし核心的部分は国の法律によっても侵すことができ
ないとする。そして、核心的部分として、二段階制などが想定されている。

　制度的保障説は、地方制度が歴史の営みによって形作られてきた側面を評価
しつつ、それを統治システムの原理に組み込もうとする姿勢をもつものであ
る。しかし、何を核心的部分とみるのかは論者によって異なるため、捉えよう
によっては伝来説にも接近する（制度的保障説はもともと伝来説の止揚によって生
まれている）うえに、核心的部分を歴史的に形成されてきた地方制度とするな
ら、大日本帝国憲法下の地方制度を日本国憲法下でなぜ核心的部分とし得るの
かという点で立憲主義と平仄が合わない、などの難点がある。

　そこで今日では、憲法がなぜ地方自治を保障するのかは、④憲法の基本原理
と全体構造に照らして理解すべきであるとする説が優勢になっている（杉原
(1989)、渋谷（2017）、佐藤幸（2011)）。この説を敷衍すれば、地方自治の本旨と
は、地方においては地方統治に見合った形で立憲主義や国民主権の原理が具体
化されることであり、地方統治においても基本的人権が保障されねばならない
ということができよう。

　基本的人権保障にあたって法令等による具体化が必要なものは、地方政府に
おいてもそれが求められることになると同時に、「シャウプ勧告」の趣旨から
すれば、地方レベルでのきめ細やかな法整備によるのがより望ましいことにな
るから、中央政府と地方との事務配分において地方優先の「補完性・近接性原
則」（欧州地方自治憲章 4 条 3 項参照）によるべきであると考えられる（杉原泰雄
(2008)『地方自治の憲法論』勁草書房、94頁以下）。

　(ii)　**団体自治と住民自治**　　以上のように地方自治の本旨を理解するなら、団
体自治はまずもって中央政府、そしてより広域の地方公共団体からの自律ある
いは独立として理解されねばならないだろう。「補完性・近接性原則」によっ
てその業務の性質上当然に地方公共団体に配分される業務内容については、原

153

第Ⅱ部　統治機構

則として中央政府からの介入が排除される趣旨として団体自治は理解されるべきである。

　住民自治は、地方統治の基本原則として、中央政府における国民主権に相当するものとして理解されねばならないだろう。したがって、地方統治が住民の意思によってなされなければならず、いわゆる地方ボス支配は、地方自治の本旨にそぐわないといえよう。そして、地方自治がより住民に密接になされるべしとの観点からすれば、住民の直接的意思決定が排除される必要はなく、むしろ望ましいともいえる。

2　憲法上の地方公共団体

(1)　地方公共団体とは何か？

　地方自治法１条の３では地方公共団体について、都道府県と市町村を指す普通地方公共団体と、特別区（東京都の23区のこと）、地方公共団体の組合および財産区を指す特別地方公共団体とに区別している。このうち、地方公共団体の組合とは、複数の地方公共団体が具体的な事務を共同で行うべく結成した団体であり、財産区とは、明治および昭和の市町村合併が行われた際に合併前の村の公有財産を管理するために結成された市町村の内部の団体であり、どちらも常置の団体とはいえない。このため、地方公共団体の組合と財産区を憲法のいう地方公共団体というわけにはいかない。

　そして従来は、憲法８章でいうところの「地方公共団体」とは地方自治法にいう普通地方公共団体のことであり、都道府県および市町村のことである、と理解されてきた。この理解によれば、特別区は憲法上の地方公共団体ではなく憲法８章には拘束されないということとなる。次節以降で展開するが、憲法93条１項は議会を置くこと、２項は長、議員等に関する直接選挙制、94条は事務処理権限や条例制定権、95条は地方特別法の住民投票を要求する。憲法上の地方公共団体には、これらがすべて適用されることになるが、憲法上の地方公共団体でなければ、そうではない。とすると、従来の考え方では東京都の23区エリアに居住する住民については、憲法上は東京都という地方公共団体のみが存

在することになる。

　そこで、特別区は果たして憲法上の地方公共団体でないのか、ということが問題になってきた（裁判になったものとして、最大判昭38・3・27刑集17巻2号121頁。最高裁は否定）。この点、学説では、消極説もあったが、憲法上の地方公共団体に当たるとする説が通説化していた。現在では、地方自治法283条1項が、市に関する同法の規定を原則として特別区にも適用すると定めており、これによって憲法8章の諸規定が特別区にも結果として適用されることになっているため、特別区の位置づけが問題になることはほとんどない。

(2)　憲法上要求される地方制度

　しかし、特別区の事例は、憲法上要求されているのは、どのような地方制度なのか、という問題を浮き彫りにした。

　(i)　**基礎的自治体**　　その1つは、基礎的自治体の保障である。基礎的自治体とは、地方自治体の最小単位として住民に最も身近な行政事務を基本的に担当する地方自治体のことをいう。そして、市町村は、基礎的自治体であると理解されてきた。特別区が地方公共団体として保障されないのであれば、東京都23区の住民は基礎的自治体が存在しない（あるいは、東京都下の他市民からみれば広域自治体となる東京都を、基礎的自治体といわねばならなくなる）こととなる。しかし、前節で指摘したシャウプ勧告の考え方に基づく地方自治の本旨の理解では、住民に身近な地方行政主体の存在が憲法上要求されることとなるから、基礎的自治体の保障は憲法上の要求ということになる。このような考え方は、学説で自覚的に取り上げられているとは言い難いが、潜在的には承認していると思われる。といっのも、次にみる二段階制保障論は、住民に身近な自治体の保障が念頭にあったと考えられるからである。

　この基礎的自治体の保障という考え方は、1999年の大改正によって地方自治法にも反映され、同法2条3項が市町村について、281条の2第2項が特別区について、「基礎的な地方公共団体」と位置づけている。

　(ii)　**二段階制**　　次に二段階制の保障である。二段階制の保障として念頭に置かれたのは、基礎的自治体とそれを包括する広域自治体の二層であるので、

第Ⅱ部　統治機構

基礎的自治体の保障と重なる面があるが、二段階という概念それ自体は必ずし
も基礎的自治体と直結しない。一段階しか保障しなくても、それを基礎的自治
体として位置づけることはできるし、広域自治体が二層になっていても、二段
階といえるからである。

　学説は、立法政策にすぎないとする説から、憲法上二段階の制度が要求され
ているとする説まで、様々な理解がなされている。前節でみた固有権説や制度
的保障説からは、憲法上二段階制が要求されているという議論に結び付きやす
いが、制度的保障説でも、何を歴史的伝統的な制度とみるのかによって、憲法
上何が保障されているのかが異なる。つまり、二段階とは、現状の都道府県と
市町村（特別区）のことを指すのか、それともそれ以外の二層を許容するのか
で議論は分かれる。

　そしていわゆる道州制は、前者の立場からは憲法上許されず、後者の立場か
らは憲法上可能な地方制度であるということになる。2006年の地方制度調査会
「道州制のあり方に関する答申」は、北海道を除く都府県を、近隣の数都府県
で１つの地方行政区画にまとめ、それを「州」とする案を提示した。いわゆる
道州制は、細部の違いこそあれ、基本的にはこれと同様の枠組みを指すもので
ある。現状の都道府県制を固定的にみない二段階制要求説からすれば、形式的
には道州制は憲法に違反しない制度だが、かつては国の出先機関として構想さ
れた（1957年地方制度調査会答申や、1955年関西経済連合会の構想）経緯もあること
から、地方自治の本旨に反しない制度になり得るのかどうか、慎重な検討が必
要である。

3　地方公共団体の組織

(1)　議事機関と執行機関

　憲法93条１項は、議事機関として議会を設置する、と定めており、したがっ
て地方公共団体には必ず議会を置かねばならない。そしてその議会は「議事機
関」としての位置づけを与えられる。

　「議事機関」とは何か、が問題になるが、まずは執行機関に対置される用語

として、地方公共団体において議決を行う機関であると一般に理解されている。議決とは、当該団体における集団的意思決定に他ならないから、結局は地方自主立法たる条例を制定することを意味することになる。したがってまとめると、地方公共団体には、その意思決定を集団的に行う合議制の機関を置かねばならないということである。

この点、地方自治法94条は、町村について、同法89条にいう議会に替えて町村総会を置くことができるとする。このため、町村総会の、憲法93条１項との関係が問題になるが、理由づけは異なるにせよ学説上は憲法違反であるとは考えられていない。その主な考え方は、93条１項にいう議会を広く捉え、必ずしも地方自治法89条にいう議会に限定されるものではない、とするものである。この考え方をとる論者の中にはさらに、町村総会も住民自治の積極的な具体化の１つであり、それは代議制のみに限定されるべきものではなく、憲法がそれを排除しているとは考え難い、とする。

憲法93条２項は、地方公共団体に長とその他の吏員を置くことを定めている。都道府県の長は「知事」と呼称される（地自139条１項）。「吏員」とは、国の「官吏」と区別して地方公共団体の公務員を指す、大日本帝国憲法下で使用されていた呼称である。憲法には、長の権限について明示的に定める条文はないが、一般に独任制の執行機関であると理解されている。なお、長とは、必ずしも独任制の執行機関でなくてはならないわけではないのではないか、との注目すべき見解もある。この見解によれば、内閣のような合議制の執行機関を設け、長をその合議制機関の首長と位置づけることも、憲法上可能ということになる（渋谷（2017）745頁）。ただし、地方自治法148条は「普通地方公共団体の長は、当該普通地方公共団体の事務を管埋し及びこれを執行する」と定め、161条以下で副知事又は副市町村長以下の職員を長の「補助機関」としていることから、長を独任制執行機関として位置づけている。

(2)　地方選挙制度

憲法93条２項は、地方議会の議員だけでなく、長と「法律の定めるその他の吏員」について住民による直接選挙で選任されるべきことを定める。そもそも

第Ⅱ部　統治機構

憲法15条1項で公務員の選定罷免権を国民固有の権利であるとしているから、本項はそれを地方公共団体についても適用させる趣旨であるといえる。したがって、15条各項の選挙に関する諸原則は、地方選挙においても当然に適用される。国民主権原理と選挙制度が関連するのであれば、地方選挙制度も国民主権原理の現れとして理解してよいだろう。すなわち、地方政府においても、民による権力の掌握こそが基本原理となるが、その具体化としては、立法機関だけでなく執行機関も住民による直接のコントロールを受けることになるとするものである。したがって、長が独任制執行機関であるとすれば、大統領制類似の制度といえる。

「法律の定めるその他の吏員」については、住民による直接選挙を要求している同項の規定が現在ではほとんど空文化しているようにみえる。そこで学説は、長以外にも必ず選挙による公務員を設けなければならないとする主旨ではない、と解している。なお、かつては公選による地方行政委員会が存在した。

その1つは教育委員会である。教育委員はかつては住民の直接選挙で選出されていた。しかし、それを定めていた教育委員会法が1956年に廃止され、地方教育行政の組織および運営に関する法律の制定により、現在では教育委員は長が議会の同意を得て任命することとなっている。

また、全住民を有権者とするわけではないという点で特殊ではあるが、農業委員会等に関する法律の2015年改正前の農業委員会制度を挙げることもできよう。農業委員の任命は、改正前はその大部分について農業者の公選制（農委旧8条以下）が採用されていた。しかしながら、法改正により現在では「農業者、農業者が組織する団体その他の関係者」の推薦を得たうえで、市町村長が任命することになっている（農委8条、9条）。

(3)　外国人選挙権

93条2項は、地方公共団体の住民による選挙を定めている。そこで、地方有権者たる住民は日本国籍を必要とするのか、外国人選挙権享有主体性との関係で問題になる。外国人選挙権一般の問題は第18章で述べられるが、ここでは地方選挙に限って取り扱う。

この点、最高裁は「我が国に在留する外国人に対して、地方公共団体の長、その議会の議員等の選挙の権利を保障したものということはできない」としつつも、「我が国に在留する外国人のうちでも永住者等であってその居住する区域の地方公共団体と特段に緊密な関係を持つに至ったと認められるものについて、……法律をもって、地方公共団体の長、その議会の議員等に対する選挙権を付与する措置を講ずることは、憲法上禁止されているものではない」（最判平7・2・28民集49巻2号639頁）として、外国人に地方選挙権を認めない公職選挙法の規定は違憲でないとする一方、同法の改正等により法律で選挙権を付与する可能性があることを示唆した。

学説も、外国人に地方選挙権を付与することを憲法は禁止していない（許容説）とするのが多数説である。しかし、地方選挙権の場合には、住民自治が要求される中で選挙権保障になぜ国籍の有無が問題になるのか、についてのより立ち入った検討が必要である。この点の検討を踏まえ地方選挙権の保障から外国人を排除することは憲法上許されないとする有力な考え方（要請説）もある。

4　地方公共団体の権能

(1)　地方公共団体ができること——自治事務と法定受託事務

憲法94条は、地方公共団体が財産の管理、事務の処理、行政の執行ができるとする。地方公共団体が当該地方において独自の統治作用を行い得ることを地方自治の本旨とするなら、これらの権能はそのために当然に行使されることになろう。「補完性・近接性原則」（本章1参照、基礎的自治体優先の原則といってもよい）からすると、より広域の地方公共団体や中央政府でなければできないような役務でない限り、地方公共団体がなし得ると考えるべきであろう。地方自治法1条の2は、この考え方を示すものとして理解できる。同条1項は地方公共団体が「地域における行政を自主的かつ総合的に実施する役割を広く担う」とし、2項は国においては「国際社会における国家としての存立にかかわる事務」「全国的に統一して定めることが望ましい国民の諸活動若しくは地方自治に関する基本的な準則に関わる事務」「全国的な規模で若しくは全国的な視点

第Ⅱ部　統治機構

に立って行わなければならない施策及び事業」といったものを重点的に担うものとする一方、「住民に身近な行政」は地方公共団体が担うというような役割分担を示している。

　一方、地方自治法2条8項9項は自治事務と法定受託事務の2種類の事務を規定する。自治事務については「法定受託事務以外のもの」（8項）という消極的定義しか与えられていないため、法定受託事務とは何かがカギとなる。法定受託事務とは、「国が本来果たすべき役割に係るものであつて、国においてその適正な処理を特に確保する必要があるものとして法律又はこれにもとづく政令に特に定めるもの」（9項1号。下線、筆者。市町村・特別区の場合は、「都道府県が本来果たすべき役割に係るもの」（2号）も加わる）である。したがって、法定受託事務の具体的な中身は法令に定められる（10項）。

　この区別は、本来的な地方公共団体の事務とそうでない事務との区別ではないことに注意が必要である。例えば、麻生内閣時に執行された定額給付金は国の予算措置（2008年度第二次補正予算）によって執行されたものであるが、法律に根拠をもたないため、上記の法定受託事務の定義に当たらず自治事務という位置づけになる。このように自治事務と法定受託事務の種別は、その事務の内容や性質による区別ではなく、国または広域の地方公共団体による、地方公共団体又は基礎的な地方公共団体に対する関与の手法の違いでしかない（宇賀克也（2019）『地方自治法概説〔第8版〕』有斐閣、131頁）。

　団体自治の趣旨からすると、地方公共団体がそれらの下部機関ではないはずであるが、法定受託事務は中央政府の関与をより強く認めるものであるから、その下部機関として地方公共団体が働かされる仕組みとして機能する。すなわち、法定受託事務については、大臣は地方公共団体の長に対して執行指示をすることができ（地自245条の8第2項）、裁判所に執行命令請求（同3項）をすることができる。

　沖縄県の辺野古沿岸に米軍基地を建設するために県知事が公有水面を埋め立てることについてなした承認を、その知事に選挙で勝って当選した次の知事が取り消したことについて、国土交通大臣がその取消（すなわち前県知事の承認という状態に戻す）を命令するよう福岡高等裁判所に請求した訴訟（2016年3月4

第8章 地方自治

日に和解）は、この例である。原告（国土交通大臣）は「そもそも法定受託事務として、公有水面埋立法に基づいて一定範囲の権限を与えられたにすぎない県知事が、わが国における米軍施設および区域の配置場所などといった国防や外交に関する国政にとって極めて重大な事項の適否を審査したり、判断する権限がない」（訴状（2015年11月18日付『沖縄タイムス』））と主張していた。これは、中央政府の基本的判断に基づいて法定受託事務を行う場合は、地方公共団体はその基本的判断に忠実に行動しなければならない、ということであって、結局中央政府の下部機関だと言っているに他ならない（国は上記和解直後に、法定受託事務に関する「是正指示」（地自245条の7第1項）をし、2016年9月16日福岡高裁は、沖縄県が是正指示に従わないことが違法であると判決した）。

　1999年の地方自治法大改正以降、数次にわたり、いわゆる「地方分権改革」が行われてきたはずであるが、なお、上記のような中央政府の姿勢が残存していることを考慮すると、地方自治の充実という立場からの点検が必要である。

(2) 条例制定権

（i）**条例制定権の意義**　　憲法94条は条例制定権を保障する。条例とは地方議会の制定する規範であるとする狭義の理解もあるが、憲法上は地方公共団体の権限であるから、中央政府の規範に対応する概念として当該地域における規範というように広義に理解するのが通説である。ただし、地方自治法にいう条例（地自14条）は、長や委員会が制定する規則（同15条、138条の4）と区別され、狭義で使用されている。

　地方公共団体に自主立法としての条例制定権を保障するのは、地方自治の本旨から当然と言える。ただし、古い学説の中には、94条の条例制定が「法律の範囲内で」としていることから、条例を行政であると位置づけるものがあった。しかし、少なくとも狭義の条例については、選挙によって選出された議事機関たる地方議会が制定するものであるから、これを行政と位置付けることは、地方自治の本旨からも問題があろう。したがって、現在の通説は、中央政府における立法に類似した位置づけをもつように理解している。

（ii）**法律との関係**　　地方議会が制定する規範という意味の狭義の条例制定

161

第Ⅱ部　統治機構

権については、「法律の範囲内で」をどのように理解するかという問題がある。

　この点、かつては、国の法令が明示的又は黙示的に先占している事項については、法令の明示的委任がない限り条例を制定できないとする「法律先占論」が存在した。しかし、この説では、法律の規制よりも厳しい量的規制を行う「上乗せ条例」や、同一目的の下で法律の規制対象にない事項を規制する「横だし条例」などを、その地域的な必要性から制定しようとしても憲法94条に違反することになる。畢竟、中央政府が法律で定めている事項について、地方公共団体がそれと異なる内容の条例を制定することができなくなるのであって、これでは地方自治の本旨が著しく希薄化する。

　そこで、法律の先占領域を限定的に考えたり、そもそも法律先占論自体を克服しようとする試みが学説においてなされ、法律はナショナルミニマム（全国的最低基準）を定めるものであるとの考え方も出てきた。その中で、最高裁は、徳島市公安条例事件判決（最大判昭50・9・10刑集29巻8号489頁）で、「条例が国の法令に違反するかどうかは、両者の対象事項と規定文言を対比するのみでなく、それぞれの趣旨、目的、内容及び効果を比較し、両者の間に矛盾抵触があるかどうかによってこれを決しなければならない」としたうえで、「例えば」として、①国の法令が何も定めていないことについて、それが当該事項についていかなる規制をも施すことなく放置すべきものとする趣旨であると解されるときは、その事項に関して規律を設ける条例の規定は国の法令に違反することとなり得る、②逆に、特定事項についてこれを規律する国の法令を条例とが併存する場合には、α後者が前者とは別の目的に基づく規律を意図するものであり、その適用によって前者の規定の意図する目的と効果を何ら阻害することがないときや、β両者が同一の目的に出たものであっても、国の法令が必ずしもその規定によって全国的に一律に同一内容の規制を施す趣旨ではなく、それぞれの普通地方公共団体において、その地方の実情に応じて、別段の規制を施すことを容認する趣旨であると解されるときは、国の法令と条例との間には何らの矛盾抵触はない、とした。

　この最高裁の判決の枠組みによれば、多くの「上乗せ条例」や「横出し条例」は法令に反することにならず、このことから、この判決は学説に好意的に

162

受け止められている。

　しかし、他方でこの判決の趣旨は、法律を定めた（あるいは定めなかった）中央政府が地方公共団体が独自に判断することを許容するか否かによって、「矛盾抵触」の有無を判断しようというものになっている。この枠組みは結局国会の意思次第ということであり、中央権力が地方公共団体に優越することを前提にしている。地方自治の本旨からすると、中央権力ですら介入できない自主的決定権が保障されねばならないのであるから、なお「法律先占論」的思考が残存しているといわざるを得ない。

　(iii)　**刑罰・租税と条例**　刑罰と租税については、それぞれ31条、84条との関係で、条例によって定めることの合憲性が特に問題にされてきた。しかし、29条2項の理解として、条例による財産権の制限は憲法上禁じられていると考えるべきではない（第13章参照）し、憲法のその他の条文にも法律で定めるものとされている規範がある（例えば、27条2項にいう労働条件）ことから、ことさら刑罰と租税のみを問題にする根拠を見出すのは困難である。結局、中央権力と地方との役割分担の問題に帰する、と考えるべきであろう。

　刑罰については、地方自治法14条3項が、刑罰の範囲を限定して科罰を条例で定めることができるとしている。この規定が憲法31条に抵触するとの学説はほとんどみられないが、条例制定の根拠と範囲については、①同条にいう法律には条例が含まれ、憲法が直接にその権限を地方公共団体に授けているという見解、②刑罰権の発動は本来地方公共団体の事務に属さないため、法律による委任が必要であるが、条例は実質的には法律に準ずる性質をもつから、包括的な委任でよく、地方自治法14条の規定はそのための規定であるとする見解、③罰則の政令への委任と同様に考え（73条6号但書参照）、法律による個別的具体的な授権を必要とするが、その程度は政令への委任よりも緩やかに考えてよい、とする見解などがある。

　刑罰は、その行為が行われた地域にかかわらず犯罪とすべきものがあり、少なくともその場合は、中央政府の法律によって定める必要があるが、地域の独自の規制についてその実効性を保障するために定められる罰則は、条例によって制定可能であると考えるべきであろう。

第Ⅱ部　統治機構

　租税についても、条例は84条にいう法律に含まれると考えるべきであるが、さらに、地方自治の本旨から考えると財政的にも中央政府から自律しているべきであるから、その自主財源の調達方法についても自律的に決定可能であるとするのが原則でなければならないだろう。そうでなければ、地方公共団体は財源的に中央政府に支配されてしまうであろう。なお、この点、最高裁は、「租税法律主義（84条）の原則の下で、……これらの事項について法律において準則が定められた場合には、普通地方公共団体の課税権は、これに従ってその範囲内で行使されなければならない」（最判平25・3・21民集67巻3号438頁）とした。

(3)　住民による地方政府のコントロール

　住民自治を住民による地方政府のコントロールであると理解するなら、そのもっとも本質的な形態は、住民自身の直接的なコントロールである。しかし、住民自身が地方政府の運営に日常的に関わることは現実的でないから、日常的には地方議会に委ねつつ、重要な節目において住民が直接コントロールを効かせる手段を保持しておくことになる。

　住民投票制度は、その典型的な手段である。地方自治法では、議会の解散や長・議員等の解職手続（リコール）に関わり住民投票を定めているが、これらはあくまで解散・解職手続であって、公務員選定手続の裏の面にすぎず、特定の具体的な政策の採否を直接的に問題にするものではないから、これを直接民主制として位置づけるのは、厳密にいえば妥当でない。

　したがって、ここでの主題は、ある特定の政策について、住民投票によって判断しようとする方法のことである。これについては、憲法にも地方自治法にも定めはない。そこで、条例によって住民投票手続を定めることができるか、という問題がある。この点、学説では、住民投票結果が法的拘束力をもつとする意思決定型住民投票には否定的である。これは、歴史的に市民の直接投票が、カリスマ的為政者の統治の正当性を調達すべく行われた（プレビシット）ことがあり、そのように利用される危険性があることを念頭に置いている（例えば、辻村（2018）512頁）。現在様々な地方公共団体で住民投票が独自の条例を

第8章　地方自治

制定して実施されてきたが、それは諮問的なものであり、学説も諮問型の住民投票制度については肯定的である。

5　地方特別法

95条は、一の地方公共団体のみに適用される特別法について、国会の議決（59条）に加えて、当該地方公共団体の住民投票で過半数の賛成を得ることを要求する。これは、中央政府が法律の制定を通じて地方を支配し地方自治を無意味にすることを防止するものといえ、当然、地方自治の本旨の現れとして考えなければならない。

とすると、「一の」とは、対象が一個の地方公共団体に限定されているというように限定的に解すべきではない。二個以上の地域を特定的に対象とする法律であっても、地方自治を無意味にすることができるからである。

また、本条の要求は住民投票であって、地方議会の議決ではないことにも注意を要する。ここから、憲法は地方自治の本旨としてより住民に直接的な意思決定を想定しているとみることができる（前節参照）。

【より深く考えてみよう】

2000年代初頭に、市町村合併が政府によって強力に推進され（平成の大合併）、その結果、都府県の領域よりも巨大な面積を有する市が出現している。この問題について、地方自治の本旨、という観点から考えてみよう。

地方公共団体は実際には非常に多くの国の事業を担っており、かつて「三割自治」といわれた状況が劇的に改善されたわけではない。中央政府と地方公共団体との間でどのような役割分担が望ましいか考えてみよう。

白藤博行他（2004）『地方自治制度改革論——自治体再編と自治権保障』自治体研究社

杉原泰雄（2002）『地方自治の憲法論「充実した地方自治」を求めて』勁草書房

大津浩編著（2011）『地方自治の憲法理論の新展開』敬文堂

第III部　基本的人権

第9章

人権総論・幸福追求権

1 人権総論──「人権」はどこまで認められるか

(1) 「人権」の意味

　憲法は「人権」を保障するものとされている。それでは「人権」とは何か。一般的には、まさに言葉のとおり、「人が人である以上、当然に持っている権利」と定義され、固有性・不可侵性・普遍性といった特徴を有するとされる。日本国憲法では「基本的人権」という言葉が用いられているが、これは「人権のうち基本的なもの」という意味ではなく、「人権が基本的な権利である」ことを明らかにしたものであるから、両者を区別する必要はないと考えられている。

　一方、日本国憲法で保障されている「基本的人権」がすべて、「人が人である以上」当然に認められるものかというと、必ずしもそういうわけではない（例えば参政権など）。この点につき、憲法で保障されている「基本的人権」とは、上記の「人権」のうち、「特定の内実をもち、基本的重要性をもつに至った」と認められた実定法上の権利を意味するという見解や、「人権」という言葉が有する超実定法的性格を考慮し、憲法に定められている実定法上の権利を、「人権」ないし「基本的人権」という言葉を用いず、「憲法が保障する権利」と称して区別する見解がある。

　このように「人権」という言葉は多義的であるが、少なくとも憲法で定められている「基本的人権」は、抽象的・理念的な概念ではなく、具体的な内容をもつ実定法上の権利である。

(2) 権利の制約原理

(i) 「公共の福祉」とは何か　　憲法で保障されている「基本的人権」が単なる理念ではなく、実定法上の権利であるからといって、いついかなるときも絶対に保障されるものかといえば、もちろんそういうわけではない。

　この点につき、日本国憲法の条文をみると、まず12条で「この憲法が国民に保障する自由及び権利は……常に公共の福祉のためにこれを利用する責任を負ふ」とあり、続く13条で「生命、自由及び幸福追求に対する国民の権利については、公共の福祉に反しない限り、立法その他の国政の上で、最大の尊重を必要とする」とある。さらに22条には「何人も、公共の福祉に反しない限り、居住、移転及び職業選択の自由を有する」とあり、29条には「財産権の内容は、公共の福祉に適合するやうに、法律でこれを定める」とある。

　これらの条文から、憲法で保障されている権利は、「公共の福祉」によって制限され得る、ということがわかる。それでは「公共の福祉」とは一体何か。

　この文言を理解するために、まずは「公共の福祉」の意義をめぐり、大きな問題を投げかけた、2012年の自民党の憲法改正草案をみてみよう。そこでは、現行憲法における「公共の福祉」の文言が、すべて「公益及び公の秩序」という文言に書き換えられている。その理由について自民党は、「公共の福祉」という表現は、その意味が曖昧でわかりにくいものであるため、この文言を「公益及び公の秩序」に変更することにより、その曖昧さの解消を図るとともに、「憲法によって保障される基本的人権の制約は、人権相互の衝突の場合に限られるものではないことを明らかにしたもの」である、と説明している（自民党『日本国憲法改正草案Q&A〔増補版〕』13頁）。

　確かに、初期の判例においては、「公共の福祉」は「公益」や「公共の安寧秩序」と捉えられていたこともあった。例えば、煽動罪の規定の合憲性が争われた食糧緊急措置令違反事件（最大判昭24・5・18刑集3巻6号839頁）において、最高裁は12条を根拠に、「新憲法下における言論の自由といえども、国民の無制約な恣意のまゝに許されるものではなく、常に公共の福祉によつて調整されなければなら」ないとして、政府の命令に従わないよう煽動する行為を処罰しても憲法違反にはならないとしている。また、東京都公安条例を合憲とした判

第Ⅲ部　基本的人権

決（最大判昭35・7・20刑集14巻9号1243頁）も、憲法12条を根拠に「国民がこの種の自由を濫用することを得ず、つねに公共の福祉のためにこれを利用する責任を負う」としたうえで、本件に関しては「公共の安寧の保持」が「公共の福祉」の内容であるとしている。

　しかし、このように「公共の福祉」を一般的・抽象的なものとしたうえで、裁判所が個々の事件ごとにその具体的内容を定めるとするならば、曖昧な文言による規制に対して裁判所が解釈によりお墨付きを与えることになり、結局は法律による広範かつ安易な権利の制限を認めることになってしまう。

　このような考え方に対する批判として登場したのが、およそ権利というものは、個人が他人と共存して社会を形成している以上、例えば他人に危害を加えてはならないといった当然の制限（すなわち「内在的制約」）に服するものであるという考え方である。このような考え方は、すでに1789年のフランス人権宣言第4条の「自由とは、他人を害しないすべてのことをなしうることにある」という規定にわかりやすく示されている。

　一方で、20世紀になって新しく登場した社会権を保障するために、国家が政策的考慮から経済的自由に対して課す制限を「内在的制約」のみで説明するのは困難であることから、そのような制限は「外在的制約」と呼ばれている。

　(ii)　**今日における一般的理解**　　今日、一般的に支持されている考え方は、「公共の福祉」を「人権相互間の矛盾・衝突を調整する実質的公平の原理」と捉え、すべての人権に内在的に存在する制約であるとする。そして「公共の福祉」には、各個人の人権相互の衝突の可能性を調整する「自由国家的公共の福祉」と、社会権の保障のために主として財産権に対する制約となる「社会国家的公共の福祉」があり、前者については国家による「必要な最小限度」の制約のみが認められるのに対し、後者については、「必要な限度」において国家の介入が許されるとする（内容的には、前者が上述の「内在的制約」に、後者が「外在的制約」にほぼ相応するものと解されている）。すなわち、憲法12条および13条にいう「公共の福祉」とは「権利・自由に当然に伴う内在的制約」を意味し、22条および29条にいう「公共の福祉」とは、権利・自由に対して外部から加えられる「国家の政策的考慮からする政策的制約」を意味するとされている。しか

170

第 9 章　人権総論・幸福追求権

し結局のところ、「公共の福祉」の具体的内容は、各権利の種類や性質、各規制の目的を考慮に入れて、明らかにしていくしかない。

この点につき判例は、1960年代あたりから、「公共の福祉」の具体的内容を明らかにする過程で、比較衡量論を取り入れるようになった。例えば、全逓東京中郵事件（最大判昭41・10・26刑集20巻 8 号901頁）で、最高裁は、労働基本権の保障について「国民生活全体の利益の保障という見地からの制約を当然の内在的制約として内包している」としたうえで、具体的にどのような制約が合憲とされるかについては「労働基本権を尊重確保する必要と国民生活全体の利益を維持増進する必要とを比較衡量して」決定すべきであるとし、さらに労働基本権の制限は「合理性の認められる必要最小限度のものにとどめなければならない」と判示している。このような考え方は、続く都教組事件判決（最大判昭44・4・2刑集23巻 5 号305頁）においても踏襲されている。しかし、その後の全農林警職法事件判決（最大判昭48・4・25刑集27巻 4 号547頁）では、一応比較衡量は行われているものの、十分な検討なしに「国民全体の共同利益」を優先させているため、初期の考え方に戻ったのではないかという批判がなされている。その他、より明確に比較衡量を行っているものとして、猿払事件判決（最大判昭49・11・6刑集28巻 9 号393頁）がある（詳しくは後述）。

(iii)　**今後の課題**　　個々の事例に即して具体的な利害の調整ができる比較衡量論は、一方で、何と何を取り上げ、それらをどのように比較するのかという基準が明確ではなく、裁判官の裁量に委ねられるところが大きいという問題点がある。また、憲法の場合、公権力が権利を制限することによって得られると主張する利益の多くは公共的利益であるのに対して、制限される側の利益は一個人の権利であるため、どうしても制限する方に秤が傾くことになるという批判もある。

また、1960年代はじめから、アメリカにおける違憲審査基準論が紹介されるようになると、権利に対する制約がどこまで認められるかという問題は、「公共の福祉」の内容を明らかにするよりも、権利を制限する法律が合憲かどうかを判断する際にどのような審査基準を用いるべきかという議論にシフトしていった。その代表的なものが、「二重の基準」論である（詳しくは第 12 章参照）。

第Ⅲ部　基本的人権

この基準は判例でも取り入れられているが（小売市場事件判決：最大判昭47・11・22刑集26巻9号586頁、薬事法違憲判決：最大判昭50・4・30民集29巻4号572頁など）、最高裁は、経済的自由の規制立法に関してのみ「二重の基準」論に言及しており、厳格な審査基準が必要とされる精神的自由の規制立法に関しては言及していない点に注意が必要である。

　一方、近年、「公共の福祉」そのものについて、性道徳の維持や景観保持、未成年者の保護といった従来の内在的／外在的制約という二分論だけでは説明できない立法目的を正当化するため、「公共の福祉」の内容をもっと細かく類型化しようという試みもなされている。

　ここで気をつけなければならないのは、「公共の福祉」とは、一義的には「ある人権が他の人権と衝突する場合にその調整原理として機能するもの」であり、「公益」や「公の秩序」のような「社会の一般的利益」、すなわち「公共の利益」とは似て非なるものである、ということである。もちろん、場合によっては、たとえば景観維持のために表現の自由が制限されてもやむを得ない事情があるかもしれないが、そのような制限が正当化できるのは、あくまでもその制限をしなければ何らかの権利が具体的に侵害されてしまう場合のみである、という基本的な視点を、決して忘れるべきではない。そうでないと、自民党の憲法改正草案のように、「公共の福祉」は簡単に「公益及び公の秩序」に置き換えられてしまうだろう。

(3)　権利の享有主体

　それでは、憲法で保障されている権利は誰に認められるのか。日本国憲法の第3章のタイトルは「国民の権利及び義務」となっているが、だからといって、日本に在住する外国人に憲法上の権利が認められないというわけではなく（「外国人の権利」については第18章参照）、一方ですべての「国民」に等しく権利が認められるわけでもない。例えば、天皇や皇族については、そもそも「国民」に天皇や皇族が含まれるのかという問題があるが、いずれにせよ、一般国民と同等の権利が保障されないことは広く認められている（第2章参照）。

　以下、憲法上の権利が保障される対象について、みていくことにする。

第9章　人権総論・幸福追求権

（i）**未成年者**　　未成年者も、当然、憲法上の権利は保障される。しかし、未成年者であるがゆえに、一定の制限を受けることも、また正当化される。なぜなら、未成年者は、まさに「未」成年、すなわち未成熟であり、成長発達途中であるがゆえに、成年者と同じ権利を保障することが、必ずしも未成年者の健全な発達のためになるとは限らないからである。

（a）**未成年者の自己決定**　　未成年者の権利の制限を考えるにあたっては、上述の内在的制約とも外在的制約とも異なる、第三の制約原理があるとする見解が通説となっている。それは「パターナリズムに基づく制約」原理と呼ばれるもので、未成熟であるがゆえに理性的な判断能力を欠く未成年者が「自身の目的達成能力を重大かつ永続的に弱化せしめる見込みのある場合」には、本人の判断による権利行使を抑止することが許されると解するものである。

しかし、「子どものため」という名目で大人が加える干渉は、得てして過度になりすぎ、かえって、未成年者自身の自律能力を弱めるおそれがある。未成年者には、成長発達途中であるが故に、成長発達権が保障されると解されている。この成長発達権は、憲法13条でも保障される。なぜなら、未成年者が本当に「個人として尊重」されるためには、政府や保護者から、健全な成長発達のための適切な支援を受ける必要があるからである（また、26条から導き出される学習権とも密接な関係がある。詳しくは第14章参照）。したがって、未成年者の権利を考える際には、行きすぎた「パターナリズムに基づく制約」によって、未成年者自身の人格的自律の成長を阻害しないよう、その制限が本当に必要かどうかを、慎重に見極めなければならない。

例えば、2015年6月に公職選挙法が改正され、選挙権の年齢が18歳にまで引き下げられたことを受け、文科省は校外における高校生の政治活動参加を認める通知を各都道府県の教育委員会に出した。しかしその一方で、各学校の判断により、校外での政治活動の参加を事前に学校に届出させることを認めている。判例では、学校長に対して校則制定につき「包括的権能」を認めているが（詳しくは第14章参照）、学習のみならず生活全般、ひいては選挙権の行使についてまで認められてしまうと、学校はもはや「憲法の番外地」になってしまうだろう。

173

選挙権を認めておきながら、事前届出制により事実上政治活動を制限することは、人権侵害であるのみならず、主権者としての地位をも否定するものであり、未成年者といえども、決して許されてはならない（この点につき、「特集・18歳選挙権のインパクト」(2017)『法学セミナー』62巻1号、10頁以下参照）。

　(b)　未成年者の保護　　未成年者の成長発達権を保障するために、憲法27条3項は児童の酷使を禁止し、未成年者を勤労の義務から解放している。この条文を具体化した労働基準法56条は、中学卒業の年齢に至るまでの児童を労働者として使用することを禁止している。また、26条1項で保障されている「教育を受ける権利」を実質的に保障するために、同条2項で保護者の教育義務が定められ、その義務を怠った保護者には学校教育法により刑罰が科せられる（同17条、144条）。さらに同項後段では、国の教育義務、すなわち義務教育無償制度も定められている。

　加えて、未熟であるが故の社会的失敗からの保護もある。まず民事については、未成年者の法律行為に対する法定代理人（保護者等）の同意権が定められ、同意のない未成年者の法律行為に対する法定代理人の取消権が認められている（民5条）。ただし、法定代理人が許した範囲内で自己の財産を処分する権利や、親から許可を得た未成年者の営業の自由は、成年と同様に扱われる（同5、6、823条）。

　一方、刑事についても、罪を犯した未成年者は、少年法という特別法で処分を受けることになる。注意しなければならないのは、少年法の目的は未成年者を罰することではなく、あくまでも「少年の健全な育成を期し、非行のある少年に対して性格の矯正及び環境の調整」（同1条）を行うことにあるということである。そのため、非行少年は通常、少年審判という特別な手続にかけられる。そこでは、犯罪事実の確定よりも非行少年の更生に重点が置かれ、家庭裁判所の裁判官と調査官と少年付添人（弁護士等）が少年を囲んで、「懇切、なごやか」に少年の事情を聞いたうえで、いかなる処分がその少年の更生にとって適切かが論議される（同22条）。しかし、重大事件で成人と同じ刑事処分を受けるべきであると判断された場合は、少年は検察官に送致（いわゆる「逆送」）されるが、犯行時に14歳未満であった少年は、どんな場合でも刑事罰を受けるこ

とはない（同3条2号）。本来、「逆送」は少年法の趣旨に反するものであるため、あくまでも例外的な措置でなければならないが、2000年の法改正により、16歳以上の少年が故意に他人に危害を加えようとして死亡させた事件（殺人や傷害致死、強盗致死等）は、原則として「逆送」しなければならないとされ、原則と例外が逆転してしまった（同20条2項）。続く2007年の法改正により、保護処分の中でも制裁的な意味合いが強い少年院送致の下限が、これまでの14歳から「おおむね12歳」にまで引き下げられたが、国会の審議では「おおむね」とは1年程度とされているため、11歳の小学5年生でも少年院に収容されうることとなった。さらに2014年の法改正では、18歳未満の少年に対する無期懲役に代わる有期懲役の上限が15年から20年に、不定期刑も「5年〜10年」を「10年〜15年」に引き上げられた。

　また、非行少年の更生や将来を配慮して、少年法61条で推知報道が禁止されている（ただし違反しても罰則はない）が、これに対する批判も強い。この点につき、堺市通り魔事件における少年の実名報道が争われた事件で、大阪高裁は、少年法61条は「少年の健全育成を図るという少年法の目的を達成するという公益目的と少年の社会復帰を容易にし、特別予防の実効性を確保するという刑事政策的配慮に根拠を置く規定」であり、「少年時に罪を犯した少年に対し実名で報道されない権利を付与している」わけではないので、「表現の自由とプライバシー権等の侵害との調整においては、少年法61条の存在を尊重しつつも、なお、表現行為が社会の正当な関心事であり、かつその表現内容・方法が不当なものでない場合には、その表現行為は違法性を欠き、違法なプライバシー権等の侵害とはならない」としたうえで、本件事件が重大かつ悪質な事件であることを理由に、本件実名報道に違法性はないと判断した（大阪高判平12・2・29判時1710号122頁）。

　また、実名ではなく本名によく似た仮名による報道が問題となった長良川事件報道訴訟において、最高裁は、「少年法61条に違反する推知報道かどうかは、その記事等により、不特定多数の一般人がその者を当該事件の本人であると推知することができるかどうかを基準にして判断すべきところ、本件記事は、被上告人について、当時の実名と類似する仮名が用いられ、その経歴等が記載さ

第Ⅲ部　基本的人権

れているものの、被上告人と特定するに足りる事項の記載はない」ので、少年法61条が禁止する推知報道には当たらないとしている（最判平15・3・14民集57巻3号229頁）。

　しかし、本件の控訴審判決は、推知報道かどうかの判断基準を「不特定多数の一般人」ではなく、「非行少年と面識を有する特定多数の読者」および「非行少年が生活基盤としてきた地域社会の不特定多数の読者」としたうえで、少年が「未来における可能性を秘めた存在で、人格が発達途上で、可塑性に富み、環境の影響を受けやすく教育可能性も大きい」ことを踏まえ、少年法61条を「報道の規制により、成長発達過程にあり、健全に成長するためにより配慮した取扱いを受けるという基本的人権を保護し、併せて、少年の名誉権、プライバシーの権利の保護を図っているものと解するのが相当である」として、少年法61条の権利性を認めている（名古屋高判平12・6・29判時1736号35頁）。

　相次ぐ厳罰化や推知報道の禁止に対する根強い批判および確信犯的な実名報道など、少年法に対する風当たりは年々強くなる一方であるが、未成熟であるが故に、失敗しつつも、そこから学び、成長する機会（「子ども期」）が確実に保障されてこそ、真の意味での自律性を有する個人が育つのではないだろうか。

　(ii)　**法 人**　憲法が保障する権利は、自然人だけでなく、法人（団体）にも認められるか。この点につき最高裁は、八幡製鉄政治献金事件（最大判昭45・6・24民集24巻6号625頁）において、憲法第3章の諸権利は、「性質上可能なかぎり」法人にも適用されるものと解すべきであるとしており、学説の多くも基本的にこの立場に立っている。しかし、日本国憲法が「個人の尊厳」を基本としていることや、日本においては個人が集団に抑圧されがちであることから、法人に憲法上の権利を認めることに否定的な見解もある。特に八幡製鉄政治献金事件判決については、本来思想および表現の自由や参政権と密接な関連をもつ政治的行為の自由を安易に法人にも認めている点や、大企業による政治献金が政治過程に与える影響力が考慮されていない点が、法人の人権享有主体性を認める立場からも批判されている。

　また、法人の権利を認めることは、時に法人の構成員たる個人の権利を侵害

することもある。税理士法改正の推進を目的とした政治献金を行うために税理士会が特別会費の徴収決議を行ったことが争われた南九州税理士会事件で、最高裁は、特定の政治団体に政治献金を行うかどうかは「選挙における投票の自由と表裏を成すものとして、会員各人が市民としての個人的な政治的思想、見解、判断等に基づいて自主的に決定すべき事柄」であるから、「公的な性格を有する税理士会が、このような事柄を多数決原理によって団体の意思として決定し、構成員にその協力を義務付けることはできない」と判示した（最判平8・3・19民集50巻3号615頁）。

　同じ政治献金の事例でありながら、八幡製鉄政治献金事件とは逆の結論になった理由は、税理士会が株式会社とは異なり強制加入団体であること、そして、公的な目的で設立されたものであるから、当該行為が設立目的の範囲内であるかどうかは、会社と異なり広範に解することはできず、したがって本件政治献金も法人の目的の範囲外と判断されたことである。しかし、本判決に対しては、税理士の地位向上を目的とした税理士法改正の推進というのは、法人の目的の範囲内といえるのではないか、という批判もある。

　一方、司法書士会が被災した別の司法書士会に復興支援拠出金を寄附するために特別負担金の徴収決議を行ったことが争われた群馬司法書士会事件では、法人の目的として「他の司法書士会との間で業務その他について提携、協力、援助等をすることもその活動範囲に含まれる」こと、本件負担金の徴収が「会員の政治的又は宗教的立場や思想信条の自由を害するものではな〔い〕」ことなどを理由に、同じ強制加入団体でありながら、またもや異なる結論となった（最判平14・4・25判時1785号31頁）。この判決には、本件拠出金が多額であることや、本件決議に従わない会員に対する制裁が厳しすぎることから、目的の範囲外の行為であるとする反対意見が付されている。

　法人とは、そもそも自然人自身の目的を遂行するために便宜的に設立されたものであるから、自然人と同様に人権享有主体性を論じるのではなく、あくまでも、当該法人の設立目的や性質、社会的影響力等を考慮しながら、どこまでその活動が認められるのかを論じるべきであろう。

第Ⅲ部　基本的人権

(4)　権利の適用範囲

（i）　私人間適用　　憲法で保障されている諸権利を守らなければならないのは誰か。憲法の役割が原則として公権力を縛るものであることからすれば、それは当然政府ということになる。しかし、普通の暮らしをしている人々にとってイメージしやすい権利侵害というのは、公権力によってなされるものではなく、過重労働やプライバシー侵害のように、大企業やマスメディアによるものであろう。それでは、このような大企業やマスメディアといった、公権力ではないものの、実質的には強大な権力を持つ私人＝社会的権力を憲法で縛ることはできないのか。

　この点につき、学説は次のように分かれている。まず憲法の本来の役割を重視し、憲法の権利規定は特段の定めがある場合を除いて私人間には適用されないとする無適用（効力）説がある。しかし、憲法が国家対国民の関係を規律するだけでなく、社会全体の基本的価値秩序を示していることに鑑み、今日では、何らかの形で私人間にも人権規定の効力を及ぼすべきだと考えられるようになっている。

　他方、公権力に類似した巨大な利益集団に対応するためには、私人間においても憲法の権利規定は直接適用されるべきとする直接適用（効力）説がある。しかし、これについても、私的自治の原則や契約自由の原則を否定することになるのではないか、また、国家権力に対抗する人権の本質が希薄化するのではないか、という批判がなされている。

　そこで通説となっているのが、民法90条の「公序良俗」や709条の不法行為の解釈を通じて、憲法の権利規定を間接的に適用しようという間接適用（効力）説である。判例も、三菱樹脂事件（最大判昭48・12・12民集27巻11号1536頁）において、憲法の権利規定は「国または公共団体の統治行動に対して個人の基本的な自由と平等を保障する目的に出たもので、もっぱら国または公共団体と個人との関係を規律するものであり、私人相互の関係を直接規律することを予定するものではない」として直接適用説は否定しつつも、「私的支配関係においては、個人の基本的な自由や平等に対する具体的な侵害またはそのおそれがあり、その態様、程度が社会的に許容しうる限度を超えるときは……私的自治

に対する一般的制限規定である民法一条、九〇条や不法行為に関する諸規定等の適切な運用によつて、一面で私的自治の原則を尊重しながら、他面で社会的許容性の限度を超える侵害に対し基本的な自由や平等の利益を保護し、その間の適切な調整を図る方途も存する」として、間接適用説を認めている。また、私立大学において政治活動を禁止する学則に違反したことを理由に退学処分になったことが争われた昭和女子大事件（最判昭49・7・19民集28巻5号790頁）でも、最高裁は三菱樹脂事件判決を引用して、憲法の規定は「国又は公共団体の統治行動に対して個人の基本的な自由と平等を保障することを目的とした規定であつて、専ら国又は公共団体と個人との関係を規律するものであり、私人相互間の関係について当然に適用ないし類推適用されるものでない」として、学生の主張を退けている（これに対し、第一審判決（東京地判昭38・11・20行集14巻11号2039頁）が、私立大学といえども、教育の作用という「公の性質」を有することに鑑み、憲法の保障する思想の自由が尊重されなければならないとして、学生の主張を認めた点が注目される）。

　一方、男性と女性で定年年齢を違うことが問題となった日産自動車事件（最判昭56・3・24民集35巻2号300頁）でも、「就業規則中女子の定年年齢を男子より低く定めた部分は、専ら女子であることのみを理由として差別したことに帰着するものであり、性別のみによる不合理な差別を定めたものとして民法90条の規定により無効であると解するのが相当である（憲法14条1項、民法1条ノ2〔注：現2条〕参照）」として、憲法の間接適用が認められている（その他、性差別については、入会権の資格を世帯主および男子孫のみに限定していた会則が違法と判断された例として、最判平18・3・17民集60巻3号773頁がある）。

　間接適用説はいわゆる通説・判例としての地位を長年占めているが、民法の一般条項に憲法の権利規定をどこまで取り入れるかは論者によって幅があるので注意が必要である。すなわち、憲法上の権利の絶対的保障を社会の「公序」とするならば、直接適用と変わらないことになり、一方で、三菱樹脂事件のように、私人による権利侵害が「社会的に許容しうる限度を超える」場合にのみ憲法の間接適用を認め、最終的には労働者の思想信条の自由よりも、企業の雇用の自由を優先するのであれば、それは実質的には無適用説と同じということ

第Ⅲ部　基本的人権

になる。

　さらに近年、この問題をめぐって理論的な再検討が活発に行われている。例えば、ドイツの理論を基に、国家の基本権保護義務として、私人間適用の問題を捉える見解や、無適用説を再評価し、憲法の権利規定の名宛人はあくまでも公権力のみであるが、その背景にある「人権」は全方位的なものであるから、私人間における「人権」の調整は、法律の解釈適用を通じて裁判所が行うべきであるとする新無適用説も提唱されている。

　人権の対国家性という側面がともすれば忘れられがちになる日本においては、新無適用説の視点は今なお重要であるといえる。しかし他方、例えば人種や性別を理由とするあからさまな差別が生じるのは私人間が圧倒的に多く、しかもそれは入居拒否や職場における不利益のように生活に直結し、かつ社会構造的なものであるから、放置するわけにもいかない。したがって、どのような立場に立つにせよ、問題となっている権利の意義や、上述のように法人（団体）の性質を踏まえたうえで、私人間においてどこまで憲法の基本的価値を実現する必要があるのか考えていく必要がある。

　(ii)　**特別な法律関係**　　かつて大日本帝国憲法下においては、公務員や被拘禁者といった立場にある者は、公権力との関係において、通常の国民とは異なる法律関係、すなわち「特別権力関係」にあると考えられていた。この関係においては、公権力に包括的支配権が与えられており、当該関係に属する者に対して、法律の根拠なくして、命令権や懲戒権を行使したり、一般国民に保障される権利や自由を制限したりすることができる。さらに、そのような行為に対する司法審査も原則として排除される。

　このような理論は、基本的人権の尊重および「法の支配」を原理とする日本国憲法下においてはもはや通用しない。しかし、公務員や被拘禁者が一般国民とは異なる特殊な法律関係にあることも事実である。したがって、それぞれの法律関係に即して、そこでどのような権利が、どのような根拠に基づき、どの程度制約されるのかを具体的に検討していくことが必要である。

　(a)　公務員　　現行法上、公務員については、政治活動の自由および労働基本権が広く制限されている（労働基本権の制限については第13章参照）。

国家公務員について、国家公務員法102条は、「政治的行為」を広く禁じ、その具体的な定めをほぼ全面的に人事院規則14-7に委ねており、かつ違反した場合には、懲戒処分だけでなく、刑事罰による制裁が定められている（国公82、110条１項19号）。一方、地方公務員については、国家公務員よりも禁止される「政治的行為」の範囲は狭く、かつ主要なものは地方公務員法36条で定められており、違反した場合の制裁も懲戒処分のみである。

国家公務員に対する規制については、郵便局員が勤務時間外に政治活動を行ったことが争われた猿払事件（最大判昭49・11・６刑集28巻９号393頁）において、最高裁は、公務員の政治的行為の禁止については「禁止の目的、この目的と禁止される政治的行為との関連性、政治的行為を禁止することにより得られる利益と禁止することにより失われる利益との均衡の３点から検討することが必要である」としたうえで、まず禁止の目的は「行政の中立的運営とこれに対する国民の信頼を確保するため」であるから正当であるとした。次に禁止される政治的行為との関連性についても「たとえその禁止が、公務員の職種・職務権限、勤務時間の内外、国の施設の利用の有無等を区別することなく、あるいは行政の中立的運営を直接、具体的に損う行為のみに限定されていないとしても、右の合理的な関連性が失われるものではない」とした。そして最後に利益の均衡についても、政治的行為の禁止は「意見表明そのものの制約」ではなく、単に「行動の禁止に伴う限度での間接的、付随的な制約」にすぎないのに対し、かたや「禁止により得られる利益は、公務員の政治的中立性を維持し、行政の中立的運営とこれに対する国民の信頼を確保するという国民全体の共同利益なのであるから、得られる利益は、失われる利益に比してさらに重要なものというべきであり、その禁止は利益の均衡を失するものではない」と判示した。

この判決に対しては、学界から、「行政の中立的運営」を確保するためであるならば、職務執行に関連して行う政治的行為のみを規制すれば足りるのであり、勤務時間外に職場外で行う政治活動までをも禁止するのは過度に広汎な規制である、また、政治的行為の禁止は、表現活動そのものに対する「典型的な直接規制」であり、「間接的・付随的規制」と性格づけるのは不可能である、

第Ⅲ部　基本的人権

といった批判が数多くなされている。

　その後、猿払事件と同様に、非管理職的地位にある国家公務員が休日に政治活動を行ったとして、猿払事件以来37年ぶりに起訴された堀越事件（最判平24・12・7刑集66巻12号1337頁）において、最高裁は、国公法102条１項が禁止する「政治的行為」とは、「公務員の職務の遂行の政治的中立性を損なうおそれが、観念的なものにとどまらず、現実的に起こり得るものとして実質的に認められるもの」を指すとしたうえで、「本件配布行為は、管理職的地位になく、その職務の内容や権限に裁量の余地のない公務員によって、職務と全く無関係に……行われたものであり……公務員の職務の遂行の政治的中立性を損なうおそれが実質的に認められるものとはいえない」ので、そもそも構成要件に該当しないとして、無罪と判断された。

　この判決では国公法102条１項につき合憲限定解釈がなされており、猿払事件判決に照らすと判例変更が行われているようにみえるが、最高裁は、猿払事件とは事情が異なる（猿払事件の場合は「労働組合協議会の構成員である職員団体の活動の一環」として政治的行為が行われているが、本件の場合は「公務員により組織される団体の活動としての性格もなく行われたもの」である）として、判例変更を否定している。

　一方、堀越事件判決と同日に判決が下された宇治橋事件においては、堀越事件と同様の行為が管理職的地位にある職員によって行われたということから、勤務時間外であっても「公務員の職務の遂行の政治的中立性を損なうおそれが実質的に認められ」るとして、有罪と判断されている（最判平24・12・7刑集66巻12号1722頁）。

　(b)　被拘禁者　　未決拘禁者や受刑者についての処遇は、かつては1908年に制定された監獄法に基づいて行われてきた。しかし、100年以上も前に制定されたこの法律は、被収容者の人権への配慮が不足していることや受刑者の権利義務の範囲等が明確でないことなど、多くの問題点を含んでいた。判例で問題となったのは、喫煙の禁止（最大判昭45・9・16民集24巻10号1410頁）や図書・新聞紙の閲読の制限（よど号ハイジャック記事抹消事件：最大判昭58・6・22民集37巻5号793頁）などであるが、最高裁は、いずれについても「逃亡及び罪証隠滅の

第9章　人権総論・幸福追求権

防止」や「監獄内の規律及び秩序の維持」を理由に合憲と判断している。

　監獄法そのものについては、2006年にようやく、未決拘禁者、受刑者および死刑確定者を対象とした「刑事収容施設及び被収容者等の処遇に関する法律」（以下、「刑事被収容者処遇法」とする）に全面改正され、その結果、図書・新聞の閲覧（69〜71条）や信書の発受（111条〜）、面会（126条〜）が原則として認められることになった。しかし、親族や弁護士以外の友人・知人との面会は権利として保障されておらず、面会を限定的にしか認めない運用が広く行われている（以下、被拘禁者の処遇の実態については「自由権規約第40条(b)に基づく第6回日本政府報告書に関する日弁連報告書」参照）。また、信書の発受についても、特に必要がある場合を除いては、原則として検査を行わない旨が定められているにもかかわらず（127条1項）、実際には、受刑者が発受する信書のほとんどが、内容を閲読する方法で検査されている。

　さらに死刑確定者については、「心情の安定」（32条1項）を理由に、一般受刑者よりも外部交通が厳しく制限されている。例えば、死刑確定者は、1日30分の運動の時間および1日15分の入浴時間を除き、完全に居室内において他の人間（刑事施設職員を除く）から隔離された状態が死刑執行まで継続される。また、面会の人数に法律上上限がないにもかかわらず、親族・弁護士以外との面会は5人以上は認められていないのが現状である。また、再審請求を行う弁護人との面会であっても原則として職員が立ち会い、弁護士との間で授受する手紙であっても原則として内容が検査されている。

　新法の成立により、以前よりは権利が制限される場合が明確になったとはいえ、法律の文言の多くが「……を生ずるおそれがある場合（とき）」となっていることから、上述のように刑事施設の長および職員の裁量が大きく認められているのが現状である。そのような運用のあり方、ひいてはそのような運用を許すような条文の規定のあり方そのものに問題があるといえよう。

第Ⅲ部　基本的人権

2　幸福追求権——「自由」はどこまで認められるか

(1)　個人の尊重

　憲法13条は前段で「すべて国民は、個人として尊重」されると定めている。これは日本国憲法が個人主義を基本原理としていることの現れである。

　「個人主義」というと、特に日本では、自分のことばかり考えて他人や社会を考慮しないというイメージ、いわゆる利己主義と捉えられることも多い。実際、「個人主義」が利己主義を助長し、家族や共同体の破壊に繋がったとの考えから、上述の自民党改憲草案13条では「個」が削除され、「全て国民は、人として尊重される」となっている。

　しかし、日本国憲法における個人主義とは、本来、そのような意味ではない。それは、一人ひとりの人間を、一個の人格的存在として尊重する、という意味である。一人ひとりが、それぞれ固有の価値、すなわち「個性」をもっているからこそ、それぞれの価値をお互いに認め合い、尊重していこうという意味である。特に日本の場合、戦前は「ムラ」社会や「イエ」制度、戦後は「会社」といった「集団」が優先され、その中にいる人間は「集団」の和を乱さないことが第一とされ、余計な「個性」を発揮する者は疎まれる。だからこそ、日本国憲法が、一人ひとりの個性を尊重することを謳っていることが重要なのである。

　にもかかわらず、「個人の尊重」から「個」が抜け落ち、単なる「人」になってしまったら、一人ひとりの「個性」が奪われ、それを尊重しなくてもいいことになり、さらに、上述のように、「公益及び公の秩序」を理由とした権利の制限までもが認められれば、まさに「集団」における和を優先するために「個人」が犠牲になっても許されてしまう。自民党の憲法改正草案に含まれているような内容の改憲が実現すれば、戦前の社会に逆戻りになってしまうという危惧は、決して杞憂ではないのである。

(2) 「幸福」の意味

憲法13条は後段で「生命、自由及び幸福追求に対する国民の権利」を保障している。憲法制定当初は、この規定は15条以下の具体的な権利の総称であり、それ自体に具体的権利性はないと考えられていた。しかし、1960年代以降、社会状況の変化に応じて、前段の「個人の尊重」を維持するため、個別の権利規定では救済できない新しい利益の侵害に対応すべく、この規定から「新しい人権」を導き出すことができるとする考え方が主流となっている。最高裁も、京都府学連事件（最大判昭44・12・24刑集23巻12号1625頁）において、「これを肖像権と称するかどうかは別として」としつつも、憲法13条を根拠に「個人の私生活上の自由の一つとして、何人も、その承諾なしに、みだりにその容ぼう・姿態（以下「容ぼう等」という。）を撮影されない自由を有する」ことを認めている。

しかし、社会状況の変化に応じて、憲法に明文の規定のない権利が13条から導き出せるとしても、あらゆる要求が「権利」として認められるわけでは、もちろんない。それでは、どのような要求が、どの程度まで、正当な「権利」として認められるのか。

この点につき、13条前段の「個人の尊重」とは、「人格的自律の存在」としての個人の尊重を意味しているのであるから、後段で保障される「権利」も、「そのような存在であり続ける上で必要不可欠な利益」と解すべきであるという考え方（人格的利益説）がある。これによれば、髪型やファッションの選択は、「人格的生存に不可欠」とは必ずしもいえないので、13条で直接保障されないということになる。

一方、憲法がいうところの「個人の尊重」とは、様々な欲求を有する「ありのままの人間」の尊重であり、したがって各人の「個性」や「アイデンティティー」を維持し、発展させるために必要な要求が13条後段により広く保障されるという考え方（一般的自由説）もある。この考え方には、殺人や窃盗といった"自由"までも一応は幸福追求権に含まれる（もっとも最終的には内在的制約によりそれらに対する規制は許されることになる）と解する無限定説と、幸福追求権の対象を広く解するからといって、そもそも他者加害行為の自由まで含

第Ⅲ部　基本的人権

まれる趣旨ではないとする限定説がある。

　人格的利益説によれば、新しく認められる権利はあらかじめ限定されるため、いわゆる「人権のインフレ化」を防ぐことができるが、「人格的生存に不可欠」かどうかが、結局のところ裁判によって決せられるのであれば、裁判官が個々人の人生観や道徳的観念について価値判断を下すことになってしまう。また、憲法が想定する個人として「人格的生存」を強調しすぎると、例えば知的障害者の人権享有主体性を否定することになりかねない。

　通説は人格的利益説であるが、どちらの立場に立つにせよ、何らかの要求が「新しい人権」として認められるためには、その内容が十分に具体的でなければならない。また、13条はあくまでも個別的な権利規定の補充であるから、何らかの権利を主張するときには、いきなり13条を根拠にするのではなく、まず該当する具体的な権利規定がないかどうかを検討する必要がある。

(3)　プライバシー権

(ⅰ)　定　義　　13条から導き出される「新しい人権」としては、名誉やプライバシーを中心とした「人格権」が挙げられるが、特にプライバシー権は、判例も認める代表的なものである。

　プライバシー権とは、元々アメリカで発達した概念であり、当初は「一人にしておいてもらう権利（a right to be let alone）」と定義されていた。日本では、「宴のあと」事件（東京地判昭39・9・28下民集15巻9号2317頁）において、初めて「私生活をみだりに公開されないという法的保障ないし権利」として認められ、プライバシー権の侵害が成立する要件として、①私生活上の事実または私生活上の事実らしく受け取られるおそれのある事柄であること、②一般人の感受性を基準にして当該私人の立場に立った場合公開を欲しないであろうと認められる事柄であること、③一般の人々にいまだ知られていない事柄であることが挙げられた。

　その後、高度情報化社会となり、政府や企業などが、個人の氏名・生年月日・住所・電話番号といった基本的なデータから、給与明細・学歴・クレジットカードの使用状況といった個人情報まで、膨大なデータを一方的に集積し、

かつこれらのデータを連結することで、個人の生活状況を総合的に把握することが可能になると、単に「私生活をみだりに公開されない」というだけでは、個人のプライバシーを守るには不十分となった。そのため、今日、プライバシー権は、より積極的に「自己の情報をコントロールする権利」として捉えられるようになっている。それは、「私生活をみだりに公開されない」ことを含めて、自分に関する情報を自分でコントロールできるようにするため、政府や企業に対して、自己の情報の開示・訂正・削除を要求する権利を内容とするものである。

　しかし、情報の開示等を政府や企業に要求するためには、具体的な法制度が必要である。この点については、1984年の福岡県春日市の条例を皮切りに、国よりも先に地方において個人情報保護条例が次々に制定された。国レベルでは、2003年にようやく、民間をも対象とした基本法である個人情報保護法の他、行政機関を対象とした「行政機関の保有する個人情報の保護に関する法律」や「独立行政法人等の保有する個人情報の保護に関する法律」などが整備され、個人情報の利用目的の特定の他、本人から求められた場合の開示、訂正、利用停止義務が定められている。

　(ii)　**具体的内容**　「宴のあと」事件判決とは異なり、最高裁は、当初、「プライバシー権」という言葉は用いず、その内容だけを実質的に認めるような判決を下してきた。

　例えば、前科につき、「前科及び犯罪経歴……は人の名誉、信用に直接にかかわる事項」であるから、「前科等のある者もこれをみだりに公開されないという法律上の保護に値する利益を有する」ことが認められている（前科照会事件：最判昭56・4・14民集35巻3号620頁、ノンフィクション「逆転」事件：最判平6・2・8民集48巻2号149頁）。

　また、外国人登録法における指紋押捺が問題となった事件（最判平7・12・15刑集49巻10号842頁）で、最高裁は、「指紋は、指先の紋様であり、それ自体では個人の表生活や人格、思想、信条、良心等個人の内心に関する情報となるものではないが、性質上万人不同性、終生不変性をもつので、採取された指紋の利用方法次第では個人の私生活あるいはプライバシーが侵害される危険性があ

第Ⅲ部　基本的人権

る」と述べ、初めて「プライバシー」という言葉を用いて憲法13条により「個人の私生活上の自由の一つとして、何人もみだりに指紋の押なつを強制されない自由を有する」ことを認めた（同判決では指紋押捺制度自体の合憲性は認められたが、この制度は1999年の法改正により全廃された。しかし2006年に、テロ対策の一環として、今度は入管法で復活している）。

　また、モデル小説によるプライバシー権侵害が争われた「石に泳ぐ魚」事件では、顔面の腫瘍という秘匿できない情報であっても、「個人の障害や病気の事実は、個人に関する情報のうちでも最も他人に知られたくない類のもの」であり、特に外貌に関わるものは「その障害の事実や手術歴等を殊更に公表されることを欲しない」ものであるから、「これを無断で公表することは……人格権の著しい侵害として、当然にプライバシーの侵害に当たるというべきである」として、慰謝料の支払いのみならず、出版差止めまでをも認められている（東京高判平13・2・15判時1741号68頁、最判平14・9・24判時1802号60頁）。

(ⅲ)　ネット社会におけるプライバシー

(a)　個人識別情報の保護　　プライバシー権として、具体的にどのような個人情報が保護されるのかにつき、従来の自己情報コントロール権説は、人格的生存としての個人の尊重という観点から、政治的信条や前科、心身に関する情報など人格的関連性の強い情報を「プライバシー固有情報」、氏名・生年月日・住所といった本人確認のためのもので人格的関連性の弱い情報を「プライバシー外延情報」として区別し、前者の方がより保護されるとしてきた。

　しかし、上述のように、高度情報化社会においては、単純な本人確認情報であっても、プライバシー固有情報を引き出すための「索引情報」として機能し得ることから、プライバシー外延情報も手厚く保護される場合があると解すべきである。また、プライバシー権侵害に当たるかどうかを判断するにあたっては、情報の人格的関連性の程度だけでなく、本人確認情報が容易にデータマッチングに用いられないようなシステムが構築されているかどうかもチェックすべきである。

　この点につき、早稲田大学が江沢民・中国国家主席（当時）の講演会に参加を希望した学生・教職員ら1400名全員の名簿（氏名・住所・電話番号・学籍番号

188

第9章　人権総論・幸福追求権

を記載）を「要人警護」を理由として、警察等に本人に無断で提出したことが争われた事件で、最高裁が、「学籍番号、氏名、住所及び電話番号は……個人識別等を行うための単純な情報であって、その限りにおいては、秘匿されるべき必要性が必ずしも高いものではない」が、「このような個人情報についても、本人が、自己が欲しない他者にはみだりにこれを開示されたくないと考えることは自然なことであり、そのことへの期待は保護されるべきものであるから、本件個人情報は、上告人らのプライバシーに係る情報として法的保護の対象となるというべき」であると判示しているのが注目される。

　一方、1999年の住民基本台帳法改正により、住民基本台帳がネットワーク化され（いわゆる「住基ネット」）、氏名、生年月日、性別、住所の情報が登録されることにより、全国共通で本人確認ができるようになった。しかし、この住基ネットに対しては、情報漏洩や不正利用の可能性が排除されていないのではないか、行政が過度に個人情報を把握することになるのではないか、といった問題点が指摘され、市民団体による利用差止訴訟が全国各地で提起された。このうち、金沢地裁や大阪高裁は、住基ネット制度には個人情報保護対策の点で無視できない欠陥があり、データマッチングや名寄せによって、住民のプライバシー情報が、本人の予期しない時に予期しない範囲で行政機関に保有され、利用される具体的な危険があるとして、憲法13条に違反するとした（金沢地判平17・5・30判時1934号3頁、大阪高判平18・11・30判時1962号11頁）。

　これに対し最高裁は、憲法13条が「個人の私生活上の自由の一つとして、何人も、個人に関する情報をみだりに第三者に開示又は公表されない自由」を保障していることを認めつつも、住基ネットで管理・利用される4情報は、「人が社会生活を営む上で一定の範囲の他者には当然開示されることが予定されている個人識別情報」であるから、「いずれも、個人の内面に関わるような秘匿性の高い情報とはいえない」こと、「住基ネットによる本人確認情報の管理、利用等は……住民サービスの向上及び行政事務の効率化という正当な行政目的の範囲内で行われている」こと、「住基ネットのシステム上の欠陥等により外部から不当にアクセスされるなどして本人確認情報が容易に漏えいする具体的な危険」はなく、「本人確認情報の適切な取扱いを担保するための制度的措置

第Ⅲ部　基本的人権

を講じていること」を理由に合憲と判断した（最判平20・3・6民集62巻3号665頁）。

　しかし、結局のところ、住基ネット導入から10年以上経過したが、用途が限られているせいもあり、住基ネット利用のための住民基本台帳カードの普及率はわずか5％にとどまっている。そこで、2013年に、新たに「行政手続における特定の個人を識別する番号の利用等に関する法律」（いわゆる「マイナンバー法」）が制定され、住基ネットに代わって、今度は国民一人ひとりに個人識別番号（マイナンバー）が割り当てられ、ICカードが交付されることになった。用途が限られていた住基ネットと異なり、マイナンバー制度では、所得税等の税の徴収や社会保障関係の給付、災害対策といった多岐にわたる情報が共通の番号で管理され、さらに2015年の法改正により、行政による預貯金口座の管理にまで適用範囲が拡大された。

　住基ネット以上に行政が個人情報を収集・管理することになるマイナンバー制度に対しては、個人情報流出の危険性やマイナンバーを利用した「なりすまし」被害の可能性が指摘されている（実際、2015年5月には、職員がウィルスメールを開封したことにより、日本年金機構のサーバーから約125万件分の個人情報が流出するという事件が起きたため、同機構はしばらくの間マイナンバーを利用しないことになった）。将来的には民間分野での利用も想定されているマイナンバー制度のあり方については、自己情報コントロール権の保障という観点から、慎重に吟味していく必要があろう。

　(b)　忘れられる権利　　インターネットの急激な発展により、プライバシー権との関連で、近年議論が活発になっているのが、個人の自己情報の削除または非表示を求める「忘れられる権利」である。従来のプライバシー権に基づく削除権の対象が、報道機関の記事および報道機関のウェブサイト上の検索結果、さらには個々のウェブサイト上の投稿といったオリジナルの情報の公開であったのに対し、この権利は、オリジナルの情報発信者ではない検索エンジンに対して、自動的機械的に導出された検索結果の非表示を求める点に特色がある。EUでは、2014年のEU司法裁判所の判決や、2016年5月に制定された「EUデータ保護規則」において「削除権（忘れられる権利）」（第17条）として承

第9章　人権総論・幸福追求権

認されている一方、アメリカでは、検索エンジンが自動的機械的に表示する検索結果もまた表現の自由として保障されると考えられているため、「忘れられる権利」を認めることに対しては消極的である。

　この点、日本では、児童買春の逮捕歴の削除請求が認められるかどうか争われた事例において、第一審は「忘れられる権利」を根拠に削除請求を認めたが、控訴審は「忘れられる権利」には明文上の根拠がないとしたうえで、検索サービスの重要性や当該犯罪事実が公共の重大な関心事であることを理由に、削除請求を認めなかった。そして最高裁は、「検索結果の提供は検索事業者自身による表現行為という側面」を有するとともに、「現代社会においてインターネット上の情報流通の基盤として大きな役割を果たしている」とした上で、削除請求が認められるかどうかは「当該事実の性質及び内容」や「当該事実を記載する必要性」等の諸事情を比較衡量して判断すべきであるとし、本件については、児童買春が「社会的に強い非難の対象とされ、罰則をもって禁止されていることに照らし、今なお公共の利害に関する事項である」として、削除請求を認めない決定を下した（最決平29・1・29・判時2328号10頁）。

　この最高裁の決定には「忘れられる権利」への言及はないが、削除請求が認められるか否かについて一定の判断基準が示された。今後は「忘れられる権利」そのものが認められるかどうかも含めて、どれくらいの期間が経てば犯罪事実の公益性がなくなるのかなど、さらに議論を進めていくことが必要である。

(4)　自己決定権

　名誉・プライバシーを中心とした人格権の他に、憲法13条から導き出される権利として、自己決定権が挙げられる。自己決定権とは、個人が一定の私的事項について、公権力による干渉を受けずに自ら決定できる権利を意味する。「自分のことは自分で決める」ということは、自律した個人にとっては本質的なことであるから、自己決定権が「個人の尊重」から導き出されるのは当然のことといえる。もっとも、憲法が保障する具体的な権利を行使するにあたって、個人はそれぞれの場面で「自己決定」を行っているわけであるから、ここ

第Ⅲ部　基本的人権

で問題となるのは、それ以外の領域で、どこまで「自己決定」が認められる
か、ということである。一般的に自己決定権の内容として挙げられているもの
としては、①安楽死・尊厳死、治療拒否といった自己の生命・身体の処分に関
する権利、②結婚、出産、中絶といった家族の形成に関する権利、③髪型や
ファッションなど広くライフスタイルに関する権利、などがある。

　自己決定権の限界を考えるうえで最も重要なのが、自己の死を選択する権利
が認められるかということである。現行刑法に自殺を禁止する規定はないが、
第三者の関与が前提となる同意殺人と自殺幇助は禁止されている（同202条）。
この点に関連して問題となるのが、尊厳死と安楽死である。

　(i)　**尊厳死**　　尊厳死とは、生命維持装置による延命治療を拒否あるいは中
止することである。アメリカ全州やヨーロッパ諸国では、生命維持治療の不開
始・中止について、意識不明など自分で判断できない状態になった場合に、ど
のような措置を望むのかを事前に指示すること、いわゆる「リビング・ウィル
(生前発行遺言)」に関する法律が制定されているが、日本にはそのような法律
は存在しない。そのため、終末医療の現場では、仮に本人がリビング・ウィル
を残していたとしても、医師が延命措置を怠ったとして家族から訴えられるこ
とをおそれて、延命治療の「中止」ではなく「差し控え」を行うことが多いよ
うである。このような状況に対応すべく、2012年には超党派の「尊厳死法制化
を考える議員連盟」から「終末期の医療における患者の意思の尊重に関する法
律案（いわゆる尊厳死法案)」が公表されたが、尊厳死の法制化をめぐっては賛
否が大きく分かれている。

　この点につき、医師による延命措置の中止が殺人罪に問われた川崎協同病院
事件において、第一審判決（横浜地判平17・3・25判時1909号130頁）が、自殺や
死ぬ権利を認めるという趣旨ではなく、「あくまでも人間の尊厳、幸福追求権
の発露として……最後の生き方、すなわち死の迎え方を自分で決めることがで
きるということのいわば反射的なものとして」終末期における患者の自己決定
を尊重すべきであるとしつつも、医師の治療義務の限界という観点からそれが
制限される場合もあると判示した。これに対し控訴審判決（東京高判平19・2・
28判タ1237号153頁)は、「患者の自己決定」について、そもそも「終末期におい

て患者自身が治療方針を決定すること」が「憲法上保障された自己決定権」といえるのか、あるいは結局家族の自己決定になってしまうのではないか、また、「治療義務の限界」についても「どの段階を無意味な治療と見るのか」不明であるなどとして、いずれのアプローチも採用することはできないとした上で、結局のところ「尊厳死の問題を抜本的に解決するには、尊厳死法の制定ないしこれに代わり得るガイドラインの策定が必要」であると述べている（最高裁もこれを支持している（最判平21・12・7刑集63巻11号1899頁））。

(ii) **安楽死**　安楽死とは、主として、末期ガンやその他の難病に苦しむ患者を苦痛から解放するために、医師等が致死薬を投与することにより、患者に積極的に死をもたらすこと（いわゆる「積極的安楽死」）を意味する。医師の薬剤投与による安楽死は、2002年に世界で初めてオランダで合法化され、その後ベルギー、ルクセンブルクで合法化されている。また、医師の薬剤供与ないし処方による自殺幇助を法律で認めているのは、この３国に加え、スイス、アメリカの一部の州、そしてカナダのケベック州である（2018年５月現在）。

　安楽死の合法化をめぐっては、「生命に対する自己決定権を尊重すべきである」という賛成論もあるが、「いったん認めてしまうとなし崩し的に歯止めが効かなくなる」（いわゆる「すべり坂」論）という観点から慎重論や反対論も根強い。実際、オランダでは、肉体的苦痛ではなく精神的苦痛を理由とする安楽死や、精神障害や認知症患者の安楽死が容認されており、さらに2016年10月には、単に「人生が終わった」と感じている高齢者の安楽死までをも認めようする法案が提出されている。また、ベルギーでは、2014年に安楽死を認める年齢制限が撤廃され、「安楽死の意味が理解できる」「両親もしくは保護者の同意が必要である」という要件があるものの、未成年者にも安楽死が認められるようになり、2016年９月には、法改正後初めて、17歳の末期患者が安楽死の処置を受けている。

　日本には安楽死を認める法律は存在しないが、医師の薬物投与による安楽死が初めて争われたのが東海大学病院事件（横浜地判平7・3・28判時1530号28頁）である。横浜地裁は、安楽死について、①患者が耐え難い肉体的苦痛に苦しんでいる、②患者は死が避けられず、死が差し迫っている、③患者の肉体的苦痛

第Ⅲ部 基本的人権

を除去・緩和するために方法を尽くし、他に代替手段がない、④生命の短縮を承諾する患者の明確な意思表示がある、の４つの条件が満たされれば許容されるとした（本件については、①と④の条件を満たしていないため、安楽死ではなく殺人罪に当たると認定され、執行猶予付きの有罪判決となった）。

(iii) **輸血拒否**　尊厳死や安楽死のように、必ずしも死に直結するわけではないが、本人の希望により死に至る危険の高い治療行為を選択することは、憲法上許されるのか。このことが問題となったのが、「エホバの証人」信者輸血拒否事件である。控訴審判決（東京高判平10・2・9判時1629号34頁）は、場合によっては輸血する治療方針であったことについて、患者の同意を得なかったことが「医療における自己決定権及び信教上の良心」の侵害であるとして損害賠償請求を認めた。最高裁も、「自己決定権」という言葉は使わなかったものの、「患者が、輸血を受けることは自己の宗教上の信念に反するとして、輸血を伴う医療行為を拒否するとの明確な意思を有している場合、このような意思決定をする権利は、人格権の一内容として尊重されなければならない」とし同じく損害賠償請求を認めている（最判平12・2・29民集54巻2号582頁）。なお、本件で問題となったのは、「死ぬ権利」そのものではなく、インフォームド・コンセントを受ける権利である点に注意が必要である。

【より深く考えてみよう】

　現行の日本国憲法と自民党の憲法改正草案とでは、例えば権利保障についてどのような違いが生じることになるのか、以下の文献（および第 **19** 章）を参考に考えてみよう。

　自民党の憲法改正草案を爆発的にひろめる有志連合（2016）『**あたらしい憲法草案のはなし**』太郎次郎社エディタス

　「自分の肉体は自分のものであるから、どうしようと自分の自由である」といいきることは本当にできるのか、以下の文献を参考に考えてみよう。

　中島みち（2007）『**尊厳死に「尊厳」はあるか**』岩波書店、特に第Ⅰ章

第10章

法の下の平等

1 平等とは何か

(1) 「平等」概念の難しさ

　日本国憲法14条は平等権を定めた規定である。1項は「法の下の平等」の原則を宣言し、2項では、1項で列挙する事由のうち、典型的な「門地」による差別となる貴族制度の廃止を定める。さらに、3項では、栄典制度等が、後天的に特権的地位を付与することを禁止し、前2項を補足する構造となっている。このように、一見、憲法14条は理解が容易な規定に思える。読者にとっても、中学校・高等学校の公民科でも大きく取り扱われることの多い条文であるだけに、なじみ深い規定のように感じられているのではないだろうか。

　しかし、14条のコアとなる、「平等」とはいかなるものなのか、それを解きほぐすことは容易ではない。近代における人権発達史の起点となるフランス革命では、まさに自由・平等・博愛というスローガンが掲げられたわけであるが、例えば、他の様々な章で学んだように、「平等」の横に並べられた「自由」といっても一筋縄でいくものではなかったはずだ。同様に、「平等」という概念についても、そもそも「平等」を達成することは、「法および道徳がもとめてやまない最高課題の一つ」であるだけに、「『平等』の内容を一義的に確定（固定）し、それを実現する制度を一筆書きで示すことは、とてもできるものではない」と、戦後憲法学の泰斗が率直に、概念理解の困難さを吐露するほどのものである（奥平（1993）115頁）。

　また、同時に、「平等」をその核心に据える憲法14条は、他にはない、社会を激変させるパワーを備える強力な条項でもある。日本国憲法が保障する権利

第Ⅲ部　基本的人権

のうちでも、特に重要といわれる表現の自由と比較してもなお、そのように考えることができる。表現の自由、そしてその保護を要求したとしても、そのことによって「直接的にはだれの利益も害さない」といえる。もちろん、間接的に、確保された表現の自由を通じ、まさにその自己統治の機能から、社会が変化していくことはあるとしても。しかし、憲法14条が保障する平等権は、優位なグループから劣位に置かれた人々に対しての「直接的な財の再配分を引き起こしうる強力な条項」である（吉田仁美（2015）『平等権のパラドクス』ナカニシヤ出版、4頁）。この直接、社会を激変させる力を持つ条項を、他に見つけることは難しい。

　このように、一見、理解しやすいように思われる憲法14条の規定は、実は複雑に絡み合う難解な概念を核心に据えるものであり、また、同時に、強烈なポテンシャルをもつ、取扱いの難しい、繊細な規定でもある。

(2)　平等と憲法14条の歴史

（ⅰ）　平等をめぐる歴史　　それでは、なかなかの難物である「平等」概念は、歴史の中でどのように展開してきたものなのだろうか。「平等」は古代ギリシア以来、頻繁に議論の対象とされてきた。だが、近代に至るまで、それが実践に移されることは少なかった。フランス革命が打倒しようとした、それ以前の封建制のシステムでは、人々の権利とは、まずもって身分に根ざしたものであり、生まれの身分に従って、個人がもち得る権利は規定され、そしてその身分ごとに社会は階層化されたものとなっていた。そのため、そのような封建的な時代の身分制社会にあっては、同じ身分の人間同士の平等が問われることはあっても、個人としての、すべての人間の平等を問うことは難しかった。

　近代以降、国民国家が登場すると、身分制は廃止され、すべての人間は、「国民」という単一で同質な層に集約される。アメリカの独立戦争やフランス革命が切り開いた新しい時代は、以前の封建社会を否定するものであったため、平等で同質な国民をつくり出した。そして、その背後には、同質な国民から形成される国家へと変貌を遂げることによって、国内の市場を拡大させつつ、さらには動員可能な兵を増やし、軍事力を強化するという意図も潜んでい

た。しかし、いずれにせよ、革命や独立などによって、一挙に世界が変わり、平等な社会が実現していったわけではない。アメリカにおいては、「すべての人は平等に造られ」ると高らかに謳いあげる独立宣言の後にも奴隷制が続いたし、さらに、奴隷解放後も、黒人の公共施設利用を制限するジムクロウ法に代表されるような、差別的な取扱いは継続された。また、制限選挙制は広く世界で行われ続けたし、女性への差別も残置されたままであった。第2次世界大戦後、ようやく女性の参政権が認められるようになったが、社会の中において、女性が劣位に置かれているという状況は解消されていない。だが、二度の大戦後に制定された、日本国憲法をはじめとする各国の憲法では、平等の保障が掲げられ、憲法上の権利を手がかりとしながら、徐々に「平等」の実現に向けて、各国が歩みを進めていっている。

(ii) **日本における平等条項と14条**　　日本国憲法においては、冒頭に記したように、単に「法の下の平等」を述べるだけではなく、貴族制度の廃絶や栄典に伴う特権の禁止などに関しても定めが置かれ、かなり詳細な平等条項となっている。これは、大日本帝国憲法が、一方で華族制度という身分制を残存させつつ、他方で平等の実現に資する規定が非常に貧困であった（一般平等条項として起草された19条は、その後の修正を経て、「日本国民ハ法律命令ノ定ムル所ノ資格ニ応シ均ク文武官ニ任セラレ及其ノ他ノ公務ニ就クコトヲ得」という内容の公務就任権の均一保障を述べるにとどまった（木村草太（2008）『平等なき平等条項論——equal protection 条項と憲法14条1項』東京大学出版会、6頁））ため、その反省から、このような形になったものである。

　また、平等の保障が及ぼされる対象に関しても、現行憲法の内容と異なり、GHQ の原案の段階では、「すべての自然人」とするべきであると考えられていた。その姿勢は、その後の GHQ 草案（13条は「一切ノ自然人ハ法律上平等ナリ」という文言から始まる）や憲法改正草案要綱の段階まで（国民の平等条項と並んで外国人の平等条項がつくられるなどのバリエーションはありつつも）続くが、4月17日発表の憲法改正草案の段階以降、対象を国民と限定するようになった。このような経過からも分かるように、日本国憲法起草の段階から、平等の保障が外国人に対しても及ぶのかどうかが、重要な論点となっていた。14条の内容は、

第Ⅲ部　基本的人権

その文言を選択した経緯からみても、外国人と国民の間に本質的な差異がある
とし、対象を限定しているものと考えるのが自然である。しかしながら、多く
の論者が指摘するとおり（宮沢（1978）205頁、佐藤功（1983、上）227頁）、普遍的
な原理である（法の下の）平等の保障から、外国人をその対象外として切り離
すことには大きな問題がある。最高裁も14条の趣旨について、「特段の事情の
認められない限り、外国人に対しても類推されるべき」と判断している（最大
判昭39・11・18刑集18巻9号579頁）。

(3)　平等を把握する様々な視点

　外国人にも保障されるべき「普遍的な原理」としての（法の下の）平等、と
述べたが、では、その「平等」が指し示す内容とはどのようなものであるのだ
ろうか。前に述べたとおり、「平等」が意味するものを一義的に確定させるこ
とは大変困難である。例えば、すべての国民から一定の税を徴収するというの
は平等だろうか。大富豪からも、そうでない人からも、さらに生まれたばかり
の乳児からも、同じだけの税金を徴収する。「同じ税額」という点では平等に
なるだろうが、果たしてそれで良いのだろうか。この、「平等」概念という難
物を理解するために、憲法学をはじめとする諸分野では、いくつかの切り口か
ら、平等像を描き出そうとしてきた。

　(ⅰ)　絶対的平等と相対的平等　　まず、平等については、異なった処遇を一切
禁止する絶対的平等（機械的平等）と、合理的な理由があれば一定の区別をす
ることも許されるという相対的平等の2つの考え方がある。幼児もボルトも老
人も、一切区別せずに競争させるのが前者のやり方で、後者の方に立てば、例
えば、幼児や老人には大きなハンデがつけられることになるだろう。この例か
らもわかるように、絶対的平等の立場に立ち、機械的に等しく取り扱うこと
は、かえって不合理な結果をもたらすことになりかねない。したがって、憲法
14条が保障する「法の下の平等」に関しても、相対的平等によると考えるのが
通説であり、また、最高裁も同様に、「国民に対して絶対的な平等を保障した
ものではなく、差別すべき合理的な理由なくして差別することを禁止してい
る」ものである（待命処分判決：最大判昭39・5・27民集18巻4号676頁）と、一貫

した姿勢をとっている。

(ii) **機会の平等と結果の平等**　「平等」が保障するものについて、そのスタートラインが同じであることを保障する、機会の平等なのか、それとも、各人が獲得する実際の配分内容が等しくなるようにする、結果の平等を意味するものであるのか、という考えの対立もある。近代国家のスタート時、求められたものは、国民一人ひとりが平等であり、誰にでもチャレンジ可能な社会をつくり出すための機会の平等であった。しかし、その後、特に産業革命以降の社会においては、貧富の格差が拡大し、国家全体の課題として、スタート後に生じる格差の是正に乗り出すことが必要となった。国家は生存権をはじめとする社会権を保障するようになり、結果の平等の部分的な追求が始まっていった。ただ、それを、機会の平等から結果の平等へ、という直線的な流れとして評価することは適切ではない。「各人の努力のありようを無視して結果の平等の実現を追求することは、個人の自由意志に基づく努力を否定することともなる」ため（木下他（2015）157頁〔木下智史〕）である。日本国憲法では、13条で幸福追求権が規定されており、国民が「幸福追求に対する権利」を行使することとあわせて、法の下の平等が保障されるべきであり、14条で保障される内容は機会の平等と考えることが適切であろう。

(iii) **形式的平等と実質的平等**　機会の平等という考えからは、国民一人ひとり、誰しもが同じように扱われることになる。この発想は、言い換えるなら、実際には年齢や性別、学歴や収入、さらには以前の身分など、様々な違いがあるにもかかわらず、そういったことは一切不問にして、まるで原子のように、等しい存在として扱う、というやり方だ、となる。このように、現実の差異を一切捨象して、一律に等しく扱うという考え方のことを形式的平等と呼ぶ。しかし実際には、各人にはそれぞれ大きな差異が存在する。近代以降の資本主義社会においても、仮に一切の規制などが存在しないとすれば、貧富の格差は拡大し、さらにその違いは固定化されてしまう。実質の差異から目を背け、機会の平等だけを実現しようとしても、平等を十分に実現することはできないのである。そのため、各人が置かれた状況が自由な幸福追求の足かせとならないように、国家が現実的な差異を動かしていく必要が出てくる。このようにして達

第Ⅲ部　基本的人権

成される現実的な平等を実質的平等と呼び、ここまでの説明からも明らかなとおり、機会の平等と形式的平等、結果の平等と実質的平等とは、それぞれ重なり合いのある概念である。結果の平等に関する箇所で述べたように、「実質的な＝結果の」平等を求め、日本国憲法でも「健康で文化的な」生活を保障する生存権を筆頭に、労働者の権利や教育を受ける権利などの社会権に関する規定が置かれている。

　(ⅳ)　**法適用の平等と法内容の平等**　　最後に、「法の下の平等」の意味をめぐり、ワイマール期のドイツで展開された、公法学の議論に由来する２つの考え方を紹介したい。とはいうものの、憲法学の大家が「過去においてのみ意味を持っていた論点に今なお固執する惰性気味の解釈論」の対立（奥平（1993）127頁）と述べるように、現代的意義が大きいとはいえない論点ではあるが。

　「法の下の平等」について、それが意味する内容を法適用の平等であると考える立場は、この文言が要求する内容について、あくまで法の適用をつかさどる司法部門・行政部門にのみ向けられたものであり、立法者を拘束しないと捉える。これに対し、法内容の平等と考える立場は、司法・行政だけではなく、立法者をも拘束するものと捉え、したがって、後者の立場に立てば、差別的な内容の法律が適用されないだけではなく、そもそも、差別的な法律を制定するということ自体も許されないこととなる。差別的な立法が許されると日本国憲法を解釈する余地はなく、そのため判例・通説ともに、「法の下の平等」は法内容の平等を意味していると捉えている。

2　憲法が保障する平等の範囲

(1)　列挙されて置かれる意味

　憲法14条１項は、上のように検討を進めてきた「法の下の平等」を、前段で国民に対して保障するとともに、その後段で、「人種、信条、性別、社会的身分又は門地」による「政治的、経済的又は社会的関係」における差別を禁止している。では、この前段と後段の関係はどのような関係に立っているのだろうか。また、後段でわざわざ列挙していることには強い意味があるのだろうか。

第 10 章　法の下の平等

(ⅰ)　**前段と後段の関係**　　14条1項の前段と後段に関しては、前段と後段は異なる内容を述べていると考える立場と、同一の内容を述べるにすぎないと考える立場がある。前者について、以前は、前段は法適用の平等を定めたものであり、後段列挙事項は絶対的平等を意味して立法者を拘束する、という考え方もあった（佐々木惣一（1956）「法的平等の権利と生活規制無差別の権利」同『憲法学論文選（一）』有斐閣）。ただ現在では、前段を法適用の平等を定めるものと考える立場自体がそもそも支持されないため、力をもつ説であるとはいえない。前者の立場では、そのほかに、平等原則と平等権を区別したうえで、前段が「法の下の平等」という平等原則（形式的平等として、権利が平等であること）を定めたものであるのに対して、後段は「差別されない権利」としての平等権（実質的平等として、平等を求める権利）を保障するものと考える立場もある（辻村（2018）156頁）。しかしながら、この考え方についても、同一の条文の中になぜ異なる平等観が併置されるのか、不自然な印象を拭うことは難しい。通説的見解は、後者の立場のように、14条1項前段と後段は同様の内容を述べたものにすぎず、前段で一般原則を、後段でその具体的な内容を述べていると、連続的な捉え方をしている。

(ⅱ)　**制限列挙か例示列挙か**　　前段と後段が連続する内容であるとすれば、後段の、独自の意味はあるのだろうか。後段が配置されていることに強い意味を見出し、後段列挙事項を制限列挙や特別な意義をもつものだと考える立場と、そうではなく、疑わしい差別事由のうち、代表的なものを例示的に列挙したにすぎないと考える立場に分かれている。

　前者のうち、制限列挙だと考える立場は（そのうえで絶対的平等を要求するものなどいくつかバリエーションは存在するが）、後段列挙事項以外の内容に関しては、憲法が禁じる差別を構成し得ないと考える。現在ではこの考え方が支持されることは少ないが、最初期の最高裁の判決は、こういった考え方によっていた。憲法14条1項に関する最初の最高裁判決は、そのケースが1項後段に定める「事由によりて被告人を差別待遇したのではな」いため、憲法14条1項には反さないと簡素に判断を下していた（最大判昭23・5・26刑集2巻5号517頁）。このような判断傾向は1950年代以降、後述する判例の立場へと変化していくことに

201

第Ⅲ部　基本的人権

なる。

　また、制限列挙とは解さないものの、後段列挙事項に特別な意味づけを与える立場（特別意味説）があり、有力な説となっている。この考え方では、後段に列挙された事項は単なる例示にとどまらず、個人の尊厳を根本に置く民主制の下では通常、許されることのない差別になると捉える（芦部（2015）134頁、伊藤（1995）249-250頁）。そのため、列挙事項に関しての異なった取扱いについては、原則として違憲となり、政府はそれに対して、別異取扱いが正当化されるだけの説得的な理由を提示することが要求される。つまり、違憲審査基準の観点からいえば、合憲性の推定が排除され、厳格審査基準もしくは中間審査基準が適用され、そして政府の側が合憲の立証責任を負うこととなるのである。

　ただ、特別意味説に対しては、列挙事由以外はすべて緩やかな基準が適用されてしまうことになるのではないか、という批判がある。実際に、参議院議員定数不均衡訴訟では、有力な論者である伊藤正己自身が、裁判官として、住所による区別ゆえに緩やかな審査が妥当する旨の補足意見を述べるに至っている（最大判昭58・4・27民集37巻3号345頁）。

　上に挙げた2つの立場とは異なり、後段列挙事項を例示して列挙したものにすぎないと解する考え方がある。現在の最高裁はこの立場を取っている。すでに引いた、いわゆる待命処分判決で最高裁は、14条1項後段に「列挙された事由は例示的なものであって、必ずしもそれに限るものではないと解するのが相当である」と述べ、年齢に基いた差別的取扱いについても、憲法に違反しないかを検討した。この判決以降も、最高裁はこの立場を維持している。

⑵　後段列挙事項が指し示すもの

　後段列挙事項に関して、特別意味説を採用するとすれば、それぞれ意味するものは何か、理解していくことが重要になる。あるケースが後段列挙事項に該当するのか否かが、どのような違憲審査基準が適用されるべきかを左右することになるからである。しかし、判例の立場のように例示的なものとして考えるとすれば、それぞれ個別の標識に格別の意義を見出すことはできない。とはいうものの、仮に判例の立場に立つにせよ、列挙された5つの事項は「例として

第 10 章　法の下の平等

示す」ために並べられたわけであるから、それぞれを適切に検討しなければ、憲法14条が禁止するような差別について理解することは難しい。したがって、いずれの考え方に基づくとしても、後段列挙事項それぞれについて、それが一体何を意味するものなのか、詳細な検討が必要となる。

　(i)　**人　種**　　人種とは、皮膚、毛髪、目、体型などの身体的特徴を指標とする人類学的な分類に加えて、人種差別撤廃条約1条にあるような「世系又は民族的若しくは種族的出身」に基づく区別、を指すとされる。日本も1995年に加入した、同条約が広く知られているように、今日では、人種差別は国際法上も違法なものとされている。人種差別に関して、日本においてはアイヌ民族、琉球民族、そして在日韓国・朝鮮人に対する差別が問題視されてきた（なお、在日韓国・朝鮮人については、さらに国籍という「難問」も関係してくる）。

　アイヌに対して、国は1899年に、「旧土人」という差別的な呼称を用いた北海道旧土人保護法を制定し、政策を推し進めてきた。この法によって、保護の名目で「劣った者の管理」が行われるとともに農作奨励制度が実施され、アイヌが独自の文化を喪失することにも繋がっていった。1997年にアイヌ文化振興法が施行され、国や地方公共団体がアイヌの文化振興等に責任を負うことが定められたものの、同法1条が規定する「アイヌの人々の民族としての誇りが尊重される社会の実現」にはまだ十分ではないことは、二風谷ダム事件（札幌地判平9・3・27判時1598号33頁）にあらわれている（この事件では、ダム建設のための事業認定について、アイヌの伝統文化の享有に関しての十分な配慮を欠いたものであり、裁量権を逸脱し違法である、と判断された）。

　最高裁は、前に述べたとおり、憲法14条1項の「法の下の平等」の保障は「特段の事情の認められない限り、外国人に対しても類推されるべき」ものであると判断しているため、外国人に対しても、憲法が禁止する人種差別が問題となり得る。近年では、特に来日する観光客等の増加にあわせて、私人の間において、人種差別を行うケースが問題になることも多い。公衆浴場が「外国人」（うち1人は日本に帰化していた）であることを理由として入浴を拒んだ事件（札幌地判平14・11・11判時1806号84頁）や、宝石商が外国人の入店を拒否した事件（静岡地浜松支判平11・10・12判時1718号92頁）などが挙げられるが、いずれの

203

第Ⅲ部　基本的人権

ケースも、人種に基づいてサービス提供を拒否することは正当な理由のない不法行為に当たる、という判断が下されている（第18章参照）。

(ii)　**信　条**　　信条とは、歴史的には宗教的信仰を意味するものであったが、現在ではそれにとどまらず、広く思想上・政治上の主義を含むものであると理解されている（最判昭30・11・22民集 9 巻12号1793頁）。信条に基づく差別に関しては、憲法14条のほか、憲法19条や憲法20条でも問題になる（第11章参照）。

三菱樹脂事件（最大判昭48・12・12民集27巻11号1536頁）のように、政治的信条による差別的取扱いが行われやすい労働関係に関しては、労働基準法 3 条が、思想・信条を理由とした差別的取扱いを禁止している。

(iii)　**性　別**　　性別とは、男女の区別のことであるが、男女の生物学的な性差だけでなく、文化的・社会的なものも含むものと解されている。性差別も、歴史上長らく行われてきた、典型的な差別の 1 つである。女性に参政権が与えられたのは20世紀初頭からであり、それまで、普通選挙はあくまで男子「普通選挙」を意味していた。戦後は、国連においても、1979年に女性差別撤廃条約が採択され、世界的に差別解消のための取組みが進められてきている。

性差別に関する最高裁判決では、後述する、女性の再婚禁止期間を定めた民法の規定を違憲と判断したもの（再婚禁止期間違憲判決：最大判平27・12・16民集69巻 8 号2427頁）が有名であるが、それだけではなく、根強い女性差別の残る雇用関係の領域においてとりわけ、多くの判例が積み重ねられてきた。以前は、女性のみに対して、就業規則上に結婚退職制や出産退職制が定められることも多かったが、それを公序良俗違反とする判例の蓄積（東京地判昭41・12・20労民17巻 6 号1406頁など）があり、その延長線上で、男女別定年制に関しても最高裁は、「性別のみによる不合理な差別を定めたもの」として民法90条に基づいて無効とする判断を下すに至った（日産自動車事件：最判昭56・3・24民集35巻 2 号300頁）。こういった性差に基づく差別的な取扱いについては、1986年に男女雇用機会均等法が施行されることにより解消に向かっていったが、それにとどまらず、さらに進んで、そもそもの土台をなす、性別役割分業の発想を問い直す必要があるといわれている。

(iv)　**社会的身分**　　社会的身分をめぐっては、2 つの考え方の対立がある。

204

広く捉える立場（広義説）は、社会的身分を「人が社会において継続的に占める地位」（待命処分判決。ただし、高齢であることは「社会的身分」には当たらないとされた）として定義する。しかし、このように広く理解すると、社会的身分はおよそ社会における地位のほとんどすべてが含まれることになってしまい、あまりにも広すぎる印象がある。もう１つの、狭く捉える立場（狭義説）は「出生によって決定される社会的な地位または身分」などと理解する（宮沢（1978）211頁）が、このように把握すると、嫡出でない子などの場合を除いて、続く「門地」や憲法14条２項が規定する「華族その他の貴族の制度」との差異がほとんどなくなってしまうおそれがある。

　なお、判例は広義説を採用するが、同時に後段列挙事項を例示的なものと考える立場をとっているため、そのことに積極的な意味は少ない。特別意味説の立場をとるとするならば、広く解するか狭く解するかによって、不合理な差別であるという推定が働く対象の範囲が変化するため、意味は大きいものとなる。

　(ⅴ)　門　地　　門地とは、人の出生によって決定される社会的地位を指し、家系、血統などの家柄を意味する。明治憲法下に存在した、華族・士族・平民の区別などが門地による差別の典型例である。華族などの貴族制度については、２項の規定によっても禁止されている。現在も根強く残っている「部落差別」も、門地による差別である。なお、天皇および皇族は、まさに門地というべきものであるが、それらは日本国憲法が認めた例外と理解されている（長谷部（2017）191頁）。

(3)　ポジティヴ・アクションをめぐる問題

　以上、不合理な差別の典型とされる、後段列挙事項について検討を進めてきたが、いずれの類型も、長い歴史的な背景をもっている。そのため、結果の平等や実質的平等の箇所で触れたように、単に差別を禁止するだけでは不十分であり、そのうえに積極的な差別是正のための措置を講じていく必要があるという意見も強い。差別禁止措置にとどまらず、劣位に置かれるグループに対して、さらに積極的是正措置をも講じていくという取組みのことを、ポジティ

第Ⅲ部　基本的人権

ヴ・アクション（以下 PA とする）ないし、アファーマティヴ・アクションという。

　PA に対しては、以下のような批判がなされることが多い。まず、①それがマイノリティなど劣位に置かれたグループに対して、「劣ったもの」というスティグマとして機能するのではないか、という批判である。さらに、②マジョリティなどに対して、PA が逆差別として機能するという批判もある。実際、九州大学が、女性教員や女子学生の比率が極めて低いという現状を打破するために、2012年度の後期日程入試で、募集人員 9 人のうち 5 人については女性枠を設定したうえで試験内容を変更する（一般枠では試験科目は数学のみ、女性枠では数学と英語）と公表したところ、「逆差別である」という苦情などが集まったため、女性枠ではなく、「一般枠 A」と「一般枠 B」という区分に変更することを余儀なくされたケースがある（辻村みよ子（2011）『ポジティヴ・アクション──「法による平等」の技法』岩波書店、181-184頁）。なお、③一部をマイノリティに割り当てるクオータ制を用いての PA であって、しかし50％に満たない割り当てであった場合は、かえってその措置が「ガラスの天井」として機能してしまうのではないか、という批判も存在する。

　これらに対して、まず、①については、PA は差別是正のための、暫定的な特別措置であり、スティグマとして機能し続ける性質をもつものとはいえないと反論することができるだろう。また、②の逆差別という批判については、実質的平等の箇所ですでに触れたように、形式的平等に拘泥するだけでは、不十分な平等を実現することしかできず、PA は十分な平等を達成するため必要であり、かつ暫定的な特別措置にすぎないことから是認される、との反論ができる。さらに、③「ガラスの天井」という批判についても、やはりその暫定性、一時性を指摘し、問題ないと主張できるだろう。

　PA に対しては、紹介したとおり、批判や反対意見も多く存在している。しかし、マジョリティとマイノリティの間で、「数の論理」を乗り越えつつ、差別を解消し、実質的な平等への接近を図るためには、PA のような、そもそもの構造の変革を迫る手立てが不可欠となる。変化を導く効果も大きい「特効薬」であるだけに、社会への「副作用」も大きいものとなる可能性があるが、

「漢方薬的手法（教育や意識改革、研修等）の活用によって、その副作用を抑え」
つつ、有効活用していく方法を検討していくべきであろう（辻村みよ子（2013）
『人権をめぐる十五項——現代の難問に挑む』岩波書店、86頁）。

3　判例の具体的展開

　後段列挙事項に代表されるような差別を禁じ、法の下の平等を達成するため
に、これまで数多くの訴訟が提起され、そしてその数だけ、画期的な違憲判決
を含む、裁判所による多くの判断が下されてきた。この節では、そういった訴
訟のうち、判例の具体的な展開を示すと考えられる重要な事件を3つのグルー
プに分け、整理する。
　従来、最高裁による判断は緩やかな合理的根拠の基準を適用するものであ
り、より厳格な基準による違憲判断を求める学説からの批判にさらされてき
た。しかし、後述する国籍法違憲判決（最大判平20・6・4民集62巻6号1367頁）
や婚外子法定相続分差別事件2013年決定（最大決平25・9・4民集67巻6号1320
頁）などに際して、自らの意思や努力によって変えることのできない事柄であ
ることを理由とした、法的な別異取扱いについては、「慎重に検討をすること
が必要」とする姿勢をとるようになってきている。こういった変化はどのよう
なコンテクストの中で生じてきているのだろうか。

(1)　家族に関する裁判例
　まず、重要な判例のうち、特に家族関係に関して判断を行ったものについて
整理する。「尊属に対する罪の加重」については、「家族」の範囲を超える可能
性もあるが、やや拡張的に把握して、同じグループとして扱うことにする。
　(i)　**尊属に対する罪の加重**　　以前の刑法では、尊属が客体となる場合、別の
扱いとなる規定が存在した。尊属殺人罪（旧刑200条）、尊属傷害致死罪（同205
条2項）、尊属遺棄罪（同218条2項）、尊属逮捕監禁罪（同220条2項）であり、
「自己又ハ配偶者ノ直系尊属ヲ殺シタル者ハ死刑又ハ無期懲役ニ処ス」（尊属殺
人罪）などと規定され、通常の殺人罪（当時は「死刑又ハ無期懲役若シクハ3年以

第Ⅲ部　基本的人権

上ノ懲役ニ処ス」）などよりも加重されて処罰することが定められていた。殺される客体が尊属か否かで刑の重さが変わるという仕組みは、憲法に違反するのではないか、問題になっていた。

　最高裁は1973年、遂に旧刑法200条が憲法14条１項に違反するという判断を下す（尊属殺人重罰規定違憲判決：最大判昭48・４・４刑集27巻３号265頁）。多数意見は、一方で、「尊属に対する尊重報恩は、社会生活上の基本的道義というべく、このような自然的情愛ないし普遍的倫理の維持は、刑法上の保護に値する」ため、法律上刑の加重規定を設けることには合理性があり、憲法に反しないとした。他方で、法定刑を「死刑又ハ無期懲役」に限ることは、たとえ斟酌するべき情状があるとしても、刑の執行を猶予することができない苛烈なものであり、「立法目的達成のため必要な限度を遥かに超え、普通殺に対する刑法199条の法定刑に比し著しく不合理な差別的取扱いをするもの」と判断し、旧刑法200条は憲法14条１項に反するとされた。

　この多数意見に対しては、そもそも尊属が特別な保護を受けるべきであるという考え方自体、「個人の尊厳と人格的価値の平等を基本的な立脚点とする民主主義の理念と抵触する」などの反対意見や意見が付されたが、あくまで最高裁としての多数意見は尊属に対しての犯罪について加重することを（「程度が極端」でなければ）認めるものであったため、それを踏襲し、その後も尊属傷害致死罪については合憲とする判断（最判昭49・９・26刑集28巻６号329頁）が下されている。なお、尊属に対する罪の加重については、1995年の刑法改正に際して、すべて削除された。

　(ii)　**嫡出でない子の法定相続分に関する差別**　　伝統的な家族観は、尊属と卑属で異なった取扱いを導く一方で、また子についても、嫡出か嫡出でないかを区分し、差別的な取扱いを行ってきた。特に旧民法900条４号但書は、嫡出でない子の法定相続分を、嫡出子の２分の１と定めるものであり、憲法に違反するのではないかと、繰り返し批判されてきた。

　(a)　**婚外子相続分差別事件1995年決定**　　1995年時点の最高裁（最大決平７・７・５民集49巻７号1789頁）は、法定相続分についての規定は遺言による相続に対して補充的に機能するにすぎないことを強調したうえで、相続制度につ

いては広く立法裁量が認められるため、「その立法理由に合理的な根拠があり、かつその区別が右立法理由との関連で著しく不合理なものでなく、いまだ立法府に与えられた合理的な裁量判断の限界を超えていない」場合は憲法には違反しないとして、緩やかな違憲審査基準を設定した。そのうえで、法律婚主義を採用する以上、嫡出でない子の異なった取扱いには合理的根拠があり、かつ、法定相続分を嫡出子の2分の1とする取扱いの差も著しく不合理とはいえないと述べ、旧民法900条4号但書の規定は憲法に反しないと判断した。

(b) 婚外子相続分差別事件2013年決定 1995年決定には、「被相続人の子どもとしては平等であるという個人の立場」を強調し、「より強い合理性の存否が検討されるべき」であり、その審査基準に従えば、（遡及効を与えないで）違憲無効と判断すべきだ、とする反対意見も付されていた。その後も、下級審のレベルでは、違憲とする判断も相次ぎ、また最高裁においても、多く反対意見が続く。そして、2013年に至り遂に、最高裁大法廷は全員一致で、旧民法900条4号但書の規定を違憲と判断する（前掲・最大決平25・9・4）。2013年決定は、判断の枠組みを変化させた（より厳格な基準を適用するなどした）わけではなく、立法当時に合理性を支えていた事実が変化したため、「法定相続分を区分する合理的な根拠を失」い、違憲となったという論理で構成をされている。戦後の民法改正時から2013年に至るまでの社会の変化や国民意識の変化、さらに諸外国における立法動向などから総合的に考察すると、「家族という共同体の中における個人の尊重がより明確に意識されてきたことは明らか」であり、そのため「子にとっては自ら選択ないし修正する余地のない事柄を理由としてその子に不利益を及ぼすことは許されず、子を個人として尊重し、その権利を保障すべきであるという考えが確立されてきて」た。したがって、事件となった相続が行われた「平成13年7月当時においては、立法府の裁量権を考慮しても」、区別する取扱いの合理的根拠は失われた、と判断しているのである。

(2) 国籍に関する裁判例

国籍に関する判例で最も重要なものは、すでに触れた国籍法違憲判決（前掲・最大判平20・6・4）である。この事件には、嫡出か嫡出でないかといった

第Ⅲ部　基本的人権

表10‐1　旧国籍法による日本国籍付与の条件と方法

日本国籍が付与される条件			付与される方法
父	母	その他の条件	
日本人	日本人	なし	出生
外国人	日本人	なし	出生
日本人	外国人	父の胎児認知	出生
		出生後父の認知＋準正	届出
		出生後父の認知のみ	帰化

木下智史・伊藤建（2017）『基本憲法Ⅰ　基本的人権』日本評論社、90頁を参考に筆者作成

区別も関係してくるため、前のグループとの関係も強い。

　まず事件の前提として、国籍法による日本国籍取得のための条件と、必要とされる方法について、整理する必要がある。国籍法2条1号は、日本国籍の生来的取得に関して、父母両系の血統主義を定めている。両親ともに日本人である場合や父親が外国人で母親が日本人である場合は、自動的に出生により日本国籍を取得する。しかし、父親が日本人で母親が外国人の場合で、父から胎児認知を受けていない子どもは、出生だけによっては日本国籍が付与されない。国籍法旧3条1項は、こういったケースについて、出生後に認知と、婚姻による準正があれば、届出によって国籍が与えられると定めていた。そのため、この事件のように、法律上の婚姻関係にない日本人の父親とフィリピン人の母親の間に生まれ、出生後に父からの認知を受けただけにとどまる子どもの場合は、届出によって国籍を取得することはできず、帰化する以外に日本国籍取得の方法がない（なお、国籍法8条による簡易帰化制度を利用することは可能である）。以上の内容をまとめると、表10‐1のようになる。

　この事件について、最高裁は、先例を踏襲し、区別を生じさせる立法目的に合理的根拠があるか否か、そして立法目的と区別との間に合理的な関連性があるか否かによって、合理的な理由のある区別といえるのかを判断した。ただ、何度も指摘するように、その判断に際しては、日本国籍が基本的人権の保障などを受けるうえで「意味を持つ重要な法的地位」であり、また嫡出子たる身分を取得するか否かということは「子にとっては自らの意思や努力によっては変

えることのできない」事柄であるため、「合理的な理由があるか否かについては、慎重に検討することが必要」という姿勢をとった。これは判断に際して「重要な利益に関わる区別と合理性の疑わしい事由による区別については、立法目的と区別との間に強い関連性を要求する」態度と評価できよう（木下智史・伊藤建（2017）『基本憲法Ⅰ　基本的人権』日本評論社、90頁〔木下智史〕）。

　そうした判断枠組みの下、最高裁は国籍法旧3条の規定が新設された当時は、「法律上の親子関係の存在に加えわが国との密接な結び付きの指標となる一定の要件を設け」て国籍取得を限定したことには合理的根拠があり、また、法律上の婚姻をしたことをもって密接な結びつきの存在を示すと考えることは、当時の諸外国の法制傾向からみても「一定の合理的関連性があった」とする。しかし、その後の家族生活・親子関係に関する意識の変化と多様化、日本が批准した国際人権条約の要請、諸外国の変化などを踏まえると、立法目的自体に合理的な根拠は認められるものの、「準正を出生後における届出による日本国籍取得の要件としておくことについて、前記立法目的との間に合理的関連性を見いだすことがもはや難しくなっている」と述べ、国籍法旧3条1項の規定が憲法に違反するものであると判断した。

　違憲であり、国籍法旧3条1項の規定は無効となるはずであるが、旧3条1項全部を無効としてしまうと、準正のあった子の、届出による日本国籍取得もすべて否定することとなってしまう。そこで、裁判所は国籍法旧3条1項に関して「全体として無効とすることなく、過剰な要件を設けることにより本件区別を生じさせている部分のみを除いて合理的に解釈」することで、あるべき救済方法として、日本人である父親から出生後に認知されたにとどまる子についても、届出による日本国籍の取得を認める、という手法を採用することにした。

(3) 性差別に関する裁判例

　性差別に関する問題についても、家族のあり方や親子関係との関連が深い。というのも、性差別の1つの現れが、性による固定的な役割分業であるわけだが、そうした役割分業自体が、「家事を行い家族を支える女性」という女性像

第Ⅲ部　基本的人権

を根底に置いているため、必然的に家族制度と性差別との関連性は強固なものになるからである。

（ｉ）**女性の再婚禁止期間**　　性差別の典型とされ、憲法が保障する平等との関係が問題とされてきた法律の規定が、女性のみに6カ月の再婚禁止期間を設ける、旧民法733条であった。1995年の最高裁判決（最判平7・12・5判時1563号81頁）は、国賠訴訟で争うという形がとられたため、実質的な憲法適合性判断が行われなかったが、原審（広島高判平3・11・28判時1406号3頁）は明白に違法ということはできないとしたものの、女性のみに再婚禁止期間を設けることについては、「父性の混同を防止し、出生子の利益や後婚の家庭生活の平穏を保護するという目的を達成するために必要やむを得ない手段でなければなら」ず、そうでないとしたら「女性についてのみ不合理な差別を強いるものとして違憲の疑いが生じかねない」と述べていた。

このように、父性の混同、父性推定重複を防止するための制度として、旧民法733条1項が定められていたものの、そもそも、父性推定の重複を解消するためということであれば、離婚から100日間の再婚禁止期間を設ければ十分である。民法772条2項の規定により、婚姻成立から200日以降に生まれた子について、また婚姻解消から300日以内に生まれた子について、それぞれ嫡出が推定されることになっているため、その差の100日に関してのみ、再婚禁止期間を設定すれば足りるからである。なお、さらにいえば、再婚によって父性の混同が問題になるのは、女性が離婚時に懐妊している場合に限られている、ということについても、加えて指摘しておくべきだろう。

2015年の判決（前掲・最大判平27・12・16）では、立法目的を「女性の再婚後に生まれた子につき父性の推定の重複を回避し、もって父子関係をめぐる紛争の発生を未然に防ぐことにある」としたうえで、その合理性を認める。また、うえの説明のとおり、「女性の再婚後に生まれる子については、計算上100日の再婚禁止期間を設けることによって、父性の推定の重複が回避される」ため、そのような女性への一律の再婚制約は「婚姻及び家族に関する事項について国会に認められる合理的な立法裁量の範囲を超えるものではなく、上記立法目的との関連において合理性を有するもの」とした。しかしながら、婚姻の自由が

憲法24条１項に照らして十分尊重に値するものであり、国民の意識にも「再婚をすることについての制約をできる限り少なくする」べきという変化がみられ、さらに諸外国での法制度の変化も踏まえると、「本件規定のうち100日超過部分は合理性を欠いた過剰な制約を課すものとなって」おり、憲法14条１項と憲法24条２項に違反すると判示した。なお、旧民法733条を改正しない立法不作為に対する国家賠償請求は退けられている。

(ii) **夫婦同氏制度**　　民法は750条で、夫婦の氏について「夫又は妻の氏を称する」と定めている。したがって、同氏であることは要求されるものの、夫の氏、妻の氏のどちらも選択可能であるため、一見中立的な規定であるように思われる。しかし、現実には夫の氏が選択されることが圧倒的であり、したがって、妻となる者が氏を変更することを強いられることが多い。そのため、現在の夫婦同氏制度には間接差別に当たるという批判が強い。間接差別については、1997年に出された EU 指令、「性差別訴訟における挙証責任に関する指令」でその定義が記されているが、それによれば、「外見上は性に中立的な条項、基準又は慣行であっても、一方の性のかなり多くの者に損害を与える場合には、間接差別が存在するものとする」と説明されている。

　女性の社会進出が進む中、氏名が個人の人格を象徴するものとして、改めて強く認識されるようになっており、夫婦同氏制度に関して、同氏制を強制することが、氏を保持する人格的利益と、さらには婚姻の自由をも侵害するものであると指摘されている（辻村みよ子（2008）『ジェンダーと人権』日本評論社、245-247頁）。このような間接差別に対して、「憲法上でどのように対応できるのかが問われている」（長谷部（2017）182頁）中、しかし、最高裁は夫婦同氏制度を合憲とする判断を下した（夫婦同氏制度合憲判決：最大判平27・12・16民集69巻８号2586頁）。

　多数意見は、民法750条が定める夫婦同氏制度に関して、「文言上性別に基づく法的な差別的取扱いを定めているわけではな」いため、制度それ自体に「男女間の形式的な不平等が存在する」とはいえないとした。そのうえで、「結果として夫の氏を選択する夫婦が圧倒的多数を占めることが認められるとしても、それが、本件規定の在り方自体から生じた」ものとはいえないと述べ、こ

第Ⅲ部　基本的人権

のような制度は憲法14条1項に違反しないと判断した。また、憲法14条1項や憲法13条に違反しないとしても、「個人の尊厳と両性の本質的平等の要請に照らして合理性を欠き、国会の立法裁量の範囲を超えるものとみざるを得ない」ような、憲法24条に適合しない場合についても検討を行うが、氏を家族の呼称とすることには合理性があり、婚姻に伴って氏の変更を強いられることによる「不利益は、このような氏の通称使用が広まることにより一定程度は緩和され得る」と指摘して、憲法24条にも違反しないとした。

　なお、この多数意見に対しては、「夫の氏を称することが妻の意思に基づくものであるとしても、その意思決定の過程に現実の不平等と力関係が作用して」おり、そのため「妻となった者のみが個人の尊厳の基礎である個人識別機能を損ねられ、また、自己喪失感といった負担を負うこと」に繋がり、「これらの不利益を受けることを避けるためにあえて法律上の婚姻をしないという選択をする者を生んでいる」状況は、個人の尊厳と両性の本質的平等の要請に照らして合理性を欠き、憲法24条に違反するとする意見や、さらに立法不作為について国賠法上の違法性を認める反対意見などが付されている。

【より深く考えてみよう】

　この章で論じたように、「平等」という概念を理解することは難しい。戦後憲法学の泰斗はそれにどう切り込むのか、以下の文献の第6章を読んで、この章での考え方とどのような違いがあるのか、比較してみよう。

　奥平（1993）

　ポジティヴ・アクション（PA）をめぐる問題は、諸外国ではどのように捉えられ、論じられているのだろうか。以下の文献の第1章と第4章を読み、日本におけるPAのあり方と比較しながら、考えてみよう。

　辻村みよ子（2011）『ポジティヴ・アクション――「法による平等」の技法』岩波書店

　憲法14条1項の判例理論については、かねて批判が寄せられてきた。判例理論について、「合理的根拠」要請に関する理解の不十分さと「差別」概念の不在を指摘する以下の文献の第13章から終章までを手がかりに、判例理論を再検討してみよう。

　木村草太（2008）『平等なき平等条項論―― equal protection 条項と憲法14条1項』東京大学出版会

第**11**章

精神的自由1　思想および良心の自由・信教の自由

1　思想および良心の自由

⑴　歴史的意義

　憲法19条は「思想及び良心の自由は、これを侵してはならない」と規定する。思想・良心の自由は内面における精神的自由を一般的に保護しており、外部的に表現されるときは表現の自由（21条）、宗教的な側面は信教の自由（20条）、学術的な側面は学問の自由（23条）によって個別に保障されることになる。なお、比較法上、思想・良心の自由を独立の条項によって保障する例は多くないといわれる。しかし日本においては、戦前の治安維持法によって思想弾圧や内心そのものが侵害される事例が相次いだ。そのような苦い経験を踏まえて、日本国憲法は精神的自由に関する基本的権利として思想・良心の自由を保障しており、表現の自由、信教の自由、学問の自由には解消されない独自の意義をもっている。

⑵　「思想及び良心」の意義

　⒤　**分離説と一体説**　　まず、19条が保障する「思想及び良心」とは何であろうか。この点について、戦後当初、2つの立場が登場した。1つは、思想と良心を区別して定義する立場（分離説）であり、今1つは、両者を一体のものとして捉える立場（一体説）である。分離説は、思想を「人が或ることを思うこと」とする一方、良心を「特定の事実について」是非弁別の「判断を為すこと」と区別して定義した（佐々木惣一（1952）『改訂日本国憲法論』有斐閣、405頁）。しかし、このような区別は必ずしも厳密とはいえず、解釈上の実益もな

215

第Ⅲ部　基本的人権

いとの観点から、思想・良心を「外部に現れぬ内心の作用又は状態」（法学協会（1953）399頁）、あるいは「内心における考え方ないし見方」（宮沢（1978）235頁）と捉える一体説が後に多くの支持を集めていった。

(ii)　**狭義説と広義説**　　思想・良心を一体のものと捉えたうえで次に問題となるのは、その保障の範囲である。この点に関連する重要判例が、謝罪広告事件（最大判昭31・7・4民集10巻7号785頁）である。この事件では、名誉を回復するために新聞紙上に謝罪広告を掲載するよう命じること（民723条参照）が19条に反するか否かが争点の1つとなった。最高裁は思想・良心の意義に特に立ち入ることなく謝罪広告を合憲と判断したが、対照的な2つの個別意見が付されている。

1つは、19条が保障する内容を「宗教上の信仰に限らずひろく世界観や主義や思想や主張をもつこと」とする田中耕太郎裁判官の補足意見であり、今1つは、「事物に関する是非弁別の内心的自由」とする藤田八郎裁判官の反対意見である。田中裁判官の立場は、19条の保護範囲を核心部分に限定することによって、その保障をより効果的に確保しようとする狭義説・信条説の基礎となった。これに対して藤田裁判官の立場は、人の内心の活動一般を広く保護しようとする広義説・内心説に引き継がれていくことになる。この点、広義説をとった場合、その「保障を相対化することに通じやすい」（佐藤（2011）217頁）と指摘される。

通説は狭義説・信条説であり、内心の中でも「信仰に準ずべき世界観、人生観等個人の人格形成の核心をなすもの」が19条の下で保障されるとされる。この場合、単なる事実の知・不知は、原則として保護範囲には含まれないとされる（証人に対する証言強制の例）。ただし、「信仰に準ずる」との要件を付さず、さらに「人格形成の核心」との限定についても「人の内心におけるものの見方ないし考え方をしぼる概念としてより、その内容を明らかにする概念」として捉え、「人の内心の活動の自由を機械的に狭隘化することのないように解することが必要」との見解（芦部（2000）104頁）にも留意しておくべきであろう。

(iii)　**新分離説**　　一方で近時、改めて思想と良心を区別することで、19条論を再整理しようとする見解が提示されている。例えば、特定思想に対する不利

第 11 章　精神的自由 1　思想および良心の自由・信教の自由

益処分や禁止の場面で妥当する内面領域一般の自由としての「思想の自由」
と、義務免除の場面で妥当するより狭い「良心の自由」を区別する見解（林知
更（2013）「思想の自由・良心の自由」南野森編『憲法学の世界』日本評論社、191頁）、
あるいは、①「思想」については団体による共同行為（傾向企業の例）を想定
することができるが、「良心」については優れて個人的・主観的なものである
こと、②制約が問題となる典型的事案が異なり得ることを指摘する見解（小山
剛（2013）「思想および良心の自由(1)」『法学セミナー』705号44頁）があり、注目に
値する。

(3)　「侵してはならない」の意義

　では、19条の「侵してはならない」との文言が想定する思想・良心の自由の
侵害の場面とは、どのようなものであろうか。以下にみるように、内心の自由
の絶対性、沈黙の自由、内心を理由とする不利益処分の禁止、そして思想教
育・思想宣伝の禁止が挙げられる。

　(i)　**内心の自由の絶対性**　　まず、多くの基本書が指摘するのは、内心の自由
の絶対性である。すなわち、国民がいかなる国家観、世界観、人生観をもとう
とも、それが内心の領域にとどまる限りは、絶対的に自由とされるのである
（芦部（2015）150頁）。たとえ民主主義や他者の権利利益を否定するような過激
な思想をもっていたとしても、それを外部的行為として実行しない限りは無害
であるためである。

　このような内心の無害性を根拠とした絶対的保障については、「象徴的意味
以上のものを見いだすことは容易ではない」（佐々木くみ（2010）「『思想の自由』
を真面目にうけとること」『ジュリスト』1400号81頁）との指摘がある一方、〈無害
性ゆえの「絶対」的保障〉（内心自体の有害性を理由とする規制の絶対的禁止）と
〈根底的価値ゆえの「絶対」的保障〉（内面的精神活動の自由の最強度の保障）とい
う再整理された解釈論の可能性が提示されており（芹沢他（2011）146頁〔佐々木
弘通〕）、今後のさらなる検討が待たれるところである。

　いずれにせよ、人の内心の活動と外部的行為は密接な関係にあるとするなら
ば、外部的行為の規制を通じて、内心の自由が侵害される可能性があることに

第Ⅲ部　基本的人権

なる。この点、19条の保護範囲を内心のみにとどめるとすれば、あまりに狭きに失するということになろう。したがって、内心と結びついた一定の外部的行為にも19条の保障が及ぶと考えるのが通常である。とはいえ、このような保護範囲拡大の「代償」として、外部的行為に対する制限を広く許容する結果となる可能性があることにも留意すべきであろう（駒村圭吾（2013）『憲法訴訟の現代的転回』日本評論社、242頁）。

(ii)　**沈黙の自由と内心の告白強制**　　思想・良心の自由には、自己の思想・良心を告白するよう強制されない自由、あるいは思想・良心を推知できるような行為を強制されない自由が含まれる。このような自由を沈黙の自由という。一方で、思想・良心に基づかない、より一般的な沈黙の自由を想定することもできる。すなわち、何らかの表現行為をしない自由（消極的表現の自由）としての沈黙の自由であり、これは21条1項の保障対象ということになる。したがって、沈黙の自由に関する一般的な規定として21条1項があり、さらに個別的な規定として19条（思想・良心に基づく沈黙の自由）や20条1項（信仰に基づく沈黙の自由）がある、と整理することができるであろう。沈黙の自由に関連して江戸時代の「踏絵」が紹介されることがあるが、このような整理に基づくとするならば、信教の自由を保障する20条1項に関連する事例ということになる。

　19条が沈黙の自由を保障する以上、公権力が個人に対して内心の告白を強制することはできないし、沈黙それ自体あるいは告白・推知された特定の思想・良心を理由として不利益処分を科すことは許されない（次の(iii)参照）。直接的な告白強制でないとしても同様であり、例えば、公務員の採用試験において、候補者の思想・良心を直接的に問うことのみならず、採用目的とは関係なく過去の活動歴や団体所属歴を質問・調査することは許されないであろう。

　このような問題が民間企業の採用に際して生じた事件として、三菱樹脂事件（最大判昭48・12・12民集27巻11号1536頁）がある。この事件においては、入社試験の際に学生運動に参加していた過去の事実を秘匿する虚偽の回答・記載を行ったとして、試用期間中の労働者が本採用を拒否された。最高裁大法廷は、憲法が広く経済的活動の自由を保障し、企業者はその一環としての契約締結の自由を有することから、「企業者が特定の思想、信条を有する者をそのゆえを

第 11 章　精神的自由 1　思想および良心の自由・信教の自由

もって雇い入れることを拒んでも」、あるいは「採否決定にあたり、労働者の思想、信条を調査」しても、違法ではないと判断した。本件は、私人間の事例であることに注意が必要である（第 9 章参照）。また、最高裁が、本採用の拒否は「客観的に合理的な理由が存し社会通念上相当として是認されうる場合にのみ許される」との条件を付けて、原審に審理を差し戻した点にも留意すべきである（差戻し審で和解し、労働者は復職した）。

(iii)　**内心を理由とする不利益処分**　19条は、思想・良心を理由とした刑罰や不利益処分を受けない自由も保障している。戦前の思想犯に対する処罰や、戦後の占領期に実施された公職追放およびレッド・パージは、現在においては14条および19条違反となる。

　学校作成の内申書に生徒の思想・良心を記載することは、受験の際に不利益となる可能性があるため問題となり得る。麹町中学内申書事件（最判昭63・7・15判時1287号65頁）においては、高校入試不合格の原因が中学校作成の内申書にあるとして国家賠償請求がなされた。内申書には、生徒が麹町中全共闘を名乗り、その機関誌を発行し、大学生 ML 派に参加した等の生徒の外部的行為に関する事実が記載されていた。しかし最高裁は、「いずれの記載も、上告人の思想、信条そのものを記載したものでないことは明らかであり、右の記載に係る外部的行為によっては上告人の思想、信条を了知し得るものではない」として19条違反の主張を退けた。

(iv)　**内心に反する外部的行為の強制**　19条の保障は、思想・良心に反する行為の強制によって当人が深刻な打撃や苦痛を被る場合、その行為を免除する可能性も含んでいる。この問題は近年最も議論を呼んだ領域であり、公権力による命令や国民に対して課される義務が、個人の思想・良心の命ずるところと対立した場合、どのように調整すればよいかが問題となる。

　典型的な問題として良心的兵役拒否がある。ドイツのボン基本法 4 条 3 項は、「何人も、その良心に反して、武器をもってする軍務を強制されてはならない」と定めており、良心を理由とした兵役の免除を憲法レベルで認めている。日本国憲法の下では兵役が予定されていないため、このような問題は検討されてこなかった。しかし、例えば謝罪広告事件（前掲・最大判昭31・7・4）

第Ⅲ部　基本的人権

はこの領域の問題と考えることができる。また、2009年にスタートした裁判員制度については、死刑判決に関与する場合もあるため、思想・良心を理由とした裁判員への就任拒否が可能かという問題が起こり得る。

　この領域で近年最も議論を呼んだのは、公立学校の教諭に対して君が代斉唱の際の伴奏や起立斉唱を校長の職務命令によって強制することができるか、という問題である。以下の二種の事件のいずれにおいても違憲性は認められなかったが、その対照性（制約の有無や正当化論証）に注目して欲しい。

　まず、君が代ピアノ伴奏拒否事件（最判平19・2・27民集61巻1号291頁）は、入学式におけるピアノ伴奏命令を拒否した音楽教諭（上告人）が、戒告処分を受けた事件である。最高裁は、君が代に関する上告人の「考え」が、「自身の歴史観ないし世界観及びこれに由来する社会生活上の信念等」に当たるとして、19条の保護範囲にあることを認めた。しかし、上告人にとって伴奏拒否は上記の歴史観や世界観に基づく1つの選択であっても、「一般的には、これと不可分に結び付くものということはできず」、「本件職務命令が、直ちに上告人の有する上記の歴史観ないし世界観それ自体を否定するものと認めることはできない」として、思想・良心の自由に対する制約の存在を否定した。加えて、学校の儀式的行事において君が代斉唱が広く行われ、伴奏行為も音楽教諭に通常想定され期待されるものであることから、特定思想の強制や告白の強要にも当たらないとされた。その上で、公務員の憲法上の地位や、法令上の教育目標、儀式的行事、国旗国歌等の位置づけを参照し、「本件職務命令は、その目的及び内容において不合理であるということはできない」と評価し、19条違反を認めなかった。本件では制約の存在が認められていないが、命令が不合理でないか否かが審査されている。

　これに対して、君が代起立斉唱命令事件（最判平23・5・30民集65巻4号1780頁）は、公立学校の卒業式における国歌斉唱の際の起立斉唱職務命令に従わなかった教諭（上告人）が、定年退職後の再雇用を拒否された事件である。最高裁は、上告人の「考え」が「社会生活上ないし教育上の信念等」に当たるとしつつ、起立斉唱行為は「一般的、客観的に見て」慣例上の儀礼的な所作であって、本件職務命令が上告人の「歴史観ないし世界観それ自体を否定するものと

第 11 章　精神的自由 1　思想および良心の自由・信教の自由

いうことはできない」として直接制約性を否定した。しかし一方で、起立斉唱
行為は教員が「日常従事する事務の内容それ自体には含まれないものであっ
て、一般的、客観的にみても、国旗及び国歌に対する敬意の表明の要素を含む
行為」であり、「個人の歴史観ないし世界観に由来する行動（敬意の表明の拒否）
と異なる外部的行為（敬意の表明の要素を含む行為）を求められることになり」、
思想・良心の自由に対する「間接的な制約となる」と判断した。そして、この
ような間接的制約が「社会一般の規範等」との抵触によって生じている場合に
これを正当化できるかについては、職務命令の目的、内容、制限の態様等を総
合的に較量するとしたうえで、法令上の儀式的行事、教育目標、国旗国歌の位
置づけや公務員の地位の公共性を参照し、本件職務命令には「上記の制約を許
容し得る程度の必要性及び合理性が認められる」として、19条違反を認めな
かった。本件においては間接的制約の存在が認められ、職務命令の必要性と合
理性が審査されている。

　最高裁は、あくまで一般的、客観的な観点から、個人の思想・良心に対する
制約の有無を判断している。この点、確かに個人的な信条を理由とした拒否を
一般的に認めることは困難であろうが、当人にとっての打撃や苦痛が軽視され
るのではないかという懸念がある。一方で、一般性・客観性が要求されるが故
に、「社会一般の規範等」を根拠としない命令や強制の場合には、その正当化
が困難となるであろう（百選 I 86頁）。また、君が代ピアノ伴奏拒否事件（前
掲・最判平19・2・27）における拒否理由には、公的儀式の場で公的機関が「参
加者にその意思に反してでも一律に行動すべく強制することに対する否定的評
価」という側面も含まれているのではないかとの指摘があり、注目に値する
（藤田宙靖反対意見）。しかし、この点について最高裁は「間接的な制約の有無に
包摂される事柄」であって別途の検討を要しない（前掲・最判23・5・30）とし
て退けた。

　結局最高裁は、君が代起立斉唱命令の合憲性を前提としたうえで、命令違反
に対する懲戒処分の適法性審査において、一定の均衡を確保しようとしてい
る。例えば、戒告を超えてより重い減給以上の処分を選択する場合は、事案の
性質を踏まえた「慎重な考慮が必要」であり、具体的事情に照らして停職処分

第Ⅲ部　基本的人権

や減給処分は社会観念上著しく妥当を欠き、裁量権の範囲を超えて違法と判断された事例がある（最判平24・1・16判時2147号127頁）。思想・良心の自由の重要性や制約の程度が、裁量統制の場面においていかに考慮されるべきか、という問題は今後も検討が必要な課題である。

(ⅴ)　**思想・良心を形成する自由**　19条は、自己の思想・良心を形成する自由も保障している。この自由がなければ、偏向的な思想教育や思想宣伝による誘導・洗脳が可能となってしまうであろう。多様な思想・良心の自由な形成を確保することは、思想の自由市場の維持、ひいては民主主義の基盤を確保することにも繋がる。この観点から現代国家において特に問題となるのは、政府言論と「囚われの聴衆」の問題である。

政府言論とは、国家が発信する情報やメッセージのことである。現代国家は大量の情報を収集管理しており、これを基に国民の思想・良心に対する影響力を一方的に及ぼすこともできてしまう。また、「囚われの聴衆」とは、学校や刑事施設のような閉ざされた空間において、特定のメッセージのみが提供される状況のことである。いずれの場合においても、多様な思想や情報にアクセスできるように工夫や配慮が必要となるが、基本的には表現の自由や教育の自由の保障によって確保されることになるであろう。

2　信教の自由と政教分離原則

(1)　歴史的意義

近代人権思想は、中世における血なまぐさい宗教戦争や宗教弾圧への反省を1つのきっかけとして誕生した。そのため、18世紀市民革命期の人権宣言や憲法においては、ほぼ例外なく信教の自由が保障されることとなった。このような歴史的経緯から、信教の自由は「人権の花形」といわれることがあり、現代においても特に重要な精神的自由の1つと考えられている。

大日本帝国憲法も、28条において信教の自由を保障している。しかし、「安寧秩序ヲ妨ケス及臣民タルノ義務ニ背カサル限ニ於テ」という憲法上の限界を初めから伴っていた。また、他の条文にみられるような「法律の留保」（「法律

第 11 章　精神的自由 1　思想および良心の自由・信教の自由

ノ範囲内ニ於テ」）が付されておらず、法律によらない、行政命令による制限が正当化されるという解釈の根拠にもなった。さらに、天照大神以来の「万世一系」の天皇（同1条）を中心とした国家体制の形成過程において、徐々に皇室の宗教たる神道を特別扱いすることが正当化されていった。特に「神道は宗教にあらず」との理屈によって神社神道に国教的な地位が与えられ、キリスト教や大本教などの他宗教に対する弾圧も行われる結果となった。また、本来は君主の無答責を定めた神聖不可侵条項（同3条）も、天皇を「現御神」とする根拠規定と位置づけられるに至った（文部省（1937）『国体の本義』文部省、133頁）。

　第2次世界大戦後、連合国総司令部からいわゆる「神道指令」（1945年12月）が発せられ、神社神道に対する公的支援の廃止と政教分離が要求された。また、昭和天皇によるいわゆる「人間宣言」（1946年1月）によって、「現御神」とされていた天皇の神格性が否定された。

　このような歴史的経緯から日本国憲法は、信教の自由を保障し、さらにその保障を徹底するために政教分離に関する詳細な規定を置くこととなった。まず、各人に対して自由な信仰選択とその実践を保障する信教の自由については、20条1項前段が「信教の自由は、何人に対してもこれを保障する」と定め、同2項は「何人も宗教上の行為、祝典、儀式又は行事に参加することを強制されない」と定めている。信教の自由が国家によって侵害された場合、各人は裁判所に救済を求めることができる。

　これに対して、国家に対して宗教との結びつきを禁止する政教分離原則については、20条1項後段が「いかなる宗教団体も、国から特権を受け、又は政治上の権力を行使してはならない」と定め、同3項が「国及びその機関は、宗教教育その他いかなる宗教的活動もしてはならない」と定める。さらに、89条が「公金その他の公の財産は、宗教上の組織も若しくは団体の使用、便益若しくは維持のため、……これを支出し、又はその利用に供してはならない」と定め、宗教に対する財政的支援を禁止している。これらの規定に国の機関が違反した場合、各人が裁判所に提訴できるか否かが問題となる。

　では、信教の自由と政教分離原則のより具体的な内容を次にみてみよう。

223

第Ⅲ部　基本的人権

(2)　信教の自由の保障内容

　信教の自由の保障は、内心における信仰選択の自由と、その信仰を外部に表現・実践する自由をその内容とする。前者は信仰の自由であり、宗教上の思想・良心の自由を特に保障するものといえる。後者は宗教的行為の自由と宗教的結社の自由であり、宗教上の表現・結社の自由を特に保障するものともいえるであろう。

　(i)　**信仰の自由**　　信仰の自由には、信仰をもつ自由やもたない自由、信仰を変える改宗の自由、信仰を告白する自由や告白せずに沈黙する自由が含まれる。個人の選択した信仰を理由として不利益を課すことや、江戸時代の踏絵のように強制的な信仰告白を迫ることは許されない。また、特定の信仰を直接的に狙い撃ちにするような制限ではなかったとしても、法令上要求される一般的行為や義務が特定の信仰をもつ者にとって重大な苦痛や不利益を生じさせる場合がある。このような場合に、免除や代替措置を認めることが憲法上許容されるか否かが問題となる。免除や代替措置を認めた場合、特定の宗教を優遇する措置として政教分離原則違反とされる可能性もある。この点が問題となったのが日曜日授業参観事件（東京地判昭61・3・20行集37巻3号347頁）と、エホバの証人剣道実技拒否事件（最判平8・3・8民集50巻3号469頁）である。両事件は、共に公立学校における校長の教育的裁量を前提としながらも、不利益の程度が大きく異なっている点に注目して欲しい。

　日曜日授業参観事件では、キリスト教の教会学校への出席を優先し、公立小学校の日曜日参観授業を欠席した児童について、学校側が指導要録に欠席と記載した行為が信教の自由を侵害するものであるかが争われた。裁判所は、本件欠席記載は単なる事実行為であって具体的な不利益を及ぼす処分ではないこと、免除は公教育の宗教的中立性や公教育上の成果を得るうえで好ましくないこと等を考慮し、「合理的根拠に基づくやむをえない制約」として容認されると判断した。

　これに対して、エホバの証人剣道実技拒否事件では、公立工業高等専門学校において必修科目とされた剣道実技の受講を信仰上の理由で拒否した学生に対して、学校側が2年連続の原級留置処分と、さらには退学処分を下した事例で

224

第11章　精神的自由1　思想および良心の自由・信教の自由

ある。裁判所は、校長の教育的裁量権の行使の過程に着目し（判断過程審査）、退学処分という不利益の重大性、高等専門学校における剣道実技の必要性と代替措置の可能性、拒否理由と信仰の核心部分との密接な関連性、公教育の宗教的中立性等の諸考慮要素を丁寧に審査し、各処分を違法と判断した。本件は、行政裁量統制の枠組において、いかにして憲法上の権利の尊重を確保するかという新しい課題を提示した事例としても重要である（宍戸常寿（2009）「裁量論と人権論」『公法研究』71号100頁）。さらに、義務免除という側面のみならず、特定の信仰を排除しようとする学校側の差別的意図がうかがわれる事例との指摘（木村草太（2017）『憲法の急所〔第2版〕』羽鳥書店、159頁）があることにも留意すべきである。

(ii)　**宗教的行為の自由**　　宗教的行為の自由には、宗教上の儀式、礼拝、布教等を遂行する自由や遂行しない自由が含まれる。教義に従ってスカーフや十字架のような宗教的標章を身につける行為も保障されるであろう。また、20条2項は明治憲法下における強制の事例に鑑み、特に明文で宗教的行為を強制されない自由を保障している。公権力が宗教上の儀式や礼拝を個人や団体に強制することや、合理的理由なく宗教的行為を制限することは許されない。さらに、このような直接的規制ではなかったとしても、法令上の一般的規制や課税が特定の宗教的行為を制限する結果となる場合もある。このような付随的規制による制限が憲法上許容されるか否かが問題となる。

　例えば、加持祈禱事件（最大判昭38・5・15刑集17巻4号302頁）と牧会活動事件（神戸簡判昭50・2・20判時768号3頁）においては、刑法上の一般的規制に対する宗教的行為の抵触が問題となった。まず、加持祈禱事件においては、仏教の僧侶が線香護摩による加持祈禱を行って精神障害を治療しようとしたところ、対象者が心臓麻痺で死亡した事例であり、傷害致死罪（刑205条）に問われて起訴された。裁判所は、当該行為の著しい反社会性を重視し、信教の自由の保障を逸脱するものとして有罪と判断した。

　これに対して、牧会活動事件においては、キリスト教の牧師が警察の捜査対象となっていた高校生を教会にかくまって反省を促したところ、犯人蔵匿罪（刑103条）に問われて起訴された。裁判所は、本件牧会活動は「両少年の魂へ

第Ⅲ部　基本的人権

の配慮に出た行為」であって、少年たちも反省して任意出頭に至ったこと等を考慮すると、「宗教行為の自由を明らかに逸脱したものとは到底解することができ」ず、「正当な業務行為として罪とならない」と判断した。

　さらに、宗教施設参拝者に対する課税が問題となった事例もある。奈良県文化観光税条例事件（奈良地判昭43・7・17行集19巻7号1221頁）や京都市古都保存協力税条例事件（京都地判昭59・3・30行集35巻3号353頁）においては、観光施設整備や文化財保護のための財源確保を目的とした指定社寺参拝者に対する少額課税（現在は廃止）が、信教の自由に対する侵害とならないかが争われた。裁判所は、宗教的参拝者に対する課税免除は信条を理由とした免税特権の付与となることや、文化財鑑賞行為という客観的・外形的行為に対する課税であること等を理由として、違憲性を認めなかった。しかし、宗教的な礼拝のために社寺を参拝する者にとっては正に宗教的行為に対する課税となる可能性があるため、特権付与にならないような形での免除方式を検討する必要性が指摘されている（高橋（2017）194頁）。

　(ⅲ)　**宗教的結社の自由**　　宗教的結社の自由とは、信仰を同じくする者が団体を結成し、自律的に宗教活動を行う自由である。公権力が宗教団体の結成を妨げることや、その活動に介入することは原則として許されない。また、一般的な結社の自由の保障内容と同様、宗教団体を構成する信者情報の秘匿も尊重される必要があろう。

　宗教的結社の自由を具体的に保障する法律として、宗教法人法が制定されている。宗教法人法は、宗教団体の財産管理（礼拝施設、境内地、宝物等）や事業運営を円滑容易にするために、一定の要件を満たした宗教団体に対して宗教法人としての法人格の付与を認めている。もちろん、法人格を取得せずに宗教団体の活動を遂行継続することも可能である（法人格なき宗教団体）。

　問題となるのは、宗教法人法81条が予定する解散命令制度である。同条は、「法令に違反して、著しく公共の福祉を害すると明らかに認められる行為」（同条1号）や「宗教団体の目的を著しく逸脱した行為」（2号）等があった場合、裁判所の命令による宗教法人の強制的解散を認めている。宗教法人オウム真理教解散命令事件（最決平8・1・30民集50巻1号199頁）においては、地下鉄サリ

第 11 章　精神的自由 1　思想および良心の自由・信教の自由

ン事件をはじめとする一連の重大事件を引き起こした宗教法人オウム真理教に対して解散命令が請求され、同条の合憲性が争われた。裁判所は、宗教法人法の規制は「専ら宗教団体の世俗的側面だけを対象とし、その精神的・宗教的側面を対象外」としており、「信者の宗教上の行為を禁止したり制限したりする法的効果を一切伴わない」として直接的制約の存在を否定した。しかし、解散命令によって対象法人の財産が清算・処分されれば、信者の宗教上の行為に対する事実上の支障ないし間接的制約となることを認めた。その正当化については、信教の自由の重要性を考慮すると「慎重に吟味しなければならない」としたうえで、解散命令制度の目的の世俗性と合理性、オウム真理教による公共の福祉を著しく害する行為に対処する必要性、宗教上の行為に対する支障の間接的性質、裁判所の司法審査による解散手続の適正性等を比較衡量して、合憲と判断した。間接的制約の正当化でありながら、信教の自由の重要性を考慮して慎重な審査が行われている。

　一方で、オウム真理教については破壊活動防止法 7 条に基づく解散指定処分の適用も請求されたが、「今後ある程度近接した時期に、継続又は反復して暴力主義的破壊活動に及ぶ明らかなおそれがあると認めるに足りるだけの十分な理由があると認めることはできない」とされて却下された（公安審査委員会平 9・2・4 解散処分請求棄却決定）。これを受けて1999年に無差別大量殺人行為を行った団体の規制に関する法律が制定され、オウム真理教とその後継・分派団体に対して、同法が予定する観察処分（5 条）の適用が更新され続けている。観察処分が適用されると、全構成員の氏名・住所を含む所定事項の報告義務や立入検査受忍義務が生じる。「信者の特定に足りる情報の報告を法的に義務付けることは、宗教的結社の自由の典型的な『侵害』にあたる」との指摘（宍戸常寿（2014）『憲法解釈論の応用と展開〔第 2 版〕』日本評論社、45頁）があるが、裁判所は「団体やその構成員の内心の信仰の自由に容かいするものではない」から、「構成員の信仰の告白を強制するものとはいえないし、宗教団体の沈黙の自由を不当に侵害するものともいえない」と判断している（東京地判平29・9・25判例集未登載）。

第Ⅲ部　基本的人権

(3)　政教分離

(i)　**多様な政教関係のあり方と政教分離の理念**　　信教の自由の保障は普遍的な要請であるが、政教分離については必ずしもそうではない。各国の政治と宗教の関係をみると、大きく国教型、公認宗教型、政教分離型に分類することができる。

　国教型の典型例はイギリスであり、特定の宗教団体（イギリス国教会）に特権的地位が保障されるが、その他の宗教団体に対しても広く寛容が認められている。公認宗教型の典型例はドイツであり、複数の宗教団体（カトリック、プロテスタント2派、ユダヤ教等）を公法上の団体とし、教会税徴収権や宗教教育権が特権として認められている。政教分離型の典型例はアメリカとフランスであり、宗教団体は私法上の団体として扱われ、いかなる特権・公認も認められない。国家は、あらゆる宗教に対して中立性を保つことが要請される。アメリカにおいては国教樹立禁止（1791年合衆国憲法修正1条）、フランスにおいては共和国の非宗教性（1958年憲法1条）という形で憲法上政教分離が定められている。

　比較法上、政教分離の本質的要素として、国はいかなる宗教にも公認・優遇を与えず、俸給を支給したり補助金を交付したりしない、という二要素が挙げられる（大石眞『憲法講義Ⅱ〔第2版〕』有斐閣、163頁）。日本国憲法が定める政教分離に関する規定は、上述のようにこの二要素を含んでおり、日本は政教分離型を採用しているものといえる。

　政教分離の目的としては、①宗教の非政治争点化、②宗教的課税からの自由の保障、③信教の自由に対する間接的圧迫の除去が挙げられる（高橋（2017）195頁）。①は、宗教の私事化によって公共的討議の場である政治の領域から宗教を排除し、政治の行き詰まりと宗教腐敗の両方を防止するということである。②は、国教会や公認宗教を認めると自己が信仰しない宗教のために納税することになるため、これを防ぐという意味がある。③は、特定の宗教と国が結合・癒着することによって、他の多様な宗教に対する間接的・心理的圧迫になることを防ぐということである。これらの目的に通底する理念として、国家の宗教的中立性がある。

　とはいえ、あらゆる宗教的要素を公共領域から機械的に排除すれば常に理想

第11章 精神的自由1 思想および良心の自由・信教の自由

的というわけではない（後述(iv)参照）。例えば、文化財保護のための宗教施設に対する補助金支出や、刑事施設における教誨活動を一概に否定することはできないであろう。したがって、政教分離の目的に資する厳格な分離を確保しつつも、分離によってかえって信教の自由が実質的に阻害されないように配慮することが必要となる。その意味で、国家の宗教的中立性を維持するにあたっては、不介入と公平という2つの考え方の調和をどうとるかが課題となる（芦部(2000) 151頁）。不介入の考え方によると、国家は宗教と全く関わらない状態が理想的ということになる。これに対して公平の考え方によれば、国家と宗教とが関わり合うことはあり得るが、全ての宗教に公平・平等に関わらなければならないということになる。

(ii) **政教分離の法的性格**　政教分離の法的性格については、従来、人権説と制度的保障説が対立してきた。まず人権説によれば、信教の自由の保障は、直接的な強制や弾圧を排除するだけでなく、政教融合による間接的な圧迫をも排除することによって完全なものになる。日本国憲法も、このような趣旨から政教分離を信教の自由の1つの内容として保障しているとされる（浦部(2016) 148頁）。これに対して、従来の通説・判例であった制度的保障説によれば、個人的権利とは異なる一定の制度に対して、立法によってもその核心ないし本質的内容を侵害することができない特別の保護を与えられることがあり（芦部(2015) 86頁）、政教分離もその一例であって（田上穣治(1963)「宗教に関する憲法上の原則」清宮四郎・佐藤功編『憲法講座2』有斐閣、135頁）、人権ではない。

しかし、人権説に対しては主観的権利性の欠如、制度的保障説に対しては制度の核心部分の不明確性といった疑問が指摘されてきた。特に制度的保障説については、参照先とされる戦前ドイツの公法学説、「制度体保障論」（カール・シュミット）を誤用したものとの指摘がある（石川健治(2007)『自由と特権の距離〔増補版〕』日本評論社、224頁）。すなわち、本来の「制度体保障」とは、政教分離を宣言しながら教会を特権的な制度体として承認したワイマール憲法の体制を指すものであった（その本来的な意味からすれば、日本国憲法における制度体保障の典型例は1章の天皇制であるという）。最高裁も、津地鎮祭事件（最大判昭52・7・13民集31巻4号533頁）においては「政教分離規定は、いわゆる制度的保障

第Ⅲ部　基本的人権

の規定」と言及していたが、空知太神社事件（最大判平22・1・20民集64巻1号1頁）ではその言及が無くなった。そこで近年は政教分離を、制度的保障という言葉を使わずに、国家の活動を拘束する客観法規範とする立場が一般化しつつある（渡辺他（2016）182頁〔渡辺康行〕）。

　いずれにせよ、政教分離を主観的権利と見なすことは困難と考えられている。したがって、政教分離違反が疑われても、各人が直ちに適法に提訴できるわけではない。事実、ほとんどの政教分離関連裁判は、客観訴訟の1つである住民訴訟（地自242条の2）として提起されている（第6章参照）。したがって、地方公共団体については住民訴訟があるものの、国の機関についてはこれに相当する訴訟類型が整備されていないため、政教分離違反の有無を適法に問うことが難しい状況である。典型的に問題となるのは、内閣総理大臣による靖国神社参拝問題である。下級審の中には傍論において参拝行為の違憲性を指摘するものがあるが（例えば、大阪高判平17・9・30訟月52巻9号2801頁）、最高裁は憲法判断に踏み込むことなく棄却している（例えば、最判平18・6・23判時1940号122頁）。

(ⅲ)　**政教分離規定の内容**　20条1項後段は、宗教団体への特権の付与と、宗教団体による政治上の権力行使を禁止している。ここにいう宗教団体とは、89条にいう団体と同様、「宗教的活動を行うことを本来の目的とする組織ないし団体」と解されている（箕面忠魂碑・慰霊祭訴訟：最判平5・2・16民集47巻3号1687頁）。特権とは、一切の優遇的地位・利益を指し、特定の宗教団体への特権付与のみならず、宗教団体一般への特権付与も禁止される。宗教法人に対する非課税措置は、公益法人や社会福祉法人にも認められているため、特権には当たらないと解されている。また、政治上の権力とは、立法権や課税権などの政治的権力であって、政治活動そのものではない（芦部（2015）160頁）。

　20条3項は、国およびその機関に対して宗教教育その他の宗教的活動を禁止する。ここで問題となるのは、禁止される宗教的活動とは何かであり、従来の多くの判例においてもこの点が審査されてきた。その際に確立した判断基準として使用されてきたのが、いわゆる目的効果基準である。この基準によれば、宗教的活動とは「行為の目的が宗教的意義をもち、その効果が宗教に対する援

第 11 章　精神的自由 1　思想および良心の自由・信教の自由

助、助長、促進又は圧迫、干渉等になるような行為をいうもの」とされる（前掲・最大判昭52・7・13）。この基準については、参照先と解されているアメリカ判例におけるレモン・テストほど厳格ではない点や、「目盛りのない物差し」として不明確な点（愛媛県玉串料訴訟：最大判平9・4・2民集51巻4号1673頁における高橋久子裁判官意見）が批判されてきた。しかし近年における判例の再検討により、目的・効果の判断それ自体よりも、判断に当たって考慮される具体的要素の重要性が指摘されている。

　すなわち、判例における判断枠組においては、まず、「国家が宗教とのかかわり合いをもつことを全く許さないとするものではなく、宗教とのかかわり合いをもたらす行為の目的及び効果にかんがみ、そのかかわり合いが右の〔国の文化的・社会的〕諸条件に照らし相当とされる限度を超えるものと認められる場合にこれを許さないとするもの」（前掲・最大判昭52・7・13）という指導原理が前提に置かれる。そのうえで、①国家と宗教の関わり合いがあるかどうか、②関わり合いがある場合にそれが正当化できるかどうか、という二段階審査が行われているとされる（渡辺他（2016）185頁〔渡辺康行〕）。この判断枠組については、宗教的活動の禁止が原則であるはずなのに、関わり合いがあることが前提となっており、「前提条件を逆転させている」との批判があることにも留意すべきであろう（前掲・最大判平9・4・2における高橋久子裁判官意見）。

　例えば、津地鎮祭事件（前掲・最大判昭52・7・13）においては、神道式で行われた市体育館の起工式に対する公金支出の合憲性が争われた。最高裁は、行為の外形的側面のみならず、場所、一般人の宗教的評価、行為の意図、目的および宗教的意識の有無、程度、当該行為の一般人に与える効果、影響等の考慮要素を社会通念に従って客観的に判断するとしたうえで、①本件起工式は「宗教とかかわり合いをもつものであることは、否定することができ」ないが、②「一般人の意識においては、起工式にさしたる宗教的意義を認めず、建築着工に際しての慣習化した社会的儀礼として、世俗的な行事と評価しているもの」であって目的効果基準に反せず、20条3項の禁止する宗教的活動には当たらないと判断した。

　一方、愛媛県玉串料訴訟（前掲・最大判平9・4・2）においては、愛媛県が

第Ⅲ部　基本的人権

靖国神社および県護国神社の例大祭等に際して、公金を使用して玉串料・献灯料・供物料の奉納を行ったことが問題となった。最高裁は、上記と同様の考慮要素を確認したうえで、①「県が特定の宗教団体の挙行する重要な宗教上の祭祀にかかわり合いを持ったということが明らか」であり、②「一般人が本件の玉串料等の奉納を社会的儀礼の一つにすぎないと評価しているとは考え難いところ」であって目的効果基準に反し、20条3項の禁止する宗教的活動に当たり、89条にも違反すると判断した。本件においては、玉串料等奉納行為の強い宗教性が意識されており、政教分離関連判例においては初めての違憲判断となった。

　また、自衛官合祀事件（最大判昭63・6・1民集42巻5号277頁）においては、殉職自衛官の山口県護国神社への合祀申請が、配偶者の意思に反して隊友会（社団法人）によってなされた際、自衛隊職員が協力した行為の合憲性が争われた。最高裁は、①「宗教とのかかわり合いは間接的」で、②「その意図、目的も、合祀実現により自衛隊員の社会的地位の向上と士気の高揚を図ることにあった」として20条3項にいう宗教的活動には当たらないと判断した。また、③「合祀によつて静謐な宗教的環境の下で信仰生活を送るべき法的利益、すなわち宗教上の人格権を侵害された」との配偶者側の主張については、「これを直ちに法的利益として認めることができない」として退けた。これに対して伊藤正己裁判官反対意見は、「宗教的な心の静穏」を法的利益と認め、本件合祀申請は隊友会と自衛隊職員の共同行為であって20条3項にいう宗教的活動に該当する、と判断している。

　89条は、宗教上の組織・団体に対する公金支出および公の財産の利用提供を禁止している。この規定は、政教分離、特に20条1項後段の特権付与禁止を財政的側面から徹底させる趣旨である。

　近年特に注目された判例が、空知太神社事件（前掲・最大判平22・1・20）である。本件においては、砂川市が所有する公有地を神社施設の敷地として長年にわたって無償で提供してきた行為が問題となった。最高裁は、国公有地の無償提供行為は一般的に「89条との抵触が問題となる行為」としたうえで、宗教的施設の性格、土地利用提供の経緯、無償提供の態様、一般人の評価等を考慮

第11章　精神的自由1　思想および良心の自由・信教の自由

要素とする総合判断の手法を取った。そして、①本件利用提供行為は氏子集団の宗教的活動を容易にさせており、「一般人の目から見て、市が特定の宗教に対して特別の便益を提供し、これを援助していると評価されてもやむを得ない」こと、②「明らかな宗教的施設といわざるを得ない本件神社物件の性格」、③「長期間にわたり継続的に便益を提供し続けていることなどの本件利用提供行為の具体的態様」を挙げて、89条違反、ひいては20条1項後段違反と判断した。

　本件においては、従来の判例と異なって目的効果基準が登場しなかった。本件後の最判平22・7・22判時2087号26頁においては目的効果基準が再登場しているため、同基準をどう使い分けているのかが問題となる。この点、問題となる行為の宗教性と世俗性の優劣をつけ難い場合に目的効果基準が機能するとの説明（前掲・最大判平22・1・20における藤田宙靖裁判官補足意見）や、1回限りの作為的行為か、それとも長期的・継続的行為かによって使い分けるとの説明（清野正彦（2011）「判例解説」『法曹時報』63巻8号171頁）がなされているが、確固たる定説の無い状態である。判例の蓄積が待たれるところである。

　(iv)　**政教分離と信教の自由の緊張関係**　　政教分離の根本目的は、信教の自由の保障である。しかし、両者はそれほど予定調和的な関係にあるわけではない。政教分離を厳格に解した場合、信仰を理由とした免除や代替措置が特定宗教の優遇として認められず、かえって信教の自由が損なわれる可能性もあり得る。そのため、具体的事例において両者の緊張関係をいかに調整するかが問題となる。

　例えば、エホバの証人剣道実技拒否事件（前掲・最判平8・3・8）においては代替措置等と公教育の宗教的中立性の整合性が問題となったが、最高裁は信仰への配慮から目的効果基準を緩やかに適用して前者の合憲性を認めた。また、空知太神社事件（前掲・最大判平22・1・20）においては長年にわたる公有地の無償提供行為が違憲と判断されたが、その違憲性の解消手段が問題となった。仮に神社施設を撤去した場合、「氏子集団の構成員の信教の自由に重大な不利益を及ぼす」ことになってしまう。そこで最高裁は、「違憲性を解消するための合理的で現実的な手段」を審理する必要があるとして事件を原審に差し

233

第Ⅲ部　基本的人権

戻し、差戻し後の上告審において「適正な対価による貸し付け」という形での違憲性解消手段が合憲とされた（最判平24・2・16民集66巻2号673頁）。

【より深く考えてみよう】

　内心に反する外部的行為の強制の憲法適合性はどのように判断されるべきであろうか。以下の文献を読んで考えてみよう。

　蟻川恒正（2014、2015）「行為『強制』事案の起案(1)～(4)」『法学教室』404号、100頁、405号、115頁・412号、135頁・413号、108頁

　千葉勝美（2017）『違憲審査　その焦点の定め方』有斐閣、123頁

　渡辺康行（2012）「『日の丸・君が代訴訟』を振り返る」『論究ジュリスト』1号、108頁

　オウム真理教とその後継・分派団体に対する観察処分の適用は合憲であろうか。どのような争点があり得るのか、以下の文献を読んで考えてみよう。

　田近肇（2018）「無差別大量殺人行為を行った団体に対する観察処分等を定めた団体規制法の合憲性」『新・判例解説 Watch』23号、15頁

　中島宏（2016）「団体規制法制の再検討」『宗教法』35号、91頁

　渡辺康行（2008）「『無差別大量殺人』団体への観察処分事件」木下智史他『事例研究憲法［第2版］』日本評論社、299頁

　政教分離に関する判断基準はどのようなものなのか。そして、目的効果基準はどのように位置づけられるのか。以下の文献を読んで考えてみよう。

　野坂泰司（2013）「いわゆる目的効果基準について――政教分離原則違反の判断基準に関する一考察」高橋和之古稀『現代立憲主義の諸相・下』有斐閣、281頁

　林知更（2016）「『国家教会法』と『宗教憲法』の間――政教分離に関する若干の整理」同『現代憲法学の位相』岩波書店、395頁

　渡辺康行（2013）「政教分離規定適合性に関する審査手法――判例法理の整理と分析」『企業と法創造』9巻3号、54頁

第**12**章

精神的自由2　表現の自由・学問の自由

1　表現の自由の価値と違憲審査

(1)　表現の自由の価値

「表現」とは一般に、内心の思想などを外部に表出する行為（外面的な精神活動）であると考えられるが、憲法21条1項がいう「言論・出版」あるいは「集会・結社」以外にも、路上でのビラ配布やポスター掲示などから、映画・演劇などの上演、マスメディアやインターネットを媒介とする情報配信まで、多様な形態の言語・非言語コミュニケーションを含み、その領域はますます拡大の一途を辿っている。また、表現の自由は、単に表現者の表出の自由のみならず、表現を受け取る側の「知る自由」にも関連しており、最高裁は、「さまざまな意見、知識、情報に接し、これを摂取」する自由を21条の派生原理として認める（よど号ハイジャック記事抹消事件：最大判昭58・6・22民集37巻5号793頁、レペタ事件：最大判平元・3・8民集43巻2号89頁）。誰にも受領されない表現の意味は乏しく（自己内で完結する表現はむしろ19条の問題である）、表現者と受け手とが社会的に効果的なコミュニケーションを交わす自由の保障こそが重要であろう（21条が「結社（association）の自由」を含むのは、表現の自由がそうした広がりをもつ概念であることを示している）。

　表現の自由は、他の諸自由——とりわけ経済的自由——にはみられない独自の価値をもち、それゆえ人権体系の中で優越的地位にある、といわれる。第1は、個人の自律ないし自己充足の価値である。各人は自己の思想を表明し、他の思想と触れあう中で、自らの判断に従って人格を発展させ、自律した生を営むことができる（集会の意義について、成田新法事件：最大判平4・7・1民集46巻

第Ⅲ部　基本的人権

5号437頁参照）。第2は、民主政の基礎となる自己統治の価値である。国民主権の下では、国民が公共的な事柄について自由に主義主張を闘わせる中から多数意見が形成され、政策の集団的自己決定が行われ得る（「北方ジャーナル」事件：最大判昭61・6・11民集40巻4号872頁など参照）。第3は、真理に到達する手段としての価値であり、「思想の市場」における自由競争こそが真理と虚偽を篩にかける、といわれる。こうした原理論はそれぞれ一定の説得力をもつが、各々が保護しようとする表現の範囲と程度には相当な開きがあり得る（例えば、第2の根拠論は公共的＝政治的な表現の手厚い保護を特に重視し、最高裁は1960年代から表向きはこれを強調する傾向が強い）。そこで一般に学説では、どれか1つが排他的な妥当性をもつのではなく、これらが複合的な根拠となって優越的地位を支えていると考えられてきた。

(2)　「二重の基準」

　優越的地位という考え方は、単に表現の自由の実体的価値論にとどまらず、表現の自由を制約する法令は合憲性の推定が排除され（＝制約をする政府側が合憲性を具体的に論証する責任を負い）、裁判所は厳格な基準を用いて違憲審査をしなければならない、という司法判断の手続論・基準論に結びついている。学説がアメリカの判例等を参考に提唱する「厳格な基準」によれば、そうした規制法令が合憲判断を得るには、規制目的がやむにやまれない（compelling）といえるほど緊要な政府利益を促進するためであり、その規制手段がこの利益を達成するために過不足なくピッタリ仕立てられている（narrowly tailored）（＝厳密に必要最小限度である）ことが要求される。この基準は、目的が正当であり、手段がその目的と合理的に関連していれば足りるとする「合理性の基準」と比べれば、著しくパスし難いことがわかるだろう。「二重の基準」とは、表現の自由の制約立法にはこのような厳しい基準を、（実体的価値の劣る）経済的自由の制約立法には合理性の基準を、といったように制約される自由の価値序列に応じた違憲審査基準の使い分けを意味する（なおこの中間には、目的が重要ないし実質的なもので、手段がその目的と実質的に関連していなければならないとする「厳格な合理性の基準」があり、おおよそ三段階の基準が自由の性質、規制の目的などに応じて

第 12 章　精神的自由 2　表現の自由・学問の自由

使い分けられることになる）。

　もっとも「二重の基準」論は、諸自由の実体的価値序列を認めない者には説得力をもたないかもしれないが、立法府と裁判所の適正な機能分担の観点からこれを正当化する議論もなされている。第 1 に、経済的自由制約立法は複雑な社会経済政策上の判断を前提とすることが多いが、裁判所はそうした判断の是非を審査する能力を欠いている。第 2 に、表現の自由制約立法は自己統治の価値を想起すればわかるように民主政のプロセス自体を傷つける危険性が高く、その場合には正統な代表者が選出されず、不当な制約立法が立法府で改廃されなくなるため、裁判所が厳格な合憲性審査を行って民主政プロセスの機能を正常に回復する必要がある（ただし、この民主政プロセス理論に従えば、政治的表現の自由や参政権、孤立した社会的少数者が差別を受けない権利を裁判所が手厚く保護すべきことにはなるが、それ以外の表現の自由やプライバシーなど他の重要な権利が、いかにして厳格審査の対象となり得るのかは明らかではない）。

　こうした「二重の基準」の理論は、学説上幅広い支持を得ているが、最高裁は経済活動の自由、職業の自由については精神的自由に比べて規制の要請が強いという文脈で、わずかにこれを示唆するにとどまっている（最大判昭47・11・22刑集26巻 9 号586頁、最大判昭50・ 4 ・30民集29巻 4 号572頁を参照）。最高裁は、精神的自由制約立法の違憲審査において、やむにやまれない利益テストのような厳格基準をそれとして用いたことはなく、一般的にいえば、事件ごとに行われる個別的な利益衡量の中で時として諸々の厳格基準の含意が衡量の指標として援用されるケースがあるにすぎない（泉佐野市民会館事件・最判平 7 ・ 3 ・ 7 民集49巻 3 号687頁など参照）。判例は「基準を定立して自らこれに縛られることなく、柔軟に対処している」（最判平24・12・ 7 刑集66巻12号1722頁・裁判官千葉勝美の補足意見）のであり、優越的な自由にはカテゴリカルに厳格基準の採用を求め、予見可能性が高く言論保護的な司法判断の定着を図ってきた学説の努力は、なお十分に稔ったとはいえないだろう。

第Ⅲ部　基本的人権

2　表現の自由の一般法理——規制類型に即して

　表現の自由に対する制約には様々な方法と態様があり得るが、一定の規制類型がもたらす表現の自由への定性的な侵害の重大性に着目して、規制類型に応じたいくつかの法理が確立している。

(1)　漠然不明確ないし過度に広汎な文言による規制法令

　規制対象となる表現行為を定義する法文が、漠然不明確な文言であったり、過度に広汎な文言である（＝規制すべき対象でないものまで対象に含まれているように読める）場合には、（とりわけ刑罰を伴う）規制をおそれる表現者に本来規制されない表現を思いとどまらせる萎縮効果（chilling effect）を与えてしまう。気概に溢れた表現者は必ずしも多くないとすれば、この萎縮効果は「思想の市場」における自由な交流にとって致命的な作用を果たすかもしれない。そこで、そうした漠然不明確ないし過度に広汎な文言による法令は、文面上の審査だけで違憲無効とされる、という厳格な法理が確立している（明確性の理論）。

　最高裁は、集団行進に関する条例の刑罰法規が問題となった事案で、憲法31条違反か否かは「通常の判断能力を有する一般人の理解において、具体的場合に当該行為がその適用を受けるものかどうかの判断を可能ならしめるような基準が読みとれるかどうか」によって判断するとし、曖昧さが問題となった「交通秩序を維持すること」という規定の合憲性を認めた（徳島市公安条例事件：最大判昭50・9・10刑集29巻8号489頁）。また、関税定率法21条1項3号（現・関税69条の11第1項7号）が輸入禁制品とする「風俗を害すべき書籍、図画」等という規定について、表現の自由規制法の限定解釈が許されるのは「その解釈により、規制の対象となるものとそうでないものとが明確に区別され、かつ、合憲的に規制し得るもののみが規制の対象となることが明らかにされる場合でなければなら」ないとしたうえで、当該規定は猥褻な書籍、図画等のみを指すものと限定解釈が可能である以上、明確性に欠けるところはないと判示する（税関検査訴訟：最大判昭59・12・12民集38巻12号1308頁）。これに対して、当該規定には

238

第12章 精神的自由2 表現の自由・学問の自由

残虐な表現物をも規制対象にすると解される余地があり、不明確であると同時に過度に広汎であるから憲法21条1項に違反するという4裁判官の反対意見が付された。

最近では、何人も「公共の場所において、当該場所の所有者又は管理者の承諾又は許可を得ないで、公衆に不安又は恐怖を覚えさせるような集又は集会を行うこと」を禁止し、この禁止行為が「市の管理する公共の場所において、特異な服装をし、顔面の全部若しくは一部を覆い隠し、円陣を組み、又は旗を立てる等威勢を示すことにより行われたとき」は、市長が中止・退去を命令できる旨を罰則付きで規定する条例について、「文言どおりに適用されることになると、規制の対象が広範囲に及び、憲法21条1項及び31条との関係で問題がある」としながらも、条例全体の趣旨などから規制対象は本来的な意味における暴走族とその類似集団による集会に限られるものと限定解釈して、合憲判断を下している（広島市暴走族追放条例事件：最判平19・9・18刑集61巻6号601頁）。表現の自由の規制において、法文の文言（例えば「暴走族」の定義）を無視してまで立法技術の拙劣をあえて救うような合憲解釈を批判する2つの反対意見の方に理があるだろう。

(2) 事前抑制と「検閲」

発表前あるいは受け手による受領前に、公権力の判断によって表現物の「思想の市場」への登場自体を禁圧してしまうと、自由なコミュニケーションの流れは最も深刻な形で阻害される。表現に対する発表後の刑事制裁であれば，明確な規制対象に該当するかどうかが厳格な刑事手続によって判断されるのに対して、一般に行政権による事前抑制（prior restraint）は、規制範囲が広汎にわたり簡易な手続で行われるため、濫用の危険も大きく実際上の表現抑止効果が高い。こうした定型的な萎縮効果に着目して、表現に対する抑止は事後制裁を基本とし、表現の事前抑制は原則として禁止されるという法理が確立された。

この法理はイギリス法における出版の自由の歴史とともに古く、憲法21条2項が明文で「検閲」を禁止したのは、そうした表現の自由（1項）との本来的結び付きを表している。ただし、①この「検閲」禁止条項は事前抑制禁止の法

第Ⅲ部　基本的人権

理自体を定めたものと解するのか、あるいは②「検閲」の絶対的禁止とは別に
事前抑制の原則禁止は１項の要請と解するのか、学説上の対立がみられ、最高
裁は後者の立場に立った。

　まず、「検閲」の概念であるが、最高裁は「行政権が主体となって、思想内
容等の表現物を対象とし、その全部又は一部の発表の禁止を目的として、対象
とされる一定の表現物につき網羅的一般的に、発表前にその内容を審査した
上、不適当と認めるものの発表を禁止すること」、を特質とする制度と定義す
る（前掲・最大判昭59・12・12）。これは、「表現行為に先立ち行政権がその内容
を事前に審査し、不適当と認める場合にその表現行為を禁止する」制度という
②説の定義（佐藤幸（2011）256頁）と比べても、曖昧な限定的要素（「思想内容
等」、「発表の禁止を目的として」、「網羅的一般的に」など）を加えており、極端に狭
い「検閲」概念となっている。これに該当する制度が具体的にあり得るのか疑
問視する学説は多く、この定義では戦前の出版取締り体系は「検閲」に該当し
ないという評価さえある（奥平康弘（1988）『なぜ「表現の自由」か』東大出版会、
96-97頁）。いずれにせよ、当該事案の税関検査は、国外で発表済みのものの輸
入を禁止しても事前に発表そのものを一切禁止するものではなく、関税徴収手
続に付随するもので思想内容等の網羅的審査を目的としないなどの理由で、
「検閲」該当性を否定された。

　最高裁によれば、「検閲」には該当しなくても、「表現行為に対する事前抑制
は……憲法21条の趣旨に照らし、厳格かつ明確な要件のもとにおいてのみ許容
されうる」（前掲・最大判昭61・6・11）。この「北方ジャーナル」事件では、公
職選挙候補者の名誉を侵害したとして雑誌出版物の頒布等を裁判所の仮処分に
よって事前差止めできるかが問題となったが、「その表現内容が真実でなく、
又はそれが専ら公益を図る目的のものでないことが明白であって、かつ、被害
者が重大にして著しく回復困難な損害を被る虞があるとき」は、例外的に事前
差止めが許されると判示された。また、学校教育法に基づく教科用図書の検定
について、最高裁は、「不合格図書をそのまま一般図書として発行し……思想
の自由市場に登場させること」を妨げるものではないし、発表禁止目的や発表
前審査の特質がないことから「検閲」には当たらず、「思想の自由市場への登

第12章　精神的自由2　表現の自由・学問の自由

場を禁止する事前抑制そのもの」でもないなどとして、21条違反の主張を斥けている（第1次家永教科書事件：最判平5・3・16民集47巻5号3483頁）。

(3)　表現の内容に基づく規制

　さて、ここからは主として事後規制を念頭に置くことになるが、①規制が特定の表現内容を狙い撃ちしようとするものであるのか、それとも②表現内容とは関係なく表現の時間、場所、態様（time, place, manner）のみを規制しようとするものであるか、によって違憲審査基準に差を設けるという議論が学説上有力となっている（内容規制・内容中立規制の二分論）。内容規制が内容中立規制よりもコミュニケーションの自由な流れにとって脅威であるのは、規制する政府側が自己に不都合なメッセージ・見解を「思想の市場」から排除するという不当な動機が隠されている可能性が高いからである。自己統治の価値からすれば、内容規制には政府の正統性を調達すべき民主的な公共討議を政府自らが直接的に歪める効果があるため、裁判所は内容中立規制の場合よりも厳格審査を行うべきことが強く要請されるだろう。また、同じく内容規制といっても、見解規制（「争点Aについて反対の立場」の発言禁止）は主題規制（「争点Aについて」の発言禁止）に比べてより強く以上の議論が当てはまる。

　学説は一般的に、表現内容（とりわけ見解）に基づく規制立法については、上述のやむにやまれない政府利益テストが妥当すべきことを提唱する。しかしながら、必ずしも常にこのような高度に厳格な基準が要請されるわけではない。伝統的に存在する内容規制立法については、規制される表現内容自体がカテゴリカルにある種の法益を侵害する重大な社会的害悪を伴うものと考えられてきた。その典型はわいせつ表現や名誉毀損表現であるが、これらは近代憲法成立以前から犯罪類型として定着しており、長らく表現の自由保障の埒外のものとして扱われてきた（低価値表現）。だが、現代ではこれらも保護を必要とする表現と踵を接しているという認識が深まってきており、そうした表現への萎縮効果を除去するためにも、表現の自由の価値と規制利益を衡量しながら「わいせつ」等の概念を厳密に定義づける手法が提唱されている（定義づけ衡量）。この手法は、事件ごとの個別的衡量よりも予測可能性が高まり、萎縮効果の除

241

第Ⅲ部　基本的人権

去に有効と考えることができる。

（ⅰ）**せん動**　破壊活動防止法4条2項によればせん動とは「特定の行為を実行させる目的をもつて、文書若しくは図画又は言動により、人に対し、その行為を実行する決意を生ぜしめ又は既に生じている決意を助長させるような勢のある刺激を与えること」であり、同法38条1項、39条、40条は内乱罪などのせん動を処罰する。これは言論の受け手の側で内乱罪の実行行為を現実に引き起こすかに関わりなく、せん動という言論行為自体を処罰するものであり、単なる政治理論としての革命の唱道などとせん動との境界は極めて曖昧で、政治的表現への萎縮効果が大きい。最高裁は、同法39条、40条のせん動は「表現活動としての性質」をもつとしながらも、これは「公共の安全を脅かす現住建造物等放火罪、騒擾罪等の重大犯罪をひき起こす可能性のある社会的に危険な行為であるから、公共の福祉に反し、表現の自由の保護を受けるに値しない」として、戦後初期の公共の福祉論に基づく諸判決（最大判昭24・5・18刑集3巻6号839頁など）を引用・踏襲する合憲判断を行った（最判平2・9・28刑集44巻6号463頁）。こうした安易な合憲判断に対して学説は一般に極めて批判的である。違法行為の唱道を処罰するには、唱道がその情況において差し迫った違法行為を生じさせることに向けられ、かつそれが生じる蓋然性のある場合でなければならない、というアメリカのブランデンバーグ法理の趣旨に準拠して、せん動罪規定（それが仮に過度に広汎でないとしても）の合憲的な適用範囲を絞り込んでいくことが求められるだろう。

2017年には改正組織的犯罪処罰法が成立し、組織的犯罪集団の活動として一定の犯罪行為の遂行を「二人以上で計画した者」を処罰するいわゆる共謀罪（同6条の2）が新設されたが、せん動罪以上に大きな表現への萎縮効果をもたらすおそれがある。

（ⅱ）**わいせつ物**　現行の刑法175条は「わいせつな文書、図画、電磁的記録に係る記録媒体その他の物」の頒布、公然陳列、有償頒布目的所持を処罰する規定を置いている。このわいせつ表現物の頒布等禁止が憲法21条と抵触するかについて、初期の最高裁は、「性的秩序を守り、最少限度の性道徳を維持すること」は公共の福祉の内容をなすとして合憲判断を行った（チャタレイ事件：最

第 12 章　精神的自由 2　表現の自由・学問の自由

大判昭32・3・13刑集11巻3号997頁）。この典型的な公共の福祉論に基づく判決
は、大審院以来の判例を援用して、わいせつ物の概念を「徒らに性欲を興奮又
は刺戟せしめ、且つ普通人の正常な性的羞恥心を害し、善良な性的道義観念に
反するもの」としたうえ、著作物がこれに当たるかの判断は裁判官が社会通念
を基準として行うと判示した。この判決は、わいせつ性が文書の芸術性とは次
元を異にし、作者の主観的意図に影響されず純客観的に判断されると説き、絶
対的わいせつ概念をとるかのようであるが、12年後の最高裁も個々の章句のわ
いせつ性は文書全体との関連において判断すべきだとするものの、基本的には
チャタレイ判決を踏襲する（「悪徳の栄え」事件：最大判昭44・10・15刑集23巻10号
1239頁）。ただし、「悪徳の栄え」判決には、多数意見の公共の福祉論を批判し
て「内在的制約のみがこれらの自由に対する制約として承認され得る」とし、
わいせつ概念も文化の発展に照応して作品の芸術性・思想性との関連で判断さ
れるべき相対的概念であると説く田中二郎裁判官をはじめ、4つ（5裁判官）
の反対意見が付された。

　その後も、最高裁は小法廷判決においていくつかの注目すべき判断基準を示
している。「四畳半襖の下張」事件判決では、「当該文書の性に関する露骨で詳
細な描写叙述の程度とその手法、右描写叙述の文書全体に占める比重、文書に
表現された思想等と右描写叙述との関連性、文書の構成や展開、さらには芸術
性・思想性等による性的刺激の緩和の程度」という6要素から文書を全体とし
てみて「主として、読者の好色的興味にうったえるもの」かどうかを検討する
旨を説き、相対的わいせつ概念の考えを取り込んで全体的考察法を客観化しよ
うとしている（最判昭55・11・28刑集34巻6号433頁）。ただ、この総合考慮の方法
では規制を受ける範囲について具体的な予測可能性に欠けることは否めない。
ビニ本販売事件における伊藤正己裁判官の補足意見は、ハード・コア・ポルノ
と準ハード・コア・ポルノを区別し（その境界線は主に「性器または性交の直接の
具体的描写」か否かにある）、前者は端的に憲法21条の保護の範囲外であるが、
後者は芸術性や思想性を含み社会的価値をもつものもあり得るから、当該表現
の害悪の程度と社会的価値との慎重な利益衡量が不可欠になる、と説いた（最
判昭58・3・8刑集37巻2号15頁）。これは定義づけ衡量の考え方をとり入れたも

243

第Ⅲ部　基本的人権

のと解されている。

　学説上、わいせつ物規制の根拠は、判例のいう「最少限度の性道徳を維持する」というような社会的利益では広汎にすぎ、もっぱらわいせつ表現をみたくない人や青少年の保護という第三者の利益に限定して捉える考え方も有力である。この観点からは、刑法175条のような一律規制ではなく、わいせつ物頒布等の場所や方法などを制限するだけで十分であるとも考えられる。もっとも児童ポルノは、被写体とされた子どもの福祉に関わるので、「自己の性的好奇心を満たす目的」でこれを所持する行為が処罰される（児童買春7条1項）ことにも合理性はある。

　(iii)　**名誉毀損・プライバシー侵害的表現**　　名誉毀損は一般に表現によって行われるから、これに対する刑罰（刑230条）や民事制裁（民709条、723条参照）は、その適用範囲が表現の自由との関係で問題となる。人の社会的評価を意味する名誉は人格権の1つとして憲法13条の保護を受けるが（前掲・最大判昭61・6・11）、とりわけ自己統治の価値を重視すると、これらの制裁は公務員や公職候補者に対する批判的言論を抑圧する手段にもなり得るため、慎重な考慮が必要となってくる。

　戦後の改正で設けられた刑法230条の2は、名誉毀損行為であっても①「公共の利害に関する事実に係り」、かつ②「その目的が専ら公益を図ることにあったと認める」場合には、③「事実の真否を判断し、真実であることの証明があった」ときは、罰しない旨を規定する（1項）。また、「公訴が提起されるに至っていない人の犯罪行為に関する事実」は当然に①に該当し（2項）、さらに、「公務員又は公選による公務員の候補者に関する事実に係る」場合には①と②は充足されたものとされる（3項）。この刑法230条の2は、公共的な表現の自由に配慮して定義づけ衡量を法文に具体化したものと解し得るが、いずれにしても③の真実性の証明は不可欠であり、これが表現者にとって大きな負担となることは否めない。そこで最高裁は、真実性の証明がなくても「行為者がその事実を真実であると誤信し、その誤信したことについて、確実な資料、根拠に照らし相当の理由がある」ときは故意がなく名誉毀損罪は成立しない、という解釈（相当性の法理）を示した（「夕刊和歌山時事」事件：最大判昭44・6・

第 12 章　精神的自由 2　表現の自由・学問の自由

25刑集23巻 7 号975頁）。こうした刑法規定・判例法理の趣旨は、不法行為法上の名誉毀損にも妥当する（最判昭41・ 6・23民集20巻 5 号1118頁）。

　自己統治の価値を重くみて、公務員などに対する名誉毀損的表現への萎縮効果を除去しようとする相当性の法理は、アメリカ法における「現実の悪意」法理（表現が虚偽であることを知っていたか、虚偽であるかどうかを意に介さずになされたことを公務員側が立証しなければならない、という法理）に比べればいまだ十分に言論保護的とはいえないが、日本では名誉毀損に対する制裁の軽さなどを理由として「現実の悪意」法理の採用に慎重な学説が有力である。なお、最高裁は刑法230条の 2 第 1 項にいう「公共の利害に関する事実」について、「私人の私生活上の行状であっても、そのたずさわる社会的活動の性質及びこれを通じて社会に及ぼす影響力の程度などのいかんによっては」、これに該当する可能性を認めている（「月刊ペン」事件：最判昭56・ 4・16刑集35巻 3 号84頁）。

　プライバシーは人の社会的評価から自由な領域を確保する権利利益であって、名誉とは異なる。プライバシーを侵害する表現に対する不法行為訴訟でも、憲法21条との関係で慎重な利益衡量が必要となるが、プライバシーは名誉と違っていったん侵害されたら対抗言論などによる回復が不可能であることも考慮すべきである。最高裁は、無名の一市民が12年余り前の前科などに関わる事実を実名で著作物に公表された事案について、これを公表されない法的利益がこれを公表する意義、必要性に優越するかどうかを個別具体的に比較衡量して、不法行為責任を認めた（ノンフィクション「逆転」事件：最判平 6・ 2・ 8 民集48巻 2 号149頁。参照、長良川事件報道訴訟：最判平15・ 3・14民集57巻 3 号229頁）。

　⒤　**集団憎悪的表現（ヘイト・スピーチ）**　　名誉毀損のような特定個人を標的とする言論ではなく、人種、民族、宗教、性、性的指向などのマイノリティ集団を標的として敵意や憎悪を投げつける表現がいわゆるヘイト・スピーチである。これは標的集団に属する人々にスティグマを与えて尊厳を傷つけ、社会的孤立感を植えつけて対抗言論の気力さえ失わせるから規制対象とすべきであるという見解が有力化してきている。しかし、ヘイト・スピーチの存在自体が対抗言論の機会を失わせて「思想の市場」を閉ざすわけではなく、また規制範囲が広汎かつ不明確になりやすいという懸念から、学説上は少なくとも刑罰規制

245

第Ⅲ部　基本的人権

には消極的な見解がなお多数である。日本は人種差別のせん動などの処罰を求める人種差別撤廃条約に加入する際に、表現の自由と抵触しない限度で履行するという留保をつけている。2016年に「本邦外出身者に対する不当な差別的言動の解消に向けた取組の推進に関する法律」が成立したが、この初のヘイト・スピーチ対策法も禁止規定や罰則を設けていない（第18章参照）。

(ⅴ)　**商業広告・営利的言論**　　商業広告は、その受け手にとって自己実現の判断材料になる可能性はあるが、自己統治の価値との関係性は稀薄であるし、消費者保護のために虚偽広告等を排除する必要性が高い反面、営利目的でなされるため政府規制による萎縮効果を危惧する必要性はさほどない。そこで、営利的言論のうち、虚偽あるいは誤導的なもの、違法行為に関連するものについては表現の自由保障の埒外であり、これをパスしたものについてその規制に中間基準審査を行うというアメリカのセントラル・ハドソン法理が、日本の学説でも広く援用されている。最高裁は、きゅうの適応症として神経痛等の病名を記載した広告が法律上の広告制限に違反するとされた事案について、この制限は広告を「無制限に許容するときは、……虚偽誇大に流れ、一般大衆を惑わす虞があり、その結果適時適切な医療を受ける機会を失わせる」ことをおそれたためで、「国民の保健衛生上の見地から、公共の福祉を維持するためやむをえない」制限として憲法21条に反しないと判示した（最大判昭36・2・15刑集15巻2号347頁）。しかし、適応症の真実・正当な広告まで禁止することの合憲性については異論が強い（参照、同判決における裁判官奥野健一の少数意見）。

(4)　**表現内容中立規制──表現の「場」の公共性に着目して**

　表現の内容（見解・主題）を狙いとすることなく、時間帯や場所、態様（方法）のみを規制する場合は、政府に不都合な内容の表現を選別しているという動機が潜んでいる可能性は低く、当該表現方法と害悪発生の間に明白な関連性が見出せる場合が多い（通勤ラッシュ時の駅前でのビラ配布を考えてみよう）と考えられるので、やむにやまれない政府利益テストほど厳格な審査は要求されない、とされる。具体的には、重要な目的を達成する手段の審査においてより制限的でない他の代替的手段（Less Restrictive Alternative＝LRA）の基準（LRAが

246

第 12 章　精神的自由 2　表現の自由・学問の自由

利用できないことを政府側が立証しなければ違憲となる）や、表現者にとって他の代替的コミュニケーション経路が十分残されているかという基準を用いる、という学説が有力であり、これらは一応中間的な審査基準と考えることができる。ただし、規制法の外形上は内容中立的なものにみえても、実質的には特定内容の表現の機会を閉ざすことを狙いとする場合（国民の間に異論の大きい重大法案の審議中に国会周辺での拡声器使用を禁止する場合を考えてみよう）には、むしろ厳格審査を行う必要性が高まるし、内容規制と内容中立規制の境界はさほど分明ではないことにも注意が必要である。

　この種の問題の 1 つとして、公職選挙法上の選挙運動の規制がある。公選法は、選挙の自由と公正の確保という見地から、戸別訪問の全面禁止（138 条 1 項）、文書図画等の制限（142〜147 条）、事前運動の禁止（129 条）など選挙運動の自由に厳しい規制を及ぼしている。「選挙に関し、投票を得若しくは得しめ又は得しめない目的」をもつ戸別訪問の禁止は、それ自体表現内容に着目した規制と解する余地があるが、最高裁は「戸別訪問以外の手段方法による意見表明の自由を制約するものではなく、単に手段方法の禁止に伴う限度での間接的、付随的な制約にすぎない」として、緩やかな合理的関連性の基準による合憲判断を下している（最判昭 56・6・15 刑集 35 巻 4 号 205 頁）。しかし、この判決の示す諸々の戸別訪問弊害論（①買収、利益誘導等の温床になる、②私生活の平穏を害する、③選挙運動が煩に耐えなくなる、④投票が情実に支配されやすくなる）に十分な説得力があるか疑問を呈する伊藤正己裁判官は、別事件の補足意見で、「禁止された方法がその表現の伝達にとって有効適切なものであり、他の方法ではその効果を挙げえない場合には、その禁止は、実質的にみて表現の自由を大幅に制限することとなる」とし、戸別訪問が直接的かつ双方向的な政治的意見の伝達方法であるという長所（優れた価値）をもつことに鑑みても「一つの方法の禁止にすぎないからといって、これをたやすく合憲であるとすることは適切ではない」、と説示している（最判昭 56・7・21 刑集 35 巻 5 号 568 頁）。

　(i)　パブリック・フォーラム——私人の表現と政府の財産　インターネットのような仮想空間での双方向コミュニケーションが爆発的に拡大する以前の世界では、一般私人による表現にとって人と人が物理的に出会う場所の確保が極め

第Ⅲ部　基本的人権

て重要な意味をもっていた（ある意味では現在もそうである）。伝達すべき受け手に効果的にコミュニケーションをするためには、表現者が所有しない場所を利用しなければならず、したがって所有権、管理権に基づく場所の規制は表現にとって致命的な障碍となり得る。この点に着目して、アメリカの判例では政府所有財産に関わるパブリック・フォーラムの法理が形成された。1980年代に確立したこの法理によれば、道路・公園・歩道などの伝統的パブリック・フォーラムと公会堂・公民館など政府が市民の集会利用のために開いた指定的パブリック・フォーラムにおける表現の規制については、内容規制・内容中立規制ともに本来の厳格（ないし厳格な合理性）審査が妥当し、それ以外の政府財産（非パブリック・フォーラム）における規制のように合理性基準による審査は許されない、とされる（ただし、いずれにおいても見解規制は禁止される）。つまりこれは、当該政府財産が私人の表現のために開かれてきた実質を重くみて、統治者としての政府に許されない表現規制を所有者としての政府が迂回して行うことを制肘する法理とみることができる。この考え方は自己統治の価値と密接に結び付いており、日本の判例・学説にも一定の影響を与えている。

　(ii)　**ビラ配り・ビラ貼り**　　現在でも資力のない私人にとってリアルな空間で最も簡便に表現をする方法は、ビラ配りやビラ貼りであろう。最高裁は、私鉄駅構内で駅員の許諾を得ずにビラ配布・演説を行って鉄道営業法35条違反等の罪に問われた事案について、「たとえ思想を外部に発表するための手段であっても、その手段が他人の財産権、管理権を不当に害する」ものは許されない、として公共の福祉論による処罰の合憲判断を下している（吉祥寺駅事件：最判昭59・12・18刑集38巻12号3026頁）。だが、この判決に付された伊藤正己補足意見は、道路、公園、広場など「一般公衆が自由に出入りできる場所」をパブリック・フォーラムと呼び、これが表現の場所として用いられる場合には「所有権や、本来の利用目的のための管理権に基づく制約を受けざるをえないとしても、その機能にかんがみ、表現の自由の保障を可能な限り配慮する必要がある」と説いた。これは具体的状況に応じた利益衡量の際に場所のパブリック・フォーラム性が表現行為に有利に働く可能性を示唆したものである（道路などの公共用物ではない私鉄管理地がパブリック・フォーラムたり得ることを認めている点

第12章　精神的自由 2　表現の自由・学問の自由

でアメリカの法理を超えている部分もある）。

　最近では、玄関ドアの新聞受けに政治的意見を記載したビラを投函する目的で公務員宿舎に管理権者の意思に反して立ち入った行為が住居侵入罪に問われた事案で、本件の場所は「職員及びその家族が私的生活を営む場所である集合住宅の共用部分及びその敷地」であって、「一般に人が自由に出入りすることのできる場所ではない」とし、本件立入りは「管理権者の管理権を侵害するのみならず、そこで私的生活を営む者の私生活の平穏を侵害する」として、処罰の憲法21条違反の主張を斥けた（最判平20・4・11刑集62巻5号1217頁）。この判決では当該場所のパブリック・フォーラム性を否認する際に、その利用実態（商業的宣伝ビラ投函のための立ち入りは許されていたか等）が顧みられた形跡はない。

　ビラ貼りは、ビラ配りよりも直接的に他者の財産権と抵触する意味合いは大きい。最高裁は、屋外広告物条例による電柱等へのビラ貼り禁止について「都市の美観風致を維持することは、公共の福祉を保持する所以である」として、簡易な合憲判決を下している（最大判昭43・12・18刑集22巻13号1549頁）。また、みだりに他人の家屋等にはり札をすることを禁じる軽犯罪法1条33号についても公共の福祉論による合憲判断をしており（最大判昭45・6・17刑集24巻6号280頁）、その説示は上記の吉祥寺駅事件判決にもほぼそのまま援用された。

　その後、最高裁では街路樹の支柱に政党演説会を告知するプラカード式ポスターを括りつける行為への罰則適用に関わって、屋外広告物条例の合憲性が肯定されたが（最判昭62・3・3刑集41巻2号15頁）、この判決に付された伊藤正己補足意見が再度、注目に値する。この意見は、「ビラやポスターを貼付するに適当な場所や物件は、道路、公園等とは性格を異にするものではあるが、私のいうパブリック・フォーラム……たる性質を帯びる」とし、これを利用する思想や意見の表現規制は公共の福祉に適合する目的を有するというだけで、たやすく合憲判断できないことを示唆している。

　(iii)　**集団行進と集会**　道路で集団行進や集団示威運動（デモ）を行うことは動く集会ともいえる。これらの表現活動を公安維持の観点から事前に公安委員会の許可にかからしめる公安条例について、最高裁は単なる届出制であれば格

第Ⅲ部　基本的人権

別、一般的な許可制によって事前抑制することは違憲となるが、公共の秩序を保持するために「特定の場所又は方法」について「合理的かつ明確な基準」の下に予め許可を受けしめ、また「公共の安全に対し明らかな差迫った危険を及ぼすことが予見されるとき」には許可をしない旨の規定を設けても、憲法上の自由を不当に制限することにならないと判示した（新潟県公安条例事件：最大判昭29・11・24刑集8巻11号1866頁）。この判示自体は学説上も評価されているが、実際の公安条例の「許可」システムを実質的な届出制とみなして合憲判断したことについては疑問もある（本件条例では、「公安を害する虞がない」場合は許可しなければならないというごく抽象的な基準であった。別件で合憲とされた東京都条例の場合は、「公共の安寧を保持する上に直接危険を及ぼすと明らかに認められる場合の外」は許可しなければならないという基準で、また新潟県条例と違って許可推定条項がなかった（最大判昭35・7・20刑集14巻9号1243頁））。

　道路交通法77条1項に基づく集団行進の許可制について、最高裁は、許可を拒めるのは、集団行進により「一般交通の用に供せられるべき道路の機能を著しく害する」ものと認められ、しかも「警察署長が条件を付することによっても、かかる事態の発生を阻止することができない」と予測される場合に限られると判示し（最判昭57・11・16刑集36巻11号908頁）、同法77条に限定解釈を加えて表現の自由に配慮を示している。

　集会は道路、公園などで行われるばかりでなく、自治体などの設置する集会施設（指定的パブリック・フォーラムに相当）でも行われる。地方公共団体がこれらの「公の施設」（地自244条1項）を設けた場合、住民の利用を「正当な理由」がない限り拒んではならず、その利用について「不当な差別的取扱いをしてはならない」（同条2項、3項）。この「正当な理由」を具体化する「公の秩序をみだすおそれがある場合」等という条例上の不許可事由が問題となった泉佐野市民会館事件で、最高裁は、一般に集会用公共施設の利用拒否ができる場合を、①公共施設の種類、規模、構造、設備等から利用が不相当な場合、②利用の希望が競合する場合、③利用させることによって他の人権が侵害され、公共の福祉が損なわれる危険がある場合、に限定する。そして、③の利用拒否が合憲とされるのは、集会の自由の重要性とこれらの危険の程度等を衡量して後者

第12章 精神的自由2 表現の自由・学問の自由

が前者に優越する場合であり、具体的には危険の程度が「単に危険な状態を生ずる蓋然性があるというだけでは足りず、〔客観的な事実に照らして〕明らかな差し迫った危険の発生が具体的に予見されることが必要である」、と判示した（前掲・最判平7・3・7）。この判示は、先の新潟県公安条例事件判決を引用している点も注目されるが、厳格基準とされる「明白かつ現在の危険」の趣旨が利益衡量の指標として最も明瞭に取り込まれた例であろう。また、別の事件では、主催者が平穏に集会を行おうとしているのに、反対者が実力で阻止、妨害しようとして紛争を起こすおそれを理由に利用拒否できるのは、「警察の警備等によってもなお混乱を防止することができないなど特別の事情がある場合に限られる」、と判示した（最判平8・3・15民集50巻3号549頁）。敵対者の一方的妨害行動を理由に利用を拒否し得るとしたら、集会の自由は画餅に帰するからである（敵対的聴衆の法理）。

(iv) **政府による給付の文脈**　最高裁は、「パブリック・フォーラム」というコトバは使わないものの、公の道路や集会施設を用いた表現活動について、憲法上の自由に配慮した厳格基準の趣旨を酌んで施設の管理権に基づく制約を限定する姿勢を示してきた。それに対し、それ以外の場所における表現活動については、所有権、管理権による制約を依然として公共の福祉論で容易に認める傾向がある。典型的なパブリック・フォーラムと解される場所の外にそれと類似の公共的な言論空間をどこまで拡大すべきかは、今後の課題であろう。

　私人の表現活動に開かれたパブリック・フォーラムの提供は、見方を変えれば政府の財産（施設の維持管理費、警備の人件費等）を表現者に給付することでもある。同じく表現のための政府財産でも、政府自らの広報活動（いわゆる政府言論）あるいは政府の意見を代弁する私人への援助とは異なり、パブリック・フォーラムは政府から独立した言論空間であり（したがって観点規制はとりわけ禁忌である）、市民（私人）同士が公共的なコミュニケーションを行うための民主政国家における最低限のインフラといえよう。したがって、パブリック・フォーラムの存在は自己統治の価値によって最もうまく正当化できる。

　市民の言論のための政府財産の給付は、パブリック・フォーラムだけに限られない。大学、学校や美術館、博物館、劇場などを設置・財政支援して、「市

251

第Ⅲ部　基本的人権

場」では採算がとれなくとも質の高い表現活動に発表の機会を提供することも
そこに含まれるが、これらについてはパブリック・フォーラムとは異なる表現
規制の論理が妥当するだろう（大学については後述）。最も一般市民に近いとこ
ろでは、地域の社会教育・文化施設である公立図書館などがあるが、ここでも
それぞれの設置目的に適合した表現規制のルールが必要である。市立図書館の
司書が蔵書の一部を除籍基準に該当しないにもかかわらず独断的な評価と個人
的好みによって廃棄し、著作者から慰謝料請求された事案で、最高裁は、図書
館法2条等の解釈を通じて公立図書館は「そこで閲覧に供された図書の著作者
にとって、その思想、意見等を公衆に伝達する公的な場」であるとし、著作者
が思想等を公衆に伝達する人格的利益の侵害を認めた（最判平17・7・14民集59
巻6号1569頁）。ここでいう「公的な場」は勿論パブリック・フォーラムとは異
なる（例えば、著作者には図書館に自著の配架を請求する権利はない）が、市民相互
の自由なコミュニケーションのために提供される「場」として等しく公共性が
あることが確認されているだろう。

3　表現の自由の特殊法理——報道機関の自由と大学の自治

　憲法21条は「結社の自由」を規定しているが、結社とは多数人が一定の共通
目的のために継続的に結合することと解されている。精神的自由としての意義
から、この共通目的に政治、宗教、学問・芸術等が含まれることに異論はない
が、経済活動を目的とする会社等の場合は22条の保護範囲に入ると考えること
ができよう。結社の自由には、個人が団体を結成（ないし団体に加入）する自由
と、そうしてできた団体が意思を形成・実施する自由等が含まれる（強制加入
団体と構成員の協力義務の関係については、第9章参照）。

　ここでは結社一般ではなく、「表現」そのものを目的とする特殊な結社にお
いて、その団体と構成員に要請される特殊な表現の自由と規律のありようを考
察してみよう。表現の秩序全体にとってとりわけ重要な団体は、報道機関と大
学である（後者は憲法23条の保護を受ける。同じく特殊範域（憲20条）にある宗教的
結社については、第11章参照）。

252

第12章　精神的自由2　表現の自由・学問の自由

(1)　報道機関の自由

(i)　「知る権利」と報道の自由　　新聞・雑誌や放送局のような報道機関（マス・メディア）は21条によって報道の自由を保障されるが、これを一般私人の表現の自由と同質のものとみるか、それともある種の「特権」とみるか、見解は分かれるだろう。最高裁は、「報道機関の報道は、民主主義社会において、国民が国政に関与するにつき、重要な判断の資料を提出し、国民の『知る権利』に奉仕するものである」と述べ、報道機関の事実報道の自由は国民の「知る権利」を基礎にして21条の保障を受ける、と判示した（博多駅事件：最大決昭44・11・26刑集23巻11号1490頁）。これはある種の「特権」説と解され、広く学説の支持を受けているといってよい。

この博多駅事件決定の「知る権利」は参政権的な性格のものであるが、ほぼ同時期の「悪徳の栄え」事件判決において色川幸太郎反対意見は、「知る自由」つまり「情報及び思想を求め、これを入手する自由」を憲法21条、13条に結びつけて説いた（前掲・最大判昭44・10・15）。これらの説示はその後、「さまざまな意見、知識、情報に接し、これを摂取」する自由へと発展する（この自由は自己実現と自己統治の価値に結びつけて説かれる）が、最高裁はこれをあくまでも21条の派生原理と位置づける（前掲・最大判昭58・6・22、最大判平元・3・8）。その趣旨は、この自由の具体化としての未決拘禁者の新聞等閲読の自由や、法廷傍聴人の筆記行為の自由を、「これに優越する公共の利益」のための「一定の合理的制限」に服させるところにあった（特に後者については、「表現の自由そのものとは異なる」から「厳格な基準」は要求されない、と明瞭な説示がある）。

また、「知る権利」は、以上の意義とは別に、個人の政府情報開示請求権という社会権的性格のものとしても説かれる。ただし、これは憲法上の権利としては抽象的なものにとどまり、不開示情報の範囲、開示手続、不服申立ての方法等を定める法律や条例の制定によって具体的権利になると解されている（しかし、1999年に成立した「行政機関の保有する情報の公開に関する法律」は、目的規定に「知る権利」を謳っていない）。

(ii)　取材の自由と取材源秘匿権　　さて、報道の自由の「特権」性が具体的に現れるのが、取材の自由と取材源秘匿権である。取材とは報道前の情報収集行

第Ⅲ部　基本的人権

為であるが、最高裁は、「報道機関の報道が正しい内容をもつためには、……取材の自由も、憲法21条の精神に照らし、十分尊重に値いする」と判示した（前掲・最大決昭44・11・26）。これは取材の自由に、報道の自由の十全な保障よりも一段低い位置づけを与える趣旨であろう。現に、公正な刑事裁判実現のための取材フィルムの提出命令が21条に反しないという結論に至る比較衡量のなかには、「報道機関が蒙る不利益は、報道の自由そのものではなく、将来の取材の自由が妨げられるおそれがあるというにとどまる」という説示がある。そしてこの一段低い位置づけは、適正迅速な捜査のための検察官・警察官による取材ビデオテープの差押さえ合憲とされたことに繋がっている（日本テレビビデオテープ押収事件：最決平元・1・30刑集43巻1号19頁、TBSビデオテープ押収事件：最決平2・7・9刑集44巻5号421頁）。ここで、最高裁が公正な刑事裁判の実現と、その前段階にすぎない適正迅速な捜査の違いを意に介さないことには批判がある。この態度は報道とその前段階の取材の格差づけと比べても、最高裁の国家公益重視の姿勢を象徴的に示している。また、レペタ事件判決において最高裁は、この十分尊重される取材の自由を、ただ尊重されるにすぎない傍聴人の筆記行為の自由と対比させて、記者クラブ所属記者にのみ法廷メモ採取を認めても憲法14条に反しないと判示した（前掲・最大判平元・3・8）。これは、最高裁がマス・メディアの「特権」説に立つことを傍証しているだろう。

　最高裁はかつて、憲法21条は新聞記者に取材源の証言拒否権を与えていないと判示した際に、表現の自由が一般国民に平等に認められたものであって、記者に「特別の権利」を与えたものでないことを強調していた（最大判昭27・8・6刑集6巻8号974頁）。しかし、博多駅事件決定後の「特権」説の展開をうけて、近年の最高裁は、報道関係者の取材源の秘匿は民事訴訟法197条1項3号の「職業の秘密」に当たるとし、民事裁判における記者の証言拒否に正当な理由があると判示している（最決平18・10・3民集60巻8号2647頁）。記者と取材対象者との信頼関係を保護する取材源秘匿権は、取材の自由の最も重要な一角であろう。

　新聞記者が外務事務官から沖縄返還協定にかかわる密約文書を入手した行為が、秘密漏洩の「そそのかし」として国家公務員法111条等違反の罪に問われ

254

第12章　精神的自由2　表現の自由・学問の自由

た事案がある。最高裁は、報道機関の取材行為は「真に報道の目的からでたものであり、その手段・方法が法秩序全体の精神に照らし相当なもの」である限り正当業務行為である、という取材の自由に配慮した一般的説示を行ったうえで、本件では、記者が事務官と肉体関係をもって「拒み難い心理状態」に陥らせるなど、取材対象者の尊厳を著しく蹂躙した態様で行われたもので、正当な取材行為の範囲を逸脱したと判示した（外務省秘密電文漏洩事件：最決昭53・5・31刑集32巻3号457頁）。上の一般的説示自体は学説からも評価されており、その趣旨は2013年に成立した「特定秘密の保護に関する法律」22条2項にも盛り込まれている。

(iii)　**アクセス権と放送の規律**　　報道機関の「特権」説は、反面で特殊な規律を認める議論にも繋がり得る。この文脈で提唱されてきたアクセス権とは、私人が報道機関に対して自己の意見発表の「場」を提供することを求める権利である。報道によって名誉等を侵害された場合の反論権（無料で同一スペースの反論記事掲載を請求する権利）がその典型であるが、日本には反論権を認める法律は存在しない。最高裁は、共産党が新聞記事に自己が取り上げられただけで、名誉毀損の不法行為の成否にかかわらず上記のような反論権があると主張した事案で、かかる権利が新聞の編集権にもたらす負担は「公的事項に関する批判的記事の掲載をちゅうちょさせ、……表現の自由を間接的に侵す危険」があるとして、これを斥けた（サンケイ新聞事件：最判昭62・4・24民集41巻3号490頁）。この判決は、「知る権利」への奉仕者という博多駅事件決定のメディア像よりも、名誉権との衝突をも辞さない逞しい表現者という「北方ジャーナル」事件判決（前年に下されている）のメディア像に基づいていると解される（事実、後者を引用して「民主主義社会において極めて重大な意味をもつ新聞等の表現の自由」を強調する）。この2つのメディア像は矛盾しないと考えることもできるが（いずれにせよ憲法上の「特権」を正当化するのは、自己統治の価値に深く関わる報道機関の政府チェック機能である）、報道機関を表現の「場」と捉えるのか、それとも「主体」と捉えるのかという見方の違いに繋がるだろう。

　こうして規律から自由な新聞等の印刷メディアと異なり、放送メディアについては伝統的に周波数帯の有限希少性や特異な社会的影響力・衝撃力（参照、

255

第Ⅲ部　基本的人権

最判平 2・4・17民集44巻 3 号547頁）を理由として、免許制や番組編集準則（政治的公平、多角的な論点解明など放送法 4 条 1 項の定める倫理規定を参照）といった特殊な規律が課されている。しかし、多メディア・多チャンネルといわれるように周波数帯の希少性は技術的に大きく解消されてきており、社会的影響力等の点で新聞と放送に大きな差はないという見方も有力となってきている（リアルタイムの動画と文書による同時配信が進んでいるインターネット上での両者の融合現象を考えてみよう）。

　なお、最高裁は、放送受信設備設置者に NHK との受信契約締結を義務づける放送法64条 1 項について、この仕組みは「表現の自由の下で国民の知る権利を実質的に充足すべく採用され、その目的にかなう合理的なもの」として、憲法上許容されると判示している（最大判平29・12・6 民集71巻10号1817頁）。

(2)　大学の自由と自治

(ⅰ)　学問の自由と大学の「特権」

憲法23条は学問の自由を保障しているが、最高裁はこれを 2 種に分け、一方で広くすべての国民の①学問的研究の自由と②研究結果発表の自由を保障するとともに、他方で「大学が学術の中心として深く真理を探究することを本質とする」ことから、特に大学におけるこれらの自由を保障しており、これは「一般の場合よりもある程度で広く認められる」とする。後者は、憲法論としての大学の本質規定から、23条に基づいて大学に「特権」を認めていると解される。そして、「特権」の範囲は①②の自由にとどまらず、「憲法の右の趣旨と、これに沿って」規定された学校教育法上の大学の目的に基づいて、③研究結果の教授（教育）の自由が保障され、また、これらの自由を保障するため「伝統的」に④大学の自治が認められる（ポポロ事件：最大判昭38・5・22刑集17巻 4 号370頁。なお、裁判官入江俊郎他の補足意見も参照）。

　この「特権」論を基礎づける学説には 2 つの系統がある。第 1 は、大学人が「選ばれたる人」であることを根拠に教授団（＝制度体）の身分的特権として把握するドイツ型の説（法学協会編（1953）455頁以下など）で、ポポロ事件判決もこれを下敷きにしていると解される。第 2 は、学者ではない素人（理事会）が

256

第12章　精神的自由2　表現の自由・学問の自由

設置管理する大学において、被傭者にすぎない学者＝専門職能（profession）がもつべき職務遂行の自律権として把握するアメリカ型の説（参照、高柳信一（1983）『学問の自由』岩波書店）である。この説によれば、大学は（公立私立を問わず）専門的学問のために捧げられた公共信託的財産であり、研究教育の内容・方法等についての判断権を専門職能（教員団）に留保することによって、初めてその真理探究機能を十全に発揮できる。大学はパブリック・フォーラムのように一般私人の公共討議に開かれた「場」ではないが、政府（および私有）財産の管理権行使が学問コミュニケーションのために掣肘されるという点で、ここにも公共的な「場」の論理を見出すことができる（第2説が、第1説やポポロ事件判決のいう大学の自治の内容（後述）に加えて、教員団を主体とする「研究教育の内容・方法等の自主決定権（個々の学問ディシプリンの内部では、内容上の主題・見解規制や固有の手続を遵守させることが必要不可欠となる）」と「財政自主権（ひものつかない研究費を請求する権利）」を特に認めるのは、以上の論理の帰結である）。2004年以降の国公立大学法人化によってアメリカ型を模した大学管理方式が一般化したことからすれば、ポポロ事件判決の趣旨を第2説によって読み替えていくのが妥当だろう。

(ii)　**先端科学研究の規制**　　研究は、単なる内心の作用ではなく、実験、観測、調査などの外形的行為を必然的に伴うものであり、とりわけ先端的科学研究の大規模化と高度化が進むにつれて、大規模事故のリスク、人間の生命・健康や生態系への予見不能な危害、人間の尊厳に関わる反倫理性などへの懸念から、近年、規制の必要性が強く意識されてきている。すでに一部の領域では、法律による規制が導入されているが（「ヒトに関するクローン技術等の規制に関する法律」参照）、専門職能の自律性確保の観点から、原則的には学会、研究教育機関単位の自主規制の方式が望ましく、こうしたソフトな規制では実効性が確保できない特に危険性の高い領域に限って、（専門家集団の十分な合意形成を経て策定された）法律や行政指針による厳しい制裁（刑罰等）を伴う規制が許容されるであろう。

(iii)　**「完全」な教授（教育）の自由**　　ポポロ事件判決は教授（教育）の自由を大学においてのみ認めたが、最高裁は後にこれを判例変更し（旭川学テ事件：最

第Ⅲ部　基本的人権

大判昭51・5・21刑集30巻5号615頁）、普通教育においても教授の具体的内容および方法につき「一定の範囲における教授の自由」を認めた（第14章参照）。この判示が、大学と普通教育になお差異を認める根拠は、①普通教育における生徒の批判能力の欠如、②教師の強い影響力・支配力、③学校・教師の選択の余地の乏しさ、④機会均等からくる全国的な水準確保の要請、である。逆にいえば、大学においては改めて「完全な教授の自由」が確認されたことになるが、これは個々の教員や教員団が、国家や大学設置者、部局長等（＝専門職能にとって外在的な素人）から、教育固有の内容・方法等に関して指揮監督を受けないことを意味するはずである。

(iv)　大学の自治と「部分社会」論　　ポポロ事件判決によれば、大学の自治は、第1に、「学長、教授その他の研究者が大学の自主的判断に基づいて選任される」ことを要請する。ここでいう「大学」は、旧国立大学の場合、教員団（教授会・評議会）を意味していたはずだが（「教授会の自治」）、近年の法人化以降、大学法人と教員団は分離され、「大学法人の自主性・自律性」が強調される傾向が強まっている。2014年の学校教育法改正により、従来「重要な事項を審議する」とされた教授会の権限規定（ここには教員人事も当然含まれると解されてきた）が、教授会は特定の事項について学長が「決定を行うに当たり意見を述べる」（同93条2項）という規定に変更されたことは、戦前の京大澤柳事件以来の伝統をうけて憲法上確立していた教授会の人事権を無にするおそれがある。大学の自治を制度体保障と捉える学説からみても、教授会人事権は法律によって侵害できない制度の核心に位置するであろう。

　ポポロ事件判決が自治の第2の要素として「ある程度」で認めるのは、「大学の施設と学生の管理」についての「自主的な秩序維持の権能」である。この判決は、学生が大学施設を利用できるのは大学教授団の「特権」の効果としてにすぎず、学生の集会が「真に学問的な研究またはその結果の発表のためのものでなく、実社会の政治的社会的活動に当る行為をする」ときは、憲法23条の保護を受けない、と判示した。しかし、本件の集会は大学の教室使用許可を得て行われたもので、学問的活動か否かは大学の自主的判断を尊重すべきであり、集会への警察官の立ち入りを23条に反しないとした判断には疑問がある。

第12章　精神的自由2　表現の自由・学問の自由

　学生管理の自治に関わって、最高裁は、「大学は、国公立であると私立であるとを問わず、学生の教育と学術の研究を目的とする公共的な施設であり、……その設置目的を達成するために必要な事項を学則等により一方的に制定し、これによって在学する学生を規律する包括的権能を有する」と判示した（昭和女子大事件：最判昭49・7・19民集28巻5号790頁）。その後、最高裁はこの判示を援用して、大学は「一般市民社会とは異なる特殊な部分社会」を形成しており、「一般市民法秩序と直接の関係を有しない内部的な問題」は、「大学の自主的、自律的な判断に委ねられるべきものであって、裁判所の司法審査の対象にはならない」とした（最判昭52・3・15民集31巻2号234頁）。具体的に本件では、単位の授与（認定）行為が司法審査から除外されたが、同日に下された別の事件では、専攻科修了認定は「学生が一般市民として有する公の施設を利用する権利」に関わるため司法審査の対象とされた（最判昭52・3・15民集31巻2号280頁）。しかし、大学の自治の論理からすれば、司法審査の可能性は、一般市民法秩序との直接的関係性の有無ではなく、真に専門的な学問的判断に関わる問題か否かによって判定されるべきであろう。

【より深く考えてみよう】

　表現内容規制と内容中立規制の二分論がほんとうに成り立つかどうか、成り立つとしても審査基準を変えることが望ましいかどうか、以下の文献の第2編第4章を読み、考えてみよう。

　市川正人（2003）『表現の自由の法理』日本評論社

　大学の自治を制度体保障として捉えることにどのような今日的意味があるか、以下の2つの文献を比較しつつ、考えてみよう。

　高柳信一（1983）『学問の自由』岩波書店、Ⅰ　Ⅲ章

　石川健治（2015）「制度的保障論批判──「大学」の国法上の身分を中心に」『現代思想』2015年11月号

第13章

経済的自由と労働権

1 社会の経済的成り立ちと人々の置かれた位置

(1) 市民革命の光と影

　基本的人権が確立されたのは、フランス革命をはじめとする近代市民革命を通じてである。例えば、フランス人権宣言2条は、時効によって消滅することのない自然的な諸権利が保障されるべきことを定めた。これは国家権力による恣意的な人々の支配が人間の尊厳を脅かしていたことを想起し、基本的人権を法的に保障することによって自由で平等な個人を確立するものである。

　同条が時効によって消滅することのない自然的な諸権利として「所有」を挙げ、17条が「所有」を「神聖かつ不可侵の権利」としたのは、市民革命時に打倒対象とした封建制が収奪構造をもっていたからであった。革命を推進する中心的主体であるブルジョアジーにとって、この課題は同時に、彼らが保有していた財産価値を資本として自由に運用するためにも必要であった。

　この要求は理念的には普遍的なものであったが、すでにブルジョアジーは、労働者を支配下に置いてその労働の成果としての生産物を自らの所有にするような経済活動を展開していた。ブルジョアジーは、金銭を支払うことによって労働者の労働力を活用していた。労働の取引自体が経済活動なのである。当時発達しつつあったブルジョアジーにとっては、この労働の取引の自由も重要な要求であった。この点からも、経済的自由の位置づけは高いものとなった。

　しかし、労働者と資本家は、必ずしも対等な立場で労働者自身の労働を取引するのではない。というのも、労働市場は基本的には買い手市場（常に雇用を求める人があふれている）であって、雇い主は自らの計算に基づいて安くて有能

第13章　経済的自由と労働権

な労働力を選択して購買することができるが、労働者にとってそもそも雇われないという選択は、生活していくことができないということを意味するからである。

(2)　社会国家

　以上のように、自由な経済活動があらゆるところで貫かれようとすると、自らの生存すら脅かされる人々が出てくる。基本的人権は本来、人が人として生きていくために必要不可欠な権利であるとして主張されたにもかかわらず、経済活動の自由の貫徹は、それと深刻に矛盾するようになったのである。このことから、経済活動の自由に対して何らかの介入を図ることによって、人間として生きるということを普遍的に保障しようという考え方が出てくるようになった。このような考え方に基づいて形成される国家を「福祉国家（社会国家）」という。この福祉国家思想の展開により、経済活動に対しては社会性が強調されるようになる。ワイマール憲法153条３項が「所有権は義務を伴う。その行使は、同時に公共の福祉に役立つべきである」としたのは、その表れであった。

　(1)でみたような、経済的活動に関わる非対称性（あるいは不平等）は、特に労働の取引については現在でも当てはまる。2000年以降一時期を除き、大学卒業者の就職が厳しい傾向が続いたが、それは、企業側が安い労働力を求め、いわゆる非正規雇用を増やし正規雇用を減らしていることが大きな原因の１つである。そして非正規雇用はその賃金の低廉さと雇用形態の不安定さゆえに、人間的な生活をおくることが困難になっている。一時期社会問題化した「ワーキングプア」は、非正規雇用労働者がその賃金では人間的な生活を送れないことを表している。この傾向は、経済活動について自由放任を貫けば貫くほど、顕著になるだろう。

　こうして、現代の国家では、概ねこの福祉国家の考え方を承認し、経済活動に対して自由放任（レッセ・フェール）ではなく、経済社会政策上の介入が許容されると考えられているのである。

　本章では以上のように、経済的活動が、働くことを通じて得られる賃金や人間的な働き方の保障と関連があるとする観点から、以下、財産権、経済的活動

第Ⅲ部　基本的人権

の自由、労働に関する権利について取り上げる。

2　財　産　権

(1)　財産権とは何を対象とするどういう権利なのか

(i)　制度的保障論と私有財産制　　憲法29条1項は、「財産権は、これを侵して
はならない」とのみ定めるが、通説的な理解は、財産権なる具体的な法的権利
を個々人に保障するのみならず、そのような財産権の基礎をなす私有財産制度
をも保障しているとする。この私有財産制度を、憲法が制度的に保障している
と理解するので、当該制度の核心部分について、法律による変更が許されな
い、といった理解がされる（制度的保障論）。

　このように理解すると、変更が許されない制度的核心とは何か、が問題とな
ろう。この点について、従来の通説的な見解は、私有財産制度に基づく資本主
義的経済体制であるとするものであった。しかし、これに対して、資本主義的
経済体制の保障を意味しないとし、「人間が、人間としての価値ある生活を営
むうえに必要な物的手段の享有」（今村成和（1968）『損失補償制度の研究』有斐閣、
12-13頁）であるとする説も有力に支持されている。

　他方、29条が権利保障規定であることを正面から受け止めて、制度的保障の
議論に立ち入らずに単に財産上の権利が保障されている規定として理解すべき
だとする有力な見解もある（奥平（1993）234頁）。

(ii)　財産権の内容と制約　　さて、具体的に保障される法的権利としての財産
権はいかなる権利であろうか。29条2項では「財産権の内容は、公共の福祉に
適合するやうに、法律でこれを定める」としている。文章を素直に読めば、1
項で保障されている財産権は2項でいうように法律によって定められたもの
だ、ということになる。しかし、これでは財産権とは法律で保障されるものだ
ということになってしまい、法律に対しても憲法で保障される権利ということ
にならない。このため、通説は、憲法で保障されている財産権について、2項
が法律による制限を認めたものである、と理解する。

　ここで保障される権利対象たる財産とは一般的には、物権、債権、無体財

262

第13章　経済的自由と労働権

産、公法上の権利等々を含む、財産的価値を有するすべてのものをいうと理解されている。そしてこれを前提にかつての学説は、これらの財産的諸権利の行使に対する制限のあり方をもっぱら検討してきた。

しかし、そこで列挙されたものは、何をもって財産的価値があるといえるか、誰にどのような権利が帰属しているのか。例えば、無体財産に財産的価値を現実に付与するのは何か。知的財産権に関する法律の体系が存在しなくても憲法上当然に無体財産は法的権利が保障されていたのか。この問いは意外に難問である。

この問題は、森林法違憲判決（最大判昭62・4・22民集41巻3号408頁）の検討をめぐって顕在化した。

(iii)　**森林法違憲判決**　これは、旧森林法が共有林について持分権者の分割請求権を制限していることが憲法違反ではないかと争われた事例である。共有財産の分割請求権に関する一般的規定は民法256条1項である。したがって、分割請求権が民法上の権利であることは疑いない。ところが最高裁は、森林法の分割制限規定が憲法29条2項に反し無効であると判示した。では分割請求権は憲法29条によって保障された権利であるのか。民法に定められた権利をなにゆえに憲法上の権利であると読んでいいのか。最高裁は、その理由において以下のように述べている。

「民法256条の立法の趣旨・目的について考察」してみると、同条は共有における「弊害を除去し、共有者に目的物を自由に支配させ、その経済的効用を十分に発揮させるため」に共有者がいつでも分割を請求することができるものとしたのであり、「共有物分割請求権は、各共有者に近代市民社会における原則的所有形態である単独所有への移行を可能ならしめ、右のような公益的目的をも果たすものとして発展した権利であり、共有の本質的属性として、持分権の処分の自由とともに、民法において認められるに至った」。

最高裁は分割請求権をこのように理解して、これに対する制限が憲法上の財産権の制限となる、としたのである。すなわち、分割請求権は民法に定められている権利ではあるが、その性質を考慮すると、「近代市民社会における原則的所有形態である単独所有への移行を可能ならしめ」るような意味をもつので

第Ⅲ部　基本的人権

あるから、憲法上の権利として位置づけられるとしたのである。

　憲法判断を求められている以上、森林法が民法に反するから違憲、というわけにはいかない。そこで最高裁は、民法の規定の根底に「原則的所有形態」としての「単独所有」を、憲法上保障されるものとして見出したのである。この最高裁の判旨について、民法上の制度原則たる一物一権主義の選択が憲法典レベルで追認されたと説明するもの（制度的保障論（石川健治（2013）「財産権①」小山剛・駒村圭吾編『論点探究　憲法』弘文堂、224頁以下）。詳述することはできないが、前項の制度的保障論とは少し異なる）や、法律家集団の共通理解による「ベースライン」として理解する見解（長谷部恭男（2006）『憲法の理性』東京大学出版会、133頁以下）がある。

　以上のような説明を要する背景には、精神的自由として保障される諸活動と、経済的権利として保障される諸活動との間の性質の違いがある。前者は、単独個人の一方的行為として成立（表現の自由とは、表現者が表現行為をすることに対する妨害の排除）するが、後者が成立するためには、相対立する二個の当事者が必要である。財産権の行使の場合、両当事者がある特定の財産をめぐって対立するのであるから、一方が勝手に自らの都合のいいような権利を宣言することは、衡平の観点に反するだろう。そうすると、そもそも何を財産的権利とするのかについてあらかじめ法が明示しておくことになろう。民法上の原則である物権法定主義は、物権を勝手に宣言することを許さない原則であるが、それは以上のような理由による（内田貴（2008）『民法Ⅰ』東京大学出版会、351頁）。

　(ⅳ)　**財産権を具体的に行使する前提としての法律による内容形成**　　こう考えれば、結局、法律による内容形成がなければ、財産権は具体的に主張できない（渡辺他（2016）343頁〔宍戸常寿〕）のであるから、そのような前提を必要とせずに援用可能な精神的自由とは性質の異なる権利といえよう。この点については、さらに次節でも触れる。

　その他、財産を「大きな財産（ないし独占財産）」と「小さな財産（ないし生活財産）」に区別し、本条1項は後者の不可侵性を定めたものであるとする説（高原賢治（1978）『財産権と損失補償』有斐閣、30頁）があったが、どの財産が「大きな財産」または「小さな財産」に属するのかを一義的に決定することが困難で

第13章　経済的自由と労働権

あるなどの批判がある。また、近年では、本条で憲法上保障される財産権は人格的自律に不可欠なものである（市川（2014）178頁）とする説もある。

(2) 財産権の制限

　以上のように、判例も学説も、法律を媒介にして何らかの憲法上保障される財産権を観念し、29条2項はその制約に関する規定である、と理解している。

　(i) **法律による制約**　この点、「法律」を形式的に理解し「条例」による制約は許されない、とするのは妥当ではない。第8章でみるように、条例は地方における自主立法であり、とりわけ地方議会が制定するものは国会と同様の民主的手続きを経ている地方レベルの法律とみてよいのだから、同項の趣旨からして条例による財産権の制約も許容されると読むべきであろう。

　判例も、奈良県ため池条例事件最高裁判決（最大判昭38・6・26刑集17巻5号521頁）で、県の条例によりため池の提とうの使用を制限することにつき憲法に違反しないとした。なおこの判決を子細に読めば、「ため池の提とうの使用」がそもそも財産権の行使として保障されていない以上、そもそも法律によろうが条例によろうが「制約」の問題にならない、とも読めるのであり、このような判決の理解もあるところである。

　いずれにせよ、条例によって財産権の制限がされている、ということのみを理由に当該条例が憲法違反であるとするのは、判例も学説も否定的である。

　(ii) **制約の合憲性**　「二重の基準」の考え方からすると、財産権は経済的権利に属するから、その制約に対する違憲審査は精神的自由と比較してより緩やかになされることを許容するのが、学説の一般的な立場といえる。ただし、その制約のあり方は極めて多岐にわたるものであるから、その合憲性判断の方法も一概に示すことができるようなものではない。

　先に挙げた森林法違憲判決は、比較衡量によって決することが要求される立法府の裁量を前提にしつつ、「立法の規制目的が……公共の福祉に合致しないことが明らかであるか、又は規制目的が公共の福祉に合致するものであっても規制手段が右目的を達成するための手段として必要性若しくは合理性に欠けていることが明らかであ」る場合に、29条2項に違反するとした。これは、判断

265

第Ⅲ部　基本的人権

枠組みとしては比較的緩やかな部類に入るであろうが、森林法の合憲性の判断は、必要性や合理性をかなり立ち入って判断した。

その後、証券取引法（現金融商品取引法）のいわゆるインサイダー取引を規制する条項（同164条1項）の合憲性が問題になった訴訟（最大判平14・2・13民集56巻2号331頁）で、最高裁は、「規制が憲法29条2項にいう公共の福祉に適合するものとして是認されるべきものであるかどうかは、規制の目的、必要性、内容、その規制によって制限される財産権の種類、性質及び制限の程度等を比較考量して判断すべき」だとしている。そしてこの判決が実務において先例として扱われている。

(3) 収用と損失補償

(ⅰ) **特別の犠牲**　29条3項は、私有財産を「正当な補償」で「公共のために用ひることができる」と定める。公共目的で私有財産を収用又は制限することを許容し、その場合に何らかの金銭的対価が支払われねばならないことを意味する。

このとき「公共のため」ということが収用ないし制限の要件となるので、何が「公共のため」に当たるのかが問題となる。以前には、道路、鉄道、学校、病院などの公共施設を建設するいわゆる公共事業のことであるとする考え方も見られたが、現在ではより広く社会公共の利益にために私有財産を収用ないし制限することが「公共のために用ひる」の意味である、とされる。

このように収用に至らない財産権の制限も「公共のために用ひる」とされるとき、そのすべての場合に損失補償が必要であるとすると、その制限が内在的制約として当然に受忍すべきものである場合にも補償を要することになってしまい、金銭的補償が想定されない精神的自由に対する制限との間で著しくバランスを欠くことになる。そこで、損失補償が必要なのは、その私有財産の制限が、特定の個人に対してその財産権に内在する制約を超えて、特別に犠牲を強いるものである場合（「特別の犠牲」説）であるとするのが、学説の一般的な考え方である。

そこで、「特別の犠牲」とはどのような犠牲のことを指すのか、ということ

第13章　経済的自由と労働権

が問題になる。これについて学説は、財産権に対する侵害が、特定の個人ない
し集団を対象とするものになっているかということ（形式的要件）と、それが、
内在的制約にとどまっているのではなく財産権の本質的内容を侵すほどに強度
なものになっているかということ（実質的要件）との、2つの要件により判断
すべきとしていた。しかし、広く一般人に対する規制として定められていて
も、その実質が特定の財産の制限に至っている場合があることから、後者の要
件を中心に考えようとする見解が有力になる。この考え方では、まず、財産権
の剥奪又は当該財産権の本来の効用の発揮を妨げることになるような侵害につ
いては、補償を要し、次に、それに至らないような侵害の場合には、①制約が
財産権行使に内在する制約として受忍すべき場合や、社会的共同生活との調和
のために必要な場合は補償は不要であるが、②当該財産権の本来の社会的効用
とは無関係に、他の特定の公益目的による場合は、補償が必要であるとされ
る。さらに近時では、上記両説の実質的な相違がそれほど大きくないことか
ら、両説の趣旨をくみ取り、規制の目的、特殊性、程度や、規制を受ける権利
内容などを総合的に考慮すべきとする説が主流になってきている。

　29条3項は、「私有財産」に対する特別の犠牲があった場合に補償を求める
ものであるが、生命や身体に対する特別の犠牲が発生した場合はどう考えれば
よいか。その特別の犠牲が公権力の「不法行為」によるものである場合には、
損害賠償請求の対象となる（憲17条）ので、公権力の側の行為に違法性がない
場合が問題になる。予防接種による副反応により生命や身体に侵害が発生した
場合（いわゆる予防接種禍）に実際に訴訟になったが、29条3項を類推適用して
保障対象とするような考え方がある。しかし、一方でそのような類推適用は、
身体に対する収用も認めることになりかねないという批判がある。

　(ii)　**補償の程度**　　補償が必要である場合には、その補償の程度が問題とな
る。「正当な補償」というときの「正当な」とはどういうことか、という問題
である。これについて、最高裁は、農地改革事件（最大判昭28・12・23民集7巻
13号1522頁）で、「その当時の経済状態において成立することを考えられる価格
に基き、合理的に算出された相当な額をいうのであって、必ずしも常にかかる
価格と完全に一致することを要するものでない」としていわゆる「相当補償

267

第Ⅲ部　基本的人権

説」を採用したとされる。その後の学説・実務は、収用ないし制限を受けた財産の損失の客観的な貨幣価値および収用等に伴って通常起こり得る損失の貨幣価値の全額の補償であるとする「完全補償説」を基本に考えつつも、常にそれが憲法上要請されているとしているわけではない。

3　職業選択の自由

(1)　職業の多様性と営業の自由

　22条1項は、「何人も、公共の福祉に反しない限り、居住、移転及び職業選択の自由を有する」としている。「居住、移転」については、次節で扱うこととして、ここでは職業選択の自由について扱う。

　職業選択の自由とは、自らが就きたい職業を自ら自由に決定できるということを指す。この場合の「職業」とは、「人が自己の生計を維持するためにする継続的活動」(薬事法違憲判決(以下、単に「薬事法判決」):最大判昭50・4・30民集29巻4号572頁)のことである。また、条文上は、「選択の自由」となっているが、選択した職業を自由に遂行できなければ、選択という行為がそもそも意味をもたなくなる。したがって、職業選択の自由は、「選択」した「職業」に従事して職業活動を行っていく、ということも保障されるものとされる(上記判決も同旨)。

　選択し遂行する職業が、営利を追求するような活動である場合、「営業の自由」が問題になる。職業活動は必ずしも営利を目的としないものもあるが、営利目的の活動は当然に含まれているから、22条1項が「営業の自由」をも保障するという説が一般的である。他方で、営業活動が財産権行使の側面をあわせもつことから、22条と29条の両方によって根拠づけられているとする説があり、この説も有力である。ただし、法的効果という点では、この両説にあまり大きな差はないと考えられる。

　なお、営業の自由について、経済史学者の岡田与好による批判を端緒に1970年代に論争が生じた。岡田は、営業の自由の歴史的成り立ちをみれば、経済的に特権化された集団(中間団体)を、国家が解体ないし禁止することによって

第13章　経済的自由と労働権

生み出された「公序」であり「人権」ではないとして、営業の自由を「国家からの自由」として位置づける憲法学の趨勢に異を唱えたのである。この論争で、法律学者は概ね、歴史認識の問題であって憲法解釈論とは区別される、との対応をした。営利目的の職業活動は、常に既得の財産を資本として投資することによって行われるから、同時に財産権の行使でもある。しかし、前節で述べたように、財産権は何らかの法制度なくしては行使しえない。この論争は、経済的権利が、果たして本当に何の秩序も前提としない自然的な権利であると捉えてよいのか、省察をせまっていたのである。

(2)　権利制約の根拠・手法・態様

(i)　「合理性の基準」による判断　　(1)のように職業を捉えると、その内実はおもに経済的な性質をもっているため、職業選択の自由は前節の財産権と合わせて、経済的権利としてカテゴライズされる。そして、二重の基準の考え方によれば、経済的権利は精神的自由と比較してより規制が認められやすく、その規制の合憲性については「合理性の基準」により判断することが妥当であるとされる。「合理性の基準」とは、国民の代表である国会が規制立法の制定について行った判断に一応の合理性を認めて、その規制目的や目的達成のための手段が合理性を欠いていない限りは合憲と判断する手法である。

　一般に精神的自由に比べて経済的権利に対する規制が認められやすいのは、精神的自由とは異なり、①具体的な権利の保障がそもそもある法制度の存在を前提にしていること（前節参照）、②民主制のプロセスに直接影響を与えないために政治部門での修正が可能であること、③立法府における特定の社会経済政策の採用、とりわけ憲法25条2項に照らして福祉国家的政策のための規制があり得るところ、これは政治的判断を伴うものであるから、裁判所の判断になじまないこと、などが理由として挙げられる。

(ii)　規制目的二分論とその評価　　しかし、目的や手段の「合理性」を判断すると言っても、どの程度の合理性を要求するのか定かではない。そこで、小売市場事件判決（最大判昭47・11・22刑集26巻9号586頁）、薬事法判決などを契機に、学説において有力に唱えられ一定の支持を得てきたのが、規制目的を消極

269

第Ⅲ部　基本的人権

目的と積極目的に区分して、それぞれの違憲審査基準を異ならしめる、という
手法（規制目的二分論）であった。

　小売市場事件判決で最高裁は、「憲法は、国の責務として積極的な社会経済
政策の実施を予定している」からその一手段としての規制が許容されるとし、
この種の規制について「立法府がその裁量権を逸脱し、当該法的規制措置が著
しく不合理であることの明白である場合に限って、これを違憲と」すべきであ
るとした。他方、薬事法判決では、「社会政策ないしは経済政策上の積極的な
目的のための措置」ではなく、「自由な職業活動が社会公共に対してもたらす
弊害を防止するための消極的、警察的措置」である場合には、許可制よりもゆ
るやかな「規制によっては目的を十分に達成することができない」場合に限っ
て許可制が認められる、とし、薬事法の距離制限規定を違憲と判断した。

　以上のような司法の流れを、学説は、規制目的二分論として受け止めた。す
なわち、消極的・警察的目的による規制（消極目的規制）は、裁判所が当該規
制の必要性および合理性とともに、当該規制よりも緩やかな手段でその規制目
的が達成できないかどうかを審査する「厳格な合理性の基準」が妥当し、積極
的・政策的規制（積極目的規制）については、当該規制措置が著しく不合理で
あることが明白な場合に限って違憲とする「明白性の原則」が妥当する、とい
うものである。

　しかし、以上のような規制目的二分論には批判も少なくない。というのも、
１つの規制が必ず消極目的か積極目的かのどちらかに分類され得るとは限らな
いからである。公衆浴場法に関する1989年の判決（最判平元・３・７判時1308号
111頁）は「環境衛生の確保」と言いつつ、「公衆浴場業者の経営の安定」とも
言って、消極・積極の両方の目的を認定しており、また、酒税法に基づく酒類
販売規制に関する判決（最判平４・12・15民集46巻９号2829頁）は、酒類販売が免
許制になっていることにつき「租税の適正かつ確実な賦課徴収を図るという国
家の財政目的」であるとしつつ、それが消極目的に当たるのか積極目的に当た
るのかを明らかにせずに、「明白性の原則」を採用している。

　さらに、消極目的規制のほうが国民にとってより必要な規制であると考えら
れるのに何ゆえに積極目的規制よりも厳格に審査されねばならないのか、と

270

第13章 経済的自由と労働権

いった批判もあるほか、実は、最高裁のその後の対応でも、規制目的二分論を
ストレートに適用して判断したものがあまりみられないため、これを判例理論
として位置づけることについて疑問視されるようになってきた。

そこで、現在の学説では、上記の規制目的二分論を硬直的に使用するような
見解はほとんどみられなくなっている。しかしながら、当時の学説が規制目的
二分論を確立したのは、ともすると「公共の福祉」を理由に大ざっぱな議論
（合憲論）に陥りがちになってしまうことを回避し、憲法上考慮すべき要件に基
づいて客観的に判断しようとする意図があったからである。規制目的二分論が
そのままでは使用に耐えられないにしても、それはもっと様々な事項を考慮に
入れて判断すべきだということに他ならない。そこで、規制の態様も考慮して
判断すべきであるとする考え方が非常に有力になっている。

(iii) **規制目的や規制態様の多様性**　　積極目的規制の中には確かに、憲法が社
会的な権利を保障していることに鑑み、いわゆる福祉国家（本章1参照）的な
政策を実現しようというものがあるが、積極目的として考えられるものの中に
は、国内の特定の産業を保護する目的や、金融政策の実現などの目的も含まれ
る。これらは必ずしも人々の人間的な生活の保障とは直接関係のないものであ
る。また、自然環境保護という目的は、人々の人間的な生活の保障と対立する
可能性もあるため、いわゆる積極目的に区分しづらい。さらに、消費者保護と
いう目的は、一見福祉国家的政策に見えるが、消費者契約法は「消費者と事業
者との間の情報の質及び量並びに交渉力の格差」（1条）に着目するもので
あって、消費者と事業者とが対等かつ自由な契約当事者として立ち現れるため
の必要な前提を欠いていることが根拠になっている。これは社会的政策という
よりは、契約の公正さの担保を目的としているといえる。

他方、規制態様も様々である。業態の中には反社会的なもの（例えば、売春
業など）もあり、その反社会性ゆえに全面的に禁止される場合がある。そこま
でいかなくても、ある職業を営むにあたり公権力による許可を必要とする場合
（許可制）や、特別の資格をもつ者でない限り当該職業につくことが禁じられる
場合（資格制）がある。また、許可を得る必要まではないが、特定の職業を営
むについて届出義務を課す場合（届出制）もある。規制の態様を考慮する、と

第Ⅲ部　基本的人権

いう場合、これらの規制がどれほどの強力なものであるか、個人の努力ではどうしようもないものであるか、などを考慮することになろう。

　(ⅳ)　**薬事法判決の判断手法**　　実は、薬事法判決は、規制態様も考慮した判断手法を採用していた。同判決は、「規制の目的が公共の福祉に合致するものと認められる以上、そのための規制措置の具体的内容及びその必要性と合理性については、立法府の判断がその合理的裁量の範囲にとどまるかぎり、立法政策上の問題としてその判断を尊重すべき」として、立法府の裁量を認めつつ、「合理的裁量の範囲については、事の性質上おのずから広狭がありうるのであって、裁判所は具体的な規制の目的、対象、方法等の性質と内容に照らして、これを決すべき」であるという、大きな判断枠組みを示したうえで、職業の許可制が「強力な制限」だから、「重要な公共の利益のために必要かつ合理的な措置であることを要」する、とした。最高裁は、許可制という規制態様に着目し、それが「強力な制限」であることを理由に、「重要な公共の利益」のための規制でなければならないこと、その利益のために「必要かつ合理的」な制約であると評価できるものでなければならないことを要求したのである。先に示した規制目的の議論はこの後に出てくる。

　規制態様を考慮するということになると、より弱い規制の場合は、強力な規制とは異なる緩やかな判断枠組みがあり得るということになる。そこでは、当該規制が、職業選択そのものに対する制限か、職業遂行にあたっての制限かを考慮したり、職業選択そのものの制限の場合でも、それが個人の能力によって乗り越えられるものであるか否かを考慮したりすることになろう。

　以上のように、目的の多様性や、規制態様の多様性を考慮に入れるなら、もはや消極目的か積極目的かが判断枠組みまたは違憲審査基準を分岐させるのではなく、「合理性の基準」を、規制目的、規制態様、権利の性格、権利の主体等を考慮に入れて合憲性の推定を働かせつつ適用すべきとの考え方（市川(2014) 175-176頁）もあり得るところである。

第13章 経済的自由と労働権

4　居住・移転の自由、国籍離脱の自由

(1)　居住移転の自由

　22条1項は、居住、移転について自由を保障し、さらに2項では外国移住の自由も保障する。これは、各人がどの場所にその生活の本拠を定めるか、どのような形態の住居に住むか、などが自らの判断で自由に決定できる、ということであり、自由に移動できる、ということである。この移動には一時的なもの、すなわち旅行の自由も含まれる。

　居住・移転の自由は、22条1項に職業選択の自由と並列して定められている。これは、封建制社会において、人がその身分に結びつけられた職業しか営むことができず、同時にその職業と居所とが結び付けられていて、移動の自由が認められなかった、という歴史的経緯を持つからである。従来の多くの概説書は、この経緯を踏まえつつ、経済的自由の箇所で居住・移転の自由について論じてきた。しかし、そのような概説書にあっても、人身の自由とも密接に関連し、精神的自由の要素をもあわせもっている（芦部（2015）230頁）と指摘しており、さらに、近年の概説書の中には、端的に人身の自由として論じるものが出てきている（渋谷（2017）、赤坂（2011）など）。熊本ハンセン病訴訟（熊本地判平13・5・11判時1748号30頁）で明らかなように、直接には居住・移転の自由の侵害であっても、このことにより人間の尊厳に深刻なダメージを与えることがあるから、もはや経済的権利としてのみ理解することは無理があろう。しかし、企業がその事務所・店舗所在地を決めるのは、経済活動そのものであるから、経済的な性質が全くないわけではないことにも留意すべきである。

　居住・移転の自由が以上のような複合的な性格をもつならば、それに対する制約も、制約対象となる自由の性格に応じて検討されなければならない。すなわち、当該自由が経済的自由としての性格を帯びている場合と、人身の自由や精神的自由としての性格を帯びている場合とで、違憲審査基準を異ならしめるべきであろう（二重の基準論）。

　海外渡航の自由が、本条1項の「移転」に含まれるのか、2項の「外国に移

273

第Ⅲ部　基本的人権

住」に含まれるのか議論があるが、いずれにせよ本条で保障されると考えられるから、同じ脈絡で議論しなければならないであろう。最高裁は、外国に一時旅行する自由が22条2項にいう外国に移住する自由に含まれると解しつつ、「公共の福祉のために合理的な制限に服する」とだけ述べて、旅券法13条1項5号（現7号）の「著しく且つ直接に日本国の利益又は公安を害する行為を行う虞があると認めるに足りる相当の理由がある」場合の外務大臣の裁量判断を広く容認した（最大判昭33・9・10民集12巻13号1969頁）が、少なくとも当該裁量に対する厳格なコントロールが必要であろう。なお、学説の多数は、漠然かつ不明確な基準によって規制していることから、同号自体が文面上違憲であるとしている。

(2)　国籍離脱の自由

　22条2項で国籍離脱の自由が保障されているが、一般に無国籍になることを憲法は想定していないと考えられるので、他国籍を取得することについて、日本国家が制約・介入することができない、との趣旨であると理解されている。

　国籍法は、外国籍を取得した場合に、日本の国籍を失うと定める（11条1項）が、世界的には、重国籍を容認する傾向が出てきている（国籍唯一の原則のゆらぎ）。例えばフランスでは重国籍者が閣僚に任命される場合も稀ではない。重国籍を禁止する合理性がないのであれば、外国籍を取得することと日本国籍の離脱は牽連関係にないので、国籍法の規定は、国籍の剥奪ということになる。本条の規定が、国籍を剥奪されない自由も含むとすると（渡辺他（2016）321頁〔松本和彦〕）、同規定の合憲性は疑われることになる。

5　労働に関する権利

(1)　総　　説

　現代社会では、大多数の人は働くことによってその生活手段を得ている。資本主義社会で、元手になる財産をもたない人が働くためには、誰かに雇われなければならない。そのためには雇われる者と雇う者が雇い入れることについて

第13章　経済的自由と労働権

合意する必要がある（雇用契約）。

　経済的自由という点からは、雇用契約それ自体も自由である、ということになる。つまり、時給50円で働くという契約も、一日の労働時間を20時間に設定する契約も、自由だということになる。ただし、契約が自由であるというのは、当事者が純粋に自らの自由な判断によって決定することができるということを前提にしている。しかし、人は、商売の元手がなければ誰かに雇ってもらって働くしかないので、その者にとっては雇用契約を結ばないという自由はない。一方、雇う側は、他にたくさん雇用を希望する者がいるので自らの提示する条件を相手がのまないのであれば、その者を雇わないことができる。こうして、雇用関係においては、本章1節でも触れたように、雇う側が圧倒的に有利な立場に立っており、したがって、労働者は自己に不利な労働条件でもそれに同意せざるを得なくなってしまう。このように、経済的自由を純粋に追求すると、労働者は人間的な生活ができなくなってしまうのである。

　労働に関する権利が基本的人権として考えられるようになったのは、以上のことから労働者がその人間の尊厳を保つためには、経済的自由に対する一定の修正をかけ、何らかの方法での公の介入を図る必要が出てきたからである。

　このように考えたとき、労働に関する権利は、労働者がその社会において働いて食べていくことができるか、という労働市場の評価を抜きにして議論することはできない。

(2)　労 働 権

(i)　**権利と義務**　　憲法27条1項は「勤労の権利」を保障する。これを個人が望む特定の具体的な企業に就労する権利と捉えると、当該具体的な企業の側がその者を雇い入れる憲法上の義務があるということになり、適切でない。雇い主たる企業は、その自らの計算で企業経営を行う者であり、その限界を超えて雇い入れたり、当該企業の具体的な業務と関係ない雇用契約を締結したりするわけにはいかないからである。

　このことから、かつての学説には、法的権利を認めたものではなく、ただ国家に政治的義務を課したに過ぎないとする説（プログラム規定説）があったが、

第Ⅲ部　基本的人権

今日では何らかの法的権利を認めたものと解し、企業等に就職する機会が得られるように国家に対して要求する権利、とするのが通説である。具体的には、職業紹介や職業訓練、失業対策、雇用創出などの、就労の機会を保障するための様々な措置をとることを求めるものであると理解されている。さらに、それでもなお失業者は完全にはなくならないため、労働の機会が得られないときは、相当の生活費を要求し得ると解されている。

　他方で、27条1項は勤労の義務を負うことも定めている。しかし、近代憲法はあくまでも国家権力の濫用を抑止するために、個人の権利を保障し、国家権力を統制するものである。とすると、国家権力がこの規定を利用して国民を抑圧することは許されない。したがって、本条によって国家が国民に無前提に労働を強制できると解してはならない。そこで学説は、働く能力と機会がありながら、働こうとしない者に対しては、社会的給付を与えなくともよい、つまり生存権が制約される、と理解してきた（野中他（2012、Ⅰ）564頁〔野中俊彦〕）。生活保護法4条は、保護にあたって「その利用する資産、能力その他あらゆるものを、その最低限度の生活の維持のために活用することを要件とする」と定めており、行政現場でもそのように実践されている。

　しかしながら、勤労の義務のこのような理解は、国家が万全の雇用政策を実施して、安心かつ継続して生活していけるような雇用が潤沢に存在する場合に限って妥当すると考える。ところが日本の現在の労働市場は、期限のない雇用をどんどん減らし期限付き雇用をどんどん増やしており、すべての人が安心して働いて生きていく市場になっていない。そのため、就労の努力を続けても、契約に至らない例は枚挙にいとまがない。何回ハローワークに通い詰めても結局就職できないのであれば、就労努力の意欲すら薄れるだろう。このようにして就労をあきらめてしまった場合にも、社会的給付受給権が制限されると考えねばならないのか。このような実際の日本の状況を考えた時に、「勤労の義務」が生活保護受給権を制約し得る法的効果をもつと安易に結論づけるのは、早計にすぎる（笹沼弘志（2014）『臨床憲法学』日本評論社、139頁）。

　(ii)　**解雇の制限**　　この権利の保障の効果として、今日有力に唱えられている考え方は、使用者による解雇の自由を制限し得るという考え方である。この

意味では、私人間で適用し得る権利（第9章参照）ということになる。解雇が自由ならば、労働者はいつ解雇されるのかを怯えながら働かざるを得ず、雇用が安定しないばかりか、使用者はいつでも解雇をちらつかせて労働者を支配できるので労働者の地位は著しく低下する。そこで、労働者を解雇するには「客観的に合理的な理由」が必要であるとの判例が確立し、それを使用者が具体的に主張立証しなければならない、と解されてきた。上記判例の趣旨は、労働契約法16条に定められている。憲法27条1項は、このような解雇の制限を導くものとしても理解されてきている（市川（2014）224頁など）。

(iii) **労働条件の法定**　　憲法27条2項は、労働条件に関する基準について、法律で定められなければならないとするものである。個別労働者の労働条件は、使用者と労働者との雇用契約（労働契約）によって定まるが、すでにみたように、雇用関係においては、雇う側が圧倒的に有利な地位におり、雇われる側は生きていけないほどの劣悪な労働条件でも、雇われないよりましであるため、のまざるを得ない。このようにして一方的に労働者側に不利な労働条件が発生してしまう。これを是正するために法律で労働条件に関する基準を決めておき、その基準に従って労働契約が結ばれるように規制するのが、27条2項の意味である。

　この規定を具体化するものとして、労働基準法が制定され、労働時間は1日8時間まで、休憩時間の設定、週1回の休日、週休以外の有給休暇などの最低基準が定められた。そして、「この法律で定める基準に達しない労働条件を定める労働契約は、その部分について無効である」（労基13条）と定めて、劣悪な労働条件を定める契約を禁止した。

(iv) **働くことによる最低生活の保障**　　もちろん、労働基準法が定める基準自身が劣悪な労働条件であれば意味がなく、「健康で文化的な最低限度の生活」（25条1項、第14章参照）を保障する基準が設定されていなければならないのは当然である。その意味では、27条3項の児童の酷使の禁止は、以上のように人間的な生活を送るために不可欠な規制の1つとして理解できよう。とりわけ児童の場合は、人間としての成長途上にある存在であるから、その酷使が及ぼす害悪は計り知れないものとなろう。

第Ⅲ部　基本的人権

　このように労働条件は、法律で定めさえすればよいというものではなく、人間的な生活を保障する内容でなければならない。これも、憲法の要求であると考えるべきである。労働基準法1条1項が「労働条件は、労働者が人たるに値する生活を営むための必要を充たすべきものでなければならない」と定めるのは、そのことを確認していると理解すべきである。人は働くことによって生活しているが、労働に従事している時間のほかに、動物的生存のための活動に必要な時間だけでなく、人間たるにふさわしい様々な活動のための時間も確保されねばならない。したがって、労働時間制限の適用除外により生活時間を食い破る労働時間を許容する法律や、自活できないくらいの低賃金を許容する法律は、労働条件法定の趣旨を没却するものと評価せざるを得ないだろう。

　以上のように憲法が人間的な生活に値する基準設定を内容とする立法義務を国会に課していると考えるならば、例えば、2018年の通常国会で成立した高度プロフェッショナル制度（労基41条の2）は、いわゆる正規社員が恒常的な長時間労働下に置かれている現状で、それをさらに促進するものといえ、批判的にみざるを得ない。また、一億総活躍プランで掲げられた「同一労働同一賃金」は、その本来の定義どおりに実行されるのであればよいが、日本経団連は「職務内容が同一または同等の労働者に対し同一賃金を支払う原則」を採用することはできないとし、その法的強制を拒否している（日本経団連「同一労働同一賃金の実現に向けて」（2016年7月19日））。

　これらのような雇用に関わる立法政策の動向に対しても、憲法に根ざした検討が必要である。

(3)　労働基本権

(i)　労使対等の意義と権利の性質　　憲法28条はいわゆる労働基本権を保障している。すでにみたように、自由な雇用関係とは結局雇う側の自由でしかない。それでも、雇用関係は、一種の契約関係であるから、本来ならば両当事者が対等な立場で契約を結ぶ条件を整備する必要がある。このとき、個々の労働者が孤立して契約を交わしていては使用者と対等に渡り合えない。したがって、労働者の側が団結して集団的に使用者と相対することによって対等性を保

障する必要が出てくる。そこでそのための労働者特有の権利が保障されることになったのである。

この労働基本権につき、社会権と位置づける見解が学説の主流と思われるが、社会権の定義によってはその位置づけが妥当でなくなる場合もある。例えば、労働組合を結成する行為の保障（団結権）は、結社行為の一種であるから、その性質上、自由が主たる側面となる。社会権を自由権と相反するものとして定義づけるのであれば、団結権を社会権としてのみ位置づけるのは、権利の性質にそぐわないし、生存権になぞらえて抽象的権利として理解する（第14章参照）と、権利保障は法律次第ということになり、権利制限を容易にしてしまう危険がある。外国の例では、例えば、フランスなどのように労働基本権に類する権利を自由として位置づけている国もあるのであって、一面的に社会権として位置づける見解については、再考が必要である。

(ii) **権利の主体と客体**　この権利の特性から、権利主体は国民一般ではなく、勤労者という特定の立場にあるものだけに保障される。この場合の勤労者とは、使用者に雇用され、労働の対価として賃金で生活する者のことをいう。また、失業者も、現時点では雇用されていないが、雇用によって生活せざるを得ない者として、この勤労者に含まれる。さらに、集団的な行為に関わる権利の場合は、労働組合も主体となる。判例・通説によれば、公務員もまた勤労者に含まれ労働基本権の主体である。

それに対して、使用者はこの権利の相手方になる。したがって、本条の権利は、それぞれの権利の性質に従って、使用者に直接的な効力をもつ。

(iii) **労働三権**　そこで、労働組合の諸活動と、労働組合と使用者の関係に関する法的介入が図られてきた。28条が、団結権、団体交渉権、団体行動権を保障するのは、このような背景がある。

(a) **団結権**　団結権とは、労働者（28条にいう勤労者、の意。「勤労者」よりも「労働者」という語を使うのが一般的であるので、この語を使用する）の労働条件の維持・改善のために使用者と対等に交渉できる団体を結成し、それに参加する権利である。その団体が一時的なものであれば、争議団ということになり、継続的なものであれば、労働組合ということになる。

第Ⅲ部　基本的人権

　団体を結成するという点では、21条が結社の自由を保障しており、これと団結権は重なり合うが、団結権はすでにみたように労働者の団結力を背景にして使用者と対等な交渉力を獲得するためのものであるから、単なる結社の自由の保障を超えた権利内容をもつ。そこで、労働組合については、加入強制や内部統制などの組織強制が認められるとされる。

　加入強制には、組合員のみを雇用するクローズド・ショップや、労働者をすべて組合員とするユニオン・ショップ（厳密には、労働者が一定の期間内に組合に加入しなかったり、組合員でなくなったりした場合に解雇理由となるということ）がある。企業別組合が中心の日本では、クローズド・ショップは見られず、ユニオン・ショップが採用されている例が多い。しかし、実際には組合員が組合を脱退しても解雇が強制されないなどのいわゆる「尻抜けユニオン」となっていることが多い。

　内部統制は、労働組合に限らず一般的な結社においても認められるところであろう。というのも、多くの場合、団体の結成には何がしかの目的があるのであるから、その目的の達成に障害となるような行動を構成員が行うならば、団体は目的を達成できないばかりでなく、そのような構成員はもはやその団体に所属している意味がないからである。団結権を基礎とする内部統制は、一般的な結社のそれよりも強力なものが保障されると考えられている。しかし、特定の政治団体のための活動を組合員に強制したりすることは、労働条件の維持・改善のための団結という労働組合の本来の目的との関係で、問題があろう。

　(b)　団体交渉権　　団体交渉権とは、労働者の団体が労働条件について使用者と交渉する権利のことである。すでに述べたように、この権利を保障することによって、労働者は使用者と対等な立場で労働条件についての合意形成を図ることができる。この権利は使用者に対して直接拘束力をもつとされる。つまり、使用者は、労働組合が団体交渉を求めてきた場合、これに応じて交渉を開始する義務を負うのである。また、交渉しさえすればよいというのでは意味がないから、交渉の結果として得られた合意事項については、労働協約として拘束力をもたせることまで保障されることになる（労組16条）。

　(c)　団体行動権（争議権）　　28条の「団体行動権」とは、一般に争議行為に

関する権利のことであると解されている。争議行為とは、労働者が団体をつうじて、労働条件の維持・改善に関する要求を貫徹させるために、使用者の業務の正常な運営を阻害することである。その方法としては、労務の提供を停止するストライキ、提供する労務の効率を下げるサボタージュ、自社製品を購入しないよう組合員や第三者に呼びかけるボイコットなどがある。また、ストライキは労務を提供するものがいた場合（スト破り）には威力が減殺されるので、スト破りが起きないように見張ったりするピケッティングといった補助的手段も争議行為の1つである。

(iv) **権利の効果**　これらの労働基本権の行使は、場合によっては刑事法上の犯罪構成要件に該当したり、民事的な責任の発生原因になったりすることがある。しかし、労働基本権の保障は、この権利の行使による刑事・民事責任の免除、およびこの権利の行使についての国による救済をも含むとされている。

　例えば、ストライキは集団的な威力を用いて使用者の業務を妨害しているので、威力業務妨害罪（刑234条）の構成要件に該当することにはなる。しかし、外形的にそのような行為ではあっても、これは労働者の労働条件の維持・改善のために憲法が直接保障した権利の行使として行われるものであるし、ストライキを決行する際に刑事罰のリスクを背負っていては十全な権利の行使はできない。したがって、それが正当な争議行為である限り、違法性はなく刑事罰に問われない。

　また、労働者は使用者との間で雇用契約を結び、その結果、使用者は労働者による労務の提供の対価として賃金を支払う。この契約は、使用者側は賃金を支払う義務を負い、労働者側は労務を提供する義務を負う双務契約である。ところが、ストライキは労務の提供を拒絶する行為であるため、労働者側としては労務を提供する義務を怠っている（債務不履行）ということになる。通常の契約であれば債務不履行の場合、損害賠償の対象になったり（民415条）、契約の解除の原因（民541条）になったりといった民事上の責任が発生するが、ストライキについてもこれを適用すれば、憲法上の権利として保障した意味がなくなってしまう。このため、上記の民事上の責任を免除することとされているのである。労働組合法8条はこの効果を確認的に規定する。

第Ⅲ部　基本的人権

団体交渉権について、使用者に応諾義務があるとしても、使用者が実際に応じないことはよくある。また、団結権の行使に対して使用者が不利益を与えることも枚挙にいとまがない。そこで、このような場合に、行政による救済を受けることができる。労働組合法は、労働委員会の制度を定め、使用者による労働基本権の軽視・敵視に対する救済システムを構築している。

(ⅴ)　**公務員の労働基本権**　　公務員が28条にいう「勤労者」に含まれることは、すでにみた。しかしながら、現行法上は、公務員の労働基本権の全部または一部について制限がある。公務員の中でも警察職員、消防職員、自衛隊員、海上保安庁や監獄で勤務する職員は、労働三権すべてが否定され、その他の国家・地方公務員は団体交渉について労働協約の締結ができないなどの制限があるうえに、争議行為が禁止されている（団体行動権の否定）。また、行政執行法人（2015年3月までは特定独立行政法人）の公務員は争議行為が禁止されている。いずれにせよ、争議行為はすべての公務員で禁止されているが、この争議行為の禁止について憲法に違反しないというのが最高裁の判例（全農林警職法事件判決：最大判昭48・4・25刑集27巻4号547頁）である。ただし、この最高裁の立場には、学説において非常に強い異論があるし、最高裁自身もこの判決以前に、争議行為の禁止は限定的にしか認められない旨の判決を出したことがある。

憲法制定後しばらく最高裁は、公務員が「全体の奉仕者」（15条2項）であることを根拠にそれ以上のさしたる理由も示さず争議行為の禁止を合憲としていたが、法的議論に耐え得るものではなく、学界をはじめ諸方面から強烈な批判が出されていた。

そのような中で、最高裁は、全逓東京中郵事件判決（最大判昭41・10・26刑集20巻8号901頁）で、法律自体は合憲としつつ、争議行為の禁止は「国民生活に重大な障害をもたらすおそれのあるものについて、これを避けるために必要やむを得ない場合について考慮されるべきである」として、限定的に適用される旨、示唆した。さらに、都教組事件判決（最大判昭44・4・2刑集23巻5号305頁）では、限定的に禁止される争議行為をあおる行為の処罰について、「争議行為に通常随伴して行われる」ものでない行為に限られるとした（「二重のしぼり論」）。

第13章　経済的自由と労働権

　ところがその後最高裁は、前記、全農林事件判決において、「公務員の地位の特殊性と……国民全体の共同利益の保障という見地」と、人事院勧告なる「代償措置」が存在することから、公務員の争議行為の禁止が憲法に違反しない、とした。この判決は「国民全体の共同利益」なる極めて抽象的観念的な概念を根拠にすることによって、結局、公務員であることのみを争議行為禁止の根拠にしている。このことから、学説は、同判決を「全体の奉仕者」論の復活であるとして厳しく批判した。

　「国民生活の共同利益」なる概念が極めて観念的であることは、2000年以降に行われてきた独立行政法人化、民営化が示している。仮に公務員の争議行為が「国民生活の共同利益」を損なうのであれば、当該業務を民営化したところで、同じ業務について全面的に争議行為を禁止せねばならないであろう。しかし、民営化部門は争議行為禁止が解除された（例えば郵政）のだから、「国民生活の共同利益」は具体的内容をもたない抽象的なものだったのである。

【より深く考えてみよう】
　本章2・3は、主として裁判所として、経済的活動に対する規制の合憲性の判断をどのようになすべきか、ということを念頭に置いて記述した。しかし、政府の主要な経済政策の多くは政治的判断を伴うから、裁判所が違憲判決を出す可能性は少ない。裁判所により違憲である（したがって無効である）と法的に判断されないものは、憲法上何の問題もないと言い切れるだろうか。社会権や労働者の働き方などに関わる実際の政府の経済政策について考えてみよう。
　3⑵でみたように，経済分野に関わる規制は、すべて社会経済政策的なものとは限らず、契約の公正公平を担保するためのものもある。この種の規制撤廃は望ましい法のあり方なのか，考えてみよう。
　参考、中島徹（2007）『財産権の領分』日本評論社
　参考、和田肇（2016）『労働法の復権　雇用の危機に抗して』日本評論社
　参考、五十嵐敬喜・小川明雄（2006）『建築紛争──行政・司法の崩壊現場』岩波書店

第14章

生存権と教育を受ける権利

1　生　存　権

(1)　総　　説

(i)　現代的人権としての社会権　　フランス革命（1789年）を典型とする近代市民革命期に成立する西欧諸国の憲法は、自由主義的な国家観の下、経済的自由権（財産権、営業の自由等）を機軸とする「自由権」中心の人権保障の体制をもたらした。そこでは自由放任思想に基づく資本主義経済体制の下、賃労働者に対する資本家による徹底的な搾取が進められた。やがて、資本主義の高度化に伴う資本の集中と生産力の増大は（経済的）市民社会の自律性を破壊し、資本主義の弊害を慢性化させる深刻な情況を生み出すに至る。労働運動は激化し、社会主義運動が高まりをみせる。こうした事態に接して、従来の国家理念はその修正を余儀なくされることになる。自由放任を基本的価値とする自由国家（夜警国家）から、社会的・経済的弱者の保護を目的として、国家権力が積極的に社会経済領域に介入する社会国家（福祉国家）への国家観の転換である。かくして、現代的人権としての「社会権」（生存権、教育権、労働基本権などの諸権利）が現れることになった。社会権は、人間的生存のための国家による積極的施策・給付を求める権利として主張され、20世紀の人権宣言の中に含まれるようになる。社会権を詳細に規定した初めての憲法は、第1次世界大戦後のドイツでつくられたワイマール憲法（1919年）であるが、社会権規定が世界各国の憲法に取り入れられるようになるのは第2次世界大戦を経てのことである。

(ii)　憲法25条の成立過程　　大日本帝国憲法には社会権に関する規定は存在せず、国民の生存への配慮はもっぱら行政政策に委ねられていた（野中他（2012、

284

Ｉ）502頁〔野中俊彦〕）。第 2 次世界大戦後に成立した日本国憲法は、伝統的な自由権に加えて、生存権を保障する25条以下で社会権を規定している（26条は教育を受ける権利、27条・28条は労働権と労働基本権を保障する）。25条は日本国憲法における社会権の原則的・総則的規定と解されている（佐藤功（1983、上）421頁、芦部（2015）268頁）。25条の制定過程をみると、25条 1 項（「すべて国民は、健康で文化的な最低限度の生活を営む権利を有する」）は、総司令部案にも、それに基づいて作成された日本政府案にも存在しなかった。帝国議会の衆議院における審議の段階で、生存権や労働権、女性の権利などを熱心に主張した社会党の提案により加えられたものである。他方、25条 2 項は「国は、すべての生活部面について、社会福祉、社会保障及び公衆衛生の向上及び増進に努めなければならない」と定めるが、これは総司令部案24条に謳われていた「社会福祉の増進、社会保障の提供」が基になっている。これが日本政府案を作成する過程で次第に整除され、帝国議会の審議で 1 項が挿入されたのを受けて 2 項に移されたものである。

(iii) **25条 1 項と 2 項の関係**　25条制定の経緯もあり、25条 1 項と 2 項の関係をどのように理解すべきかが論じられてきた。学説では、両者を一体のものと捉え、 1 項は生存権保障の目的ないし理念を宣言したもの、 2 項はその目的・理念の実現のための方法ないし手段を定めたものと解する立場が支配的であった（佐藤功（1983、上）435頁、伊藤（1995）379頁）。これに対して、堀木訴訟の控訴審判決（大阪高判昭50・11・10行集26巻10=11号1268頁）が 1 項と 2 項を峻別する解釈を示して注目された。同判決によると、 2 項は、国民が困窮状態に陥らないように「事前の積極的防貧施策をなすべき努力義務」を国に課したもの、 1 項は、 2 項の防貧施策の実施にもかかわらず「なお落ちこぼれた者に対し、国は事後的、補足的且つ個別的な救貧施策をなすべき責務のあること」をそれぞれ宣言したものであり、 1 項と 2 項は直接関係しない。 2 項に基づく防貧施策は立法府の裁量の問題であるとする一方で、 1 項に基づく救貧施策には「健康で文化的な最低限度の生活」という絶対的基準による制約があるとして、 1 項と 2 項を分離し、それぞれに異なる違憲審査基準を適用する考え方が示された。しかし、最高裁判所は、同訴訟の上告審判決（最大判昭57・7・7民集36巻

7号1235頁）で1項・2項峻別論をとらなかった。1項・2項峻別論に対して、学説からは、1項の救貧施策を生活保護法による公的扶助に限定し、他の施策をすべて防貧施策として広汎な立法裁量に委ねた点が強く批判された（芦部（2015）269頁、樋口他（1997）159頁〔中村睦男〕）。ただ、1項と2項の文言の違いに着目し、1項と2項が異なる規範内容をもつと解する学説（1項・2項区分論）も有力に説かれ、最近ではむしろ支持が増している（渡辺他（2016）370頁〔工藤達朗〕）。1項は（狭義の）生存権、2項はより快適ないし安定した生活を実現する国家の責務として区分するのが妥当と解されよう（小山剛（2015）「生存権(2)」『法学セミナー』724号、73頁）。

(2) 生存権の権利性

(i) **学 説**　憲法25条1項は、個人が人間としての尊厳を維持し、人間的な生活を送ることを権利として保障するものである。その「権利」がいかなる意味で理解されるべきか、言い換えれば、国民が国家（政府）に対してどのように・どの程度までこの「権利」を主張することができるのかという点について、憲法制定当初から様々な議論がされてきた。

(a) **プログラム規定説**　日本国憲法が制定された当初には、プログラム規定説と呼ばれる学説が支配的であった。これはもともと、生存権の思想を初めて憲法に表現したドイツのワイマール憲法（1919年）の規定（151条）についてドイツの憲法学説でとられていた解釈である。プログラム規定説は、憲法25条は、個々の国民に具体的な権利を保障したものではなく、国が積極的な政治を行う場合の目標・指針（プログラム）を示したものであり、国の政治的・道徳的義務を明らかにしたものにすぎないと解する。

(b) **抽象的権利説**　プログラム規定説は、結局、25条の法的な意味を否定するものであり、憲法が「健康で文化的な最低限度の生活」を「権利」であると宣言していることの意義を失わせるものである。人間の尊厳に値しないような生活を余儀なくされている人々がいても、それは政治の問題であって法律や裁判の問題ではない、つまりは救済の手段がない、というのでは、あまりにもおかしいのではないか。このような疑問は、後述する朝日訴訟で生活保護の水

準の低さを裁判所（東京地裁）が違法だと認めた1960年あたりから、学者の間でも高まっていく。そこで生存権は法的権利であるとする解釈が唱えられ、現在では抽象的権利説と呼ばれる立場が一般的である。抽象的権利説は、憲法25条は国民の権利を保障しているがその権利は抽象的なものであり、権利の具体化には法律を必要とすると解する。具体的な法律が何もない場合、憲法25条だけを根拠にして裁判に訴えることはできない。しかし現実には、たくさんの社会保障に関する法律が制定されているから、個別的な法律がきちんと「健康で文化的な最低限度の生活」を保障しているかを国民は裁判で争うことができる。

(c) 具体的権利説　　抽象的権利説に対立して、すでに1960年代から具体的権利説が唱えられた。この説は、憲法25条は国民の権利を保障しているが、個別の法律規定がなければ国民は具体的な請求をすることはできないと考える点で、抽象的権利説と同じである。ただし、25条は立法府に対して生存権を具体化する立法を行うべき法的義務を課していると解されるところ、国会がその義務を履行することを怠り権利を具体化する法律が存在しなければ、国の立法不作為の違憲確認訴訟を提起することができる、と解する。しかし、訴訟のできる要件が不明確であり、また仮に救済が認められても結局、問題解決は再び立法府の手に委ねられ、迅速な救済を求める困窮者の直接の救済とはならないなど多くの問題が指摘され、少数説にとどまる（樋口他（1997）151頁〔中村睦男〕）。なお、最近では、「健康で文化的な最低限度の生活」を下回る特定の生活水準については、憲法に基づいて金銭給付を裁判上求めることができるとする説（言葉どおりの意味における具体的権利説。棟居快行（1995）「生存権の具体的権利性」長谷部恭男編『リーディングズ現代の憲法』日本評論社、155頁以下。また、渋谷（2017）276頁が説く給付請求権説も同旨）も有力に説かれている。

(d) 「最低限度の生活」水準の確定可能性　　25条1項がプログラム規定か法的権利（法的拘束力のある人権規範）かをめぐる対立にとって、その前提となる議論がある。25条1項の「健康で文化的な最低限度の生活」の内容を理論的に確定することができるか否かを問うものである（内野正幸（1991）『憲法解釈の論理と体系』日本評論社、370頁）。確定できないとする立場（不確定説）は、「最

第Ⅲ部　基本的人権

低限度の生活」の水準を確定するには、低所得者層の生活水準、国家財政、国民感情などの、不確定な政策的・技術的な要素が考慮される必要があり、客観的には確定できないとする。これに対して、確定できるとする立場（確定説）は、「最低限度の生活」の水準は、一定の歴史的な時期における社会の生産力の水準や、国民の所得水準・生活水準、さらに、その他の社会的・文化的な発達の程度などの要素を考慮して確定されることが相当程度可能であるとする。プログラム規定説は、最低限度の生活の実現を裁判所の役割とは考えずに立法府や行政府に丸投げする態度をとるから、不確定説と結びつく。具体的権利説は確定説を前提とする。では、抽象的権利説はどうか。抽象的権利説は、最低限度の生活水準なるものは理論的に完璧に確定できるわけではないが、ある程度は確定できるはずだと考える。そのうえで、裁判所は、明らかに最低限度の生活水準を下回る定めをしている法律を違憲と判断できるという態度をとる（芦部（2015）270頁）。

　(ii)　**判　例**　　学説は、このように、裁判所が憲法25条違反の判断を下すことができるという前提をとり、最低限度の生活水準を下回るとみなされる場合には、裁判所が積極的に憲法判断すべきことが求められるとしている。最高裁判所も、裁判所が違憲判断を下す可能性を一応は認めている。しかし、実際には多くの裁判で、最高裁は立法府・行政府の判断の余地を極めて広いものとする見方を示しており、合憲判断を繰り返してきている。

　(a)　朝日訴訟　　朝日訴訟では、厚生大臣の設定する生活扶助基準が健康で文化的な最低限度の生活水準を維持し得るものかが争われた。一審判決（東京地判昭35・10・19行集11巻10号2921頁）は、最低限度の生活水準の確定は可能であるとする立場に立ち、本件生活扶助基準は生活保護法8条2項、3条に違反するものとした。最高裁は原告の死亡により裁判は終了するとしたが、「念のため」として憲法25条の法的な意味について判断を示した。それによると、憲法25条1項は「すべての国民が健康で文化的な最低限度の生活を営み得るように国政を運営すべきことを国の責務として宣言したにとどまり、直接個々の国民に対して具体的権利を賦与したものではない」。「健康で文化的な最低限度の生活なるものは、抽象的な相対的概念であり、その具体的内容は、……多数の不

確定的要素を綜合考量してはじめて決定できるものである」。それゆえ、健康で文化的な最低限度の生活にかかる認定判断は、「厚生大臣の合目的的な裁量に委されており、その判断は、当不当の問題として政府の政治責任が問われることはあつても、直ちに違法の問題を生ずることはない」が、裁量権の逸脱または濫用の場合は司法審査の対象となる（最大判昭42・5・24民集21巻5号1043頁）。

　(b)　堀木訴訟　　堀木訴訟では、国民年金法に基づく障害福祉年金と児童扶養手当との併給を禁止する児童扶養手当法4条3項3号（改正前）の違憲性が争われた。最高裁は、憲法25条1項にいう「健康で文化的な最低限度の生活」は、極めて抽象的・相対的な概念であり、その時々の経済的・社会的条件や一般的な国民生活の状況等との関係において判断されるべきものであるとともに、右規定の具体化にあたっては「国の財政事情を無視することができず、また、多方面にわたる複雑多様な、しかも高度の専門技術的な考察とそれに基づいた政策的判断を必要とする」から、「憲法25条の規定の趣旨にこたえて具体的にどのような立法措置を講ずるかの選択決定は、立法府の広い裁量にゆだねられており、それが著しく合理性を欠き明らかに裁量の逸脱・濫用と見ざるをえないような場合を除き、裁判所が審査判断するのに適しない事柄である」として、生存権の実現にかかる立法府の広汎な裁量を承認した（前掲・最大判昭57・7・7）。

　堀木訴訟にみられるように、最高裁は純粋なプログラム規定説をとっておらず、裁量権の限界を超える場合の司法審査の可能性を認めている。生存権が抽象的権利であり、また裁判規範となることは、学説・判例がほぼ一致して認めるところである（野中他（2012、Ⅰ）507頁〔野中俊彦〕）。今日の問題は、実質的にプログラム規定説と見紛うほどに最高裁が行政府・立法府に広汎な裁量を認めるという原則的な立場をとっている以上、「いかにして裁量の幅を狭めてより踏み込んだ司法審査の可能性を広げていくか」（長谷部（2018）286頁）という点にある。

第Ⅲ部　基本的人権

(3)　生存権の自由権的側面

(i)　**自由権的側面**　　生存権には、国家に対して「最低限度の生活」の実現を求める社会権的側面のほかに、国民各自が自らの手で健康で文化的な最低限度の生活を維持する権利を有し、国家はそれを阻害してはならないという自由権的側面があるとされる（野中他（2012、Ⅰ）502頁〔野中俊彦〕）。自由権的側面に関わる事例として、所得税の課税最低限の規定が生存権を侵害するかが争われた総評サラリーマン税金訴訟がある。最高裁は、堀木訴訟上告審判決を引用し、憲法25条の具体化にかかる立法府の広汎な裁量を認めて、違憲の訴えを退けた（最判平元・2・7判時1312号69頁）。

(ii)　**制度後退禁止**　　近時、生存権の具体化立法において設定された給付水準の切り下げ（制度の後退）は憲法上許されないとする見解（制度後退禁止原則）が有力に唱えられている。かかる学説としては、25条2項のいう社会福祉等の「向上および増進に努める」ことに明白に反すること、すなわち合理的な理由なく後退をもたらすことをしてはならないという内容の憲法上の規範を導出し得るとする見解（前掲・内野『憲法解釈の論理と体系』、377頁）や、抽象的権利説から、「現行の給付水準の一切の不利益変更を許さないというほどには厳格ではないが、憲法上の一定の幅からも逸脱してしまうような大幅な不利益変更に対してはそれを拒否しうるような、その意味で柔軟化された制度後退禁止原則」を導出し得るとする見解（棟居快行（2008）「生存権と『制度後退禁止原則』をめぐって」初宿正典他編『国民主権と法の支配（下）』成文堂、369頁以下）などがある。これに対しては、給付水準の切り下げが常に25条違反になるとするのは現実的妥当性を欠く（赤坂（2011）204頁）とか、制度の後退が直ちに違憲となるわけではなく、後退により憲法上必要とされる最低限度の水準を下回る場合に違憲となるにすぎない（前掲・小山「生存権(2)」、78頁）とする批判がある。

　制度後退の憲法適合性が争われた事例として老齢加算廃止違憲訴訟がある。この事案では、70歳以上の高齢者に基準生活費に加えて給付されていた老齢加算の段階的減額と廃止に伴う保護変更決定が、生活保護法56条や憲法25条に違反するかが問題となった。下級審では、生活保護法56条にいう「正当な理由」のない保護の不利益変更禁止が保護基準の不利益改定にも適用されるとし、加

算廃止処分を違法としたものがあるが（福岡高判平22・6・14判時2085号76頁）、最高裁は制度後退禁止原則を採用せず、老齢加算の廃止を内容とする保護基準の改定については、厚生労働大臣の判断の過程や手続に過誤・欠落はなく、裁量権の逸脱・濫用は認められないとし、憲法25条違反の主張も退けている（最判平24・2・28民集66巻3号1240頁）。

2　教育を受ける権利

(1)　教育を受ける権利の意義

(i)　**総　説**　教育と学習は、生命や健康などと並び、人間存在にとって本源的な構成要素であるといえる。生命や健康が人権の最たるものに数えられるのと同様に、教育と学習もまた普遍的な基本的権利として保障されるべきものである。日本国憲法は「教育を受ける権利」を明文で保障している（26条）。また、憲法と一体をなすものとして構想された教育基本法（1947年3月公布・施行）は、憲法の教育条項と密接な関連を有し、「権利としての教育」の具体的なありようを示すものであった。両者は一体のものとして戦後公教育体制の機軸をなしてきたが、教育基本法は2006年に全面的に改正された。旧教育基本法は「準憲法」「教育憲法」としての性格を有するものと解されていたが、新教育基本法は、むしろ憲法理念との繋がりを意識的に弱め、教育（内容）への国家介入を一段と強める方向性を示している（愛国心条項を含んだ教育目標規定の新設（2条）、旧法10条抜本改正による教育内容介入抑制原理の修正（16条）など）。

　生存権などの他の社会権と同様、教育を受ける権利にも社会権的側面と自由権的側面があると解されている。教育を受ける権利の社会権的側面としては、教育条件の整備・充実を政府に対して求める国民の権利が挙げられる。具体的には、公教育制度を設けること、教育施設・設備の整備と十分な教育財政支出などが考えられる。教育を受ける権利の法的性格について、現在では26条の法的権利性を肯定する立場が一般的である。26条の具体的権利性を認める学説もあるが、多くはこれを抽象的権利と解している。その場合でも、義務教育の無償（26条2項）は、国の条件整備義務の内容を憲法上明示したものとして具体

第Ⅲ部　基本的人権

的な権利性を有する。他方、教育を受ける権利の自由権的側面（効果）として、「教育の自由」（本章 2 ⑵参照）が挙げられることもあるが、教育の自由を、教育を受ける権利の自由権的側面の問題として論ずべき根拠は、必ずしも明らかではない。

　⑪　**教育を受ける権利の内容**　　教育を受ける権利の内容の捉え方をめぐっては学説の対立がある。かつては、教育を受ける権利を生存権の教育・文化面での現われとして捉え、教育の機会均等を実現するための経済的配慮を国家に対して要求する権利と解する立場（生存権説ないし経済的権利説）が支配的であった。しかし、このような見方は、教育学者から、教育を受ける権利を経済的・社会政策的な性質に偏重して理解するものであり、その文化的性質を見落としていると批判された。そうして、26条を単なる経済的・生存権的な性質の権利としてではなく、子どもの人間的成長・発達の権利および文化的生存の権利としての「学習権」を機軸として理解すべきであるとする立場が有力になった（学習権説）。学習権の考え方は裁判所によっても受容されている。旭川学テ事件最高裁判決（最大判昭51・5・21刑集30巻 5 号615頁）は、憲法26条の規定の背後には「国民各自が、一個の人間として、また、一市民として、成長、発達し、自己の人格を完成、実現するために必要な学習をする固有の権利を有すること、特に、みずから学習することのできない子どもには、その学習要求を充足するための教育を自己に施すことを大人一般に対して要求する権利を有するとの観念が存在している」と判示した。学習権説は今日、広く支持されている。

⑵　教育権と教育の自由

　ⅰ　**教育権の所在**　　1950年代後半以降、教師の勤務評定の実施や、教育課程編成基準である学習指導要領の法的拘束力の強調、全国一斉学力テストの強行、教科書検定の強化など、教育の国家統制を強める政策が推進され、これに抵抗する親や教師（集団）、教科書執筆者などとの間で多数の教育紛争が引き起こされた。中心的な争点とされたのは、教育に関する権能、特に具体的な教育内容の決定権（教育権）の所在であった。国（文部〔科学〕省）は「教育する

権利」を有するから教育内容・方法に広く介入することが認められるとする「国家教育権説」と、教育内容を決定する権能は親や教師といった国民に属するものであり、国家が教育内容に介入することは原則的に許されない（公権力の任務は教育の条件整備に限定される）とする「国民教育権説」とが対立した。

　教育権の帰属に関するリーディングケースである旭川学力テスト事件最高裁判決（前掲・最大判昭51・5・21）は、いずれの立場も「極端かつ一方的」として斥け、両者を折衷させる見解を示した。これは各教育関係当事者の権能を確定するアプローチを採用したものと解されている（樋口他（1997）170頁〔中村睦男〕）。最高裁は、憲法23条を根拠に普通教育の教師に対する一定の範囲における教授の自由、家庭教育や学校選択の自由を内容とする親の教育の自由、一定の範囲での私学教育の自由を認めつつ、「それ以外の領域においては、一般に社会公共的な問題について国民全体の意思を組織的に決定、実現すべき立場にある国は、国政の一部として広く適切な教育政策を樹立、実施すべく、また、しうる者として、憲法上は、あるいは子ども自身の利益の擁護のため、あるいは子どもの成長に対する社会公共の利益と関心にこたえるため、必要かつ相当と認められる範囲において、教育内容についてもこれを決定する権能を有する」とした。その一方で、教育内容に対する国家的介入も「できるだけ抑制的であることが要請される」として、「子どもが自由かつ独立の人格として成長することを妨げるような国家的介入、例えば、誤った知識や一方的な観念を子どもに植えつけるような内容の教育を施すことを強制するようなことは、憲法26条、13条の規定上からも許されない」との歯止めを設けた。

　教育内容・方法への国家関与の限界について、学テ最高裁判決は不明確な部分を残している。最高裁は、「国の教育行政機関が法律の授権に基づいて義務教育に属する普通教育の内容及び方法について遵守すべき基準を設定する場合には、……教育における機会均等の確保と全国的な一定の水準の維持という目的のために必要かつ合理的と認められる大綱的なそれにとどめられるべきもの」とし、国による教育内容決定権の範囲を大綱的基準の範囲で容認した。最高裁は学習指導要領それ自体を大綱的基準と同視する立場をとったが、学習指導要領のどの部分が法的拘束力を有するかが問題となっていた以上、国による

第Ⅲ部　基本的人権

教育内容統制の限界を厳密に提示するものではなかった。これに対し、国民教育権説に立つ教育法学の論者からは、国の権限を基本的に教育の外的な諸条件の整備に限定し、教育内容にかかる法規的な規律の範囲については、各学校段階の教育編制単位である教科目等の法定までを意味する「学校制度的基準」の概念により把握すべきであるとの見解（兼子仁（1978）『教育法〔新版〕』有斐閣、383頁）が打ち出された。国の教育内容統制権限の限界を的確に示すものとして広く支持されている。

　(ii)　**教育の自由の諸相**　　教育権の所在をめぐる対立において、国民教育権説は、教育内容・方法に対する国家の介入を排除し、その具体的な決定権を親の負託を受けた教師を中心とする国民に帰属させることに、その主張の力点を置いていた。教師の教育権（教育の自由）の憲法上の根拠は、13条（幸福追求権）や23条（学問の自由）、26条などに求められてきた。最近では、これらの条項が複合的に保障していると説く見解が有力である。また、教育の自由は、権利を享有する主体によって異なる内容をもつことが指摘されてきた。教師の教育の自由のほか、親の家庭教育の自由および学校（教育）選択の自由、子どもの学習の自由、国民の教科書執筆および出版の自由、国民の私立学校開設の自由、私立学校の教育の自由などが挙げられる。判例でも、学テ最高裁判決において、普通教育の教師の教授の自由が一定の範囲で学問の自由（憲23条）に含まれるとされたほか、家庭教育や学校選択の自由を内容とする親の教育の自由、一定の範囲での私学教育の自由が認められた。もっとも、親および私学教育の自由の憲法上の根拠は示されていない。学説では、親の教育の自由の憲法上の根拠について、13条説や24条説が説かれている。また、私立学校の開設および運営の自由については、13条説や23条説、22条1項（職業選択の自由）説、憲法で明示されていなくとも保障されるとする憲法的自由説などが説かれている。

(3)　教育を受ける権利の実現とその課題

　(i)　**教育の機会均等の意義**　　憲法26条1項は、国民に、「その能力に応じて、ひとしく教育を受ける権利」を保障している。これは教育の機会均等を保障する趣旨である。「その能力に応じて、ひとしく」とは、教育機会を保障するに

当たって各人の適性と教育を受けるに必要な能力のみが考慮されるべきであり、教育を受ける（学習する）能力とは無関係な家庭的・経済的事情などを理由とする差別は禁じられるとする趣旨と解されてきた。憲法にいう「能力に応じて」の意義を能力程度主義的に解する、このような立場は、ある時点でテスト等により測られる能力程度を先天的・固定的なものと捉えることで、すべての子どもの能力の十分な開花・発達を保障することができないことになるとの批判を浴びた。今日では、学習権説の見地から、すべての子どもが能力発達の仕方に応じてなるべく能力発達ができるような（能力発達上の必要に応じた）教育を保障されるとする見解（前掲・兼子『教育法〔新版〕』、231頁）、子どもの心身の発達機能に応じた教育を保障するという理解（樋口他（1997）174頁〔中村睦男〕）が支持されている。こうした立場からは、例えば、心身障害児については、障害の度合いが重いほど手厚い権利保障がなされるべきであり、国には一般の場合以上の条件整備が積極的に要請されると説かれる。

(ii) **義務教育無償の射程**　憲法26条2項後段は「義務教育は、これを無償とする」と定める。これも教育の機会均等を保障するものであり、かつ、（義務教育段階での）教育を受ける権利の保障を目的とする定めである。義務教育の無償の範囲をめぐっては学説の対立がある。①授業料無償説は、教育の対価たる授業料の無償を定めたものと解する。これに対して、②就学必需費無償説（修学費無償説）は、義務教育に関する一切の費用（授業料、教科書代金、教材費、給食費その他）の無償を定めたものと解する。①説が多数説であるが、②説が妥当と解される（杉原（2008）638頁〔今野健一〕）。①説でも授業料以外に無償の範囲を広げることはむしろ望ましいとされており、立法政策を通じた無償制の拡充が肯定される。ただし、無償化の一層の努力が単なる立法政策の問題にとどまるのか、そこから進んで、立法府が授業料以外の費用についてその裁量権を逸脱した場合に違憲とされる余地があるとみるか、見解が分かれている。

最高裁は、小学校に在学する児童の保護者がその要した教科書代金の償還などを求めた事案において、憲法26条2項後段の「無償」の意義を授業料不徴収という範囲で捉えたうえ、国が保護者の教科書代金等の費用負担を軽減するよう努めることは望ましいが、それは憲法が直接定めるところではなく、国の財

第Ⅲ部　基本的人権

政事情等を考慮して立法政策により解決すべきものであるとの判断を示した（最大判昭39・2・26民集18巻2号343頁）。この事案は、義務教育諸学校の教科用図書の無償措置に関する法律（1963年）によって、義務教育諸学校の児童・生徒に教科用図書（教科書）を無償配布する法制が整えられる以前に提起されたものである。教科書無償配布措置については、公教育予算全体の圧縮と、その中からさらに義務教育費を削減しようとする教育改革の一環として、かねてその廃止が主張されてきた。義務教育無償の範囲を授業料に限定する通説・判例の立場からは、教科書無償制度の廃止は、さしあたりその立法政策的な当否が問題となるにすぎず、必ずしも憲法問題とはならない。しかし、通説の立場に立っても、教科書無償措置が憲法慣習として成立しているとみて、その廃止を違憲と解し得るとする学説（渋谷（2017）285頁）もある。

(4)　学校教育と子どもの権利

(i)　子どもの権利論　　人権とは人間が人間であるがゆえに有する権利であるという点に鑑み、子ども（未成年者）にも人権享有主体性が承認される。ただし、子どもは未成熟・依存から成熟・自律への成長過程ないし発達段階にある存在として、人格的に独立した成人に比べ特別の制約を受けることがあり得る。そこでは、子どもの自律への発達過程を援助するために何らかの保護が必要であることが前提とされている。従来、子どもは保護の客体ではあっても人権主体とは考えられてこなかった。子どもの最善の利益を決定する場面での国家の役割が強調され、子どもはその決定に服するだけの存在とされたが、かかる保護主義には強い疑問が投げかけられた。子ども自身の自律的な意思を尊重し、その人権主体としての地位を承認することにより、保護の名における安易な法の介入を阻止し、子どもの自己決定権を尊重しようとする思潮が有力になった（森田明（2008）『未成年者保護法と現代社会〔第2版〕』有斐閣）。最近では、「関係性」の概念を権利論に取り込むアメリカの法学者マーサ・ミノウの議論に依拠して、関係的子どもの権利論を展開する立場が注目されている。この考え方は、権利概念の基盤に「自律性」を据えるのではなく、「子どもと他者、特に親や子ども自らが関わる共同体との『関係性』を重要視し、そこから子ど

第 14 章　生存権と教育を受ける権利

もの権利を組み立てようとする」ものである（山口直也（2010）「関係的権利とし
ての子どもの成長発達権」水谷規男他編『刑事法における人権の諸相』成文堂、159
頁）。

(ii)　**学校の中の教育法問題と子どもの権利**　　1980年代以降、学校での子どもの
権利侵害事例が多発し、深刻な社会問題として認識されるようになる。特に、
校則・体罰・内申書は子どもに対する管理教育の強力な武器として用いられ、
多くの法的紛争を生んできた。

(a)　**校　　則**　　校則は、教育目標や生活指導のあり方について学校ごとに個
別的・自律的に定められる規則であり、学校による生活指導の基準・根拠とし
て用いられる。学校の内外を問わず子どもの生活行動を細かく規制するもので
あるため、校則違反を理由に不利益な処分・取扱いを受けた子ども・親が裁判
に訴える例が、80年代後半以降、全国で相次いだ。中学校丸刈り校則、中学校
標準服・制服校則、高校バイク 3 ない校則、高校パーマ禁止校則、喫煙処罰校
則などが裁判で争われた。原告側が勝訴する裁判例はほとんどない。その原因
としては、子どもの人権の学校における未定着状況と、学校側に広汎な教育裁
量が認められる傾向にあることが挙げられる（市川須美子（1993）「校則裁判と教
育裁量」神田修編著『教育法と教育行政の理論』三省堂、187頁）。憲法論としては、
ライフスタイルの決定に関する子どもの自己決定権（憲13条）の侵害（第 9 章参
照）、親の教育権（教育の自由）の侵害を問題とする余地があろう。

(b)　**体　　罰**　　体罰は法律（学教11条但書）で禁止されている。しかし、法
令上、体罰の定義が示されているわけではなく、具体的な事件の中で、法禁さ
れた体罰に該当するかの解釈が争われてきた。従来、判例や学説は身体的侵害
を広く体罰と解して厳格にその違法性を認めてきたが、最近、最高裁が「有形
力の行使」を一定程度認める立場をとって波紋を呼んだ（最判平21・ 4 ・28民集
63巻 4 号904頁）。この判断は、体罰裁判における厳格な体罰禁止の流れに水を
さし、体罰禁止という教育法上の基本原理をなし崩しにする危険性がある。

(c)　**内　申　書**　　内申書は、高校受験の際、中学校から高校へ提出され、選抜
の材料とされるものであるから、内申書の記載次第では志望校に行けなくなる
可能性がある。これに対して、生徒の側は教師の恣意的な記述に抗議すること

297

第Ⅲ部　基本的人権

はできないし、そもそも自分の内申書をみることも容易ではない。自分の内申書やその原簿たる指導要録をみる生徒の権利の認否、内申書等の教育評価記録の本人開示の可否が議論されてきた。指導要録開示の可否について、最高裁は2003年に初めて判断を示したが、憲法上の権利（自己情報開示請求権の憲法上の根拠）については言及しなかった。また、開示か非開示かの実質的な判断の場面では、指導要録の主観的評価部分について信頼関係喪失論や指導要録空洞化論を展開して非開示を正当化した（最判平15・11・11判時1846号3頁）。

【より深く考えてみよう】

　生存権の法的性格論について、現在では議論の実益が乏しいとみる向きもあるが、朝日訴訟をはじめとする一連の生存権訴訟に即した憲法学説の展開過程を押さえることは、あながち無駄なことではない。この点で、中村睦男・永井憲一（1989）『生存権・教育権』法律文化社は好個の文献である。また、格差社会化の亢進する現代日本社会における憲法理論の寄与のあり方について、西原博史（2011）「人権論Ⅲ・生存権論の理論的課題」辻村みよ子他編『憲法理論の再創造』日本評論社、171-181頁、葛西まゆこ（2011）『生存権の規範的意義』成文堂などを通じて考えてみたい。

　教育の権利と自由に関する憲法論の展開は、教育法学の研究成果を抜きに語ることはできないが、特に教師の教育権の認否などで憲法学と教育法学の間には大きな溝が存在する。奥平康弘（1981）「教育を受ける権利」芦部信喜編『憲法Ⅲ人権(2)』有斐閣、361-425頁は、教育法学の通説に鋭く切り込んで、その後の憲法学説の動向に多大な影響を及ぼした。内野正幸（1994）『教育の権利と自由』有斐閣も、教育法学説のありようを批判的に再検討しつつ、憲法論の深化を目指した重要な文献である。最近の教育法学の立場からのまとまった研究成果としては、日本教育法学会編（2014）『教育法の現代的争点』法律文化社がある。あわせて参照してほしい。

第15章

選挙権と投票価値の平等

1　選　挙　権

　政治に参加する権利には様々なものがあるが、狭義の参政権は、選挙権、被選挙権、国民投票権のように、国や自治体の政治的決定に有権者が直接的・間接的に参加する権利を指す。そして、これらの参政権の中でも選挙権は、国民がその代表者である議員を選出する権利として最も重要で基本的なものである。国民主権を採用する日本国憲法は、「公務員を選定し、及びこれを罷免することは、国民固有の権利である」（15条1項）と定め、すべての公務員の民主的正統性が国民に由来することを確認している。

(1)　選挙権の法的性格
　選挙権がいかなる性格の権利であるかについて、現在の学説は、権利―公務二元説と権利一元説との対立に収斂している。権利―公務二元説は、選挙権の行使には，有権者が代表者の選定に参加する「権利」を行使する側面と、選挙人団の1人として公務員の選定という「公務」を執行する側面とが併存していると説き、通説となっている。これに対して、権利一元説は、政治的意思能力をもつ者（有権者）の総体を主権者とする人民主権論に依拠しつつ、選挙権は政治的意思決定能力をもった有権者が国家権力の行使に参加する権利であると説く。そして、選挙権に公務性を認めれば、その制約の場面で立法府の裁量が大きくなりすぎるとして、権利―公務二元説を批判する。
　両説の違いは、日本国憲法が採用する主権理論に関する理解の相違にも由来する（第4章参照）。また、権利一元説では、選挙権が権利である以上、投票を

第Ⅲ部　基本的人権

棄権する自由が認められるのに対し、権利—公務二元説では、選挙権が有する公務としての性格から、投票を義務づける制度の導入も理論上可能になるという違いもある。ただし、どちらの立場も選挙権が国民の基本的権利であるとする点で違いはなく、選挙権に対して憲法上認められる制約の程度についても、説明の仕方は異なるものの、解釈論上の帰結に大差はないとする議論も有力である。

(2)　選挙権の制約

　選挙権あるいはその行使に対しては、法律により様々な制限が課されており、その合憲性が裁判で争われてきた。

　(i)　**在外国民**　　海外に居住する日本国民は、日本国内に住所がないため選挙人名簿に登載されず、かつては選挙の際に投票することができなかった。その後、1998年の公職選挙法改正で在外国民も投票ができるようになったものの、衆参の比例代表選挙に限られたため、このような制約の合憲性が争われることとなった。これについて2005年の最高裁判決は、「国民の選挙権又はその行使を制限することは原則として許されず」、制限する場合でも「やむを得ないと認められる事由がなければならない」という厳格な審査を行ったうえで、当該制限を違憲とした（最大判平17・9・14民集59巻7号2087頁）。

　(ii)　**成年被後見人**　　かつて公職選挙法11条1項は、選挙権を有しない者として成年被後見人を挙げていた（1号）。しかし、その合憲性が争われた裁判では、上記2005年最高裁判決を受けて厳格な審査が行われ、成年被後見人が選挙権を行使する能力を欠くとはいえない等の理由から、この規定は違憲とされた（東京地判平25・3・14判時2178号3頁）。そして、判決後の公職選挙法改正で同規定は削除された。

　(iii)　**受刑者、選挙犯罪者**　　公職選挙法11条1項は、選挙権を有しない者として、受刑者（執行猶予中の者を除く）や選挙犯罪により刑に処せられた者等を挙げている。これに対し、2005年最高裁判決の判断枠組みからすれば、「やむをえない事由」がない限り、刑務所内の秩序維持や逃亡のおそれといった抽象的理由で「国民固有の権利」である選挙権を受刑者に対して一律に制限すること

は許されないとする学説もある（野中他（2012、Ⅰ）541頁〔高見勝利〕）。また、選挙犯罪処罰者に対する一定期間の選挙権・被選挙権の停止（公選252条）については、選挙の「公正を阻害し、選挙に関与せしめることが不適当とみとめられるものは、しばらく、被選挙権、選挙権の行使から遠ざけて選挙の公正を確保すると共に、本人の反省を促すことは相当である」とした最高裁の合憲判決がある（最大判昭30・2・9刑集9巻2号217頁）。

2　投票価値の平等

　投票価値の平等とは、各有権者の投票の選挙結果に及ぼす影響力が量的に等しいことを意味する。そして、憲法が選挙の場面において要請する平等には、形式として1人1票投じることができるだけでなく、国民が政治的価値において平等に扱われることも含まれる。そのため、議員1人当たりの有権者数または人口比率が問題となる。

　通説は、ある特定の選挙制度の下で行われた選挙の結果、投票価値に不均衡が生じれば、裁判所は制度の内容に詳しく立ち入って厳格にその合理性を審査すべきであると説く。他方、判例は、投票価値の平等が憲法上の要請であることは認めつつも、他の様々な要素との調和の中でそれは実現されるものであるから、選挙制度を設計する立法府の広い裁量が承認され、裁量権を逸脱する場合に限り憲法違反になるとする。

　選挙権は、その実現のために法律による具体化ないしは制度構築を不可欠とする権利である。憲法も、「選挙区、投票の方法その他両議院の議員の選挙に関する事項は、法律でこれを定める」（47条）と規定し、選挙権行使の具体的方法を決定する一次的責任を国会に委ねている。選挙を実施するための選挙区の形成や議席の配分には技術的要素も多く、また、選挙区制をとる限りいかなる選挙制度を採用したとしても一票の較差をゼロにすることはほぼ不可能であって、投票価値にどの程度の較差を許容するかについて、国会に政治的判断と裁量の余地が残ることは避けられない。しかし、投票価値の平等が憲法の要請である以上、このような国会の裁量権には一定の限界があるはずである。

第Ⅲ部　基本的人権

　そこで、近時の学説は、判例と同様に選挙制度形成における立法府の裁量権を前提としつつ、その裁量を統制する論理を見出すことに関心を寄せている。

(1)　衆議院議員選挙

(ⅰ)　1976（昭和51）年判決　　最高裁が、衆議院議員選挙における投票価値の平等に関して基本的な判断枠組みを最初に示したのは1976年の判決である（最大判昭51・4・14民集30巻3号223頁）。当時の選挙制度は中選挙区制であり、1選挙区当たり3〜5名の議員定数が割り振られていた。1972年に実施された総選挙で議員1人当たりの人口数の較差が最大4.99倍にまで拡大していたため、このような定数配分と選挙区割りの合憲性が問われた。

(a)　選挙制度形成における国会の裁量とその限界　　1976年判決は、選挙制度は「選挙された代表者を通じて、国民の利害や意見が公正かつ効果的に国政の運営に反映されることを目標」としており、それゆえ、投票価値の平等は「選挙制度の決定について国会が考慮すべき唯一絶対の基準」ではなく、「国会が正当に考慮することのできる他の政策的目的ないしは理由との関連において調和的に実現されるべきもの」であると述べる。国会が選挙制度を形成するうえで、「人口数と配分議員定数との比率の平等が最も重要かつ基本的な基準」であるが、国会はそれ以外にも、都道府県、「市町村その他の行政区画、面積の大小、人口密度、住民構成、交通事情、地理的状況等諸般の要素を考慮」することが許されるとする。しかし、「投票価値の不平等が、国会において通常考慮しうる諸般の要素をしんしやくしてもなお、一般的に合理性を有するものとはとうてい考えられない程度に達しているときは」、国会の裁量権の限界を超えるとしている。この段階は「違憲状態」と呼ばれている。

　その後の最高裁判決が最大較差2.99倍を合憲とし、3.18倍を違憲と判断したことから、中選挙区制の下では最大較差3倍を違憲状態の境界線としていたのではないかと学説では推測されている。

　また、学説では、較差の許容限度について、1人で2票投じるに等しい較差2倍までは、立法裁量の問題として司法の介入を要しないとする見解と、較差2倍未満でも、司法の場でその較差を正当化できる合理的理由の提示が求めら

302

第 15 章　選挙権と投票価値の平等

れるとする見解との対立がある。

(b)　違憲に至るまでの合理的期間　　1976年判決の論理では、投票価値の不均衡が違憲状態に達している場合でも、定数配分規定が直ちに違憲となるわけではない。一票の較差の拡大は、人口変動という「漸次的な事情の変化によるものである」ため、その是正には必然的に一定の時間が必要となるからである。したがって、「人口の変動の状態をも考慮して合理的期間内における是正が憲法上要求されていると考えられるのにそれが行われない場合に初めて憲法違反」になると判決は述べている。そして、本件訴訟においては、公職選挙法が5年ごとに定数配分規定を改正するよう規定しているにもかかわらず、約8年にわたってそれがなされていないことをもって違憲と判断された。

(c)　選挙の効力　　選挙の効力について1976年判決は、本件選挙を無効としても「直ちに違憲状態が是正されるわけではなく、かえつて憲法の所期するところに必ずしも適合しない結果を生ずる」ので、「本件選挙は憲法に違反する議員定数配分規定に基づいて行われた点において違法である旨を判示するにとどめ、選挙自体はこれを無効としない」と述べた。違法な処分であっても公共の福祉の観点からそれを取り消さず、違法の宣言にとどめる判決を「事情判決」（行訴31条）と呼ぶが、公職選挙法219条はその準用を認めていないため、本件判決では、この事情判決の「法理」が「一般的な法の基本原則に基づくもの」として援用された。

(ii)　2011（平成23）年判決

(a)　小選挙区比例代表並立制における投票価値の不均衡　　1994年に衆議院の選挙制度が小選挙区比例代表並立制に改正されると、この新たな制度に基づく投票価値の不均衡が問われた。とりわけ、各都道府県にあらかじめ1議席を配分し、残りの議席を人口比例で改めて各都道府県に割り振る「一人別枠方式」と呼ばれる配分方法の合憲性が裁判で争われた。衆議院議員選挙区画定審議会設置法3条1項は、選挙区間の人口の最大較差が2倍以上とならないよう区割りを行う旨定めているにもかかわらず、同法3条2項が「一人別枠方式」を採用しているために、最大較差を2倍未満に収めることができなくなったからである。

303

第Ⅲ部　基本的人権

　この新たな制度について1999年に初めて下した判決において最高裁は、中選挙区制の下での判断枠組みを踏襲し、一人別枠方式および最大2.309倍の一票の較差を合憲と判断した（最大判平11・11・10民集53巻 8 号1441頁）。その後、2009年に実施された衆議院総選挙で最大較差が2.304倍となっていたため、これについて再び裁判で争われることになった。そして、2011年に下された最高裁判決では、一人別枠方式とそれによってもたらされた一票の較差を違憲状態と判断したのである（最大判23・ 3 ・23民集65巻 2 号755頁）。

　(b)　地域への配慮　　最高裁は、違憲状態とする理由として、どの地域の選挙区から選出された議員も「全国民を代表して国政に関与することが要請されて」おり、「相対的に人口の少ない地域に対する配慮はそのような活動の中で全国的な視野から法律の制定等に当たって考慮されるべき事柄であって、地域性に係る問題のために、殊更にある地域（都道府県）の選挙人と他の地域（都道府県）の選挙人との間に投票価値の不平等を生じさせるだけの合理性があるとはいい難い」と述べた。

　(c)　一人別枠方式の期限付き合理性　　最高裁は、1999年から2007年までの 3 つの判決において、小選挙区制の下で最大較差が 2 倍を上回った衆議院総選挙について合憲判決を下してきたことを次のように説明した。「新しい選挙制度を導入するに当たり、直ちに人口比例のみに基づいて各都道府県への定数の配分を行った場合には、人口の少ない県における定数が急激かつ大幅に削減されることになるため、国政における安定性、連続性の確保を図る必要があると考えられた」。そして、「何よりもこの点への配慮なくしては選挙制度の改革の実現自体が困難であったと認められる状況の下で採られた方策」が一人別枠方式であったとする。つまり、一人別枠方式を激変緩和措置として位置づけることによって、従来の合憲判決との整合性を図るとともに、立法府の政策判断との正面衝突を回避する論理を見出したと考えられる。しかし、新しい選挙制度は、実施後すでに10年以上が経過し、安定した運用がされるようになったので、一人別枠方式の合理性は失われたと最高裁は評価したのである。

　(d)　一人別枠方式の違憲性　　選挙当時、選挙区間の投票価値の較差は「最大で2.304倍に達し、較差 2 倍以上の選挙区の数も増加してきており、 1 人別

枠方式がこのような選挙区間の投票価値の較差を生じさせる主要な要因となっていた」ため、「本件区割基準のうち1人別枠方式に係る部分は、遅くとも本件選挙時においては」違憲状態に至っていたと最高裁は判示した。

(e) **合理的期間論**　2005年の総選挙時における一人別枠方式を含む区割基準と選挙区割りについて2007年の最高裁判決は合憲としていることから、「憲法上要求される合理的期間内に是正がされなかった」とまではいえないとして、違憲判断にまでは踏み込まなかった。

(iii) **その後の判決**　上記2011年判決の後も国会は違憲状態を解消せず、1年8カ月が経過した2012年11月に衆議院が解散され、従来の区割りのまま総選挙が実施された。この総選挙について争われた裁判で、最高裁は、選挙直前に一人別枠方式が廃止され、最大較差を2倍未満に抑える議員定数削減（0増5減）のための法改正が行われたことを評価し、合理的期間論を用いて2011年判決と同様の違憲状態判決にとどめた（最大判平25・11・20民集67巻8号1503頁）。また、2014年の総選挙について争われた裁判でも、最高裁は2012年および2013年の法改正による国会の取組みを評価し、合理的期間論を用いて違憲状態判決とした（最大判平27・11・25民集69巻7号2035頁）。

(2)　参議院議員選挙

　参議院選挙で投票価値の不均衡の問題が生ずるのは、都道府県を選挙区として行われる選挙区選挙である。人口異動が進んでも議員定数を増やすことは政治的に難しく、また、半数改選という参議院固有の仕組みゆえに各選挙区への定数配分を偶数にする必要があるためである。最高裁が、参議院選挙における投票価値の平等に関して基本的な判断枠組みを最初に示したのは、1983年の判決であった（最大判昭58・4・27民集37巻3号345頁）。この判決では、憲法が定める半数改選制と二院制の趣旨から、偶数定数制および都道府県選挙区制は、国会に認められた裁量権行使の範囲内として憲法上許容され、その結果生じた較差（最大較差5.26倍）も合憲であるとした。また、人口異動によって憲法上許容できない投票価値の著しい不平等状態が生じても、それを国会が放置し相当期間経過しない限り違憲とはならないとして、衆議院選挙と類似の判断枠組みを

第Ⅲ部　基本的人権

示した。

　その後、1996年に最高裁は違憲状態判決を下したものの、判断枠組み自体に
大きな変化はなかった（最大判平8・9・11民集50巻8号2283頁）。しかし、2004
年判決（最大判平16・1・14民集58巻1号56頁）以後、最高裁は判断を厳格化して
いるようにみえる。例えば、2004年判決は、多数意見に付された亀山裁判官等
による補足意見が、立法府の裁量権が適切に行使されたかどうかを立法府の判
断過程にまで立ち入って厳しく審査した。そして、2009年判決は、一票の較差
の縮小には選挙制度の仕組み自体の見直しが必要であると判示した（最大判平
21・9・30民集63巻7号1520頁）。さらに、2012年判決は、「参議院議員の選挙で
あること自体から、直ちに投票価値の平等の要請が後退してよいと解すべき理
由は見いだし難い」と指摘した。加えて、同判決は、都道府県を参議院選挙の
選挙区の単位としなければならない憲法上の要請はないとまで言及し、違憲状
態判決を下している（最大判平24・10・17民集66巻10号3357頁）。その後、国会は
公職選挙法を改正して定数是正（4増4減）を行ったが、最高裁は2014年判決
でも国会に対する厳しい姿勢を続け、違憲状態の判断を示している（最大判平
26・11・26民集68巻9号1363頁）。

　このような最高裁の厳格な判断を受けて、国会は2015年の公職選挙法改正の
際に、較差縮小のため、島根県と鳥取県、高知県と徳島県という隣接する2つ
の県の選挙区を合わせて1つの選挙区（「合区」）とした。合区導入後の最初の
参議院通常選挙（最大較差3.08）について争われた裁判で、最高裁は合憲判決
を下している（最大判平29・9・27民集71巻7号1139頁）。

【より深く考えてみよう】
　投票価値の平等の実現には国会と裁判所との協働が不可欠であるが、どのようなプロ
セスを通じてそれが可能であるのか、以下の文献を読んで考えてみよう。
　佐々木雅寿（2013）『対話的違憲審査の理論』三省堂、第3章、第4章

第 **16** 章

人身の自由と適正手続

1　はじめに——本章の射程

(1)　「人身の自由」と「適正手続」の意義

　本章で主に取り上げるのは憲法18条および31〜39条である。一般にこれらの条文は「人身の自由」とまとめられることが多い。ここではさしあたり、人身の自由を「身体の不当な拘束から自由である権利」と定義しておこう。だが、これらの条文を「人身の自由」と呼ぶことには以下の注意が必要である。

　第1に、これらの条文のうち人身の自由の「実体」(つまり「どのような内容の基本権が保障されるか」) そのものを規定するのは基本的に憲法18条だけである。そして、それ以外は主として基本権を制限する際の「手続」(つまり「基本権の実体がどのように保障されるか」) に関する条文である。この点につき、憲法31条以下の条文は「『自由権』の実体的な保障ではなくて、いたずらに自由を剥奪されないよう、適正な諸手続を定め、このことによって、一方では国家権力を手続的に拘束し、他方では市民に対して手続的保障の請求権を与えている」という指摘は重要である (奥平 (1993) 298頁、傍点は原文)。第2に、これらの条文が手続によって保障しようとしているのは、人身の自由だけではない。すなわち後にみるように、身体 (逮捕、勾留など) のみならず、プライバシー (住居の捜索など) や財産権 (証拠の押収など) などの基本権を制限する場合の手続もここで規定されているからである。第3に、上述の定義からすると「居住・移転の自由」と「外国移住・国籍離脱の自由」(憲22条) も人身の自由に含めるのが自然である。しかし、これらの基本権はその誕生の歴史的経緯から経済的自由に分類されることが多く、本書では第13章で取り上げられる。

307

第Ⅲ部　基本的人権

(2)　「人身の自由」規定の背景

　日本国憲法における人身の自由規定の特徴は、他の基本権と比べて条文数が多く、内容も比較的詳細な点である。これは海外の憲法と比べても特徴的であり、日本国憲法が人身の自由を重視していることがよくわかる。その理由として一般に指摘されるのは、戦前日本の刑事手続はその法制度自体も不十分であり、運用においてもしばしば濫用が行われ、市民の自由や生命などが奪われたという経験である。

　また、人身の自由は様々な基本権行使の前提であることも重要である。すなわち、人身の自由が保障されていなければ、精神的自由や経済的自由などといった他の基本権を行使することはできない。その点からも、人身の自由を厳重に保護する必要が生じるわけである。

(3)　奴隷的拘束と苦役の禁止──憲法18条

　憲法18条は、人身の自由の内容（実体）に関する基本的な規定である。まず、奴隷的拘束については例外なく禁止される。これについては公権力のみならず、私人が奴隷的拘束を行うことも禁じられると解されている。例としては、いわゆる芸娼妓契約や「タコ部屋」（労働者を事実上監禁して重労働を強制する施設）などが挙げられる。

　また、意に反する苦役は、刑罰を受ける場合を除き禁じられており、徴兵制は禁止されると解されている。

(4)　適正手続主義

　基本権を制限する際の手続につき、その基本原則を定めているのが憲法31条である。その条文を素直に読むと、「生命若しくは自由を奪はれ、又はその他の刑罰を科せられ」る場合、その手続を法律で定めること（「手続の法定」）だけが要求されているようにみえる。だが本条のもとになったとされるアメリカ憲法修正14条（「いかなる州も法の適正な手続〔due process of law〕によらずに、何人からも生命、自由または財産を奪ってはならない」）などの解釈を踏まえ、現在では手続が適正であること（「手続の適正」）、さらには「実体（犯罪・刑罰などの内

容）の法定」（いわゆる罪刑法定主義）と「実体の適正」も要求されているという解釈が有力である。つまり公権力が人の生命・自由を制限する場合は、その手続と実体を事前に法律で適正に定めておかなければならないのであり、これを「適正手続主義」と呼ぶことができる。手続など気にせず、公権力が独断で捜査・処罰した方が犯罪対策としては一見効果的に思われるが、捜査機関が熱心に捜査を行うあまり人々の基本権が過剰に制限されるおそれがある（実際、日本だけでなく世界中でそのようなことが現在も起こっている）。適正手続主義の狙いは、そのような事態を防ぐことにある。

　他方、憲法32条以下では、人の生命・自由を制限する場合の詳細な手続が規定されている。したがって31条は、第1に適正手続主義を宣言する総則的な規定であり、第2に他の条文では規定されていない問題に対して補充的に機能する規定でもあるという、2つの側面をもっている。31条が独自に問題となったのが第三者所有物没収事件である（最大判昭37・11・28刑集16巻11号1593頁）。関税法（当時）は、密輸などに用いられた貨物や船舶・航空機は第三者の所有物であっても没収することを定めていたが、その際、第三者には何ら告知等の機会が与えられていなかった。この点につき、最高裁は31条に基づき第三者にも「告知、弁解、防禦の機会」を与えることを命じている。

　なお、ここで刑事手続にとって重要なルールとして無罪推定原則を紹介しておく。この原則は2つの意味を含んでいる。第1に「疑わしきは被告人の利益に」という形で表現されることもあるが、刑事裁判において国家（検察官）は被告人の有罪を証明する義務を負い、もし証明できない場合は無罪判決が下されなければならない。しばしば誤解されているように「被告人が自分の無実を証明できなければ有罪になる」のではない（ただし、日本の現実の刑事裁判においてこの原則が守られているかは疑わしい）。第2に、国家は有罪判決が確定するまでは被疑者・被告人を可能な限り一般市民と同じように取り扱わなければならないという原則である。無罪推定原則は日本も批准している国際人権規約の自由権規約14条2項に明文の根拠をもつが、現在では刑事法の基本原則として一般に受け入れられている。

　さて、人身の自由が最も問題になりやすいのは「刑事手続」の場面である。

第Ⅲ部　基本的人権

ここでは刑事手続を「発生した犯罪について捜査機関が捜査を行い、裁判所が
刑事裁判を通じて被告人の処罰について判断し、行政機関が刑罰を執行する一
連の手続」と定義しておきたい。刑事手続には様々な種類があるが、わかりや
すい例として「刑事裁判の前（犯罪発生→捜査→逮捕→留置→勾留→起訴）→刑事
裁判→刑事裁判の後（刑罰の執行）」という流れを挙げることができる。以下で
はその過程において憲法上の人身の自由がどのように問題になるかをみていこ
う。

2　刑事裁判の前──捜査と逮捕

(1)　捜査──令状主義

　犯罪が発生した場合、警察や検察などの捜査機関によって捜査（証拠を調べ、
犯罪の全容を解明していく作業）が行われる。具体的には、証拠物の押収などで
ある。また、被疑者が明らかになった場合は逮捕・留置・勾留といった身体拘
束が行われる場合もある。

　捜査においては、住居・建物の捜索によってプライバシー権が、また、証拠
物の押収によって財産権などの基本権が制限を受けることになる。これらの捜
査のうち、本人の同意を得て行う場合は任意捜査、本人の意に反して行われる
場合は強制捜査（あるいは強制処分）と呼ばれる。中でも強制捜査は基本権を強
く制限することになるため、憲法35条1項は「令状」がなければ捜査機関は強
制捜査を行えないとしている（実務では「捜索・差押令状」などと呼ばれる）。そ
れでは、令状を発行する（＝強制捜査を許可する）のは誰か。35条2項は「権限
を有する司法官憲」としているが、これは「裁判官」のことと解釈されてい
る。第三者である裁判所がチェックを行うことで捜査機関の暴走を防ぐことが
期待されているのである。そして令状は「正当な理由に基いて発せられ、且つ
捜索する場所及び押収する物を明示する」ものでなければならない。したがっ
て「正当な理由」がなければ裁判官は令状を発行してはならないし、漠然とし
た内容の令状（一般令状という）を発行してはならない（なお、任意捜査であって
も注意が必要である。捜査機関からの要請を拒否しきれず、形式的には任意捜査でも実

第 16 章　人身の自由と適正手続

質的には強制捜査に等しいような場合がありうるからだ）。

(2)　身体拘束（逮捕、留置、勾留）

(i)　**逮捕、留置、勾留の概要**　　罪を犯したと疑われる者（メディアでは「容疑者」という呼び方をするが、法律上は「被疑者」という）がみつかった場合、捜査機関はその者の身体を一時的に拘束することがあり、これを「逮捕」という。逮捕された被疑者は検察官の下に送られ、最大で72時間、警察の留置場などで身体を拘束される（これを「留置」という）。そしてこの間に、検察官は被疑者を引き続き拘束する（勾留という）かどうか判断する。勾留の必要があると判断された場合は裁判所に対して勾留請求を行う。裁判所は一定の要件（刑訴60条1項、201条1項）を満たす場合は勾留を認めることができる。勾留が認められるのは原則10日間だが、裁判所の許可があればさらに10日間延長され得る。検察官は勾留中に被疑者を起訴（訴えを起こす）するかどうかを判断し、起訴しない場合（不起訴という）は被疑者を釈放しなければならない。もし被疑者が起訴された場合、身分は「被告人」に変わり、舞台は刑事裁判へと移っていく。したがって、逮捕から起訴まで、被疑者は最大で23日間身体拘束される可能性がある。

　憲法34条後段（後述(iv)）に照らせば、裁判官は「正当な理由」の有無を厳格に判断すべきだが、実際は安易に勾留を認めているという批判がある（とりわけ、被疑者が否認（つまり、容疑を否定すること）している場合、勾留が認められやすいという指摘がある）。特に、公安事件においては捜査機関が微罪容疑（公務執行妨害や住民票の不実記載など）で被疑者を勾留し、家宅捜索などを行った後、不起訴処分にすることがある。不起訴ではあっても被疑者やその周囲への負担は甚大であり、これは「勾留の刑罰的運用」とでも呼ぶべき、由々しき事態である。また、刑事裁判の開始後も勾留が行われる場合があり（原則として起訴後2カ月間。さらに1カ月単位で更新が可能。刑訴60条）、1年以上勾留され続ける被告人も存在する。

(ii)　**令状主義**　　逮捕は人身の自由を正面から奪うので、憲法33条は強制捜査の場合と同様、裁判官が発行する令状を要求している。ただし、憲法は例外

311

第Ⅲ部　基本的人権

として現行犯（被疑者が現に犯行を行い、もしくは行い終わった場合）逮捕に令状は不要としている（なお、捜査機関以外の一般人でも現行犯逮捕を行うことが許されている。刑訴213条）。これは現行犯の場合、犯人でない者を誤って逮捕する可能性が低いと考えられるためである（ただし、満員電車内での痴漢事件のような場合、犯人以外の者が誤って現行犯逮捕される可能性に注意）。

　だが、刑訴法210条ではこれら以外に緊急逮捕も認められている。これは、現行犯でない場合でも一定の犯罪につき、事後の令状請求などを条件に、令状なしの逮捕を認めるというものである。最高裁は手続が厳重であるという理由で合憲としているが（最大判昭30・12・14刑集9巻13号2760頁）対象犯罪が広すぎるという批判もある。

(iii)　**弁護人依頼権・接見交通権（憲34条前段）と被疑者国選弁護人制度**　　身体拘束されている被疑者は外部とのコミュニケーションが遮断され、孤立する可能性が高い。そのような状況下で被疑者が有効に自分を守るために、憲法34条前段は弁護人に依頼する権利を保障している。具体的には、被疑者が留置あるいは勾留される場合、弁護人を依頼して拘束場所に呼び、相談することができる。身体拘束されている被疑者・被告人が外部の者と面会したり（接見という）、物や情報をやり取りする権利を接見交通権というが、弁護人依頼権はその実現にとって重要である。なお刑訴法39条3項は、捜査機関は「捜査のため必要があるときは」接見の場所・日時を指定できると定めている（いわゆる接見指定）。最高裁は憲法34条前段が「弁護人から援助を受ける機会を持つことを実質的に保障している」と解した上で、接見指定が接見交通権を制限する程度は小さいとして刑訴法の同条文を合憲と判断している（最大判平11・3・24民集53巻3号514頁）。

　なお、憲法34条にいう「抑留」は短時間の身体拘束と解されていて刑訴法では「留置」がこれに該当し、同じく「拘禁」は比較的長時間の身体拘束と解され、刑訴法では「勾留」がこれに該当するとされる。さらに刑訴法では、弁護人を依頼できることを被疑者に告知する義務を捜査機関に課している（刑訴203条など）。

　なお、従来は弁護士会のボランティアとして「当番弁護士制度」が運営され

312

てきた（逮捕された人に対して弁護士が1回無料で接見に来てくれる制度）。さらに2006年からは国の制度として被疑者国選弁護士制度も始まっている。これは、貧困などの理由で弁護士を依頼できない被疑者に対し、国が報酬等を負担して弁護人をつける仕組みである。ただし法定刑の重さや財力などの条件がある（現在は日本司法支援センターが弁護士を選んで裁判所に通知している）。

(iv) **勾留理由開示公判（憲34条後段）** 憲法34条後段はこれらに加え、「正当な理由」がなければ被疑者は勾留されないこと、および「要求があれば、その理由は、直ちに本人及びその弁護人の出席する公開の法廷で示されなければならない」と定めている。これは英米法でいう habeas corpus（ヘイビアス・コーパス＝人身保護令状）を基にしているといわれる。ヘイビアス・コーパスとは、身体拘束されている者がいる場合、その身柄を裁判所に移し、その是非を審査することによって、不当な身体拘束を防ぐ仕組みである。刑訴法では憲法34条後段に対応して勾留理由開示公判という制度がつくられている。法廷で裁判官が勾留理由を説明し、被疑者や弁護人は意見を述べることができるが、実際にはあまり活用されていないといわれる（なお、これとは別に、ヘイビアス・コーパスにならって人身保護法という法律が制定されている）。

(3) 取調べ

(i) **拷問の禁止** 憲法36条は「公務員による拷問……は、絶対にこれを禁ずる」と定めている（現行憲法で「絶対」という言葉が使われているのは本条のみ）。現代の日本で拷問が行われるとは想像しがたいが、選挙違反容疑での冤罪が問題となった志布志事件では、家族が書いた「早く正直なじいちゃんになって」などの紙を、警察が取調べ中に被疑者に踏ませるということが行われ、裁判所は県に損害賠償を命じている（鹿児島地判平19・1・18判時1977号120頁）。

(ii) **自己負罪拒否特権と黙秘権** 憲法38条1項は「何人も、自己に不利益な供述を強要されない」と定めている。このような権利を「自己負罪拒否特権」という。この文言を素直に読むと、逆に「自己に不利益ではない供述」は強要が許されることになるが、刑訴法では後者も含めて広く供述を拒否する権利（いわゆる「黙秘権」）を保障している（刑訴198条2項）。他方、自己の不利益とな

第Ⅲ部　基本的人権

りかねない内容を行政機関等に報告する義務を定めた法令が複数存在するが、最高裁は様々な理由でこれらの法令の違憲性を否定している（例えば、交通事故の報告義務につき、最大判昭37・5・2刑集16巻5号495頁。本章5(1)も参照）。

3　刑事裁判

(1)　刑事裁判の流れ

　検察官が被疑者を起訴した場合、刑事裁判が開始される。刑事裁判では弁護側（被告人・弁護人）と、国家を代表して有罪立証を行う検察側（検察官）がそれぞれの主張を展開して対決する。

　刑事裁判の大まかな流れは「冒頭手続→証拠調べ→口頭弁論→判決」というものである。まず、冒頭手続においては人定質問や冒頭陳述が行われる。続いて、証拠調べでは人証、書証、物証などの証拠が調べられる。そして口頭弁論では証拠調べなどを踏まえ、弁護側、検察側双方が有罪・無罪、量刑などに関して主張を行う。最後に、判決では証拠や弁論などを踏まえ、裁判官が有罪・無罪、および有罪の場合は量刑について判断を下す。

(2)　刑事裁判の基本原則

　憲法37条1項は「すべて刑事事件においては、被告人は、公平な裁判所の迅速な公開裁判を受ける権利を有する」としている。憲法32条は「裁判を受ける権利」を一般的に保障しているが（第17章参照）、本条はその中でも刑事裁判に特化したものといえる。本条では「公平」「迅速」「公開」がポイントとなる。「公開」については憲法82条がカバーしている。「公平」について最高裁は「構成其他において偏頗の惧なき裁判所の裁判という意味」であると判示している（最大判昭23・5・5刑集2巻5号447頁）。そして「迅速」について最高裁は、捜査機関の都合により15年間近く裁判が中断していた高田事件において、「刑事事件について審理が著しく遅延するときは、被告人としては長期間罪責の有無未定のまま放置されることにより、ひとり有形無形の社会的不利益を受けるばかりでなく、当該手続においても、被告人または証人の記憶の減退・喪

314

失、関係人の死亡、証拠物の滅失などをきたし、ために被告人の防禦権の行使に種々の障害を生ずることをまぬがれず、ひいては、刑事司法の理念である、事案の真相を明らかにし、罪なき者を罰せず罪ある者を逸せず、刑罰法令を適正かつ迅速に適用実現するという目的を達することができない」として、憲法37条1項を直接適用して免訴の判決を下している（最大判昭47・12・20刑集26巻10号631頁）。

　ここでは「ハンセン病患者特別法廷問題」についても触れておきたい。これは、ハンセン病の感染を恐れ、1948〜1972年にハンセン病患者の裁判が通常の法廷ではなくハンセン病の療養所や刑務所に設置された特別法廷で裁かれ、実質的に非公開で行われたという問題である。最高裁が設置した有識者委員会は2016年に、これらの特別法廷が憲法37条1項などに反する疑いがあると結論づけた。

(3) 刑事裁判における具体的な権利

(i) 弁護人依頼権と被告人国選弁護人制度　憲法37条3項は「刑事被告人は、いかなる場合にも、資格を有する弁護人を依頼することができる。被告人が自らこれを依頼することができないときは、国でこれを附する」としている。被疑者の場合と同様、ここでも弁護人依頼権が保障されている。本条ではそれに加え、弁護人を依頼できない被告人に国が弁護人をつけることが求められている。これは、刑事裁判において弁護人を依頼できない場合、法的知識のない被告人が不利な立場に立たされるのを防ぐ趣旨と解される。本条に基づき被告人国選弁護人制度が用意されている。

(ii) 自白法則（自白排除法則）　憲法36条は「公務員による拷問…は、絶対にこれを禁ずる」と定め、さらに憲法38条2項は「強制、拷問若しくは脅迫による自白又は不当に長く抑留若しくは拘禁された後の自白は、これを証拠とすることができない」と定めており、これを自白法則（自白排除法則）と呼ぶ。古くから自白は「証拠の女王」などと呼ばれ、捜査機関から重視されてきた。そして自白を獲得すべく強制、拷問、長期拘束などが行われてきた。だが、それらによって獲得された自白は、むしろ被疑者が一刻も早く苦痛から逃れるため

315

第Ⅲ部　基本的人権

に行った虚偽自白である可能性があり、そもそも被疑者の尊厳を傷つけるような取扱いは許されるべきではない。

　(iii)　**補強法則（自白補強法則）**　　憲法38条3項は「何人も、自己に不利益な唯一の証拠が本人の自白である場合には、有罪とされ、又は刑罰を科せられない」とされ、補強法則（自白補強法則）と呼ばれる。前述のように捜査機関は自白の獲得を重視する傾向にある。そこで、拷問や強制などによって獲得されたのではない自白であっても、それ以外の証拠（証人や物証など）を要求することにより、捜査に客観性・冷静さを担保することを意図していると解される。

　(iv)　**事後法の禁止と一事不再理**　　憲法39条は「何人も、実行の時に適法であつた行為又は既に無罪とされた行為については、刑事上の責任を問はれない。又、同一の犯罪について、重ねて刑事上の責任を問はれない」とする。前段前半は事後法（遡及処罰）を禁じ、前段後半と後段は「一事不再理」の原則（無罪が確定した行為について再度起訴することは許されない）を定めたものと解される。よって、英米法流の「二重の危険の禁止」原則では検察官が被告人にとって不利益な上訴を行うことは基本的にできないが、本条ではそれが許されると解されている（最大判昭25・9・27刑集4巻9号1805頁）。

4　刑事裁判の後——刑罰の執行、再審

(1)　残虐な刑罰の禁止

　刑事裁判で有罪判決が確定した場合、刑罰が執行される。ただし、憲法36条は「公務員による拷問及び残虐な刑罰は、絶対にこれを禁ずる」としている。ここではとりわけ死刑の是非が問題となる。

　1958年の判決で最高裁は、憲法31条が死刑の存在を予定していると解されること、火あぶりや釜ゆでのように「人道上の見地から一般に残虐性を有する」執行方法ではないことを理由に、絞首刑による死刑を合憲と判示している（最大判昭23・3・12刑集2巻3号191頁）。ただし個別意見（島保裁判官ほか）においては「ある時代に残虐な刑罰でないとされたものが、後の時代に反對に判斷されることも在りうる」から「死刑は残虐な刑罰として憲法に違反するものとし

316

第16章　人身の自由と適正手続

て、排除されることもあろう」と指摘されている。死刑に関しては、冤罪で死刑を執行された場合に取り返しがつかない点や、死刑による犯罪抑止効果への疑問など、様々な問題点が指摘され、1989年に採択された死刑廃止条約には現在70カ国以上が参加するなど（日本は未参加）、世界的には死刑廃止を選択する国が増えている（戦後の日本では、一度死刑が確定したものの再審で無罪判決が下された事件が4件存在する）。以前から日本でも終身刑の導入などとセットで死刑の一時停止や廃止などを主張する動きが存在するが、世論調査では死刑廃止に反対する声が概して多い。死刑に関する情報公開は遅れており、政府が死刑執行の様子や死刑囚の接遇などの情報を広く公開し、その合憲性が議論されるべきだろう。

　なお、憲法40条は「何人も、抑留又は拘禁された後、無罪の裁判を受けたときは、法律の定めるところにより、国にその補償を求めることができる」とし、いわゆる刑事補償請求権を保障している（第17章参照）。

(2) 再 審

　いったん有罪判決が確定した刑事裁判であっても、被告人に有利な新証拠の発見等があった場合、判断をやり直す再審が認められる（刑訴435条以下）。だが、再審制度は法で規定されていたものの、再審請求が認められるケースは長らく少なかった。いわゆる白鳥決定（最決昭50・5・20刑集29巻5号177頁）により再審開始のハードルは下がったとされるが、いまだ再審が開始される事件は少なく，また，検察側の証拠開示が消極的であるなどの問題が残っている。憲法37条1項の趣旨などを踏まえ、再審請求は現状よりも積極的に認められるべきであろう。

5　行政手続における適正手続主義

(1) 一般的な基準と判例

　ここまで紹介してきた適正手続主義などの諸原則が活躍するのは刑事手続の場面だけではない。例えば、最高裁は成田新法事件において、適正手続主義は

第Ⅲ部　基本的人権

「直接には刑事手続に関するものであるが、行政手続については、それが刑事手続ではないとの理由のみで、そのすべてが当然に同条による保障の枠外にあると判断することは相当ではない」とした上で、その保障については「行政処分により制限を受ける権利利益の内容、性質、制限の程度、行政処分により達成しようとする公益の内容、程度、緊急性等を総合較量して決定されるべき」と判示している（最大判平 4・7・1 民集46巻 5 号437頁。また、安念潤司（1987）「憲法問題としての『手続上の権利』」『ジュリスト』884号、246頁）。

　川崎民商事件（最大判昭47・11・22刑集26巻 9 号554頁）では、所得税に関する調査のため、裁判所の令状なしに収税官吏が納税義務者に質問・検査すること、および質問・検査を拒否・妨害などした場合の刑罰を定めた所得税法（当時）の合憲性が争われた。最高裁は、本件のような行政手続であっても憲法35条（令状主義）と38条 1 項（自己負罪拒否特権）の保障が及ぶとしつつ、刑事責任追及を主たる目的としていないという理由で本件質問・調査を合憲と判断した。

(2)　今後の展望

　行政手続法（1993年成立）など、日本では行政手続に関する法整備が少しずつ進められてきた。有力な行政法学説は「行政手続における適正手続の内容については、それぞれの国の事情を背景としつつも、かなり共通の原則が判例、さらに制定法により具体化されている。その中でも、告知・聴聞、文書閲覧、理由付記、処分基準の設定・公表がいわば適正手続四原則とでもいうべきものとして普遍化している」と述べる（塩野宏（2015）『行政法Ⅰ〔第 6 版〕』有斐閣、295頁）。憲法上の適正手続主義を踏まえつつ、これからも行政手続の分野における行政法の整備・改善と判例の蓄積が進められていくことが期待される。

6　冤罪、捜査・取調べの可視化、「刑事司法改革」

(1)　「刑事司法改革」のきっかけ──足利事件と大阪地検証拠改ざん事件

　2000年代末、2 つの冤罪事件が問題となった。その 1 つ足利事件では、殺人

事件での有罪の決め手となった DNA 鑑定に誤りがあったことが発覚し、2010年に再審で無罪が確定した。もう 1 つは大阪地検証拠改ざん事件である。本件では検察による証拠改ざんが発覚して検察官 3 名が証拠隠滅罪や犯人隠避罪で有罪判決を受けた。これらの事件を機に、日本における捜査・取調べに重大な問題があるのではないかという疑義が高まり、2011年、法務省の法制審議会に「新時代の刑事司法制度特別部会」が設置されて「刑事司法改革」の検討が始まった。

⑵ 「刑事司法改革」の結果

　従来日本においては取調べの様子が外部からチェックすることが困難であることや、いわゆる「人質司法」（被疑者・被告人の身柄を長期間拘束して自白の獲得を目指す捜査手法）の存在などにより「虚偽自白」（無実であるにもかかわらず、自分が罪を犯したなどと自白すること）が引き起こされ、これが冤罪の原因になっていると指摘されてきた（参照、浜田寿美男（2018）『虚偽自白を読み解く』岩波書店）。それを受けて「新時代の刑事司法制度特別部会」では当初、捜査・取調べの「可視化」や、人質司法の改善などが積極的に議論されたが、議論が進む中で次第に形勢は変化していった。そして取調べの可視化が裁判員裁判対象事件（刑事裁判全体のうち約 3 ％）へと極度に限定される一方で、「自白に頼らない捜査」を目指すという名目で「司法取引」の導入や通信傍受の拡大などが決定し、むしろ捜査機関の権限が拡大される結果となった。取調べの可視化の拡大と、捜査機関の権限濫用へのチェックが今後の課題といえよう（参照、周防正行（2015）『それでもボクは会議で闘う──ドキュメント刑事司法改革』岩波書店）。

⑶　新しい捜査手法に関する問題── GPS などによる「監視捜査」

　近年における IT 技術の急速な進歩などに伴い、「物理的な法益侵害……を伴うことなく、人の動静を同時に監視し、あるいは事後的に追跡する（再構成する）捜査手法」である「監視捜査」が各国で拡大している（参照、「（特集）強制・任意・プライヴァシー」(2015)『法律時報』87巻 5 号）。日本では近年、捜査対象者の車両などに GPS 装置を取り付けて監視を行う捜査手法が問題となっ

第Ⅲ部　基本的人権

ている。この合法性及び違憲性が争われた裁判では主として令状主義違反が争点とされ、最高裁は、GPS 捜査は捜査対象者の意に反してプライバシーを制限する強制処分（刑訴197条１項）に該当し違法と判示した（最大判平29・3・15裁時1672号１頁）。そもそも GPS 監視に関しては法的根拠が存在しておらず、適正手続主義および強制処分法定主義（刑訴197条１項但書）の視点が重視されるべきであろう。

【より深く考えてみよう】
　「刑事司法改革」が冤罪の発生・防止にどのような影響を与えるか考えてみよう。
　参考、村井敏邦・海渡雄一編（2017）『可視化・盗聴・司法取引を問う』日本評論社
　日本における死刑制度の是非について、賛成・反対、それぞれの意見を整理してみよう。
　参考、団藤重光（2000）『死刑廃止論〔第６版〕』有斐閣、堀川惠子（2011）『裁かれた命──死刑囚から届いた手紙』講談社
　刑事手続における身体拘束（勾留）が現実にどのように行われているか、また、勾留請求の却下率や保釈率の変化について調べてみよう。
　参考、木佐茂男ほか（2015）『テキストブック現代司法〔第６版〕』日本評論社、木谷明（2013）『刑事裁判のいのち』法律文化社

第 **17** 章

国務請求権

1 はじめに——国務請求権とは何か

　本章では国務請求権を「国家に対して何らかの役務（給付・サービス等）を請
求する権利」と定義しておく。この定義に従えば生存権や教育を受ける権利な
ども国務請求権に含めることが可能である。だが、社会における格差・貧困の
是正を目的とするこれらの諸権利は「社会権」として分類することが一般的で
あり、本書では第 14 章で取り扱う。したがって本章では国務請求権として、
裁判を受ける権利、国家賠償請求権、刑事補償請求権、請願権を取り上げる。

　国務請求権は、表現の自由や生存権などといった基本権と比べ、いささか
「地味」な印象が否めない。だが、自らの基本権の実現を要求したい場合や、
自らの基本権が侵害された際にその回復を求めたい場合、そのための具体的な
仕組みが必要である。国務請求権とはそのための基本権であり、それゆえ「基
本権を確保するための基本権」（鵜飼信成（1956）『憲法』岩波書店、153頁）など
と呼ばれることもある（ただし鵜飼は「基本権を確保するための基本権」に公務員の
選定罷免権も含めている）。つまり、憲法にいくら立派な基本権が書かれていて
も、国務請求権がしっかり機能しなければそれらの基本権は「絵に描いた餅」
になりかねないのだ。

　先ほど「基本権の実現・回復のための具体的な仕組み」と述べたが、国務請
求権はこれらに関わる基本権である。そのため、それぞれの国務請求権は裁判
所法、裁判所規則、国家賠償法、刑事補償法、請願法……などといった諸法令
によって具体化されている。したがって国務請求権を論じる際は、これらの諸
法令とその運用の合憲性が中心的な論点となりがちである（ただし、国務請求権

第Ⅲ部　基本的人権

を具体化する諸法令が存在しない場合、憲法上の国務請求権を根拠として国家に何らかの作為を直接的に請求するという選択肢は当然あり得る）。

2　裁判を受ける権利

(1)　「裁判を受ける権利」の存在意義

　憲法32条は「何人も、裁判所において裁判を受ける権利を奪はれない」と述べている。これに似た条文として、憲法37条（「すべて刑事事件においては、被告人は、公平な裁判所の迅速な公開裁判を受ける権利を有する」）を挙げることができる。両者の関係を整理すると、32条が民事・刑事・行政事件などの幅広い範囲の裁判を包括的に対象としているのに対し、37条は、刑事事件においては被告人の基本権が強い危険にさらされ得ることから、公平・迅速・公開という原則を特に具体的に保障したものと解される（第16章参照）。本節では32条を中心に検討していこう。

　そもそもなぜ「裁判を受ける権利」が必要なのか。近代国家が成立する以前（近世や中世など）、人々の間で紛争が起こった場合、それを暴力をもって解決する警察や裁判所などの公的機関は十分に整備されていなかった。それゆえ、人々は自ら暴力をもって自己の権利・利益を回復することが許されていた。これが自力救済である。だが、現在我々が生きている、いわゆる近代国家の重要な特徴の1つは、正当な暴力行使を基本的に国家が独占している点にある（参照、マックス・ヴェーバー（1980）『職業としての学問』尾高邦雄訳、岩波書店、9頁）。すなわち、暴力を使えるのは警察や軍などの公権力に限定され、仮に一般市民が暴力を使った場合は原則として国家から制裁（刑罰など）を科せられる。つまり、近代国家において自力救済は原則として禁止されており、その代償として、裁判を通じた紛争解決を国家に要求する権利（すなわち「裁判を受ける権利」）が市民に保障されねばならないのである。

(2)　「裁判を受ける権利」の対象

　裁判を受ける権利の典型的な対象は、その名のとおり「裁判」である。これ

はさらに「訴訟」と「非訟」に分けることができる。訴訟は多くの人がテレビなどを通じ裁判としてイメージしているであろう紛争解決手段であり、裁判所の公開法廷において当事者双方が主張を展開し（対審という）、最終的に裁判官が判決を下すというものである。これに対し、非訟は家族に関する事件（離婚や親権争いなど）や少年事件、あるいは民事上の秩序罰などを取り扱い、最終的に裁判官が決定を下すものの、必ずしも公開や対審が手続上保障されていない。最高裁は非訟において公開や対審が保障されていないことにつき、「非訟だから」というトートロジカルな理由で合憲と判示している（例えば、最大判昭40・6・30民集19巻4号1089頁）。これに対して学説では、訴訟と非訟を分ける基準が曖昧であり、非訟であっても事案の性質により公開や対審を保障していくべきとの意見が有力である。

　司法サービスとしてはそれ以外にも、裁判所が関わる調停や、裁判所以外の機関が担当するADR（Alternative Dispute Resolution：裁判外紛争解決手続）などが存在する。また、経済的に困窮する人々であっても司法サービスが受けられるように支援する法律扶助制度なども存在しており、「裁判を受ける権利」の対象は狭い意味の「裁判」だけでなく、これら「裁判周辺」の制度も含まれると解すべきだろう。

　さて、実際に日本で裁判を利用する場合の具体的な手続・内容は、裁判所規則、裁判所法、民事・刑事・行政事件訴訟法、家事事件手続法、あるいは総合法律支援法などの諸法令によって決められている。32条は非常にシンプルな文言であり、裁判を受ける権利の実現のためにどのような制度をつくる必要があるか（あるいはどのような制度をつくってはならないか）という明確な基準を立てることは容易ではない。だからといっていかなる司法制度であっても32条に反しないわけではなく、最低限守られるべき基準があると考えるべきであろう。例えば、裁判所に支払う手数料があまりにも高額の場合、貧しい者が裁判を受けることは事実上困難である。このような場合、「裁判を受ける権利」が何人にも保障されているとはいえないだろう。結局のところ司法制度の設立・運営につき、裁判所や国会には一定の裁量が認められる一方で、37条で挙げられている公平・迅速・公開などといった原則を基本にしながら、市民にとっての使

第Ⅲ部　基本的人権

いやすさを継続的に追求する責務があると考えられる。

(3)　司法改革

　「裁判を受ける権利」に関する近年の重要な出来事としては、2000年代に行われた「司法制度改革」が挙げられる（第6章参照）。2001年に政府の司法制度改革審議会が公表した意見書を基に、主に2001～2005年にかけて基本的な法整備が行われたが、この中の柱の1つが「国民の期待に応える司法制度の構築」（司法への市民のアクセス改善）であった。この方針に従って実施された1つが法律扶助制度の拡充であり、これは公費によって経済的困窮者でも司法制度を利用できるように訴訟費用の補助などを行う仕組みである。この仕組みは以前から存在してはいたが、海外と比べ予算も内容も著しく不十分だと批判されてきた。司法制度改革ではその改善が試みられ、その目玉の1つが公設の法律事務所「法テラス」の設置であり、その狙いは2つある。第1に、地方の過疎地など法律事務所が少ない（あるいは存在しない）地域に法テラスを開設することで、司法制度にアクセスできない人が出るのを防ぐことである。第2に、経済的な困窮のため民間の法律事務所などに相談できない者であっても、安心して司法制度を利用できるようにすることである。今後も引き続き法律扶助の拡充が求められる。

(4)　近年の判例や話題

　ここでは「裁判を受ける権利」に関して1つの事件を紹介しておく。ある大阪市職員が、職員を対象に市が実施した入れ墨調査を拒否したために懲戒処分を受けたが、その取消しなどを求めて市を相手に行政訴訟を起こした。これに対し市は訴訟の取下げを求め、職員がこれを拒否したところ、市は職員を配置換えした。そこで職員が、この配置換えは行政訴訟を起こしたことに対する市の報復であり、自らの「裁判を受ける権利」を侵害していると訴えた事件である。裁判所は本件配置換えが国家賠償法上違法であると判断し、配置換えの取消と損害賠償を市に命じた（大阪高判平27・6・18判時2321号10頁。上告審の最判平28・11・24判例集未登載も結論を維持）。

324

第 17 章　国務請求権

「裁判を受ける権利」に関して近年注目されている問題に、いわゆる「スラップ訴訟」がある。「スラップ（SLAPP）」とは "Strategic Lawsuit Against Public Participation" の頭文字をとったもので、直訳すると「公共への参加を妨害するための戦略的訴訟」となり、大企業や政府などが、市民活動を妨害・威嚇するために提起する訴訟（多くは民事訴訟）を意味する。例えば、工事による環境破壊への反対を訴える市民グループを建設会社が名誉毀損で訴えるような場合である。訴訟にかかる費用、時間、労力は決して小さくない。大企業であれば難なく負担できるコストであっても、市民グループはそれに耐え切れず活動を断念してしまう可能性がある。これは裁判という形式をとった一種の恫喝であり、スラップ訴訟の狙いはまさにそこにある。アメリカのカリフォルニア州などではスラップ訴訟を法で規制しているが、日本にはそのような規制は存在しない。スラップ訴訟を規制することは「裁判を受ける権利」を一定制限することになるが、近年、その弊害ゆえに規制を求める声が上がりつつある。

3　国家賠償請求権

(1)　「国家賠償請求権」の存在意義

憲法17条は「国家賠償請求権」、すなわち「公務員の不法行為により、損害を受けたときは、法律の定めるところにより、国又は公共団体に、その賠償を求めることができる」権利を保障している。本条は現行憲法制定時の GHQ 案には存在せず、帝国議会における新憲法（日本国憲法）案の審議において挿入されたものである。大日本帝国憲法下では原則として公権力の不法行為による損害賠償は認められていなかったので、本条の制定には重要な意味がある。

本条の基本的な仕組みは国家賠償法（国賠法）によって規定されており、判例および行政法学によってその解釈・運用が積み重ねられている。したがって本条が独自に問題になることは多くないが、その数少ない事例の１つが郵便法事件である。本件は郵便局が民営化される前の公営企業だった時代、郵便物の誤配によって損害を受けたにもかかわらず、郵便法によって損害賠償の対象が限定されていることが問題となった事案である。最高裁は郵便法の当該部分は

325

第Ⅲ部　基本的人権

憲法17条に反して無効であり、損害賠償が認められると判断した（最大判平14・9・11民集56巻7号1439頁）。このように、国賠法があっても本条が独自に問題となるケースは存在する。また、国賠法の解釈・適用が市民の救済を不当に狭めるような場合も憲法17条に関する違憲性が問われることになる。

　立法不作為（本来制定すべき法を、国会が制定しないこと）に対する国家賠償請求に関し、従来の最高裁は極限的な場合しか認めない姿勢をとってきたが（在宅投票制度廃止訴訟：最判昭60・11・21民集39巻7号1512頁）、熊本ハンセン病訴訟の一審判決（熊本地判平13・5・11判時1748号30頁）などを契機に、請求を広く認める傾向がみられる（例えば、在外邦人選挙権訴訟：最大判平17・9・14民集59巻7号2087頁）。

(2)　「違憲国賠」

　公権力の活動に不服を申立てる場合、基本的には行政事件訴訟法（行訴法）に従って訴訟を提起することになる。行訴法で認められている訴訟の基本的な類型は、抗告訴訟、当事者訴訟、民衆訴訟、機関訴訟の4つである。だが実際に問題となる事案ではなかなかこの4つに当てはまらないものが多く、訴訟を提起しても訴訟要件のところで門前払いされることが少なくなかった（例えば、公権力に対して何らかの行為の義務づけを求めるような訴訟（義務づけ訴訟））。行訴法は2004年に大改正されて、訴えの入口の拡大が試みられ、判例においても従来なら門前払いされていたような訴えが本案審査に進んだり、請求が認容されたりする傾向がみられる。とはいえ、依然として行訴法の枠組みでは「訴えの利益がない」もしくは「当事者適格がない」などの理由で門前払いされる事案が存在する。とりわけ国務大臣の靖国神社参拝や自衛隊の合憲性のような、個々人に対し具体的な権利侵害があると考えにくい事案で裁判所の憲法判断を求めたい場合、行訴法では門前払いされるので、何らかの権利侵害があったという名目で、国賠法を使って憲法訴訟を提起する場合がある（「違憲国賠」などと呼ばれる）。このような訴訟では、結論は原告の敗訴であっても、傍論で違憲判断が述べられることがある（例えば、自衛隊イラク派遣訴訟：名古屋高判平20・4・17判時2056号74頁）。

326

4 刑事補償請求権

憲法40条は「抑留又は拘禁された後、無罪の裁判を受けたときは、法律の定めるところにより、国にその補償を求めることができる」権利、いわゆる「刑事補償請求権」を保障している。公権力から違法に権利を侵害された場合は国家賠償請求が可能であるが、刑事事件で身体拘束や起訴をされた後、裁判で無罪が確定した場合であっても、その身体拘束・起訴が必ずしも違法であるとは限らない。だが、身体拘束・起訴が違法ではない場合でも、当事者本人は人身の自由などを著しく制限されることに変わりはなく、それゆえ救済の必要がある。それが刑事補償であり、本条はそのためのものである（なお、大日本帝国憲法にこの規定は存在しなかったが、刑事補償の仕組み自体は存在した）。

具体的な仕組みは刑事補償法で定められており、金銭によって補償が行われる。例えば、勾留1日当たり最大1万2500円の補償となるが、長年金額が改定されておらず引き上げを求める声がある。身体拘束されたものの不起訴になった場合は法務省令（被疑者補償規程）で補償される場合があるが、省令ではなく法律で定めるべきとの意見がある。また、少年審判で不処分決定を受けた場合は「無罪の判決」にあたらず本条の補償の対象にならないと最高裁は判示している（最判平3・3・29刑集45巻3号158頁）が、「少年の保護事件に係る補償に関する法律」（1992年成立）により一定の補償が行われている。

5 請 願 権

憲法16条は「何人も、損害の救済、公務員の罷免、法律、命令又は規則の制定、廃止又は改正その他の事項に関し、平穏に請願する権利を有し、何人も、かかる請願をしたためにいかなる差別待遇も受けない」と述べ、請願権を保障している。請願とは願いを訴えることであるが、イギリスの権利章典（1689年）をはじめ、様々な国の憲法でも保障されている（アメリカ憲法修正1条、ドイツ基本法17条など）。特に選挙権が保障されていなかった時代は、請願権は重要な

第Ⅲ部　基本的人権

政治参加の方法であったといえよう。大日本帝国憲法（30条および50条）でも一応請願権は保障されていたものの、具体的な手続を定めていた請願令では様々な条件が課され、それに違反した請願者に対する罰則まで存在した。それに比べ、現行憲法下で請願の仕組みを定める請願法はかなり自由な規定となっており、罰則も存在しない。

　さて、普通選挙制が保障されている現在、あえて請願権を保障することにはどのような意味があるだろうか。市民が選挙に参加できるのは投票を中心とした一時期に限られる。したがって、それ以外の期間で市民に許される政治参加はデモや集会などの政治的表現活動が中心となる。だが、表現の自由は相手方（とりわけ公権力）に対し、必ずしもメッセージを受け取る義務まで課すわけではない。それに対し請願法は「この法律に適合する請願は、官公署において、これを受理し誠実に処理しなければならない」（5条）と述べ、誠実処理義務を課している。無論これは公権力が請願内容を受け入れる義務ではないし、請願内容を審理・回答する義務もないと解されている。だが、少なくとも公権力は正規の手続による請願書の受け取りを拒否できない（労働法における団体交渉の誠実交渉義務と比べてみてほしい）。メッセージを強制的に届けるという形で公権力にプレッシャー・緊張感を与える回路が確保されていることの意味は、選挙以外での政治参加の方法が限られている現代社会において小さくない。その意味で、請願権は国務請求権であると同時に参政権でもあるといえる。

【より深く考えてみよう】

　もし自分が民事訴訟を起こす場合はどのような費用がかかるか、また、金銭的に困窮している場合にはどのような支援がうけられるのか、法テラスのウェブサイトなどで調べてみよう。さらに、海外ではどのような法律扶助の仕組みがあるのか調べてみよう。

　参考、木佐茂男他（2015）『テキストブック現代司法〔第6版〕』日本評論社

　スラップ訴訟を規制する場合、どのような憲法上の問題点があるか考えてみよう。

　参考、「〔特集〕スラップ訴訟」（2016）法学セミナー61巻10号

　立法不作為に対する国家賠償請求訴訟につき、本章で紹介した判例がどのように変化してきたか調べてみよう。また、変化の理由も考えてみよう。

第Ⅳ部　最高法規

第18章

グローバル化と憲法

1 「国家主権」の相対化

(1) グローバル化する世界

　国際社会は、原則として「国民」を主権者とする「国民国家」から成り立っており、国際社会を規律する法＝国際法は、あくまでも国家間の関係を調整するものであるから、その役割を超えて国内の問題に口を出すことは内政干渉であり、国家主権の侵害であると考えられていた。

　しかし今日、我々は、世界のある地域で起きた出来事が遠く離れた別の場所に影響を及ぼす、いわゆるグローバリゼーション（グローバル化）が進む世界に生きており、そのような世界においては、自国のことだけを考えて行動したり、他国の動向を無視して政策決定を行ったりすることは、もはや不可能である。このような国家間の相互依存度が高まるにつれ、国家の利害関係を調整するために国際機関の役割が不可欠なものとなってくるが、これに参加することは、必然的に国家主権の制限ないし移譲を伴うことになる。その最たる例がEU（欧州連合）であろう。

　EUは、元々加盟国間での共同市場の形成や経済統合を目的として、1967年に設立されたEC（欧州共同体）を基礎として、1992年にさらに通貨統合や物・人・サービス・資本の自由移動、共通外交・安全保障政策および警察・刑事司法の分野での協力を新たな目的として創設されたものである。EUにおいては、EU市民権が創設され、EU市民により直接選挙で選ばれた議会から司法裁判所までを含む立法・行政・司法機関によって運営され、加盟国間では原則として国境は撤廃され、共通の通貨（ユーロ）も使用されている。すなわち、

第 18 章　グローバル化と憲法

従来、国家主権の指標とされてきた立法権、裁判権、貨幣鋳造権、国境や「国民」の資格要件（市民権）といったものが、EU との関係において大幅に制限ないし移譲されているのである。

こうした流れの中、国家主権／国民国家の相対化が指摘されて久しいが、一方で、グローバル化に対する反動、ないし国民国家への回帰ともいえる現象も昨今起きている。とりわけ、2016 年に移民排斥を主張するトランプ氏がアメリカ大統領に選ばれたことと、イギリスが国民投票の結果 EU からの離脱を決定したことは、全世界に衝撃を与えた。

これらの現象をグローバル化の行き詰まりとみるかどうかはともかく、いずれにせよ我々は、国際社会を無視して自国を論じることはもはや不可能であり、それは憲法学も同様である。憲法学における様々な理論は近代的な国家主権／国民国家を前提として構築されてきたが、それらもまた、グローバル化の波にさらされ、新たな再構築が迫られている（長谷部恭男他編（2007）『岩波講座憲法 5　グローバル化と憲法』岩波書店）。

(2)　人権保障の国際化

(i)　**国際的な人権保障制度の誕生**　　国内における人権保障は、まさに近代国民国家の基本目的であるとともに、かつての国際社会においては国内管轄事項と考えられており、他国や国際機関が国内の人権問題に対して口を出すことは、例外的な場合を除き、内政干渉とみなされた。そのため、1930 年代にイタリァ、ドイツ、日本で全体主義・軍国主義の国家体制が出現し、国内においてはナチスのホロコーストなど大規模な人権侵害を行い、国外においては第 2 次世界大戦を惹起しても、国際社会には為す術がなかった。

この反省のもと、第 2 次世界大戦後に安定した国際秩序の維持を目的として設立された国際連合（国連）は、「基本的人権と人間の尊厳及び価値と男女及び大小各国の同権とに関する信念」（国連憲章前文）を改めて確認し、「人種、性、言語又は宗教による差別なくすべての者のために人権及び基本的自由を尊重数するよう助長奨励すること」（同 1 条 3 項）を基本目的の 1 つとして掲げ、国際的な人権保障制度の確立に向けての一歩を踏み出した。

331

第Ⅳ部　最高法規

(ii)　**主要な人権条約**　　国際的な人権保障制度とは、国連レベルで人権保障に関する基準（各種人権条約など）を設定し、それを国連レベルと国内レベルの双方で実行することであり、まずこの制度の基本文書として、1948年の第3回国連総会で、「あらゆる人と国が達成しなければならない共通の基準」である世界人権宣言が採択された。続いて世界人権宣言を基に、法的拘束力を有する条約として、社会権を定めた「経済的・社会的・文化的権利に関する国際規約」（A規約）と自由権を定めた「市民的・政治的権利に関する国際規約」（B規約）が、1966年に採択され、1976年に発効した（日本は1979年に批准）。その他、主要な人権条約としては、難民条約（1951年採択、1954年発効、日本は1981年に加入）、人種差別撤廃条約（1965年採択、1969年発効、日本は1995年に加入）、女性差別撤廃条約（1979年採択、1981年発効、日本は1985年に批准）、拷問等禁止条約（1984年採択、1987年発効、日本は1999年に加入）、子どもの権利条約（1989年採択、1990年発効、日本は1994年に批准）、強制失踪条約（2006年採択、2010年発効、日本は2009年に批准）、障害者権利条約（2006年採択、2008年発効、日本は2014年に批准）などがある。

(iii)　**国連における人権保障システム**　　国際的な人権保障制度は、各条約で保障された権利を「絵に描いた餅」にしないために、様々な実施措置を設けている。まず国連レベルの実施措置としては、国連憲章に基づく機関によるものと、人権条約に基づく機関によるものとがある。前者の代表的なものとしては、国連人権高等弁務官事務所や国連人権理事会などがある。国連人権理事会は、あらゆる人権の促進および保護を国連の優先的な課題とするという「人権の主流化」を受けて、それまでの人権委員会に代わって2006年に新たに設立された機関であり、すべての国連加盟国を対象に人権状況を審査する「普遍的定期審査」や、テーマ別あるいは国別に特別報告者を任命して特定の人権問題を研究・調査させる「特別手続」、通報に基づいて重大な人権侵害を審査する「不服審査手続」などを主要な任務としている。

(iv)　**条約機関による人権保障システム**　　人権条約に基づく機関としては、締約国による条約の遵守をチェックするため、それぞれの条約ごとに個人の資格で選出される専門家からなる委員会が設置されており、政府報告制度、国家通

報制度（条約違反をしている他の締約国を通報する制度であるが、外交上の配慮から利用されたことはほとんどない）、個人通報制度、調査制度（信頼できる情報源からの情報に基づいて委員会が現地調査などを行う制度）などを任務としている。

政府報告制度とは、締約国が数年（2〜5年）ごとに条約上の権利の国内における実施状況について報告書を提出し、委員会の審査を受ける制度である。しかし、政府が作成する報告書だけでは都合のいいことしか書かれないため、正しい情報が委員会に伝わらないおそれがある。そこで、政府報告書が提出されるとすぐに、国内の人権NGO（日本で代表的なものは日本弁護士連合会）がカウンター・レポートを提出し、政府報告書では触れられていない事実や問題点を指摘するので、委員会は双方のレポートを照らし合わせたうえで、政府代表と質疑応答を行うことができる。この審査結果が「最終見解」として発表される。

政府報告制度は、国内における人権状況の改善に向けて、委員会と締約国との「建設的対話」を目的とするものであり、「最終見解」で示される「勧告」にも法的拘束力はないため、その実現は、締約国がどこまで真摯かつ誠実に、この「最終見解」を受け止めるかにかかっている。

個人通報制度とは、条約上の権利を侵害された個人が、国内の救済措置を尽くした後に、委員会に救済を申し立てる制度である。政府報告制度と異なり、この制度では個人の権利侵害が条約違反に当たるかどうかが「見解」（判決のようなものであるが法的拘束力はない）において示される。

個人通報制度は、個人が権利侵害を直接国際機関に訴えることができる非常に画期的な制度であるが、国家の対人高権という従来の枠組みを逸脱するものであるため、限界もある。すなわち、個人通報制度を利用するには、締約国の同意がなければならないのだが、日本はすべての人権条約において、この個人通報制度を受け入れていない。日本政府はその理由として「司法権の独立」が侵害されると説明しているが、「見解」は法的拘束力がないので「司法権の独立」を侵害するとはいえず、実際、「司法権の独立」を掲げる他の国々は個人通報制度を受け入れていることから、日本政府の消極的な態度には批判が強い。

第Ⅳ部　最高法規

⒱　**日本と人権条約**　　国内レベルでの実施については、基本的に各国の裁量に委ねられている。国連人権理事会からは、政府から独立した国内人権機関の設置が求められているが、2002年に「人権委員会」の設置を含む人権擁護法案が提出されたものの、廃案になったまま、議論は進んでいない。

日本では一般的に批准された条約はそのまま国内法的効力を有するとされ、憲法よりは下位であるが、法律よりは上位にあると解されている。したがって、裁判所は、国内法や行政行為を人権条約違反と判断することができるが、実際に人権条約を直接適用した事例は非常に少ない（例外的に認めたものとしては、B規約14条３項(f)を根拠に裁判所で無料通訳を受ける権利を認めた判決（東京高判平５・２・３東高刑時報44巻１～12号11頁）、外国人登録法上の指紋押捺がB規約７条の「品位を傷つける取り扱いに服さない権利」の侵害であることを認めた判決（大阪高判平６・10・28判時1513号71頁）、B規約14条１項を根拠に受刑者が民事事件の打ち合わせのために弁護士と接見する権利を認めた判決（徳島地判平８・３・15判時1597号115頁）などがある。

日本の裁判所は、人権条約を直接適用するよりも、憲法の規定と同様に、国内法の規定を解釈する際に条約の規定や趣旨を指針として用いるという、間接適用を行うことが多い。代表的なものとしては、日本に帰化し日本国籍を有する元アメリカ国籍の男性に対し、外見が外国人にみえるという理由で入浴を拒否した温泉施設と温泉施設がある小樽市の責任が問われた小樽市入浴拒否事件がある。札幌地裁は、「国際人権B規約及び人種差別撤廃条約は、国内法としての効力を有するとしても、その規定内容からして、憲法と同様に、公権力と個人との間の関係を規律し、又は、国家の国際責任を規定するものであって、私人相互の間の関係を直接規律するものではない」としつつも、「私人の行為によって他の私人の基本的な自由や平等が具体的に侵害され又はそのおそれがあり、かつ、それが社会的に許容しうる限度を超えていると評価されるときは、私的自治に対する一般的制限規定である民法１条、90条や不法行為に関する諸規定等により、私人による個人の基本的な自由や平等に対する侵害を無効ないし違法として私人の利益を保護すべき」であると判示した。そして「憲法14条１項、国際人権B規約及び人種差別撤廃条約は、前記のような私法の諸

規定の解釈にあたっての基準の一つとなりうる」として、本件入浴拒否は人種差別に該当するとして、温泉施設の不法行為責任を認めた。一方、小樽市については、「外国人一律入浴拒否に対し有効な施策を容易にとることができ、市民からみても被告小樽市がその施策をとることを期待するのが相当であるのに、これを怠った場合」に限って責任が認められるが、本件の場合は外国人一律入浴拒否をやめるよう指導・要請などしていたからことから、違法というべき不作為はないと判示している（札幌地判平14・11・11判時1806号84頁）。

　日本の裁判所が人権条約に対して消極的な理由としては、裁判官自身が人権条約に馴染みがないことや、法律上条約違反が上告理由になっていないことから、どうしても憲法に依拠してしまうことが挙げられる。さらにその背景には、裁判所が憲法における人権保障と人権条約における人権保障とを同意義と考えているため、わざわざ人権条約を引き合いに出す必要性を感じていないこともあるだろう（例えば、法廷でメモをとる自由が認められるかどうかが争われたレペタ事件において、最高裁は表現の自由を保障する憲法21条1項とB規約19条2項は同様の趣旨であるとして、B規約の解釈に立ち入っていない〔最大判平元・3・8民集43巻2号89頁〕）。

　確かに、人権の普遍性という観点からすれば、憲法における人権の意義と人権条約における人権の意義は<u>重なる</u>ところが多いといえるが、例えば差別的表現に対する規制のように、ときには両者の価値観が鋭く対立する場合もある（この点については後述）。人権保障がもはや一国内の問題にとどまらない今日、多様な価値観を踏まえてどのように人権保障を実現していくのか、絶えず模索され続けなければならないのである。

2　「国民国家」の相対化

(1)　外国人の人権

　国家主権の相対化は、必然的に「国民国家」における主権の担い手である「国民」の概念の相対化も引き起こす。すなわち、「国民」＝「国籍保持者」ではないことを理由に、外国人に権利を保障しないことが、どこまで正当化され

第Ⅳ部　最高法規

得るのかという問題が改めて問い直されることになる。

(ⅰ)　**基本的な考え方**　そもそも外国人に対してどこまで憲法上の権利が保障されるかについては、マクリーン事件判決（最大判昭和53・10・4民集32巻7号1223頁）において示された「憲法第3章の諸規定による基本的人権の保障は、権利の性質上日本国民のみをその対象としていると解されるものを除き、わが国に在留する外国人に対しても等しく及ぶものと解すべき」であるという考え方（性質説）が通説となっている。これによれば、「性質」上認めらない権利として、入国の自由、社会権、参政権が挙げられる。これらの権利はいずれも国家主権の行使に係わるものであるから、日本国籍をもたない外国人には当然認められないと考えられてきた。そのため、かつて日本国籍を保持していたにもかかわらず、戦後処理の一環として日本にいながら一方的に日本国籍を剥奪された旧植民地出身者である特別永住者（いわゆる「在日」と呼ばれる人々）に対しても、実質的には日本人と変わらない生活を送っているにもかかわらず、認められてこなかった。

(ⅱ)　**社会権**　例えば、在日韓国人女性が帰化して日本国籍を取得し、障害福祉年金を受給しようとしたところ、失明時に外国籍であったことを理由に受給が認められなかったことを争った塩見訴訟で、最高裁は「社会保障上の施策において在留外国人をどのように処遇するかについては、国は、特別の条約の存しない限り……その政治的判断によりこれを決定することができるのであり、その限られた財源の下で福祉的給付を行うに当たり、自国民を在留外国人より優先的に扱うことも許される」と判示している（最判平元・3・2判時1363号68頁）。

しかし、1979年に日本が国際人権規約を批准、そして1981年に難民条約に加入したことは、外国人の人権についての考え方に大きな影響を与えることとなった。なぜなら、原則として締約国の領域内にいるすべての個人に条約上の権利を保障しなければならない（「内外人平等の原則」）という条約上の義務を履行するために、社会保障関連法における国籍条項が撤廃され、それまで「性質」上外国人には認められないとされてきた社会権の一部が外国人にも保障されるようになったからである（ただし、生活保護に関しては、条約の批准以前から

第18章 グローバル化と憲法

「運用上」内外人平等の取扱いをしているという理由で、国籍条項が撤廃されなかった。このため最高裁は、永住資格を有する外国人についてすら、行政裁量によって事実上生活保護の対象となることはあっても、法律上の権利として生活保護の受給は認められるわけではないと判断している〔最判平26・7・18判自386号78頁〕)。このような国籍条項の撤廃により、権利保障の基準が「国籍」ではなく「(日本における)居住」にシフトしたことで、1980年代以降、今度は外国人の地方参政権の問題が取り上げられるようになった。

　(iii)　**選挙権**　　従来、外国人に参政権が認められるかについては、日本国憲法の基本原理が「国民主権」であること、また、憲法15条が選挙権を「国民固有の権利」と規定していることから、外国人には認められない権利であると解されてきた。

　しかし、地方における選挙権を定めた93条2項の文言が「住民」となっていることから、少なくとも地方については、選挙権を「国民」＝「国籍保持者」に限らず、定住外国人も含めた「住民」に認めることができるとする説や、元々民主主義的観念と結びついている「国民主権」の「国民」を「国の領域内に生活の本拠があり、その政府の統治権に服する者」と解すれば、定住外国人も含まれるとする説も出てくるようになった。

　そして、この点につき、最高裁が「我が国に在留する外国人のうちでも永住者等であってその居住する区域の地方公共団体と特段に緊密な関係を持つに至ったと認められるもの」については、法律で地方における選挙権を認めても違憲ではない（最判平7・2・28民集49巻2号639頁）と判示したことにより、現在は、外国人の選挙権につき、国政レベルでは認められないが、地方レベルであれば認められると解するのが通説となっている。

　(iv)　**公務就任権**　　一方、公務就任権については、外交官（外務公務員）の場合は、法律で国籍要件が定められているが（外公7条1項）、一般の公務員については法律上の規定はない。にもかかわらず、政府は「公務員に関する当然の法理として、公権力の行使又は国家意思の形成への参画にたずさわる公務員となるためには日本国籍を必要とする」（1953年内閣法制局回答）として、法律ではなく人事院規則で国籍要件を定め（9条1項3号）、地方公務員についても、

337

第Ⅳ部　最高法規

ほとんどの自治体がこれにならって国籍要件を課していた。

　しかし、公務員と一言でいっても、その職務は多種多様であり、すべての公務員が「公権力の行使」に携わるわけでもなければ、外交官のように国家主権を代表するわけでもない。そのため、1980年頃から大阪府内の大阪市を除く市町村では一般事務職員の採用試験の受験資格から国籍条項が削除されるようになった。この流れは1995年以降、高知県や大阪市、川崎市といった都道府県や政令指定都市でも国籍要件が撤廃されたことにより、さらに全国的に拡大し、1996年には当時の自治大臣が条件付きでこれを追認する談話を発表するに至った。

　また、国公立大学の教員任用についても、かつては「当然の法理」を理由に外国人は助手にしかなれなかったが、1982年に「国公立大学外国人教員任用法」が成立したことにより、教授への任用が認められるようになり、さらに1991年には、日韓地位協定に基づく協議に関する覚書に基づき、外国人にも公立学校教員採用選考試験の受験資格が認められることとなった。

　一方、韓国籍の特別永住者の女性が東京都の保健婦（現在は保健師）の管理職試験を受験しようとしたところ、外国籍のため拒否されたことが争われた事例で、東京高裁は、公務員を①「国の統治作用である立法、行政、司法の権限を直接に行使する公務員（例えば、国会の両議院の議員、内閣総理大臣その他の国務大臣、裁判官等）」、②「公権力を行使し、又は公の意思の形成に参画することによって間接的に国の統治作用に関わる公務員」、③「上司の命を受けて行う補佐的・補助的な事務又はもっぱら学術的・技術的な専門分野の事務に従事する公務員」の３つに分類し、①は日本国民でなければならないが、③は外国人でもよく、②についてはその職務内容に応じて「外国人に就任を認めることが許されないものと外国人に就任を認めて差支えないもの」とがあるとした。そして、本件管理職は「専ら専門的・技術的な分野においてスタッフとしての職務に従事するにとどまるなど」公権力を行使することがないので、②のうちの「外国人に就任を認めても差し支えないもの」に該当すると判示した（東京高判平9・11・26判時1639号30頁）。

　しかし最高裁は、自治体の管理職任用制度は「住民の権利義務を直接形成

し、その範囲を確定するなどの公権力の行使に当たる行為を行い、若しくは普通地方公共団体の重要な施策に関する決定を行い、又はこれらに参画することを職務とするもの」＝「公権力行使等地方公務員」と「これに昇任するのに必要な職務経験を積むために経るべき職」とを一体的に包含するものであるから、「国民主権の原理に基づき」、日本国民である職員のみを管理職に昇任させることには合理性があると判示した（最大判平17・1・26民集59巻1号128頁）。

　そもそも人権条約は、原則として締約国の領域内にいる「すべての」個人に対して等しく権利を保障することを求めており、「国籍」による区別が認められるのは例外的な場合のみである。したがって権利保障の基準は、上述のように「国籍」ではなく、「居住」すなわち「生活の本拠地」に求められるべきであり、「国籍」を理由とする区別が認められるとすれば、強い正当化事由がなければならない。公務就任権が有する職業選択の自由という側面も鑑みれば、管理職であることのみを理由として一律に外国人（しかも特別永住者）を排除することは到底認められないだろう。

(2)　外国人と出入国管理

(i)　**入国・在留の権利**　　外国人に「性質上」認められないとされてきた権利のうち、社会権や参政権については、上述のように実務および理論における再検討が進んでいるといえよう。しかし、入国・在留の権利については、当然に認められないとする考え方が、依然として根強い。この点につき、最高裁が「国際慣習法上、国家は外国人を受け入れる義務を負うものではなく、特別の条約がない限り、外国人を自国内に受け入れるかどうか、また、これを受け入れる場合にいかなる条件を付するかを、当該国家が自由に決定することができる」とされているから、「憲法上、外国人は、わが国に入国する自由を保障されているものでないことはもちろん、所論のように在留の権利ないし引き続き在留することを要求しうる権利を保障されているものでもない」（マクリーン事件判決）と述べていることから、出入国管理の実務および判例においては、法務大臣の広範な裁量が認められているのが現状である。

　例えば、合法的に滞在している外国人の在留期間の更新も、法務大臣がこれ

第Ⅳ部　最高法規

を「適当と認めるに足りる相当の理由があるとき」にしか許可されない（出入管21条3項）。マクリーン事件も、英語教師として在留資格を認められていたアメリカ国籍の男性が、在留中にベトナム反戦運動など政治活動を行ったことを理由に、在留期間の更新が許可されなかったことを争った事件である。最高裁は、当該政治活動がいずれも「平和的かつ合法的行動の域」を出ておらず、本人の参加態様も「指導的又は積極的なものではなかった」ことを認めつつも、結局、不許可処分を合法と判断した。

　また、在留資格を認められた外国人が一時的に出国する場合は、事前に法務大臣により再入国許可を受けていないと、永住資格や特別永住資格であっても在留資格を失ってしまう（同26条）。この点につき、外国人登録の際に指紋押捺を拒否したことを理由に再入国許可が認められなかったことが争われた森川キャサリーン事件で、最高裁はマクリーン事件判決を引用して「我が国に在留する外国人は、憲法上、外国へ一時旅行する自由を保障されているものでない」とだけ判示し、在留外国人の再入国の権利を認めなかった（最判平4・11・16集民166号575頁）。

　しかし、Ｂ規約12条4項は「何人も、自国に戻る権利を恣意的に奪われない。」と定めており、ここでいう「自国」とは、規約の草案審議過程からみて、「国籍国」のことのみならず「生活の本拠地のある国」も含まれると解されている。つまり、ここでもやはり「国籍」ではなく、「居住」ないし「生活の本拠地」が権利保障の基準となっているのである。

　(ⅱ)　**国家の裁量と人権条約**　また、出入国管理については、確かに国際慣習法上、国家の広範な裁量が認められるとされてきたが、今日においては、各種の人権条約を根拠として、そのような国家の裁量が制限を受けることもまた認められる（例えば、Ｂ規約23条が保障する婚姻の自由や、子どもの権利条約9条による子どもと父母の分離禁止や同10条が保障する家族の再統合など）。そもそも条約と法律では条約の方が上位であるのだから、出入国管理及び難民認定法が定める法務大臣の裁量も、各種人権条約によって当然に制限を受けることになる。グローバル化が進む今日、国家主権に対する制限は、出入国管理の場面においても、もはや例外ではないのである（なお、再入国許可については、入管法改正によ

340

第 18 章　グローバル化と憲法

り、2012 年 7 月から、出国後 1 年（特別永住者は 2 年）以内に再入国する場合は原則として再入国許可を受ける必要がないとする「みなし再入国許可」制度が新たに導入されたが、この期間を超えて出国する場合は従来どおり再入国許可が必要であるし、国外でこの期間の延長はできず、かつ出国の期間がこの期限を超えた場合には在留資格を喪失することになるので、根本的な解決にはなっていない）。

3　「国民国家」への回帰？

(1)　差別的表現

　冒頭でグローバル化が進む一方、その反動ともいえる現象が世界各地で起こっていることに触れたが、それは日本においても例外ではない。今までみてきたように、日本における外国人の権利保障が徐々に拡大していく一方で、近年、人種差別団体による悪質な差別的表現（ヘイト・スピーチ）が深刻な問題となっている。

　人種差別撤廃条約は、締約国に対して、自国の刑法で差別的表現を処罰することを要求している（同 4 条(a)(b)）。しかし、差別的表現の規制は表現の自由と抵触するおそれがあるため（第 12 参照）、多くの締約国はこの条文について、留保ないし解釈宣言を行っている。日本も、人種差別撤廃条約を批准する際、この条文を留保している。このような締約国の姿勢に対し、条約の監督機関である人種差別撤廃条約委員会は、2013 年の一般的勧告 35 において、「人種差別的スピーチは、犠牲者から自由なスピーチを奪いかねない」のであるから、「人種主義的ヘイト・スピーチを禁止することと、表現の自由が進展することとの間にある関係は、相互補完的なものとみなされるべき」であるとして、4 条(a)(b)の実現に向けて、留保ないし解釈宣言を撤回するよう呼びかけている。また、日本に対しては、2014 年の最終見解において、昨今の「在特会」によるヘイト・スピーチへの対処が不十分であるとして、適切な措置をとる、および必要な場合は責任者を起訴するよう勧告している。

　一方、「在特会」のメンバーが、京都の朝鮮学校に対して、学校の器物を損壊したり、ヘイト・スピーチを繰り返したりした事例では、まず刑事事件にお

第Ⅳ部　最高法規

いて、侮辱罪・威力業務妨害罪・器物損壊罪で執行猶予付きの有罪判決が下され（京都地判平23・4・21、大阪高判平23・10・28、最判平24・2・23判例集未登載）、続く民事事件においても、約1200万の損害賠償と学校周辺での街宣禁止命令が下されている（京都地判平25・10・7判時2208号74頁）。

　この判決は、人種差別撤廃条約2条1項が「締結国に対し、人種差別を禁止し終了させる措置」を、同6条が「裁判所を通じて、人種差別に対する効果的な救済措置を確保するよう求めている」のは、「締結国の裁判所に対し、その名宛人として直接に義務を負わせる規定であると解される」ことから、「わが国の裁判所は、人種差別撤廃条約上、法律を同条約の定めに適合するように解釈する責務を負う」とし、したがって人種差別行為による損害が発生した場合、その賠償額は「人種差別行為に対する効果的な保護及び救済措置となるような額を定めなければならない」として、高額の損害賠償を認めた点が注目される。

　続く控訴審判決は、従来の条約の間接適用の手法を用いて、第一審判決を支持しているものの、第一審判決のように裁判所に法律を条約に適合するよう解釈する義務があるとは述べていない。しかし、朝鮮学校に対し、「その人格的利益の内容として……本件学校における教育業務として在日朝鮮人の民族教育を行う利益を有する」ことを認めている点が注目される（大阪高判平26・7・8判時2232号34頁。最高裁も在特会の上告を棄却している〔最判平26・12・9判例集未登載〕）。

　差別的表現に対する規制をめぐっては、人種差別撤廃委員会の勧告を踏まえ、一刻も早く法整備をすべきであるという意見もある一方で、ヘイト・スピーチデモのみならず、政府にとって都合の悪い政治的デモまでもが規制の対象になりかねない、また、京都の在特会事件のように、本当に悪質な行為は既存の法律で対応できる、といった慎重論も根強い。こうした中、2016年5月に「本邦外出身者に対する不当な差別的言動の解消に向けた取組の推進に関する法律」（いわゆる「ヘイト・スピーチ規制法」）が成立した。この法律は、表現の自由に配慮して罰則は設けず、差別解消に向けての努力義務のみを定めたものであるため、具体的な判断は自治体に丸投げされていることや、日本に「適法に」

342

滞在している外国人のみが保護の対象となっていることなど問題点も多い。

(2) 難民の受け入れ

グローバル化に対する反動の例としては、昨今のヨーロッパにおける難民排斥の動きも挙げられるが、難民に関していえば、日本は1981年に難民条約に加入して以来ずっと難民に対しては門戸を閉ざしている。

難民条約によれば、難民とは「人種、宗教、国籍もしくは特定の社会集団の構成員であることまたは政治的意見を理由に迫害を受けるおそれがあるという十分に理由のある恐怖を有するために、国籍国の外にいる者であって、その国籍国の保護を受けられない者またはそのような恐怖を有するためにその国籍国の保護を望まない者」と定義される（1条）。

難民条約は難民の定義を行っているものの、難民の認定手続について具体的な定めがないため、これらは各締約国の立法裁量に委ねられている。日本の場合、「難民認定申請」を行った後、難民審査官による事情聴取を受け、難民に該当するかどうか判断される（第一次審査）。出入国管理及び難民認定法によれば、難民に該当するかどうかの立証責任は申請者の方にあると解されている（同61条の2第1項他）。しかし、迫害を受けるおそれのある本国から逃げ出してきた申請者にとって、自身が難民であることを証明する資料を用意するのは非常に困難である。したがって、国連難民高等弁務官事務所（UNHCR）の難民認定ハンドブックには、難民認定にあたっては「申請者の説明が信憑性を有すると思われるときは、反対の十分な理由がない限り、申請者には灰色の利益が与えられるべきである」（「灰色の利益」論）と記されている。にもかかわらず、日本における難民認定の基準は非常に厳しく、「灰色の利益」論に対しても法的拘束力はないとされている（大阪地判平15・3・27判タ1133号271頁）。

しかも、在留資格を持たずに日本に入国した難民認定申請者は不法滞在者扱いされ、難民申請手続を行うと同時に退去強制手続の適用を受け、入国管理局に収容されてしまう。2004年の法改正により、新たに仮滞在許可制度が導入されたが、これが認められるには、①上陸後原則として6カ月以内に申請を行っている、②迫害のおそれのある地域から直接日本に入国している、③すでに退

第Ⅳ部　最高法規

去強制令書が出されていない、など9つの要件を満たさなければならないため（同61条の2の4第1項）、2015年度に仮滞在が認められたのは、仮滞在許可の申請者919人のうち、わずか83人しかいない（平成28年版「出入国管理」白書）。

　第一次の難民認定で不認定と判断された申請者は、法務大臣に異議申立を行うことが認められており、法務大臣は決定を行うにあたって、難民審査参与員の意見を聴かなければならないとされている（同61条の2の10）。この難民審査参与員とは、2004年の法改正により新たに設置された制度で、法律又は国際情勢に関する学識経験者が選ばれることになっているが、任命権は法務大臣にあるため、中立性や公平性が担保されているとはいえない。実際、2015年度の異議申立処理数2257人のうち、認定が認められたのはわずか8人である（内訳は不認定者が1763人、異議申立てを取り下げた者等が504人である）。

　結局、2015年度に難民認定申請を行った7586人のうち、最終的に難民として認定された者はわずか27人であり、アメリカやヨーロッパの国々が数万人単位で難民を受け入れているのに比べると、異常ともいえるほど少ない数である（平成28年度版「出入国管理」白書59頁以下）。

　また2011年以降、63人のシリア人が難民認定を申請しているが、難民として認められたのは3人だけであり、約30人は人道的配慮から滞在が認められたにすぎない。一方、日本政府は、対外的にはシリア、イラクの難民と国内避難民向けに約8.1億ドルの支援を表明したり、2014年にはアメリカに次いで2番目に多い1億8160万ドルをUNHCRに拠出したりしているが、国内における受入数のあまりの少なさに海外からは批判の声が強い。

　国際社会における人権保障制度の拡充を、日本国内にどのように取り込んでいくかということは、憲法学において重要な課題であるが、我々がまずなすべきことは、内なる排他主義の克服ではないだろうか。

【より深く考えてみよう】

　「憲法によって権力を縛る」という立憲主義の原理は、本来、個々の主権国家を対象とするものである。しかし、冒頭で触れたように、グローバル化が進む今日、我々は他国の影響を無視することができない社会に共存している。そこで近年、グローバリゼー

第 18 章　グローバル化と憲法

ションと立憲主義の関係については、2 つの現象が指摘されている。1 つは、「立憲主義のグローバル化」、すなわち人権保障と民主主義の普遍化であり、もう 1 つが「グローバルな立憲主義」、すなわち一主権国家を超えた立憲主義的な世界秩序構築の試みである。このような社会において、従来の立憲主義の意味内容も変容を迫られるのか、あるいは変わらない部分があるとしたら、それは何なのか、次の文献を読んで、考えてみよう。

　篠田英朗（2007）「国境を越える立憲主義の可能性」および山元一（2007）「〈グローバル化〉の中の憲法学」『岩波講座　憲法 5　グローバル化と憲法』岩波書店

　日本国憲法においては、比較憲法的にみても、詳細かつ広汎な人権が保障されている。一方、日本政府は主要な人権条約にはほぼ加入している。両者は重なる部分も多いが、本章でとりあげたヘイト・スピーチのように、価値観が鋭く対立することもある。憲法における人権保障と条約における人権保障の関係について、次の文献を読んで、考えてみよう

　佐藤幸治（2006）「憲法秩序と国際人権」芹田健太郎他編『講座国際人権法 1　国際人権法と憲法』信山社

　師岡康子（2013）『ヘイト・スピーチとは何か』岩波書店

345

第19章

憲法の最高法規性と憲法改正

1　憲法の最高法規性

　立憲的意味の憲法は、通常、成文憲法の形式で存在し、硬性憲法としての性質を有する。成文憲法典として存在するということは国法秩序において憲法が最も強い形式的効力をもつことを意味するから、憲法は最高法規としての性格を帯びる。そこでは、国法秩序が「憲法─法律─命令─処分・裁判」という段階構造をなしているという理解が前提とされている（ケルゼンの法段階説。芦部（2015）13頁）。また、硬性憲法であることも、論理必然的に憲法の最高法規性の根拠となる。

　憲法が最高法規であることは、日本国憲法では「最高法規」と題された第10章において示されている。第10章は97条から99条まで3つの規定を置いている。98条は、「この憲法は、国の最高法規であつて、その条規に反する法律、命令、詔勅及び国務に関するその他の行為の全部又は一部は、その効力を有しない」と宣言し、憲法が最も強い形式的効力をもっていることを示す。後述するように日本国憲法が（強度の）硬性憲法であり、また成文憲法典であることから、その最高法規性が論理的に導出されるとすれば、第10章を置く意味が乏しいようにもみえる。しかし、第10章の規定は単なる形式的効力の優位ということ以上の意味をもち、そこには憲法の形式的最高性を基礎づける考え方（実質的根拠）が現れている、と説明されることが多い。

　通説的見解によると、最高法規としての憲法の本質は、憲法が実質的に法律と異なる点、つまり、憲法の内容が人間の権利・自由をあらゆる国家権力から不可侵のものとして保障する規範を中心として構成されている点に求められ

第19章　憲法の最高法規性と憲法改正

る。近代憲法が自由の法秩序であること（「自由の基礎法」）が憲法の最高法規性の実質的根拠である。このことは基本的人権の永久・不可侵性を確認する97条で明らかにされている（芦部（2015）12頁）。個人の尊厳を核心とする人権の理念を実現しようとする意図は、憲法第3章（「国民の権利及び義務」）に配された11条にも見て取れるが、「実質的最高性の原則があって初めて、形式的最高性を確認した98条1項が導き出されるという、密接な憲法思想史的関連を考えると、それを明示する97条が『最高法規』の章の冒頭に存在することは、11条と異なる独自の重要な意味を有する」（芦部（1992）57頁）。

2　憲法の保障

(1) 憲法保障の意義と分類

　憲法は授権規範としての性質をもつ。国家機関は憲法に授権されてその存立と権限行使の正統性を保障される。しかし、授権規範であることの反面として憲法は制限規範でもあるから、憲法の制限を嫌う国家機関が自己の存立基盤であるはずの憲法規範を歪め、侵害する危険性が常に生じ得る。そのような事態を予測し、憲法の最高法規性を確保するための手段が考えられなければならない。これが憲法の保障の問題である。憲法保障とは、「実定国法秩序の最高規範である憲法が、それの下位の法規範・法的措置によって、憲法自体の内包し、あるいは設定した規範の意味・体系・内容を、変改・変質せしめられることを事前に防止しもしくは事後に匡正する国法的装置」（和田英夫（1982）『新版憲法体系』勁草書房、401頁）を意味する。

　憲法保障のための方法は多様であり、論者により様々な観点から分類されている。一般的な分類の傾向に照らせば、①憲法内・平常時・組織的保障と②憲法外・非常時・未組織的保障とが区別されよう。①は予防的（事前的）保障と匡正的（事後的）保障に分けられる。予防的保障には、憲法の最高法規性の宣言（98条）、公務員に対する憲法尊重擁護の義務づけ（99条）、厳格な憲法改正手続（96条）、権力分立制の採用などが含まれる。匡正的保障としては、裁判所による違憲審査制（81条）が挙げられる（第7章参照）。違憲審査制は、現代

347

第Ⅳ部　最高法規

の立憲主義国家において最も枢要な憲法保障の仕組みと見なされている。②の例として、抵抗権と国家緊急権が挙げられる（ただし、これらが憲法に規定される場合は憲法外・未組織的なものではなくなる）。これら以外にも、より広く捉えれば、国民の広汎な政治参加を通じて国家権力の濫用の抑止が期待できるとすれば国民主権や参政権、表現の自由の保障も、憲法の保障に寄与し得る。権力分立、法の支配、国民主権は人権保障を実効的あらしめる重要な要素であり、立憲的意味の憲法の基本原理である。このことから、立憲主義は憲法保障の論理をも内在させていると指摘される（野中他（2012、Ⅱ）399頁〔高橋和之〕）。

　以下では、憲法の保障を直接の目的とする特別な仕組みである憲法尊重擁護義務と、憲法外的な憲法保障の仕組みである抵抗権・国家緊急権を取り上げる。

(2) 憲法尊重擁護義務

　立憲的意味の憲法は権力担当者を名宛人としている。憲法99条は憲法の最高法規性を確保するため、実際に憲法の運用に携わる広義の公務員（「天皇又は摂政及び国務大臣、国会議員、裁判官その他の公務員」）に対して憲法尊重擁護の義務を課している。99条において憲法を「尊重する」とは、憲法を遵守しその内容を実現することを意味し、「擁護する」とは、憲法違反の行為を予防し阻止するという、より積極的な意味があるとされる（宮沢（1978）820頁）。外国の憲法には、憲法擁護義務の違反に対する制裁方法を規定する例もある（ドイツ基本法61条）が、日本国憲法は、義務違反への制裁までは定めていない。そもそも、99条の定める義務は一般には倫理的・道徳的義務であるとされ、本条から直ちに法的効果が生じるものではないと解されている。しかし、公務員の懲戒事由や裁判官の弾劾事由とされる「職務上の義務」違反（国公82条、裁弾2条）の中に憲法の侵犯・破壊行為を読み込むことで、憲法擁護義務違反に対する法的制裁の可能性を導く見解（佐藤幸（2011）46頁）もある。

　憲法改正の発議権が国会に属していることとの関係で、国会議員による改憲主張は直ちに義務違反となるわけではない（内閣総理大臣およびその他の国務大臣については、後述するように憲法改正の発案権は内閣に認められないという解釈をとれ

348

ば、大臣としての資格において改憲主張をなすことの当否が問題となり得る)。しかし、憲法を侮蔑し貶める発言は、99条の義務に違背するものと解されよう（佐藤功（1983、下）1298頁）。なお、公務員による改憲の主張・唱道は、憲法所定の法形式に従ったものであることを当然要する。また、憲法改正に限界があるとする立場からすれば、限界を超える内容の憲法変更を説くことは99条の義務違反となる（樋口（2007）93頁）。ただし、後述するように、憲法改正の限界の認否をめぐる学説の状況に照らせば、何をもって憲法改正の限界とするかを見定めることには困難が伴うから、99条の義務の射程に一定の不透明さがつきまとうのはやむを得ない。

99条の尊重擁護義務の名宛人から「国民」が除外されていることには注意が必要である。憲法は国民について、自由・権利を「不断の努力によつて」「保持」すべきことを義務づけるにとどまる（12条）。99条の基底には、権力の制限によって国民の自由を確保しようとする立憲的意味の憲法の本質に照らし、憲法擁護義務は国民の側から権力を担当する公務員に対して課されるものだという理が埋め込まれている。だとしても、憲法秩序の永続化を望むなら、権力担当者だけでなく、憲法制定者たる国民にも憲法遵守を義務づけるやり方もあり得ることになる。しかし、日本国憲法は、徹底した自由主義を貫く立場から、国民の憲法への忠誠を制度化するやり方（ドイツ基本法の「たたかう民主制」）をとらないことを選択した（樋口（2007）96頁）。99条からの国民の除外は、そうした憲法の基本姿勢を示すものと解される。確かに、一般的にいえば、国民には、憲法制定者として自ら樹立した憲法秩序が公権力により歪曲・改変されることのないよう、憲法の運用を注意深く見つめ、「憲法の究極の番人」としての役割を果たすことが期待される。しかし、かかる期待は、憲法制定者という擬制に無自覚な国民が抱懐する憲法への敵対・懐疑・無関心という苦い現実によって裏切られる可能性が常にある。

(3) 抵抗権と国家緊急権

(i) **抵抗権**　　抵抗権とは、「国家権力が人間の尊厳を侵す重大な不法を行った場合に、国民が自らの権利・自由を守り人間の尊厳を確保するため、他に合

第Ⅳ部　最高法規

法的な救済手段が不可能となったとき、実定法上の義務を拒否する抵抗行為」（芦部（2015）375頁）を意味する。類似する概念として革命権がある。革命権が既存の法秩序の基礎を変革する現状破壊的な権利であるのに対して、抵抗権は立憲主義的な憲法を擁護するという保守的・現状維持的な権利である（渋谷（2017）507頁）。なお、抵抗権に市民的不服従を含めるかについては見解が分かれる。

　抵抗権の考え方が重要な意味をもったのは近代市民革命期である。自然権思想と結びつけて主張され、「圧政への抵抗」の権利がフランスの1789年人権宣言や1793年憲法に謳われた。その後、近代立憲主義の進展とともに抵抗権の必要性が薄れ、憲法に明記されることはなくなる。しかし、第２次世界大戦におけるナチズム支配の経験を経て、ドイツの諸ラント（州）の憲法に抵抗権が実定化されることとなった。特にドイツ基本法20条４項（1968年の改正で追加）は、「すべての人」に対する抵抗行為を抵抗権概念に包摂し、公権力に対してのみならず、私人に対するものとしても抵抗権を位置づけるに至った。これは「抵抗権概念の拡大というよりは転倒」（樋口（1998）406頁）と評される。

　日本国憲法には抵抗権に関する明文規定はない。学説上は、抵抗権を実定法上の権利であるとする見解が有力である。憲法12条から、または12条・97条から抵抗権の保障を読み取ることは可能であるとされる（芦部（2015）376頁、樋口（2007）98頁、佐藤幸（2011）52頁）。裁判例にも、抵抗権を実定法上の権利とみるものがある（札幌地判昭37・１・18下刑集４巻１＝２号69頁）。これに対して、自然法上の権利であるとする立場もある。抵抗権が実定法上の救済手続が尽きたところで援用される論理であり（野中他（2012、Ⅱ）402頁〔高橋和之〕）、抵抗権が実定法上の義務を破る権利である以上、それは実定的権利ではあり得ない（阪本（2000）120頁）などと説かれる。このように学説の対立は厳しいが、抵抗権の法的性格をどのように捉えるにせよ、立憲主義憲法の下で権力の制限が国民の人権保障の前提である以上、抵抗権の思想的重要性が減じることはない。「抵抗権は立憲主義のエートス」（高橋（2017）448頁）とみることができるからである。

　(ii)　**国家緊急権**　　国家緊急権とは、「戦争・内乱・恐慌・大規模な自然災害

350

など、平時の統治機構をもっては対処できない非常事態において、国家の存立を維持するために、国家権力が、立憲的な憲法秩序を一時停止して非常措置をとる権限」（芦部（2015）376頁）を意味する。立憲主義的憲法が人権保障と権力分立を基本とするのに対し、国家緊急権は人権保障の停止と権力の集中により非常事態の乗り切りを図ろうとするものである。国家緊急権の行使の態様としては、憲法制度上、憲法秩序を一時停止し独裁的な権力の行使を認める場合と、憲法の枠を超えて独裁的な権力が行使される場合がある。いずれにせよ、立憲主義を救うために立憲主義を停止するというパラドックスを抱える国家緊急権は、立憲主義に致命的な打撃を与える危険性のある憲法保障の方法といえる。

　大日本帝国憲法では国家緊急権が憲法内に取り込まれ、戒厳大権（14条）や非常大権（31条）などが認められていた。日本国憲法にはそうした規定は存在しない（平時における緊急の事態に対応するため参議院の緊急集会制度（54条）が規定されているにとどまる）。帝国憲法における濫用の経験や平和主義（戦争放棄）の宣言などが、その背景理由とされる。日本国憲法が国家緊急権に言及していないことの意味をめぐり、学説では、憲法は国家緊急権を否認しているとみる説が多数を占めるとみられるが、憲法の明文がなくとも国家の自然権として当然に肯定されるとする説も有力である。国家緊急権は自然権的人権としての抵抗権と異なり、公権力の側がその行使主体となる。立憲主義的憲法の原義に立ち返れば、例外的な権力の発動を容認する緊急権は憲法の明文の根拠がない限り認められないとする見方（樋口（2007）98頁）には、十分な理由がある。実際、憲法の規範を破るために国家の自然権を呼び出すとすると、権力の濫用への歯止めが何もなくなってしまう。立憲主義はその場合、存在するといえるだろうか。

　他方で、法律上は既に各種の緊急事態法制の整備が相当に進んでいる。例えば、緊急事態に際してとられる措置について定める警察法71条や、治安出動について定める自衛隊法78条以下のほか、外国からの武力侵害に対応するための武力攻撃事態法をはじめとする一連の有事法制が存在する（第3章参照）。かねて、緊急事態法制が平時と緊急時の境界を曖昧化し、戦時を想定した緊急権の

第Ⅳ部　最高法規

容認が立憲主義原理の否定につながり得るとの懸念が表明されてきた（岩間昭
道（2002）『憲法破毀の概念』尚学社、298頁）。「危機の常態化」を口実とした憲法
秩序の侵蝕が進んでいないか、立憲主義の観点からの不断の点検が必要であ
る。

3　憲法の変動

(1)　憲法改正の意義

　立憲体制は、権力の便宜のままに動かされない堅固で安定した制度を守るこ
とを狙いとしているが、憲法をめぐる社会的・政治的状況は時代の推移ととも
に変化しており、この変化に対応する仕組みを整えることで憲法秩序の永続化
を図ろうとする。安定性と可変性という相対立する要請をいかに調和させるか
が憲法保障の課題であり（小林直樹（1981）『憲法講義（下）〔新版〕』東京大学出版
会、581頁）、それは同時に憲法改正の問題でもある。時の経過とともに顕現す
る社会的変化に対して、通常は憲法解釈の変更によって対応することになる
が、それが限界に達する場合（憲法解釈の枠内に収まりきらないとき）、憲法の規
定それ自体を改めることによって対応せざるを得ない。多くの憲法典は、その
ために憲法改正の手続を用意している。

　憲法改正とは、「成典憲法について、その中の条項の修正・削除及び追加を
なし（狭義の改正）、あるいは、別に条項を設けて、もとの憲法典を増補するこ
と（狭義の増補）によって、意識的に変改を加えることをいう」（清宮四郎
（1968）『国家作用の理論』有斐閣、123頁）。憲法改正は憲法正文の意識的・形式的
な変更であるという点で、後述の「憲法の変遷」とは異なる。また、学説で
は、憲法改正と憲法制定を概念的に区別するのが一般的である。憲法改正は、
成文憲法の存在を前提として、「憲法によって設けられた権力」（pouvoir consti-
tué）としての憲法改正権に基づくものであり、憲法が定める手続に従わなけ
ればならない。憲法制定権力（pouvoir constituant）に基づいて始源的に新たな
憲法を制定する「憲法制定」とは、この点で明確に区別される（辻村（2018）
515頁）。なお、憲法典全体の見直し（全部改正）も憲法改正に含めて考える学説

が多い。

(2) 憲法改正の手続

　先に述べたように、憲法改正手続を厳格なものとすることは憲法保障の手段の1つである。憲法には高度の安定性と、政治・経済・社会の動きに適応する可変性も必要であり、改正の過度の困難化は可変性を失わせ、憲法が違憲的に適用される恐れを大きくする。逆に、改正の過度の容易化は憲法保障機能を失わせることになる（芦部（2015）392頁）。日本国憲法も硬性憲法であり、96条1項で、①各議院の総議員の3分の2以上の賛成で国会が発議すること、②国民投票における過半数の賛成で国民の承認を得ることという2段階の改正手続を定める。なお、日本国憲法は外国の憲法と比べて硬性度が高いといわれることもあるが、憲法の硬性性を比較することに、さして意味があるわけではない。

　(i)　**憲法改正手続を具体化する法律**　　憲法96条は、憲法改正の手続に関する具体的な規定を設けていないから、これを法律に委ねる趣旨と考えられる。従来の国会法には改憲原案の発議に関する規定がなかった。また、国民投票の手続を定める法律の制定も必要であったが、国民の反発を招くことが危惧され、国会で議論されることすらなかった。ところが、2000年代に入り小泉政権・第1次安倍政権下での改憲機運の高まりを反映して、憲法改正手続に関する法整備が急速に進んだ。2006年5月、政府与党である自民党・公明党、および民主党が、それぞれ法律案を国会に提出した。与党案と民主党案はその後、継続審議となり、第166回国会で審議に付される。2007年5月、与党修正案が参議院本会議で可決され、成立した。

　「日本国憲法の改正手続に関する法律」（憲法改正手続法、憲法改正国民投票法とも呼ばれる）は2010年5月に完全施行され、その改正法が2014年6月から施行されている。同法は、憲法改正に限定してその手続を定めたもの（1条）で、国会が憲法改正を発議した日から60日以後180日以内の国会が議決した日に国民投票を実施するものとし（2条）、日本国民で満18歳以上の者に投票権を認める（3条）。衆参両院の各10名の議員からなる「国民投票広報協議会」を国会に設置し、憲法改正案の広報に関する事務などに当たるとする（11条～15

第Ⅳ部　最高法規

条）。公務員や教育者の地位利用による国民投票運動を禁止し（103条）、テレビ・ラジオによる広告も投票14日前から禁止している（105条）。

(ii) 国会の発議

(a) 発案　国会による発議とは、国民に提案すべき憲法改正案を議決することをいう。国会の発議は、改正案の発案、審議および議決という過程を経て行われる。まず、憲法改正案の発案権が国会の各議院の議員にあることについては争いがない。国会法68条の2は、議員が憲法改正原案を発議するには、「衆議院においては議員100人以上、参議院においては議員50人以上の賛成を要する」と定め、法律案を発議する場合（国会56条1項）と比べて賛成議員数を加重している。なお、憲法改正原案の発議は、「内容において関連する事項ごとに区分して行う」（同68条の3）ものとされている。

憲法審査会も憲法改正原案を作成し提出することができる（同102条の7）。憲法審査会は、「日本国憲法及び日本国憲法に密接に関連する基本法制について広範かつ総合的に調査を行い、憲法改正原案、日本国憲法に係る改正の発議又は国民投票に関する法律案等を審査するため」（同102条の6）各議院に設置される常設の機関である。衆議院憲法審査会規程は2009年6月に、参議院憲法審査会規程は2011年5月に議決され、各議院の憲法審査会は2011年10月に活動を開始した。

さらに、内閣にも発案権が認められるかについては議論がある（法律案の提出権についても憲法上明文規定がなく、同様の議論が存在する）。学説は大きく肯定説と否定説に分かれる（ほかに、法律に委任されていると解する説もある）。肯定説は、憲法改正案の発案についても法律案の場合と区別して考える必要はないとし、いずれについても内閣の発案権を肯定する。内閣に発案権を認めても国会の自主的審議権が必然的に害されるとはいえないこと、国会審議の素材を提供するという意味合いで内閣の発案権は排除されないと説かれる（樋口他（2004）313頁〔佐藤幸治〕）。これに対して、憲法改正原案の発案も発議の一環をなしていることは否定できず、憲法は発議権を国会に専属させているから、内閣の発案権はそれを認める明示の規定がない限り認められないと解する否定説（杉原（1989）229頁）も少数だが有力である。否定説が妥当であろう。発案も発議の

第 19 章　憲法の最高法規性と憲法改正

一部とみるのが自然であると思われるから、内閣の発案権に関する憲法の明文規定がないことは、原案の提出という重大な意味をもつ手続について内閣のイニシアチブの否定を含意するもの（国民代表機関たる国会に委ねる趣旨）と解することができよう。

　(b)　審議・議決　　憲法改正原案の発議があったときは、発議された議院で審議が行われる。憲法改正原案は、まず、各議院に設けられた憲法審査会の審査に付される（国会102条の6）。憲法審査会は会期中であると閉会中であるとを問わず、いつでも開会することができ、憲法審査会に付託された憲法改正原案は、閉会中に審査を継続する手続を要しないで審査可能とされている（同102条の9第2項、68条）。また、憲法審査会は、憲法改正原案に関し、他の議院と協議して合同審査会を開くことができる（同102条の8）。憲法審査会の審査後、憲法改正原案は本会議に送付される。会議体の開会・審議・意思決定に必要とされる出席者の数を定足数という。法律の制定について、本会議の定足数は総議員の3分の1と定められている（憲56条1項）。憲法改正の場合、発議（議決）の定足数は3分の2である（同96条1項）が、議事の定足数について特別の規定は存在しない。学説は、56条1項が定める一般的な要件である3分の1で足りるとするものと、議決と同様に3分の2を要するとするものがある。憲法改正の重要性に鑑みて慎重な審議を要するとするなら、後説が妥当であろう（伊藤（1995）654頁）。

　憲法96条1項は「国民に提案して、その承認を経なければならない」と定めるが、憲法改正の発議とは別に、国会からの提案行為を要するわけではない。国会による「発議」は国民への「提案」と同じ行為である（清宮（1979）401頁）。憲法改正の議決には「各議院の総議員の3分の2以上の賛成」を要すると定められている。「総議員」の意味をめぐり学説は分かれている。法定議員数（法律の定めた定数）とみる説と、（辞職、死亡などによる欠員を除いた）現に在職する議員数とみる説とがある。憲法改正の重大さに鑑みて手続を厳格化すべきであり、また無用な紛争を回避するためにもその時々の議員数の変動に左右されない法定議員数の考え方が優れているといえよう（伊藤（1995）654頁）。なお、憲法改正の発議については、法律案の議決に認められる衆議院の優越の原

355

第Ⅳ部　最高法規

則は認められていない。両院は対等であるため、国会法は両院の関係について法律案とは異なる取扱いを定めている（国会83条の4・83条の5、86条の2）。

　(ⅲ)　**国民による承認（憲法改正国民投票）**　　国会により発議された憲法改正案は、国民の承認により確定される。国民の承認には、「特別の国民投票又は国会の定める選挙の際に行はれる投票」の「過半数の賛成」を必要とする。学説では、この「過半数」の母数の意味について、「有権者総数」、「投票者総数」、「有効投票総数」とする説などがある。「有権者総数」が母数として一番大きいが、文言上の難点（「投票において、その過半数」であるから投票しない者を参入するのは不自然）や、棄権者が反対者として取り扱われるという難点（棄権も有権者の権利であるのに反対票扱いするのは問題）がある。他方、「有効投票総数」は母数が一番小さくなる。憲法改正の重大性を考えれば、ごく少ない数の賛成で改正がなされるのは望ましくない。残るのは「投票者総数」である。確かに、この説には無効票が一律に反対票として処理されるという問題があるが、積極的な賛成票を重視しようとするならば、やはりこの立場が支持されるべきであろう（小林孝輔他（2006）『基本法コンメンタール・憲法〔第5版〕』日本評論社、437頁〔浦田一郎〕）。この論点につき、憲法改正国民投票法は「投票総数」の過半数という立場を選択した（126条1項）。ただし、この「投票総数」とは、改正案に対する賛成投票と反対投票の合計数を意味し（同98条2項）、白票などの無効票は含まれないとしているから、結局は「有効投票総数」の言い換えである。

　「有効投票総数」説をとると、賛成投票が「過半数」を超えるが、投票総数（当該投票に参加した者の数）が極端に少なかったという場合も投票の効果を認めるべきか、という問題を生じる。そこで、最低投票率の設定の可否が問題となる。法制定時には自民党も民主党も最低投票率の設定には関心を示さず、成立した法律にも規定は存在しない。しかし、憲法改正の重大性を考慮すれば、ごく少数の有権者の賛成だけで改正が成立するとすれば、改正された憲法の民主的な正当性が確保されないことになる。日本国憲法が、国会の発議に加えて国民投票を求めているのは、国民のできる限り多くの賛成をもって憲法改正の正当性・妥当性を裏づけるべきことを想定していると思われ、それこそが国民主

権原理の趣旨にも合うということなのであろう。

投票は、投票用紙に記載された「賛成」または「反対」の文字のいずれかを○で囲む方法による（憲法改正国民投票56、57条）。

(iv)　**天皇の公布**　　憲法改正について国民の承認が得られたとき、天皇が「国民の名で」公布する（憲96条2項、7条1号）。これは国民の憲法改正権を明確にする趣旨である。「この憲法と一体をなすものとして」とは、改正された部分も他の部分と同じく最高法規としての効力を有することを確認したものと解されている（宮沢（1978）796頁）。

(3)　憲法改正の限界

(i)　**学説の対立**　　憲法改正の手続を踏みさえすれば、いかなる内容の改正も許されると考えるか、それとも、何らかの限界があると考えるかで、学説が対立している。前者は憲法改正無限界説、後者は憲法改正限界説と呼ばれる。改正無限界説には、①解釈の対象を実定法に限定する法実証主義の立場から、憲法改正権を拘束する根本規範とか憲法制定権力という考え方を排除し、憲法規範の内部に憲法改正の対象となるものとならないものという価値の序列を認めないとする説、②国民の主権の全能性を強調する立場から、憲法改正権を全能の憲法制定権力と同視して、憲法改正に限界はないとする説などがある。これに対して、改正限界説は、①憲法の基礎をなし、その究極にある原理を定める根本規範（「憲法の憲法」として普通の憲法規範の上位にある規範）に触れる憲法改正は許されないとする説、②憲法制定権をも拘束する規範としての自然法を承認し、憲法の中の根本規範（実定化された超実定法）に憲法改正権も当然に服するとする説、③始源的な憲法制定権（pouvoir constituant）と憲法改正権を区別し、憲法改正権は憲法によって設けられた権力（pouvoirs constitués）の1つにすぎないから、憲法改正によって憲法制定権の所在や基本的な決定を変更することまではできないとする説などがある。

改正限界説に対しては、自然法的な思考への疑問や、憲法制定権力と憲法改正権の区別への疑問（芹沢他（2011）505頁〔工藤達朗〕）は、議会限りで憲法改正が行われる国とは違い、憲法改正国民投票が必要とされる日本で両者を区別する意義があ

第Ⅳ部　最高法規

るか疑問とする）などが提示されている。無限界説をとる学説もみられるが少数であり、限界説が通説であるとされている。この古くからの学説の対立は、しばしば指摘されるように、憲法改正の「定義」の問題に起因するところが大きいといえる（伊藤（1995）656頁、浦部（2016）28頁、芹沢斉「憲法改正行為の限界」大石他（2008）329頁）。限界説は、憲法の改正について、憲法所定の手続要件を前提に、もとの憲法の同一性・継続性の保持を前提にしているから、改正に限界があるのは当然のこととなる。他方、無限界説は、改正の概念を改正手続規定の遵守のみで定義するのであるから、憲法改正の実体的な限界は初めから存しないこととなる。

　いずれの定義の仕方が優れているか。この論点については、憲法制定の目的との結び付きにおける論理的な側面と歴史的な側面から考察するのが妥当であろう。およそ憲法典は憲法制定者の意図する憲法秩序を確立するために創設されるものであり、その樹立された憲法内在的価値（その基幹部分を構成する憲法の基本原理）の永続化が図られることになる（つまり憲法改正の限界が想定される）。しかるに、改正行為を通じて憲法制定の目的を表象する憲法の基本原理の変更までも認めるならば、それはもとの憲法との同一性・継続性を失わせるものとなるから、論理的にいえば、もはや憲法の「改正」ではなく「制定」というべきものとなる、というのが自然な理解であろう。「憲法制定の目的は憲法の論理的前提」であり、「この憲法の前提を否定することは、憲法改正の限界を超えている」（前掲・小林他『基本法コンメンタール・憲法〔第5版〕』、435頁〔浦田一郎〕）と解すべきである。また、憲法が歴史的存在であり、憲法制定の目的が近代憲法の基本原理をなす人権保障にあることを重視する見地からは、人権の否定をも認めてしまう無限界説の立場が批判されることになる（前掲・芹沢「憲法改正行為の限界」、329頁、辻村（2018）520頁）。

(ii)　**憲法改正の具体的な限界**

(a)　**憲法改正禁止規定**　　外国の憲法には、明文をもって一定の事項を憲法改正の対象とすることを禁ずるものがあるが（例えば、フランス第5共和制憲法89条4項やドイツ基本法79条3項など）、日本国憲法にはそのような規定は存在しない。ただし、「われらは、これに反する一切の憲法……を排除する」と述べ

る前文1項、憲法が保障する基本的人権が「侵すことのできない永久の権利」として「現在及び将来の国民」に与えられると定める11条、97条から、同様の意味を読み取ることができるとの指摘もある（樋口（2007）80頁、伊藤（1995）657頁、佐藤功（1983、下）1254頁）。

（b）日本国憲法の改正限界　　法理論上、いかなる具体的な限界が想定されるか。一般に、憲法の基本原理とされる①人権保障、②国民主権、③平和主義が挙げられる（これに対して、憲法の単なる特徴が改正の限界となる理由が説明されていないとの批判がある。芹沢他（2011）506頁〔工藤達朗〕）。①人権保障は憲法制定の最も基本的な目的であると考えられるから、憲法改正の限界をなす。ただ、個別の人権規定すべてが限界となるわけではなく、「人権保障の基本原理」が限界となるとみるべきである（前掲・小林他『基本法コンメンタール・憲法〔第5版〕』、435頁〔浦田一郎〕）。②国民主権も、憲法制定の主体を示すものとして日本国憲法を基礎づける最も根元的な原理であるから、憲法改正の限界をなすと考えられる（宮沢（1978）787頁）。③平和主義も多くの学説によって限界に挙げられるが、具体的には9条1項のみを改正の限界とするのが多数説とみられる。9条1項は、戦争を「永久に」放棄すると述べる部分への着目から改正の限界をなすとされる。その一方で、軍隊の保有は直ちに平和主義の否定につながらないという理由で9条2項は除外される（芦部（2015）398頁）。これに対して、9条2項の戦力不保持規定にこそ日本国憲法の平和主義の特色があるとみる立場からは、9条1項・2項に示された平和主義の原理が改正の限界をなすとされる（佐藤功（1983、下）1254頁）。9条2項の変更（削除）による軍隊の保有が憲法の規範構造全体に及ぼす影響を考慮すれば、9条2項の戦力不保持規定を憲法改正の限界とみることも不当とはいえない。

　憲法改正手続規定（96条）が改正の限界となるかについても議論がある。この点、改正権者が自身の行為の根拠となる改正規定を同じ改正規定に基づいて改正することは法論理的に不可能であり、また改正権者による改正規定の自由な改正を認めることは憲法制定権と憲法改正権を混同するもので不適切であるが、改正権の根本に触れない範囲の改正は許されるという説（清宮（1979）411頁）が有力とみられる（野中他（2012、Ⅱ）412頁〔野中俊彦〕）。「改正権の根本に

第Ⅳ部　最高法規

触れない範囲」、すなわち、変更の許されない「改正手続の実質」(伊藤 (1995)
658頁) から想定される限界として、憲法改正国民投票を挙げる見解が多い。
これは国民主権原理に基づいて憲法改正の限界となると考えるものである。

　(c)　改正の限界を超える憲法の効力　　限界を超える改正が行われた場合、
その効力はどうなるだろうか。それはもとの憲法から見て無効であるが、実効
的なものとして実施されるなら、新たな憲法の制定と受け止めるほかないと解
されている。実際、帝国憲法の改正憲法として成立した日本国憲法 (第2章参
照) は、帝国憲法の改正の限界を踏み越えるものと理解されているが、改正限
界説に立つ論者は日本国憲法を有効なものとして (新たに「制定」された憲法と
して) 取り扱うのが普通である。もし、憲法改正が限界を超えるものであった
か否かの違憲審査が可能であれば、「違憲の憲法改正」を排除することができ
るかもしれない。しかし、かかる審査が法的に可能であるかは疑問であるし
(芹沢他 (2011) 506頁〔工藤達朗〕)、そもそもこの論点は、改正限界説に立つ論
者の関心を引くものとはなっていないようである。してみると、結局のとこ
ろ、改正限界説は限界を超える改正行為の法的効力を否定する議論ではなく、
「いわば予防的なかぎりで法的に意味を持つ」(樋口 (1998) 381頁) にすぎず、
「改正提案への警鐘という役割だけが期待される」(赤坂正浩 (2005)「憲法改正の
限界」『ジュリスト』1289号、25頁) ものということになろう。

(4)　憲法の変遷

　憲法規範に反する国家機関の行為は、もちろん違憲である。しかし現実に
は、①違憲の憲法実例 (国家機関の行為) が長期間継続してなされ、②それが国
民の法的確信によって支持されることがあり得る。このような事態は「法社会
学的意義の変遷」と呼ばれる。この場合、憲法の解釈の枠を超える違憲の国家
行為が実際に憲法の規範意味を担うものとして行われている、という事実 (現
実) を説明するために「変遷」という概念が用いられる。他方で、上記①②の
要件を満たした場合、憲法の規範内容が変更され、違憲の実例が新たな規範内
容になるとみなすことを、「法解釈学的意義の変遷」という。つまり、違憲の
憲法実例であってもそれが「憲法的慣習法」として効力を保ち、現行憲法典の

方が改廃される（憲法改正が行われたことと実質的に同様の法的効果が生じる）というわけである（渋谷他（2016、2）373頁〔渋谷秀樹〕）。

法解釈学的意義の変遷を認める立場（肯定説）もあるが、これを否定する見解（否定説）が多数とみられる。否定説が妥当であろう。最高法規性を維持するために厳格な改正手続と違憲審査制を採用する硬性度の高い憲法である日本国憲法の場合、その硬性憲法たる存在それ自体に、かかる主張を排斥する趣旨が含まれているものと考えられる（杉原（1989）519頁）。「本来違憲の国家行為が当該憲法を改変する力をもって合憲に転化するということは、法論理的には絶対に不可能」（田上穣治編（1968）『体系憲法事典』青林書院新社、170頁〔杉原泰雄〕）なのであり、「違憲のものはいつまでたっても違憲」（浦部（2016）32頁）ということになろう。

憲法変遷が問題となった事例として、憲法9条をめぐる議論がある。かつて、憲法制定後の事情の変化によりその規範的意味が制定当時とは全く変わってしまい、9条の規範内容について「変遷」が生じたとする学説（橋本公亘（1980）『日本国憲法』有斐閣、430頁）が唱えられた。それによると、客観的事情の変化（憲法制定後の国際情勢の変化や日本の国際的地位の向上に伴い非武装主義の解釈が許されなくなったこと、自衛のための戦力保持を容認する世論調査結果から国民の規範意識の変化が読み取れることなど）により憲法規範の意味が変化し、従来は違憲であった自衛隊が合憲になったとされる。しかし、この説は、憲法変遷をめぐる法理論上の問題（憲法解釈の「枠」の「変遷」にすぎないのではないか）を抱えるうえ、変遷があったことを確証し得ていないという理由で、支持されていない（野中他（2012、Ⅰ）162頁以下〔高見勝利〕）。

4 立憲主義と憲法改正

(1) 戦後の憲法改正運動の歴史

外国では憲法改正という形での憲法改革が頻繁に行われる例もあるが、日本では1946年の憲法制定以来、一度も改定が行われていない。日本では「憲法改正」それ自体が重大な政治的対立の焦点となってきたという特別な事情があ

第Ⅳ部　最高法規

る。ここでは戦後の憲法改正運動の動向を簡単に振り返る（改憲運動の歴史と時期区分については、渡辺治（1987）『日本国憲法「改正」史』日本評論社、同編著（2015）『憲法改正問題資料（上下）』旬報社などを参照）。

(i)　**1950年代半ば**　　憲法制定当初の日本政府は憲法の改正には消極的な態度をとっていた。1950年代になり、アメリカの対日占領政策が変化したことや日本の独立が回復されたこと、再軍備が始まったことなどを受けて、保守層の間から改憲を求める声がにわかに高まった。50年代改憲論の特徴は、「日本国憲法の基本的諸原則を根本的に改変して、帝国憲法体制の基本的諸原理を復活させようとした、復古的・全面的改憲の試みであったという点」（渡辺治（1994）『政治改革と憲法改正』青木書店、218頁）にある。この運動はほどなく頓挫する。軍の復活と戦前への復古主義が、戦後民主主義を受け入れていた国民から拒否されたのである。

(ii)　**1960年代半ば**　　1960年の安保闘争を経て岸信介内閣が倒れた後、後継内閣を率いた池田勇人はそれまでの復古的な改憲政策を断念し、「所得倍増計画」に代表される経済成長主義路線を採用した。これに対して、あくまで改憲を追求すべきだとする勢力による運動も続き、第3次鳩山内閣時代に改憲を促進する目的で内閣に憲法調査会が設置された（57年から活動開始）。日本国憲法の制定過程や運用実態、改正の要否について審議・調査が行われたが、調査会内部での意見対立は厳しく、64年に出された報告書では憲法改正を積極的に求める見解に一本化することはできなかった。改憲に積極的な勢力が敗北したことは、池田内閣で打ち出された統治政策が国民に広く受け入れられたことを意味するものでもあった。これ以後しばらく、憲法改正手続に則った改憲（明文改憲）を求める声は下火となり、代わって「解釈改憲」の路線がとられることとなった。解釈改憲とは、憲法の条文を変更することなく、憲法解釈を濫用する形で憲法違反の事態を正当化することをいう。

(iii)　**1980年代前半**　　改憲運動がみたび活発化するのは1980年代前半である。直接には80年6月の衆参ダブル選挙で自民党が圧勝してから、同党を中心とする支配的な勢力が活発な運動を展開した。彼らは従来の改憲運動の失敗に学び、「下からの」国民運動を組織する動きをみせた。全国各地の地方議会で改

第 19 章　憲法の最高法規性と憲法改正

憲決議を上げさせるという、いわゆる「草の根」改憲運動である。一貫して改憲を唱え続けてきた中曽根康弘が82年に首相に就任したことで、運動はいっそうの盛り上がりをみせたが、83年の総選挙で自民党が大敗（過半数割れ）した結果、80年代の改憲運動は急速に衰えていった。

(iv)　1990年代〜2000年代

(a)　9条改正論の内容の変化　　伝統的に唱えられてきた9条改正論では、9条の変更・廃止による「自衛隊保有の正当化」（自衛隊の合憲化）が目指されていた。しかし、90年代には、自衛隊が合憲の存在であることを前提に、自衛隊の海外派兵（海外出動）の正当化を図る改憲が必要とされた。この時期の改憲案では、自衛隊を合憲とする規定と、「国際貢献」論に基づいて自衛隊を海外に出動させる規定が含まれていることが多い。

(b)　人権条項・統治構造の改正をめぐる新しい動き　　90年代には「新しい人権」（プライバシー権や環境権）を盛り込む改憲案が通常化した。国民に改憲をアピールする狙いがあるとみられるが、その反面で、公共の利益による人権制限を憲法に明記し、公共の秩序維持の強化が目指された。人権規定の中に国民の義務や家庭の保護の規定を入れることを主張するものも目立つ。また、統治構造の大幅な改編も主張された（憲法裁判所の設置や首相公選制の導入など）。

(c)　巨大メディアによる改憲推進への世論誘導　　読売新聞社は93年に憲法問題研究会を社内に発足させ、憲法を全面的に再検討した「改憲試案」を公表するに至った。この改憲案は、その後の改憲案のモデルとして活用されることになる（2004年5月に大幅にヴァージョンアップ）。日本経済新聞も2000年5月3日に、多くの紙面を割いて憲法の全面見直しを提起した。21世紀日本に必要なのは「個の自立」であり「自己決定・自己責任型の経済社会の実現」だといい、その実現の視点から憲法見直しを訴えた。

(d)　衆参両院「憲法調査会」の活動　　2000年の通常国会で、「日本国憲法について広範かつ総合的に調査を行うため」（国会旧102条の6）衆参両院に「憲法調査会」が設置され、同年1月に活動を開始した。調査期間については、各議院の議院運営理事会で概ね5年程度を目途とすることが申し合わされ、2005年4月に各議院の調査会が最終報告書を公表した。最終報告書に盛り込まれた

第Ⅳ部　最高法規

「多数意見」は、必ずしも改憲の方向性を明確に打ち出すには至らなかった。両論併記という結果は調査会内での意見集約が困難であったことの反映である。改憲の方針と内容についても一本化を図り、改憲の動きを加速させようとする改憲勢力の思惑は、60年代の政府憲法調査会の場合と同様、うまくいかなかったといえる。

　(ⅴ)　自民党「新憲法草案」(2005年)　　2005年10月、自民党が「新憲法草案」を公表した。そこで主たる標的とされたのが、平和主義（9条）と憲法改正手続（96条）である。現行憲法第2章のタイトル「戦争放棄」を「安全保障」に変更した上、9条2項を削除し、新たに9条の2を設けた。そこには「自衛軍」の設置が明記され（1項）、その任務として、国の平和・独立、国・国民の安全確保、「国際社会の平和と安全を確保するため」の活動、「緊急事態」時の秩序維持等の活動が掲げられた（1項・3項）。また、96条で国民投票は残しながらも、国会の発議について各議院総議員の「3分の2以上の賛成」というハードルを「過半数の賛成」に引き下げている。

(2)　自民党2012年改憲草案と憲法96条先行改正論

　(ⅰ)　自民党「日本国憲法改正草案」　　2012年5月3日は日本国憲法の施行65年の節目であった。この時期を選んで、自民党、みんなの党、たちあがれ日本の3党がそれぞれ憲法改正案などを発表したほか、橋下徹・大阪市長が率いる大阪維新の会が改憲構想を含む衆院選向けの政策集の原案を公表して話題を呼んだ。また、超党派の改憲議員連盟の活動も活発化した。

　12年4月に公表された自民党の「日本国憲法改正草案」は、05年の「新憲法草案」に比べて、前回は封印した「保守色」を前面に出している。例えば、「天皇を戴く国家」「国と郷土を誇りと気概を持って自ら守り」「良き伝統と我々の国家を末永く子孫に継承する」等の文言を配した前文、天皇の元首化（1条）、国旗・国歌とその尊重義務（3条）、「国防軍」の保持（9条の2）、集団的自衛権を含めた「自衛権」の明文化（9条2項）、責任・義務・公の秩序の強調（12条）、公務員選定権における国籍条項（15条3項）、政教分離原則の緩和（20条3項）、表現の自由の制限（公益・公の秩序に反する活動の禁止）（21条2項）、

364

第 19 章　憲法の最高法規性と憲法改正

緊急事態条項の新設（「第9章　緊急事態」（98条・99条））などである。また、この草案は「個人主義」批判の改憲論という色彩を濃厚に帯びている。その最も特徴的な表現が、憲法13条の「個人の尊重」規定について、「個人」の文言を「人」に変更していることである。一見些細な修正のように見えるが、「日本の近代の歴史の中で『個人』という問題性がどれだけ大きな重みのある主題だったか……を考えるならば、『個人』から『人』への言い換えは、そこにこそ『改正草案』をめぐる賛否の態度決定の焦点が当てられるべき、何より本質的な論点なのである」（樋口陽一（2013）『いま、「憲法改正」をどう考えるか』岩波書店、106頁）。これに加えて、憲法の最高法規性を実質的に支える97条を丸ごと削除している点も見逃せない。近代立憲主義の核心部分を正確にアタックする自民党の憲法改正草案は、「憲法改正権の限界を超えるものであり、少なくとも法的な議論としては新しい憲法の制定にあたるもの」（駒村圭吾（2013）「近代との決別、物語への回帰」奥平康弘他編『改憲の何が問題か』岩波書店、46頁）とまで論じられることがある。

(ii) **憲法96条先行改正論**　2012年末の衆院総選挙での民主党大敗と自民党圧勝により政権再交代が実現し、第2次安倍政権が発足するに及んで、憲法をめぐる議論状況に大きな変動が生じた。もともと改憲志向であった安倍首相が憲法改正の発議要件を緩和する意向を明確にしたことで、改めるべき中身の議論をひとまず棚上げして憲法96条を先行的に改正しようとする論が、政治世界に野火のように広がった。この96条先行改正論は、爾後の改憲の容易化と、部分改正による「お試し改憲」的側面とをあわせもっていたが、改憲派の憲法学者からも「裏口入学」（小林節）との批判を浴びるなど、世論の支持を受けることはできなかった。「まず96条から改正」という政治的底意に満ちた運動は、「政治的には既に命脈が尽きた」（井口秀作（2016）「憲法改正をめぐる政治と理論」全国憲法問題研究会編『憲法問題27』三省堂、106頁）といえる。それでも、96条の発議要件緩和の改憲論それ自体の理論的問題点は、別途検討されなければならない。

　すでに述べたように、憲法改正限界説からは、改正手続に関して憲法改正国民投票の廃止は改正の限界を超えるとされている。この点、96条改正論は、国

365

第Ⅳ部　最高法規

民投票制を維持しつつ発議要件の緩和（各議院総議員の「3分の2」から「過半数」へ）を目指すものであり、憲法の硬性性を国民投票の保持で一定程度担保し得るとするなら、発議要件緩和は直ちに改正限界を超えるものとはならないと論じられる可能性がある。しかし、問題があろう。発議要件緩和による憲法の軟性化は、最高法規として、より強い安定性・持続性を求められる憲法にとって致命的なものになりかねない。すなわち、「過半数」へと緩和された発議要件を含んだ憲法改正の成立要件は、憲法上は地方自治特別法の成立要件（憲95条）と大差がなくなってしまい、「憲法と法律との規範的『距離』はいわば紙一重のもの」にすぎなくなるからである（高見勝利（2013）「憲法改正規定（憲法96条）の『改正』について」奥平康弘他編『改憲の何が問題か』岩波書店、89頁）。また、発議に際しての特別多数の要求に込められた憲法の意図を十分にくみ取る必要があるだろう。国民投票を決定的な契機としつつ、憲法改正をめぐる「国民総意」の形成を国会の特別多数によるいわば熟議に基づく発議に委ねるという筋道が複合的に構成されていることには、十分な理由がある（只野雅人（2013）「憲法と憲法改正」法律時報編集部編『「憲法改正論」を論ずる（法律時報増刊）』日本評論社、14頁）。

(3)　政府の憲法解釈とその変更

　憲法98条1項で憲法に反する法律などは効力を有しないとされ、憲法99条により公務員は憲法尊重擁護義務を課されているから、国家機関の行為は憲法に適合するものでなければならず、その前提として正確な憲法解釈が不可欠となる。憲法解釈をめぐる見解の対立は往々にして生じるものであるが、そのとき最終的な判断を下す役割を果たすのは最高裁判所である。その意味で、最高裁には有権解釈権があるといわれる。しかし、憲法の解釈は裁判所の専権事項ではなく、立法府や行政府も憲法解釈を行う。特に、政府は責任をもって国政を遂行するため積極的に憲法解釈を提示してきており、「憲法の多くの条項について、政府の解釈が事実上、国の有権解釈と目される」（阪田雅裕編著（2013）『政府の憲法解釈』有斐閣、2-3頁）状況にある。

　政府の憲法解釈を支えてきたのは内閣法制局である。内閣法制局は法律案

366

第 19 章　憲法の最高法規性と憲法改正

（内閣提出法案）などの審査を行ったり、法律問題に関し内閣等に意見を述べたりする仕事をしている。これらを通じて憲法解釈が示される。内閣法制局に対しては、政府弁護的だという批判がある一方で、内閣の政策を制約しているとの批判もある。後者は政府・与党からしばしば示されるもので、集団的自衛権の問題でも内閣法制局の解釈がやり玉に挙げられた。しかし、政治から批判されても内閣法制局は解釈変更を受け入れてこなかった。その分、政府の「解釈改憲」の手法には一定の、しかも相当に強い枠がはめられてきたといえる。それゆえ、内閣法制局による憲法解釈は日本の法治主義・立憲主義を支えるうえで一定の役割を果たしてきたと評価されることがある（浦田一郎（2012）『自衛力論の論理と歴史』日本評論社、192頁）。

　しかし、第 2 次安倍政権は集団的自衛権の行使容認へ踏み込む閣議決定を行い（2014年 7 月 1 日。以下「 7 ・ 1 閣議決定」）、内閣法制局による憲法解釈の軛を脱した。もともと安倍首相はその最初の登板のときから、集団的自衛権行使を容認するための政府解釈変更へ並々ならぬ意欲を示していた。従来の政府解釈においては、「国際法上、国家固有の権利として集団的自衛権を有しているが、これを行使することは憲法上許されていない」とされていた。このことは歴代内閣が繰り返し確認してきたし、集団的自衛権の行使容認のためには憲法改正が必要であるとの認識が示されてきた（例えば昭和58〔1983〕年 2 月22日・衆議院予算委員会・角田禮次郎内閣法制局長官答弁）。それにもかかわらず、安倍政権は集団的自衛権の行使容認という、従来とは正反対の解釈を採用した。

　政府解釈の変更それ自体はあり得ないことではないが、上記のように内閣法制局により厳しい枠をはめられている。論理的な追求の結果としての憲法解釈は、政府が自由に左右できる性質のものではなく、「特に、国会等における議論の積み重ねを経て確立され定着しているような解釈については、政府がこれを基本的に変更することは困難」（平成 7 〔1995〕年11月27日・参議院宗教法人等に関する特別委員会・大出峻郎内閣法制局長官答弁）とされている。定着してきた従来の解釈を十分な理由なしに変更する「 7 ・ 1 閣議決定」は、解釈の限界を超えるものであり立憲主義の否定であると厳しく批判されている（例えば、高橋和之（2014）「立憲主義は政府による憲法解釈変更を禁止する」奥平康弘他編『集団的

第Ⅳ部　最高法規

自衛権の何が問題か』岩波書店、183頁、長谷部恭男編（2016）『安保法制から考える憲法と立憲主義・民主主義』有斐閣など。そもそも集団的自衛権が憲法9条に反するという点で憲法学者の意見はほぼ一致している。第3章参照）。

　ところで、集団的自衛権の行使容認にかかる政府解釈の変更は、しばしば「解釈改憲」であるとして批判される。解釈改憲という概念は、憲法解釈の名の下に（清宮（1979））389頁によれば、憲法解釈の枠を超える「にせの解釈」によって）違憲の実例を正当化し、正規の手続を経ないで憲法改正と同じ効果を生じさせようとする政治のあり方を、批判的に分析し告発するために用いられてきた。憲法9条の下で自衛力（自衛隊）保持の憲法的正当化を図るための政府の解釈実践が、解釈改憲の典型とみなされている（ただし個別的自衛権を合憲視する学説は、これに同意しない）。「7・1閣議決定」を解釈改憲のロジックを用いて批判することには、しかし異論も呈されている。政府の新たな「解釈」に基づく憲法秩序の変動があるとしてもそれは単に違憲の実例が通用しているにすぎず「改正」とは次元が違うことなどに鑑み、解釈改憲という語を用いて議論することを避けるべきだというのである（野坂泰司（2016）「憲法は変わったのか」『世界』885号、206-207頁）。また、かねて解釈改憲論は「憲法変遷」論との論理的な同質性を指摘されてきた（樋口（1998）388頁）。憲法変遷を否定する立場を採るとすれば、用語法の面でもこれを貫いて解釈改憲を用いた説明は避けるべきとする主張もある（栗城壽夫（1996）「『解釈改憲』というとらえ方の理論的問題点」『法律時報』68巻6号、22頁）。

(4)　現代の「憲法改正」問題

　「7・1閣議決定」と、その具体化を柱とする安全保障関連法の制定（2015年9月19日）により、国民の間で、日本の立憲主義のありようへの懸念・不安が高まった。その余燼くすぶる中、今度は、安倍首相自ら明文改憲発言を繰り返すなど、憲法改正の気分を盛り上げようとする政治的な働きかけが強められた。2016年の参院選の結果、憲法改正に積極的な政治勢力が衆参両院で「3分の2」を占めるに至ったことも、改憲運動を勢いづかせた。

　安倍首相は2017年の憲法記念日に、「2020年を新しい憲法が施行される年に

368

第 19 章　憲法の最高法規性と憲法改正

したい」と踏み込んだ発言を行った。これをうけた自民党内の議論で、具体的な改憲方針として、①9条への自衛隊明記（1項・2項は維持）、②緊急事態条項の創設、③参院選挙区の「合区」解消、④教育の充実の4項目が取りまとめられた（2018年3月）。安倍首相が自民党総裁選で3選を果たし（同年9月）、最終任期の目標に憲法改正を掲げたことを考えると、憲法改正は今後も重大な政治的対立の焦点であり続けるだろう。

　ところで、日本における改憲運動は、明文改憲を目指す政治権力や保守層が駆動するものに限られない。「護憲」派と目される人々による明文改憲の提案は1990年代からみられるようになるが、最近でも、安倍政権・安保法制に反対する人々から「新9条論」などの「護憲的改憲論」が提唱され注目を集めた（典型例が2015年10月14日付『東京新聞』「平和のための新9条論」）。また、安倍政権の改憲提案に反対する野党勢力からも、権力への拘束を増すための「立憲的改憲論」が説かれている（2018年6月4日付『朝日新聞』「『立憲的改憲論』静かな胎動」）。改憲論の裾野は確実に広がっている。

　近代立憲主義に強力にコミットして安保法制に一致して反対していたかにみえる憲法学界も、（運動体ではないから当然ではあるが）決して一枚岩というわけではない。近時、「ある特定の政府の憲法解釈やその変更が立憲主義に反するかどうかを客観的見地から判定する基準を確定することはできない」とする見地（「動態的憲法理解」）から、立憲主義に基づき政府解釈の変更を批判する多数説への懐疑を示す有力説もみられる（山元一（2014）「9条論を開く」水島朝穂編『立憲的ダイナミズム』岩波書店、100-101頁）。立憲主義の捉え方、発展のさせ方に関する思考の多様性はもとより歓迎されるべきであり、憲法改正をめぐる理論問題への感度を一層高める必要がある。

　憲法改正は決してタブーなどではない。憲法改正をどうしても必要とする正当な事情があるなら、国会の熟議を経て国民の判断を仰ぐ手続をとることに、憲法上の問題があるわけではない。しかし、憲法を「変える」ことが自己目的化しているのだとすると、話は別である。憲法改正には、「『人類普遍の原理』と結びつく立憲主義の大義」（高見勝利（2013）「憲法改正」『法学教室』393号、21頁）が求められる。そのような「大義」を欠く改憲提案が行われないように政

第Ⅳ部　最高法規

治を不断に監視し、万一それが行われた場合に拒否を突きつけるのは、結局、主権者たる国民の役割である。

【より深く考えてみよう】

　憲法・立憲主義とは何かといった原理論的な問題を考えることは、憲法改正問題を考えるうえでも大切なことである。多様な価値観・世界観をもつ人々が平和的に共存するための手立てを提供するものとして立憲主義を理解する長谷部恭男（2006）『憲法とは何か』岩波書店や、立憲主義思想を人類史に即して詳細に跡づける佐藤幸治（2015）『立憲主義について——成立過程と現代』左右社を読んで理解を深めよう。

　現在の改憲論議は安倍政権の個性に由来するところが大きいと、しばしば指摘される。奥平康弘他編（2013）『改憲の何が問題か』岩波書店、樋口陽一（2013）『いま、「憲法改正」をどう考えるか——「戦後日本」を「保守」することの意味』岩波書店、樋口陽一他編（2015）『安倍流改憲にNOを！』岩波書店などの文献で、具体的な改憲提案の背景や問題点を探ってみよう。

　戦後の憲法改正運動の歴史や、改憲論者がよく引き合いに出す外国の改憲事情について理解するには、渡辺治（2002）『憲法改正の争点——資料で読む改憲論の歴史』旬報社、渡辺治編著（2015）『憲法改正問題資料（上下）』旬報社、辻村みよ子（2014）『比較のなかの改憲論』岩波書店が有益である。

判 例 索 引

大審院

大判昭 4・5・31大刑集 8 巻317頁 ……………………………………… 25

最高裁判所

最大判昭23・3・12刑集 2 巻 3 号191頁 ……………………………… 316

最大判昭23・5・5 刑集 2 巻 5 号447頁 ……………………………… 314

最大判昭23・5・26刑集 2 巻 5 号517頁 ……………………………… 201

最大判昭23・7・7 刑集 2 巻 8 号801頁 …………………………… 132, 133

最大判昭23・11・17刑集 2 巻12号1565頁 …………………………… 127

最大判昭24・5・18刑集 3 巻 6 号839頁〔食糧緊急措置令違反事件〕…169, 242

最大判昭25・2・1 刑集 4 巻 2 号73頁 ……………………………… 133

最大判昭25・9・27刑集 4 巻 9 号1805頁 …………………………… 316

最大判昭27・2・20民集 6 巻 2 号122頁 …………………………… 128

最大判昭27・8・6 刑集 6 巻 8 号974頁 …………………………… 254

最大判昭27・10・8 民集 6 巻 9 号783頁〔警察予備隊違憲訴訟〕………37, 133

最大決昭28・1・26民集 7 巻 1 号12頁 ……………………………… 88

最大判昭28・4・15民集 7 巻 4 号305頁〔苫米地事件〕………………… 133

最大判昭28・11・17行集 4 巻11号2760頁 …………………………… 114

最大判昭28・12・23民集 7 巻13号1522頁〔農地改革事件〕…………… 267

最大判昭29・2・11民集 8 巻 2 号419頁 …………………………… 113

最大判昭29・11・24刑集 8 巻11号1866頁〔新潟県公安条例事件〕……… 250

最大判昭30・2・9 刑集 9 巻 2 号217頁 …………………………… 301

最大判昭30・4・22刑集 9 巻 5 号911頁 …………………………… 120

最大判昭30・11・22民集 9 巻12号1793頁 …………………………… 304

最大判昭30・12・14刑集 9 巻13号2760頁 …………………………… 312

最大判昭31・2・17刑集10巻 2 号86頁 ……………………………… 115

最大判昭31・5・30刑集10巻 5 号756頁 …………………………… 119

最大判昭31・7・4 民集10巻 7 号785頁〔謝罪広告事件〕…………216, 219

最大決昭31・10・31民集10巻10号1355頁 …………………………… 123

最大判昭32・3・13刑集11巻 3 号997頁〔チャタレイ事件〕…………… 242

最大判昭33・9・10民集12巻13号1969頁 …………………………… 274

最大判昭34・12・16刑集13巻13号3225頁〔砂川事件〕………45, 128, 140

最大判昭35・6・8 民集14巻 7 号1206頁〔苫米地事件〕…………117, 141

最大決昭35・7・6民集14巻9号1657頁 ……………………………………123

最大判昭35・7・20刑集14巻9号1243頁 ………………………………170, 250

最大判昭35・10・19民集14巻12号2633頁 …………………………………118

最大判昭36・2・15刑集15巻2号347頁 ……………………………………246

最大判昭37・3・7民集16巻3号445頁 …………………………………88, 116

最大判昭37・5・2刑集16巻5号495頁 ……………………………………314

最大判昭37・11・28刑集16巻11号1593頁〔第三者所有物没収事件〕…………138, 309

最大判昭38・5・15刑集17巻4号302頁〔加持祈禱事件〕…………………225

最大判昭38・5・22刑集17巻4号370頁〔ポポロ事件〕……………………256

最大判昭38・6・26刑集17巻5号521頁〔奈良県ため池条例事件〕…………265

最大判昭39・2・26民集18巻2号343頁 ……………………………………296

最大判昭39・5・27民集18巻4号676頁〔待命処分判決〕…………………198

最大判昭39・11・18刑集18巻9号579頁 ……………………………………198

最大決昭40・6・30民集19巻4号1089頁 ……………………………………124

最大決昭40・6・30民集19巻4号1114頁 ……………………………………123

最大決昭40・6・30民集19巻4号1089頁 ……………………………………323

最判昭41・2・8民集20巻2号196頁 …………………………………113, 114

最判昭41・6・23民集20巻5号1118頁 ………………………………………245

最大判昭41・10・26刑集20巻8号901頁〔全逓東京中郵事件〕……………171, 282

最大判昭42・5・24民集21巻5号1043頁〔朝日訴訟〕……………………289

最判昭42・5・24刑集21巻4号505頁 …………………………………………96

最大判昭43・12・18刑集22巻13号1549頁 …………………………………249

最大判昭44・4・2刑集23巻5号305頁〔都教組事件判決〕………………171

最大判昭44・6・25刑集23巻7号975頁〔「夕刊和歌山時事」事件〕………244

最大判昭44・10・15刑集23巻10号1239頁〔「悪徳の栄え」事件〕…………242, 253

最大決昭44・11・26刑集23巻11号1490頁〔博多駅事件〕…………………253, 254

最大判昭44・12・24刑集23巻12号1625頁〔京都府学連事件〕……………185

最大判昭45・6・17刑集24巻6号280頁 ……………………………………249

最大判昭45・6・24民集24巻6号625頁〔八幡製鉄政治献金事件〕………70, 176

最大判昭45・9・16民集24巻10号1410頁 ……………………………………182

最大判昭47・11・22刑集26巻9号554頁〔川崎民商事件〕…………………318

最大判昭47・11・22刑集26巻9号586頁〔小売市場事件〕…………116, 172, 237, 269

最大判昭47・12・20刑集26巻10号631頁〔高田事件〕………………………131, 315

最大判昭48・4・4刑集27巻3号265頁〔尊属殺人重罰規定違憲判決〕……138, 208

最大判昭48・4・25刑集27巻4号547頁〔全農林警職法事件〕……………171, 282

最大判昭48・12・12民集27巻11号1536頁〔三菱樹脂事件〕……………178, 204, 218

最判昭49・7・19民集28巻5号790頁〔昭和女子大事件〕…………………179, 259

最判昭49・9・26刑集28巻6号329頁 …………………………………………208

372

最大判昭49・11・6刑集28巻9号393頁〔猿払事件〕‥‥‥‥‥‥‥‥‥‥‥‥‥‥83, 171, 181

最大判昭50・4・30民集29巻4号572頁〔薬事法違憲判決〕‥‥‥‥‥172, 237, 268

最決昭50・5・20刑集29巻5号177頁〔白鳥決定〕‥‥‥‥‥‥‥‥‥‥‥‥‥‥‥‥317

最大判昭50・9・10刑集29巻8号489頁〔徳島市公安条例事件〕‥‥‥‥‥‥162, 238

最大判昭51・4・14民集30巻3号223頁‥‥‥‥‥‥‥‥‥‥‥‥‥‥‥‥‥‥‥‥‥302

最大判昭51・5・21刑集30巻5号615頁〔旭川学テ事件〕‥‥‥‥‥‥258, 292, 293

最判昭52・3・15民集31巻2号234頁〔富山大学事件〕‥‥‥‥‥‥117, 118, 259

最判昭52・3・15民集31巻2号280頁‥‥‥‥‥‥‥‥‥‥‥‥‥‥‥‥‥‥‥‥‥‥259

最判昭52・4・19税資94号138頁‥‥‥‥‥‥‥‥‥‥‥‥‥‥‥‥‥‥‥‥‥‥‥‥115

最大判昭52・7・13民集31巻4号533頁〔津地鎮祭事件〕‥‥‥‥‥‥‥‥229, 231

最決昭53・5・31刑集32巻3号457頁〔外務省秘密電文漏洩事件〕‥‥‥‥‥‥‥255

最大判昭53・10・4民集32巻7号1223頁〔マクリーン事件判決〕‥‥‥‥‥‥‥‥336

最判昭55・11・28刑集34巻6号433頁〔「四畳半襖の下張」事件判決〕‥‥‥‥‥243

最判昭56・3・24民集35巻2号300頁〔日産自動車事件〕‥‥‥‥‥‥‥179, 204

最判昭56・4・7民集35巻3号443頁‥‥‥‥‥‥‥‥‥‥‥‥‥‥‥‥‥‥‥‥‥‥14

最判昭56・4・14民集35巻3号620頁〔前科照会事件〕‥‥‥‥‥‥‥‥‥‥‥‥187

最判昭56・4・16刑集35巻3号84頁〔「月刊ペン」事件〕‥‥‥‥‥‥‥‥‥‥‥245

最判昭56・6・15刑集35巻4号205頁‥‥‥‥‥‥‥‥‥‥‥‥‥‥‥‥‥‥‥‥‥247

最判昭56・7・21刑集35巻5号568頁‥‥‥‥‥‥‥‥‥‥‥‥‥‥‥‥‥‥‥‥‥247

最大判昭57・7・7民集36巻7号1235頁〔堀木訴訟〕‥‥‥‥‥‥117, 285, 289

最判昭57・9・9民集36巻9号1679頁〔長沼事件〕‥‥‥‥‥‥‥‥‥‥‥‥‥‥39

最判昭57・11・16刑集36巻11号908頁‥‥‥‥‥‥‥‥‥‥‥‥‥‥‥‥‥‥‥‥250

最判昭58・3・8刑集37巻2号15頁〔ビニ本販売事件〕‥‥‥‥‥‥‥‥‥‥‥243

最大判昭58・4・27民集37巻3号345頁〔参議院議員定数不均衡訴訟〕‥‥‥61, 202, 305

最大判昭58・6・22民集37巻5号793頁〔よど号ハイジャック記事抹消事件〕‥‥182, 235, 253

最大判昭59・12・12民集38巻12号1308頁〔税関検査訴訟〕‥‥‥‥‥‥238, 240

最大判昭59・12・18刑集38巻12号3026頁〔吉祥寺駅事件〕‥‥‥‥‥‥‥‥‥248

最大判昭60・3・27民集39巻2号247頁〔サラリーマン税金訴訟〕‥‥‥‥‥‥117

最大判昭60・7・17民集39巻5号1100頁‥‥‥‥‥‥‥‥‥‥‥‥‥‥‥‥‥‥139

最判昭60・11・21民集39巻7号1512頁〔在宅投票制度廃止訴訟〕‥‥‥137, 326

最大判昭61・6・11民集40巻4号872頁〔「北方ジャーナル」事件〕‥‥‥236, 240, 244

最判昭62・3・3刑集41巻2号15頁‥‥‥‥‥‥‥‥‥‥‥‥‥‥‥‥‥‥‥‥‥249

最大判昭62・4・22民集41巻3号408頁〔森林法違憲判決〕‥‥‥‥‥‥‥‥‥263

最判昭62・4・24民集41巻3号490頁〔サンケイ新聞事件〕‥‥‥‥‥‥‥‥‥255

最大判昭63・6・1民集42巻5号277頁〔自衛官合祀事件〕‥‥‥‥‥‥‥‥‥232

最判昭63・7・15判時1287号65頁〔麹町中学内申書事件〕‥‥‥‥‥‥‥‥‥219

最判昭63・12・20判時1307号113頁‥‥‥‥‥‥‥‥‥‥‥‥‥‥‥‥‥‥‥‥118

最決平元・1・30刑集43巻1号19頁〔日本テレビビデオテープ押収事件〕‥‥‥254

最判平元・2・7判時1312号69頁〔総評サラリーマン税金訴訟〕‥‥‥‥‥290

最判平元・3・2判時1363号68頁〔塩見訴訟〕‥‥‥‥‥‥‥‥‥‥‥336

最判平元・3・7判時1308号111頁‥‥‥‥‥‥‥‥‥‥‥‥‥‥‥270

最大判平元・3・8民集43巻2号89頁〔レペタ事件〕‥‥‥‥‥122, 235, 253, 254, 335

最判平元・6・20民集43巻6号385頁〔百里基地訴訟〕‥‥‥‥‥‥‥40

最判平元・9・8民集43巻8号889頁‥‥‥‥‥‥‥‥‥‥‥‥‥‥114

最判平元・11・20民集43巻10号110頁‥‥‥‥‥‥‥‥‥‥‥‥‥116

最決平2・2・16判時1340号145頁‥‥‥‥‥‥‥‥‥‥‥‥‥‥122

最判平2・4・17民集44巻3号547頁‥‥‥‥‥‥‥‥‥‥‥‥‥256

最決平2・7・9刑集44巻5号421頁〔TBSビデオテープ押収事件〕‥‥254

最判平2・9・28刑集44巻6号463頁‥‥‥‥‥‥‥‥‥‥‥‥‥242

最判平3・3・29刑集45巻3号158頁‥‥‥‥‥‥‥‥‥‥‥‥‥327

最判平3・4・19民集45巻4号518頁‥‥‥‥‥‥‥‥‥‥‥‥‥115

最大判平4・7・1民集46巻5号437頁〔成田新法事件〕‥‥‥‥235, 318

最判平4・11・16集民166号575頁〔森川キャサリーン事件〕‥‥‥‥340

最判平4・12・15民集46巻9号2829頁‥‥‥‥‥‥‥‥‥‥‥‥270

最判平5・2・16民集47巻3号1687頁〔箕面忠魂碑・慰霊祭訴訟〕‥‥230

最大判平5・3・16民集47巻5号3483頁〔第1次家永教科書事件〕‥‥241

最判平5・11・25判タ855号58頁‥‥‥‥‥‥‥‥‥‥‥‥‥‥‥114

最判平6・2・8民集48巻2号149頁〔ノンフィクション「逆転」事件〕‥187, 245

最判平7・2・28民集49巻2号639頁‥‥‥‥‥‥‥‥‥‥‥159, 337

最判平7・3・7民集49巻3号687頁〔泉佐野市民会館事件〕‥‥237, 251

最判平7・5・25民集49巻5号1279頁‥‥‥‥‥‥‥‥‥‥‥75, 118

最大決平7・7・5民集49巻7号1789頁〔婚外子法定相続分差別事件〕‥208

最判平7・7・18民集49巻7号2717頁‥‥‥‥‥‥‥‥‥‥‥‥‥115

最判平7・12・5判時1563号81頁‥‥‥‥‥‥‥‥‥‥‥‥‥‥212

最判平7・12・15刑集49巻10号842頁‥‥‥‥‥‥‥‥‥‥‥‥187

最決平8・1・30民集50巻1号199頁〔宗教法人オウム真理教解散命令事件〕‥‥226

最判平8・3・8民集50巻3号469頁〔エホバの証人剣道実技拒否事件〕‥‥224, 233

最判平8・3・15民集50巻3号549頁‥‥‥‥‥‥‥‥‥‥‥‥‥251

最判平8・3・19民集50巻3号615頁〔南九州税理士会事件〕‥‥‥‥177

最大判平8・8・28民集50巻7号1952頁〔沖縄代理署名事件〕‥‥45, 151

最大判平8・9・11民集50巻8号2283頁‥‥‥‥‥‥‥‥‥‥‥‥306

最大判平9・4・2民集51巻4号1673頁〔愛媛県玉串料訴訟〕‥‥138, 231

最判平9・9・9民集51巻8号3850頁‥‥‥‥‥‥‥‥‥‥‥‥‥96

最大決平10・12・1民集52巻9号1761頁〔寺西判事補事件〕‥‥‥‥129

最大判平11・3・24民集53巻3号514頁‥‥‥‥‥‥‥‥‥‥‥‥312

最大判平11・11・10民集53巻8号1441頁‥‥‥‥‥‥‥‥‥‥‥304

最大判平11・11・10民集53巻 8 号1577頁 ……………………………… 64

最大判平11・11・10民集53巻 8 号1704頁 ……………………………… 69, 72

最判平12・2・29民集54巻 2 号582頁〔「エホバの証人」信者輸血拒否事件〕……………… 194

最大判平12・9・6 民集54巻 7 号1997頁 ……………………………… 142

最判平13・4・26判タ1063号117頁 ……………………………… 119

最判平13・7・13訟月48巻 8 号2014頁 ……………………………… 115

最大判平14・2・13民集56巻 2 号331頁 ……………………………… 266

最判平14・2・22判タ1087号97頁 ……………………………… 114, 117

最判平14・4・12民集56巻 4 号729頁 ……………………………… 116

最判平14・4・25判時1785号31頁〔群馬司法書士会事件〕……………………………… 177

最判平14・7・9 民集56巻 6 号1134頁 ……………………………… 116

最大判平14・9・11民集56巻 7 号1439頁 ……………………………… 326

最判平14・9・24判時1802号60頁〔「石に泳ぐ魚」事件〕……………………………… 188

最判平15・3・14民集57巻 3 号229頁〔長良川事件報道訴訟〕……………………………… 176, 245

最判平15・3・31判時1820号62頁 ……………………………… 145

最判平15・11・11判時1846号 3 頁 ……………………………… 298

最大判平16・1・14民集58巻 1 号56頁〔参議院議員定数不均衡訴訟〕……………… 148, 306

最判平17・1・26民集59巻 1 号128頁 ……………………………… 339

最判平17・4・14刑集59巻 3 号259頁 ……………………………… 122

最判平17・7・14民集59巻 6 号1569頁 ……………………………… 252

最大判平17・9・14民集59巻 7 号2087頁〔在外邦人選挙権訴訟〕……………… 137, 300, 326

最判平17・11・10民集59巻 9 号2428頁 ……………………………… 122

最判平18・3・1 民集60巻 2 号587頁〔旭川市国民健康保険条例事件〕……………… 110

最判平18・3・17民集60巻 3 号773頁 ……………………………… 179

最判平18・6・23判時1940号122頁 ……………………………… 230

最決平18・10・3 民集60巻 8 号2647頁 ……………………………… 254

最判平19・2・27民集61巻 1 号291頁〔君が代ピアノ伴奏拒否事件〕……………… 220, 221

最判平19・9・18刑集61巻 6 号601頁〔広島市暴走族追放条例事件〕……………… 239

最判平20・3・6 民集62巻 3 号665頁 ……………………………… 190

最判平20・4・11刑集62巻 5 号1217頁 ……………………………… 249

最判平20・5・8 判時2011号116頁 ……………………………… 123

最大判平20・6・4 民集62巻 6 号1367頁〔国籍法違憲判決〕……………… 142, 207, 209

最判平21・1・15民集63巻 1 号46頁 ……………………………… 124

最判平21・4・28民集63巻 4 号904頁 ……………………………… 297

最大判平21・9・30民集63巻 7 号1520頁 ……………………………… 306

最判平21・12・7 刑集63巻11号1899頁〔川崎協同病院事件〕……………… 193

最大判平22・1・20民集64巻 1 号 1 頁〔空知太神社事件〕……………… 138, 230, 232, 233

最判平22・7・22判時2087号26頁 ……………………………… 233

375

最大判平23・3・23民集65巻2号755頁 ································ 304
最大判平23・5・30民集65巻4号1780頁〔君が代起立斉唱事件〕 ········ 145, 220, 221
最大判平23・11・16刑集65巻8号1285頁 ························· 125, 130
最判平24・1・16判時2147号127頁 ······························ 222
最判平24・2・9民集66巻2号183頁 ······························ 145
最判平24・2・16民集66巻2号673頁 ····························· 234
最判平24・2・23判例集未登載 ···································· 342
最大判平24・2・28民集66巻3号1240頁 ··························· 291
最大判平24・10・17民集66巻10号3357頁 ·························· 306
最大判平24・12・7刑集66巻12号1722頁 ·························· 135
最判平24・12・7刑集66巻12号1337頁〔堀越事件〕 ·················· 182
最判平24・12・7刑集66巻12号1722頁〔宇治橋事件〕 ············ 182, 237
最判平25・3・21民集67巻3号438頁 ····························· 164
最大決平25・9・4民集67巻6号1320頁〔婚外子法定相続分差別事件〕 ··· 139, 207, 209
最大判平25・11・20民集67巻8号1503頁 ······················ 141, 142, 305
最判平26・7・9裁時1607号1頁 ································ 135
最判平26・7・18判自386号78頁 ································ 337
最判平26・11・26民集68巻9号1363頁 ······················· 117, 141, 306
最判平26・12・9判例集未登載 ··································· 342
最大判平27・11・25民集69巻7号2035頁〔衆議院議員定数不均衡訴訟〕 ·· 141, 143, 305
最大判平27・12・16民集69巻8号2427頁〔再婚禁止期間違憲判決〕 ····· 137, 204, 212
最大判平27・12・16民集69巻8号2586頁〔夫婦同氏制度合憲判決〕 ····· 145, 213
最判平28・11・24判例集未登載 ·································· 324
最決平29・1・29判時2328号10頁 ································ 191
最大判平29・3・15刑集71巻3号13頁 ···························· 144
最大判平29・3・15裁時1672号1頁 ······························ 320
最大判平29・9・27民集71巻7号1139頁 ·························· 306
最大判平29・12・6民集71巻10号1817頁 ························· 256
最大決平30・10・17民集72巻5号890頁〔岡口判事懲戒処分事件〕 ········ 130

高等裁判所

大阪高判昭50・11・10行集26巻10＝11号1268頁〔堀木訴訟〕 ·········· 285
札幌高判昭51・8・5判時821号21頁〔長沼事件〕 ··················· 39
広島高判平3・11・28判時1406号3頁 ···························· 212
東京高判平5・2・3東高刑時報44巻1～12号11頁 ················· 334
大阪高判平6・10・28判時1513号71頁 ··························· 334
東京高判平6・11・29判時1513号60頁〔日本新党繰上補充事件〕 ········ 74
東京高判平9・11・26判時1639号30頁 ··························· 338

判例索引

東京高判平10・2・9判時1629号34頁〔「エホバの証人」信者輸血拒否事件〕……………… 194

大阪高判平12・2・29判時1710号122頁 ………………………………………………………… 175

名古屋高判平12・6・29判時1736号35頁 ……………………………………………………… 176

東京高判平13・2・15判時1741号68頁〔「石に泳ぐ魚」事件〕 …………………………… 188

大阪高判平15・10・10判タ1159号158頁 ……………………………………………………… 121

大阪高判平17・9・30訟月52巻9号2801頁 …………………………………………………… 230

大阪高判平18・11・30判時1962号11頁 ………………………………………………………… 189

東京高判平19・2・28判タ1237号153頁〔川崎協同病院事件〕 …………………………… 192

名古屋高判平20・4・17判時2056号74頁〔自衛隊イラク派遣訴訟〕……………………46, 326

福岡高判平22・6・14判時2085号76頁 ………………………………………………………… 291

大阪高判平23・10・28判例集未登載………………………………………………………………… 342

大阪高判平26・7・8判時2232号34頁 ………………………………………………………… 342

大阪高判平27・6・18判時2321号10頁 ………………………………………………………… 324

東京高判平29・11・15判時2364号3頁 ………………………………………………………… 129

地方裁判所

東京地決昭29・3・6判時22号3頁 ……………………………………………………………… 95

東京地判昭34・3・30下刑集1巻3号776頁〔砂川事件〕…………………………………… 45

東京地判昭35・10・19行集11巻10号2921頁〔朝日訴訟〕 ………………………………… 288

札幌地判昭37・1・18下刑集4巻1＝2号69頁 ……………………………………………… 350

東京地判昭38・11・12判タ155号143頁〔名城大学事件〕………………………………… 82

東京地判昭38・11・20行集14巻11号2039頁〔昭和女子大事件〕………………………… 179

東京地判昭39・9・28下民集15巻9号2317頁〔「宴のあと」事件〕……………………… 186

東京地判昭11・12・20労民17巻6号1406頁 ………………………………………………… 204

札幌地判昭42・3・29下刑集9巻3号359頁〔恵庭事件〕…………………………………39, 134

奈良地判昭43・7・17行集19巻7号1221頁〔奈良県文化観光税条例事件〕……………… 226

札幌地判昭48・9・7判時712号24頁〔長沼事件〕…………………………………………… 39

京都地判昭59・3・30行集35巻3号353頁〔京都市古都保存協力税条例事件〕………… 226

東京地判昭61・3・20行集37巻3号347頁〔日曜日授業参観事件〕……………………… 224

横浜地判平7・3・28判時1530号28頁〔東海大学病院事件〕…………………………… 193

徳島地判平8・3・15判時1597号115頁 ……………………………………………………… 334

札幌地判平9・3・27判時1598号33頁〔二風谷ダム事件〕……………………………… 203

静岡地浜松支判平11・10・12判時1718号92頁 ……………………………………………… 203

熊本地判平13・5・11判時1748号30頁〔熊本ハンセン病訴訟〕……………………273, 326

札幌地判平14・11・11判時1806号84頁〔小樽市入浴拒否事件〕…………………203, 335

大阪地判平15・3・27判タ1133号271頁 ……………………………………………………… 343

横浜地判平17・3・25判時1909号130頁〔川崎協同病院事件〕………………………… 192

金沢地判平17・5・30判時1934号3頁 ………………………………………………………… 189

鹿児島地判平19・1・18判時1977号120頁 ………………………………………… 313
京都地判平23・4・21判例集未登載 …………………………………………………… 342
東京地判平25・3・14判時2178号3頁 ………………………………………………… 300
京都地判平25・10・7判時2208号74頁 ………………………………………………… 342
東京地判平29・9・25判例集未登載 …………………………………………………… 227

簡易裁判所
神戸簡判昭50・2・20判時768号3頁〔牧会活動事件〕 ……………………………… 225

事 項 索 引

あ 行

アクセス権　255
「悪徳の栄え」事件　243
旭川学テ事件　257, 292
朝日訴訟　288
新しい人権　185
安保法制（安全保障関連法）　44, 47, 368
安楽死・尊厳死　192
違憲国賠　326
違憲状態　302
違憲審査権　132
違憲審査の対象　137
違憲判決の効力　138
違憲立法審査権　63
「石に泳ぐ魚」事件　188
泉佐野市民会館事件　250
一事不再理　316
（25条）1項・2項峻別論　286
一般的・抽象的法規範　81
一般的自由説　185
伊藤博文　5
委任命令　83
井上毅　6
ウェストミンスター・モデル　66, 77
「宴のあと」事件　186
浦和事件　127
営業の自由　268
恵庭事件　39, 134
愛媛県玉串料訴訟　231
エホバの証人剣道実技拒否事件　224
「エホバの証人」信者輸血拒否事件　194
LRA の基準　246

沖縄駐留米軍用地職務執行命令訴訟　151
小樽市入浴拒否事件　334

か 行

海外渡航の自由　273
会期中の不逮捕特権　95
会期不継続の原則　91
会計年度　90, 110
外見的立憲主義　5
外国人の地方参政権　337
解雇の制限　276
外在的制約　170
解釈改憲　362, 368
外務省秘密電文漏洩事件　255
閣　議　99
学習権　292
加持祈禱事件　225
学校制度的基準　294
間接選挙　65
間接的・付随的規制　181
間接適用（効力）説　178
議院自律権　87, 116
議院内閣制　62, 77
議院における発言の免責特権　95
議会統治制　78
機会の平等　199
機関委任事務　151
規制目的二分論　269
吉祥寺駅事件　248
君が代起立斉唱命令事件　220
君が代ピアノ伴奏拒否事件　220
義務教育の無償　295
逆差別　206

客観訴訟　115, 133, 230

教育基本法　291

教育の自由　294

強制加入団体　177

行政権　101

行政手続法　318

緊急逮捕　312

近代戦争遂行能力　38

欽定憲法　7, 24

勤労者　279

勤労の義務　276

具体的権利　287

警察予備隊　37

警察予備隊違憲訴訟　133

形式的意味の憲法　2

形式的平等　199

刑事司法改革　318

刑事被収容者処遇法　183

刑事補償　327

結果の平等　199

検閲　240

厳格な基準　236

厳格な合理性の基準　236, 270

元首　27

憲法96条先行改正論　365

憲法改正　352

憲法改正運動　362

憲法改正限界説　357

憲法改正国民投票　21, 356

憲法改正手続法・憲法改正国民投票法
　353

憲法改正無限界説　357

憲法裁判所　148

憲法制定権力（憲法制定権）　21, 51, 352

憲法尊重擁護義務　8, 348

憲法の変遷　360

憲法判断回避のルール　134

憲法保障　347

権力性の契機　21, 50

権力分立　61

公共の福祉　169

合区　306

皇室典範　8, 24

麹町中学内申書事件　219

控除説　102

硬性憲法　3, 346

公的行為　28

高度プロフェッショナル制度　278

後方支援　46

小売市場事件　269

合理性の基準　236, 269

合理的期間論　305

合理的根拠の基準　207

国際連合　331

国事行為　27

国政調査権　88

国籍法違憲訴訟（判決）　142, 209

国体　14, 25

国民　51, 335

国民教育権説　293

国民主権　52

個人通報制度　333

個人の尊重　184, 365

国会単独立法の原則　83

国会中心立法の原則　82

国会の会期　89

国家教育権説　293

国家緊急権　350

国家主権の制限移譲　330

国家賠償　325

国家法人説　51

国権の最高機関　80

国権の発動たる戦争　34

個別的自衛権　42

戸別訪問の禁止　247

固有権説　152

380

固有の意味の憲法　2
婚外子相続分差別事件　208

さ 行

在外国民選挙権　300
最高裁判所　120
最高裁判所裁判官の国民審査　128
再審請求　317
財政国会中心主義の原則　109
裁判員制度　124
裁判官の独立　127
裁判公開の原則　121
猿払事件　83, 181
残虐な刑罰の禁止　316
自衛官合祀事件　232
自衛権　38
自衛権行使の三要件　42
自衛権行使の新三要件　44
自衛戦争　33
自衛力　38
塩見訴訟　336
自己決定権　191, 296
自己充足の価値　235
自己情報コントロール権　187, 188
自己統治の価値　236
自己負罪拒否特権　313
事後法の禁止　316
事情判決の「法理」　303
事前抑制　239
自治事務　160
実質的意味の憲法　3
実質的平等　200
執政権説　103
私人間適用　178
自白排除法則　315
自白補強法則　316
司　法　113
司法消極主義　132

司法制度改革　324
諮問的国民投票　55
シャウプ勧告　152
社会学的代表　59
社会国家（福祉国家）　284
社会的身分　204
謝罪広告事件　216
自由委任　57
衆議院の解散　104
衆議院の優越性　85
住基ネット　189
宗教法人オウム真理教解散命令事件　226
自由国家（夜警国家）　284
私有財産制度　262
衆参両院憲法調査会　363
集団的安全保障　41
集団的自衛権　43, 367
自由放任（レッセ・フェール）　261, 284
住民自治　154
住民投票制度　164
14条1項後段列挙事項　201
主　権　50
授権規範　4, 347
取材の自由　253
出入国管理及び難民認定法　343
小選挙区制　66, 79
小選挙区比例代表並立制　303
象徴天皇制　25
少年法　174
将来効判決　139
条　例　161
昭和女子大事件　179, 259
女性の再婚禁止期間　212
女帝問題　30
知る権利　253
人格権　186, 244
人格的利益説　185
人権条約　147, 332

381

人種差別　203, 341
人身の自由　307
神勅天皇制　8
侵略戦争　33
森林法違憲判決　263
砂川事件　45, 128, 140
請願権　327
制限規範　4, 347
政治部門の自由裁量　116
成長発達権　173, 297
政　党　69, 118
政党助成法　71
正当性の契機　21, 50
正当な補償　267
制度後退禁止　290
制度的保障　229, 153, 262
政府言論　222
接見交通権　312
絶対的平等　198
選挙運動　72, 247
選挙権の法的性格　299
全国民の代表　54
全逓東京中郵事件　282
全農林警職法事件　283
戦力の不保持　35
争議行為　281
相対的平等　198
相当性の法理　244
訴訟と非訟　123, 323
租税法律主義　109, 164
空知太神社事件　230
尊属殺人重罰規定違憲判決　208
存立危機事態　44

た　行

退　位　30
大学の自治　118, 256
大学法人化　257

第三者所有物没収事件　138, 309
大選挙区制　66
大統領制　76, 158
代表政　53
高田事件　131, 314
弾劾裁判　128
団結権　279
団体自治　153
地方公共団体　154
地方自治の本旨　152
地方自治法　151
チャタレイ事件　242
抽象的違憲審査制　133
抽象的権利　286
中選挙区制　67, 302
徴兵制　308
直接政　53
直接選挙　65, 157
沈黙の自由　218
津地鎮祭事件　229
定義づけ較量　241
抵抗権　349
定足数・表決数　92
適正手続主義　309
適用違憲　138
寺西判事補事件　129
天皇機関説　15, 17
道州制　156
統帥権　32
統帥大権の独立　10
当然の法理　338
統治行為　117, 140
投票価値の平等　301
徳島市公安条例事件　162, 238
特定秘密の保護に関する法律（特定秘密保
　護法）　47, 255
特別意味説　202
特別永住者　336

特別権力関係　180
特別裁判所　119
「特別の犠牲」説　266
独立行政委員会　104
苫米地事件　141
囚われの聴衆　222
取調べの可視化　319
奴隷的拘束　308

な　行

内　閣　97
内閣総理大臣　99
内閣の助言と承認　27
内閣の連帯責任　108
内閣不信任決議　107
内閣法制局　101, 366
内在的制約　170
内心の自由の絶対性　217
内容規制・内容中立規制の二分論　241
長沼事件　39
長良川事件報道訴訟　175
ナシオン主権　52
奈良県ため池条例事件　265
成田新法事件　317
難　民　343
新潟県公安条例事件　250
二院制　84
二重の基準　171, 236, 265
二重のしぼり論　282
二段階制保障論　155
日米安全保障条約　45
日米防衛協力指針（ガイドライン）　46
日産自動車事件　179, 204
日本新党繰上補充事件　74
農地改革事件　267
ノモス主権　20

は　行

博多駅事件　253
パターナリズムに基づく制約　173
8月革命説　19
パブリック・フォーラム　248
パリ不戦条約（ケロッグ・ブリアン条約）
　33
ハンセン病患者特別法廷問題　315
半大統領制　78
半代表　58
比較衡量論　171
被疑者　311
被疑者国選弁護士制度　313
被告人　311
一人別枠方式　303
平賀書簡事件　128
比例代表制　59, 67
広島市暴走族追放条例事件　239
夫婦同氏制度　213
プープル主権　52
福祉国家（社会国家）　261
付随的違憲審査制　133
部分社会　259
プライバシー権　186
武力攻撃事態法　47, 351
武力による威嚇　34
武力の行使　35
プログラム規定　286
文　民　98
ヘイト・スピーチ　245, 341
ヘイビアス・コーパス　313
平和的生存権　40
防衛装備移転3原則　48
法　規　81
放送メディア　255
法段階説　346
法定受託事務　160

法律執行説　102
法律上の争訟　113
法律の留保　9, 222
法律扶助制度　324
法令違憲　138
補完性・近接性原則　153
ポジティヴ・アクション　205
牧会活動事件　225
ポツダム宣言　18
「北方ジャーナル」事件　240
穂積八束　13
ポピュリズム　54
ポポロ事件　256
堀木訴訟　285, 289
堀越事件　182

ま　行

マイナンバー制度　190
マクリーン事件　336, 340
マッカーサー　18, 34
三菱樹脂事件　178, 218
南九州税理士会事件　177
美濃部達吉　13
身分制　196
宮沢俊義　19
民主政プロセス理論　237
無罪推定原則　309
明確性の理論　238
明白性の原則　270

命令的委任　56
目的効果基準　230
森川キャサリーン事件　340
モンテスキュー　53, 61

や　行

薬事法違憲判決　268
八幡製鉄政治献金事件　176
郵便法事件　325
ユニオン・ショップ　280
予　算　110
予算法規範説　111
予算法律説　111

ら　行

立憲的（あるいは近代的）意味の憲法
　3, 346
立　法　80
立法不作為　137, 326
ルソー　53
令状主義　310
レペタ事件　122, 335
労働基準法　277
老齢加算廃止違憲訴訟　290

わ　行

ワイマール憲法　284
忘れられる権利　190

執筆者紹介

（執筆順、※は編者）

※松田　浩　　成城大学法学部教授　　　　　　　　　　第 1 章、第12章

※只野　雅人　　一橋大学大学院法学研究科教授　　　　　　第 2 章、第 4 章

岡田健一郎　　高知大学人文社会科学部准教授　　　第 3 章、第16章、第17章

徳永　貴志　　和光大学経済経営学部教授　　　　　　　第 5 章、第15章

宮下　紘　　中央大学総合政策学部准教授　　　　　　第 6 章、第 7 章

多田　一路　　立命館大学大学院法務研究科教授　　　　第 8 章、第13章

髙佐　智美　　青山学院大学法学部教授　　　　　　　　第 9 章、第18章

岩垣　真人　　沖縄大学法経学部准教授　　　　　　　　　　　第10章

中島　宏　　山形大学人文社会科学部教授　　　　　　　　　第11章

今野　健一　　山形大学人文社会科学部教授　　　　　第14章、第19章

Horitsu Bunka Sha

現代憲法入門

2019年5月20日　初版第1刷発行

編　者	只野雅人・松田　浩
発行者	田靡純子
発行所	株式会社 法律文化社

〒603-8053
京都市北区上賀茂岩ヶ垣内町71
電話 075(791)7131　FAX 075(721)8400
https://www.hou-bun.com/

印刷：共同印刷工業㈱／製本：㈱藤沢製本
装幀：谷本天志

ISBN978-4-589-04011-4

© 2019 M. Tadano, H. Matsuda　Printed in Japan

乱丁など不良本がありましたら、ご連絡下さい。送料小社負担にてお取り替えいたします。
本書についてのご意見・ご感想は、小社ウェブサイト、トップページの「読者カード」にてお聞かせ下さい。

JCOPY　〈出版者著作権管理機構　委託出版物〉

本書の無断複写は著作権法上での例外を除き禁じられています。複写される場合は、そのつど事前に、出版者著作権管理機構（電話 03-5244-5088、FAX 03-5244-5089、e-mail: info@jcopy.or.jp）の許諾を得て下さい。

水島朝穂著〔〈18歳から〉シリーズ〕

18歳からはじめる憲法〔第2版〕

B5判・128頁・2200円

18歳選挙権が実現し、これまで以上に憲法についての知識と問題意識が問われるなか、「憲法とは何か?」という疑問に応える。最新の動向をもりこみ、憲法学のエッセンスをわかりやすく伝授する好評書。

宍戸常寿編〔〈18歳から〉シリーズ〕

18歳から考える人権

B5判・106頁・2300円

身近な事例からいま「生きている人権の多様な姿」を描き、人権問題への関心と理解を深め、「人権」の大切さを考えるきっかけをあたえてくれる入門書。人権問題が「自分自身の問題」でもあることを、"とことん"伝える。

君塚正臣編

大学生のための憲法

A5判・342頁・2500円

重要判例を詳解し、重要語句を強調、参考文献・Web情報を付すなど、学習を深めるための工夫を凝らすことによって法学部専門科目の「憲法」にも教養科目「憲法」講義にも対応可能なテキスト。

永田秀樹・倉持孝司・長岡　徹・村田尚紀・倉田原志著

講　義　・　憲　法　学

A5判・376頁・3400円

総論で日本国憲法を理論的・歴史的に位置づけ、人権分野では表現の自由、生存権・労働権の展開を詳細に論じ、統治分野ではドイツの憲法訴訟・理論を踏まえて解説。歴史的視点と最新の議論動向を踏まえた憲法学の本格的体系書。

大島義則著

憲法ガール Remake Edition

A5判・262頁・2500円

『憲法ガール』(2013年刊)のリメイク版。平成18～24年の司法試験問題答案例として、従前の全論点網羅型のものに、試験当日の限られた時間内でも作成できるよう短い答案例を追加。引用文献・判例一覧をアップデートし、事項索引も付ける。

大島義則著

憲　法　ガ　ー　ル　Ⅱ

A5判・224頁・2300円

小説形式で平成25～30年の司法試験論文式問題の解き方を指南。出題意図を、各論点の考え方、答案作成のテクニック(当事者の主張・反論・私見の書き方)を解説。平成30年にみられるリーガルオピニオン型の出題形式の動向にも全面的にフォローする。

———— 法律文化社 ————

表示価格は本体(税別)価格です